陕西省“百人计划”陕西师范大学特聘教授项目资助
国家自然科学基金项目资助（41171125、41171139）

环中国南海文化

司徒尚纪　曹小曙　朱竑　许桂灵　著

商务印书馆
创于1897 The Commercial Press
2014年·北京

图书在版编目(CIP)数据

环中国南海文化 / 司徒尚纪等著.—北京 ：商务印书馆，2014

ISBN 978-7-100-10664-1

Ⅰ.①环… Ⅱ.①司… Ⅲ.①南海—海疆—文化史 Ⅳ.①K296.6

中国版本图书馆 CIP 数据核字(2014)第 190104 号

环中国南海文化

司徒尚纪　曹小曙　朱竑　许桂灵　著

商 务 印 书 馆 出 版

（北京王府井大街36号　邮政编码 100710）

商 务 印 书 馆 发 行

北 京 冠 中 印 刷 厂 印 刷

ISBN 978-7-100-10664-1

2014 年 12 月第 1 版　　开本 787×960　1/16

2014 年 12 月北京第 1 次印刷　　印张 21¼

定价：58.00 元

序　言

南海是我国最大的海区。自古以来，中国人民特别是岭南人民世世代代活跃在南海洋面上，最早发现、认识、命名、管理和开发利用这片蓝色国土，对中国疆域版图的形成，维护国家统一、领土主权完整和民族团结，促进人类文明和进步，作出巨大贡献而彪炳中国和世界海洋史册。

21 世纪是海洋世纪，是开发海洋时代，一个发展海洋产业的高潮正席卷而来。在这个背景下，世界临海国家纷纷制定海洋开发战略和目标，调整自己的产业结构和布局，实施发展海洋产业的对策和措施，标志着全球性的海洋时代正鼓翼来临。1982 年《联合国海洋法公约》的公布和实施，加速了这个海洋时代的发展进程，也同时加剧了临海国家以海洋权益为中心的矛盾和斗争。世界海洋是一个整体，这种斗争在不同程度上将有关国家卷入其中，改变了世界海洋原有的政治格局，正在形成新的世界海洋政治地图。

南海为世界海洋航运一个中心，古代是海上丝绸之路在东方必经海区，近现代则是通往亚太地区的海上交通枢纽，具有重要的海洋战略地位。而南海所蕴藏的丰富生物、油气和矿产资源，以及它宽广无垠的海洋空间，早就引起世界上一些国家，特别是周边国家的注意。近代以来窥视、侵占中国南海领土主权的事件时有发生，也开始了中国政府和人民反对外来侵略、维护南海领土主权斗争的历史。20 世纪 70 年代以来，南海海域发现丰富的油气资源，其中南沙群岛被誉为“第二个波斯湾”，由此引起周边一些国家的垂涎和争夺，一些外来势力也插手其中，使南海的局势更加复杂化，引起的矛盾和斗争也日益尖锐和走向白热化。捍卫中国南海领土主权，维护中国在南海一切正当权益，保护世界各国在南海航行安全，已成为中国政府一项神圣职责，也是维护世界和平、保障南海地区稳定和发展的一项重大任务。

正是在这种背景下，笔者深感完全有必要在南海边疆概念的基础上，从海疆史地和海洋文化视野出发，研究南海作为中国领土主权一个不可分割部分的历史依据，历代中国政府和人民为捍卫、维护这片神圣领土的斗争，为开发利用和保护其资源环境所取得的历史成就、贡献、经验和启示，为建设海洋强国、发展我国海洋事业，振兴地方经济，加强公民海洋意识，提高海洋文化素质贡献自己的力量。至于南海边疆的概念或定义，这虽有一个历史发展过程，但南海诸岛及其附近海域自古以来即为中国领土主权的一部分确是不争的事实。而作为我国南海边疆的最后确定，应以 1947 年中国政府正式出版的《南海诸岛位置图》所使用 11 段断续国界线来标示中国管辖的岛礁、沙洲及其附近水域范围。后来取消了在北部湾的两条界线，成为现在的 9 段断续国界线，称为 U 形线，或史称南海传统边疆线（海疆线）。在这 9 段线以内的海域自然而然是中国的海域，在该海域内的岛礁等就是中国的领土。本书所涉及的南海边疆与文化问题即以这 9 段线所划定的海域为范围展开论述的。

基于此，全书内容共分五章，首先从历史政治地理的视角，阐述南海自古以来属中国领土主权的历史发展过程，考古、历史文献、舆图和中国人在南海生产、生活的实践证据，证明了中国是南海的不二的主人，享有对南海的一切正当权益，不容他人染指和攘夺。继而从南海史地入手，着重于南海地区政区建置、《汉书·地理志》所记徐闻和合浦港地望、海南岛和台湾岛历史开发和岛上居民源流比较、海南原住民渊源、海港城市港澳的历史沧桑等，提供了南海一个个历史地理剖面，以印证南海自古以来为中国领土主权的历史事实。

海洋是孕育海洋文化的摇篮，又是海洋文化一个载体。南海浩瀚无涯、烟波万里、岛屿罗列，资源非常丰富。生活在南海周边的各民族先民，从新石器时代起，就驱驰南海洋面，从事水产捕捞和最早的航海活动，揭开了南海海洋文化的最早篇章。进入历史时期，海洋文化主要以海洋农业和海洋商业为主要文化内涵。而海南岛作为南海最大岛屿和海上交通中枢，其海洋文化特质和空间分布格局，反映了海洋文化对当地社会经济发展的巨大作用力。历代贬谪海南的大陆人士到来，给海洋文化增添了许多大陆文化元素和优势，充实和提升了海南海岛型文化的内涵和品位，并使之形成作为岭南文化一个特殊类型的开疆文化。他们对促进海南岛和雷州半岛的文明与社会进步，作出积极贡献，琼雷能成为岭南一个相对独立文化区，开疆文化作用匪浅。这也包括这种文化在南海地区的扩散和传承，对确立中国对南海领土主权具有重大意义。众所周知，南海有些岛礁，是以流寓人物名字命名的，如南沙群岛东坡（苏东坡）滩等。而疍民作为南海海洋社会最大一个族群，他们在历史上不仅从事海洋农业和海洋商业，而且参与军事活动。由他们组成的“疍兵”是中国海上武装力量的一个重要成员，在抗倭、反对外来侵略斗争中发挥了重要作用。疍民风俗、信仰、舟居等有许多特殊之处，由此形成的疍民文化，是南海海洋文化最具特色的一个部分，也折射了它维护南海海洋权益的光辉。

岭南是我国华侨人数最多的地区，至迟从唐代起，岭南华侨已扬帆南溟，抵达东南亚，以后遍及世界各地谋生。华侨文化从本质而言属于海洋文化范畴，华侨文化景观，包括物质和非物质文化，如侨乡土地利用、建筑、语言、风俗、价值观念、生活方式等，都展现了中西文化结合的历史轨迹和风貌。即使华侨文化在广东有珠三角、五邑、东江—兴梅和琼东北的区域差异，但从它们文化源头和传播过程来说，都离不开南海的哺育和假道南海海上丝绸之路。华侨文化作为一种时代先进文化，因为有它的参与，一部中国近现代史才显得波澜壮阔、有声有色，而这部历史是海风吹起来的，因为它是中西文化相结合的产物。恰又是南海的波涛造就了华侨文化冒险、开放、重商、包容、创新等文化风格。在这里，无论江河还是海洋的水体，不只有其自然属性，而且被赋予一种社会属性。恰如 20 世纪 50 年代，苏联哲学家梅契尼柯夫在《社会物质生活条件》（人民出版社，

1952年)说的:“水不仅仅是自然界中的活动因素,而且是历史的真正动力。……(它)是刺激文化的发展,刺激文化从江河系统地区向内海沿岸并从内海向大洋过渡的力量。”华侨文化即为这种江海互动结果,南海在其中是一条强大通道。

位于珠江入海口的香港和澳门现在是中国两个特殊的政治地理单位。而它们回归前主权的丧失,也是中国领海无权时代的产物,所以港澳问题说到底也是海洋领土主权问题。在英葡殖民主义治理下,港澳形成了最完整的海洋文化,其中西合璧的文化特质对岭南文化具有巨大作用和深远影响,至今仍未泯灭。但港澳文化的价值,过去未得到重视和深入研究,季羡林先生在为北京大学陈炎教授《海上丝绸之路与中外文化交流》(未刊稿)写的序言中指出:“在中国五千年的历史上,文化交流有过几次高潮。最后一次也是最重要的一次,是西方文化的传入,这一次传入的起点,从时间上说,是明末清初;从地域上来说,就是澳门。整个清代将近三百年时间,这种传入时断时续,时强时弱,但一直没有断过,(中国文化当然也传入西方,这不是我在这里要谈的问题)。五四运动,不管声势多么大,只是这次交流的余绪。可惜的是,澳门在中西文化交流中十分重要的地位,注意之者甚少。我说这话,完全是根据历史事实。明末清初传入西方文化者实为葡人,而据点则在澳门。”鸦片战争以后,香港崛起,取代澳门成为中西文化交流一个重镇,对岭南文化同样产生巨大的文化辐射作用,使之更具中西合璧的文化风格。在这里,对港澳文化的历史过程、与岭南文化交流和互动、空间分布格局,以及粤港澳区域文化综合体的形成等,都作了较为全面深入的论述。

最后,必须重视的是,在大陆人口、资源和环境压力日益增大,区域可持续发展面临的矛盾和问题更加突出的背景下,人类越来越重视海洋资源和空间的开发利用,这也包括了海洋文化资源。从这一基本事实和趋势出发,本书着重分析了开发海洋国土对缓解华南以上矛盾的意义和策略,建立粤港澳区域可持续发展空间关系的必要性和可能性,答案当然是肯定的。此外,无论海上丝绸之路文化还是华侨文化,不仅在理论上，同样重要的应在实际上加以开发利用。本书从海上丝路资源的旅游开发、广州文化名城建设，以及五邑侨乡规划与建筑风格等来探讨了这类问题，力图提供海洋文化为社会经济发展服务，或曰文化软实力支持的范例。

近年来，日本对中国固有领土钓鱼岛群岛进行了一系列非法活动，严重损害中国领土主权安全，激起中国政府和包括海外华侨华人在内一切中国人民的极大义愤和严正抗议。为此，作为附录，本书收入作者关于钓鱼岛群岛历史地理若干问题的研究成果。

南海边疆史地尚有许多问题须作深入研究，与此相关海洋文化问题更是一个非常宽广、内容十分丰富且成果仍很寥落的研究领域。本书所及，仅为其点滴而已，祈盼有关单位和学人有更多成果面世，共同为捍卫中国南海领土主权、开发南海海洋资源而贡献自己的力量。

是为序。

司徒尚纪

2012年12月9日

目　　录

第一章　南海领土主权

第一节　《联合国海洋法公约》实施后南海海洋权益研究的若干问题

海洋权益包括对海洋资源和空间的拥有、开发利用、管理和保护等一系列权利与应获得的一切利益。它是一个国家对自己的海洋国土实施主权管理的重要标志。21 世纪是海洋世纪，海洋权益问题将受到世界临海国家的普遍重视，由此引起的矛盾和争端也会更加尖锐复杂。特别是 1982 年《联合国海洋法公约》的通过和实施，使海洋权益的概念及其获得发生了重大改变。我国是这一公约的签署国，理所当然地应按照这一公约的有关条款来管好、用好自己的海洋国土，保障公约所赋予的海洋权益不受侵犯和破坏。而南海又是我国面积最大、毗邻国家最多的海区，海洋权益的历史和现实受损害的事件频繁，情况最为尖锐和复杂，迫切需要认真研究，以为 21 世纪海洋开发和保护提供决策上的重要参考。

一、《联合国海洋法公约》深刻改变了传统的海洋国土观念

传统的海洋国土范围，是指内海（内水）和领海。1958 年 9 月 4 日我国政府关于领海的声明，即宣布我国领海宽度为 12 海里，约 35 万平方千米[1]。1992 年 2 月 25 日通过的关于我国领海毗连区法，又重申了 12 海里的领海宽度，并把毗连区的外部界限宽度规定为 24 海里。而 1982 年《联合国海洋法公约》提出了一项新的海洋法制度，即专属经济区概念。这个公约的第 55 条规定："专属经济区是领海以外并邻接领海的一个区域，受本部分规定的特定的法律制度的限制。在这个制度下沿海国的权

利和管辖权以及其他国家的权利和自由均受本公约的有关规定的支配。”第57条又规定：“专属经济区从测算领海宽度的基线量起，不应超过200海里。”另外，这一公约还提出了大陆架概念，第78条规定：“沿海国大陆架包括其领海以外依其陆地领土的全部自然延伸，扩展到大陆边外缘的海底区域的海床和底土，如果从测算领海宽度的基线量起到大陆边的外缘的距离不到200海里，则扩展到200海里的距离。”这样，专属经济区与大陆架在200海里范围内是一个重叠区域。以这两个规定为依据，我国可拥有约300万平方公里的专属经济区，亦即新的海洋国土，约占我国现有陆上国土面积的31.25%。这是一笔非常宝贵的国土资源，对我国的国家安全、国防、经济建设、科学研究、环境保护等都有非同寻常的意义。虽然专属经济区与领海还有一定区别，但就海洋资源的拥有、开发利用和管辖而言，两者是统一的。如上所述，传统的领海观念已由于专属经济区的提出而受到挑战，而后者的实施，必将引起海洋发展战略和部署的调整。因此，海洋国土观念的更新亦势在必然。而我国这300万平方公里海洋国土，相当大一部分又分布在南海，所以对南海海洋权益的研究，比其他海区更有意义。

二、《联合国海洋法公约》实施加剧了南海海洋权益的矛盾和争夺

南海位于印度洋、太平洋之间，交通区位非常重要，全球贸易额约有1/4经过南海[2]，其中影响最大的有往来中国台湾、日本、韩国的运输线。它拥有的海洋化学、动力、矿产、生物、海涂、海岛、港湾、旅游等资源非常丰富，特别是海洋油气资源为举世瞩目。据有关著作披露，南海石油地质储量为400亿吨，天然气地质储量为8万亿立方米[3]。这是20世纪80年代报告的数字，近年报导的数字比它大得多。仅在南沙群岛，我国传统海疆内的石油和天然气储量就达225亿吨，相当于大庆油田储量的8倍[4]，足可以与中东和波斯湾的储油量相媲美，南沙由此被誉为“第二个波斯湾”。南海周边国家很多，加上外来势力插手，领海主权和海洋资源之争近百年来从未停止，由此引起的大小战争、摩擦不断。如果说这很大

一部分是以 12 海里为领海宽度基础而发生争端的话，那么 200 海里专属经济区的提出和确立，将会有更多的国家宣称自己对这些资源拥有开发利用和支配权。特别是南海油气资源所在的沉积盆地主要围绕大陆边缘分布，而南海北部和南部的大陆架十分宽广、盆地面积较大，也是主要油气田分布区，完全有可能在邻近国家专属经济区范围内。这样以专属经济区划分为中心的矛盾和争夺不可避免，且随着时间的推移，将有进一步加剧之势。

我国政府在 1996 年 5 月 15 日正式发表“关于领海基线的声明”，宣布了大陆领海的部分基线，但对南海中沙和南沙群岛的领海基线则暂未公布。至于专属经济区和大陆架的划分因问题更复杂，现在也尚未公布。根据中国地名委员会 1983 年 4 月 25 日发表的公告，南海诸岛部分被标准化处理的岛、洲、礁、暗沙、暗滩共 252 个。南海诸岛自古以来就是中国领土，1958 年 9 月 4 日我国政府关于领海的声明明确宣布这些群岛属于中国。但由于历史的和现实的原因，目前南海诸岛中南沙群岛大部分岛礁沦落在外人手中，包括越南、菲律宾、马来西亚等。有关国家纷纷宣布划定自己的领海范围，例如在南沙群岛的东南端，中国、马来西亚、文莱等国主张的领海线就相互交错，有很大出入[5]。越南在南沙群岛毕生礁、六门礁、柏礁、南华礁、无乜礁，马来西亚在弹丸礁上驻军，菲律宾、中国(含台湾)也在一些岛上驻军。南沙目前已成为国际纠纷最多、潜在冲突危险很高的地区之一，有人称之为东南亚的“活火山”。这还是在各自主张 12 海里领海线以内形成的局势，假如各方再确定 200 海里专属经济区范围，那么这一海区的海域主权争执将趋白热化。事实上，近几十年来，南沙周边一些国家不断地在曾母盆地属于我国传统海域内进行油气勘探开采，一条条海底输油管正日复一日地抽取那里的油气资源，并且外国资本也参加进去，使问题更复杂化，这都值得我们重视。

在北部湾，由于越南片面单方面宣布海上边界线而产生了新的不稳定因素。1982 年 11 月 12 日，越南发表“越南社会主义共和国政府关于越南领海基线的声明”，称：“北部湾(东京湾)是位于越南社会主义共和国和中华人民共和国之间的海湾，海湾中的越南和中国海洋边界是按1887年6月26日法国同中国清王朝签订的边界公约划定的。”这一声明，企图鲸吞未经确定的2/3的北部湾海域[6]。越南这一声明是在《联合国海洋法公约》生效前(1994年11月6日正式生效)发布的，当时200海里专属经济区尚未实施。专属经济区提出和实施以后，越南的胃口可能更大。这都需要中越双方按照《联合国海洋法公约》的有关条款，通过谈判方式加以解决北部湾海上划界问题。对南海诸岛领海争议问题，邓小平同志1984年在一次讲话中，提出“把主权问题搁置起来，共同开发”[7]的构思，这已经成为解决南海诸岛领海争端问题的指导方针，当然也适于解决这一海区以后专属经济区和大陆架的划界问题。

三、《联合国海洋法公约》实施促进我国海防战略方针的重大转变

基于领海宽度12海里这一传统观念，以及综合国力制约等原因，我国海防长期奉行“近岸防守”原则，舰艇吨位小，火力弱，装备落后，远洋航行能力差，后勤补给不足，远岸海疆防守明显出现薄弱环节，也给周边一些国家以可乘之机。从20世纪70年代起，一些邻国即不动声色地侵占南沙大部分岛礁，在那里构建军事设施，修建码头、灯塔，迁移人口，大量开采石油。1974年南越政权居然向东北方向推进，侵占我西沙金银、甘泉等岛，后即爆发中越西沙之战，最后以南越政权失败告终。中国海军从20世纪70年代以来不断巡逻到西沙群岛海域和南沙群岛海域。当然，中国台湾军队从20世纪50年代以来就驻守在南沙太平岛，捍卫着祖国的南海边疆。

按照《联合国海洋法公约》，我国可获得300万平方千米海洋国土，这需要强大的海防力量来保卫。原来的“近岸防守”显然不能适应新形势的需要，应转到以海上作战、海空联合行动、建立强大舰队方面来，才能在实际上捍卫国家的海洋权益。

四、《联合国海洋法公约》实施提出了新的海洋科学研究任务

这一公约将给我国带来更多的海洋权益，但也会产生上述一系列新的矛盾和问题。海洋科学研究应面对现实，加强对海洋权益问题的研究。笔者以为，当前在这方面要重视以下诸方面的研究。

1. 海疆史地研究

海疆现状是历史发展的结果。海域划界、岛礁归属应有历史依据，故海疆史地研究不可或缺。将来未划的领海界线，更大面积专属经济区确立和划界，都离不开它们所在海区岛礁史地的研究成果作为重要依据。例如，中央民族大学王恒杰教授自1993年开始，只身深入南沙永登暗沙、道明群礁、郑和群礁、皇路礁和南通礁，甚至登上了中国台湾军队驻守的太平岛考察，获得不少自战国以来至清代的陶瓷、铜钱等历史文物，且与大陆同一系统和风格，为有朝一日南沙专属经济区划分及解决与邻国争执提供有力证据。

2. 大陆架研究

《联合国海洋法公约》对沿海国大陆架“主权权利”作了规定，即沿海国拥有勘探和开发其自然资源的权利。而大陆架和专属经济区在区域上是一个重叠概念，所以也有必要对大陆架与专属经济区同等对待。问题在于，《联合国海洋法公约》所规定的大陆架与地理学上大陆架概念既有联系又有区别。地理学上大陆架仅指邻接陆地、坡度比较平缓的浅海部分，即陆地在水下延伸部分；而公约上的大陆架是一个法律概念，可以超出地理学上大陆架范围，即除了大陆架，还可以包括大陆坡、大陆基。由于地质构造、海底地形等差异，即使在南海周边，大陆架的宽度、坡度都有很大不同。例如，南海西部大陆架就很狭窄，宽度从数十公里到百余公里不等，分布在越南金兰湾往北至洞海一带；而南海西南方的大陆架却很宽广，我国南沙的北康暗沙、南康暗沙和曾母暗沙就在这个大陆架上。南海北部大陆架也很宽广，且为堆积形成，是重要渔场和油气田所在。查明地理学上和法律上大陆架概念各自特点、分布、差异和联系，供大陆架和专

属经济区划分参考，应为当前海洋地质、地貌学研究的迫切任务。

3. 海洋权益意识教育研究

在21世纪，海洋将是人类生存、发展的一种主要资源和空间，海洋产业将成为我国经济一个支柱部门，而按《联合国海洋法公约》可以扩大大面积海洋国土，更展示了我国海洋事业的光辉前景。但如上述，破坏、侵犯我国海洋权益的事件也必然增多。在这种机遇与风险并存情况下，更有必要加强人们的海洋权益意识教育，作为整个海洋观念教育的一个重要部分。因为在很多人的潜意识中，海洋权益意识远不及对陆上国土那样重要，涉及利益的双方可以为一条水流、一座山丘、一片小梯田、一个矿坑、一个风景点讼诉经年，甚至械斗，但对发生在遥远海洋国土上海洋权益被侵犯的事件却茫无所知，或知之甚少，缺乏边疆忧患意识。这其中一个原因是对海洋国土和海洋权益的宣传、普及教育不够，实应作为爱国主义教育的一个内容。但如何将刻板的海洋科学知识、海洋权益的历史与现实、海洋法有关条款等变为普通群众容易理解接受的东西，也应是海洋科学研究不可或缺的一个组成部分。

第二节　从海洋制度文化看历代中国政府对南海领土主权的管理

政区是国家行政管理的区域组织系统，实施国土管治的空间组织形式。无论海陆国土，只要纳入某个政区体系之内，即为国家领土主权范围。而从制度文化而言，行政建置也是一种国土划分和行政管理制度，无论对大陆还是海洋都具有同样重要的制度文化意义。对中国南海而言，历代中国政府都将这种海洋制度文化施之于南海广大海域，为中国对南海拥有领土主权的一个有力的历史证据。

一、秦汉南海建置伊始

秦汉以来，随着岭南地方建置的发展，南海广大海区先后归入我国版图。秦划分全国政区，在岭南置南海、桂林、象郡三郡；汉武帝平定南越国，重在岭南置南海、苍梧、郁林、合浦、交趾、九真、日南、珠崖、儋耳九郡。它们大部分临近南海边缘，自然要对附近海域实行政治管理和防守。东汉建武十九年(43年)，交趾女子征侧、征贰率众起义失败。事后，汉王朝在位于今越南中部的地区建立铜柱，作为本朝最南疆界[8]。朝廷委派马援，"往来南海、抚定珠崖，调立城郭、置井邑"[9]。马援对南海沿岸地区开发，建功不小。时至今日，在海南人民中仍广泛流传马援及其以前另一位伏波将军路博德的故事，保留着两伏波的古迹。1962年郭沫若先生到海南，为此欣然命笔，有诗曰："有祠有井思永在，邳离新息并功多。"另据光绪《崖州志》载，马援的部队缘海而进，随山刊道千余里。(建武)十八年(42年)，军至浪泊山上[10]。有人据此认为，马援的部队不仅到过海南岛，并到过南海中其他岛屿。

二、隋唐南海临海地区建置

隋代结束南北分裂状态，全国复归统一，对行政建置作了较大调整，在今广东境内设置12郡72县，比前代减少了一半左右。属于南海北部沿海地区的即有广州南海郡、循州龙川郡、潮州义安郡 、端州信安郡，泷州永熙郡、高州高凉郡、合州合浦郡，属今广西和海南的有宁越郡、儋耳郡、临振郡、珠崖郡共11郡，约25县。特别在海南岛设置3郡10县，是一个很重要事件。溯自西汉在岛上初置郡县以后不及百年即行放弃，甚至无建置，海南岛处于当地居民自治状态，这极不利于海南及附近海域的管辖。隋初在岛上恢复和扩大建置，奠定了海南行政的基石，对岛上和附近海区政治、经济、文化及海洋事业发展起了很大作用。

唐代政区虽承隋制，但也有所创新，在州或郡之上设道，初为监察性质，后演变为一级政区，另在形势重要地设都督府。史学家指出隋末郡雄割据，独霸一方，唐兴相继来降，唐高祖李渊每因其盘踞之地割置州县政区，并用少数民族首领为世袭长官。海南、广西边陲地区即属其列。这样，唐代广东在玄宗开元二十九年(741年)于沿海地区设广州、循州、冈州、潮州、潘州、勤州、罗州、辩州、高州、恩州、雷州，凡11州48县；在海南设琼州、崖州、儋州、万安州、振州，凡5州22县；在广西北部湾地区设廉州、山州、陆州、钦州，凡4州12县。如是，南海北部沿海地区共置20州82县。属边要地区设有广州都督府和崖州（在今琼山）都督府。都督府突破州县权限，加强了对珠三角和海南全岛的整体治理，当然包括它们涉及的海域。

但对南海海域而言，至为重要的是道一级政区的设置。唐太宗贞观元年（627年），全国划分为10道，岭南地区设岭南道，道治广州。岭南道范围“东南际海，西极群蛮，北据五岭”[11]，略当今两广、海南和越南东北部，同年在崖州设都督府，督率崖州、儋州、振州军事。《旧唐书·地理志》载：“振州（今三亚一带）……南至大海，……东南至大海二十七里，西南至大海千里。”此为唐代关于海南岛四至八到当中，由东南至西南大海的唯一记录。以振州为起点，由海上向西南千里为崖州都督府管辖海域。其边界已达今越南顺化东海岸附近海域。而今越南顺化一带属林邑郡，是岭南道属下一个政区，即振州南面的大海为唐朝政府管辖的海域，而振州以东海域为在海南所设置万安州管辖的海域。唐穆宗长庆三年（823年）工部尚书郑权出任岭南节度使，韩愈写过一篇《送郑尚书序》，说：“隶府之州，离府远者，至三千里，悬隔山海，使必数月而后能至。……其南州皆岸大海，多洲岛。帆风一日，棹数千里。……若岭南帅得其人，则一边尽治。”[12]岭南节度使所辖范围甚广，海中有很多洲岛，其所指当然包括南海诸岛。另外，随着自汉代以来远航事业的发展，海洋地理知识积累的增多和方位概念的丰富，“南海”这个概念渐渐发展为专指中国以南的海域，也指东南亚和印度洋诸地，范围有所扩大。到唐代又从“南海”区分出一个新概念“西南海”，见于《新唐书·西域传》，专指北印度洋。但另据段成式《酉阳杂俎》所记，“西南海”又指东非沿海。不管怎样，自“西南海”概念产生以后，它比“南海”概念更准确，后为宋元明各朝沿用，均指北印度洋诸海。这在唐代开辟“广州通海夷道”中得到反映和验证，显见唐人海洋文化视野大为扩展。但就行政建置而言，唐代政治、军事力量抵达南海诸岛海域，能有效地维护海上航行安全，为周边国家相互友好往来进行经济文化交流，提供了有力保障。

三、南汉国对南海地区特殊行政建置

唐末，岭南一带为刘龑割据，建立南汉国，凡四主 55 年。其盛时尽有唐代岭南道之地，只是后来疆域大为缩小。但南汉国主要发展海上贸易，由此致富，被称为“小南强”。[13]在行政建置上，也颇有创新，这是指在南海盛产珍珠之海湾设立特殊政区媚川都，其一在雷州半岛与合浦之间的珠母湾（今北部湾），其二在东莞大步海（今香港新界大埔及其附近海域），拥有监管采珠军士两三千人。这是一种特殊行政建置，后为宋元继承，对海洋资源开发功不可没。

四、宋元对南海主权管理的扩大和深入

宋元时期，随着中国人民对南海和南海诸岛自然和人文地理特点认识的不断修正和深化，对它们的主权管理、开发利用也达到一个新阶段。

这时在涉及南海和南海诸岛的著作如周去非《岭外代答》、赵汝适《诸蕃志》、义太初纂《琼管志》（已佚）、汪大渊《岛夷志略》等之中，南海诸岛先后出现了“长沙”、“石塘”、“千里长沙”、“万里石塘”、“九乳螺洲”等名称。此后，它们成了南海各群岛的专有称呼，都泛指整个南海诸岛。宋政府为了适应南海开发新形势的需要，于宋神宗熙宁六年（1073 年）置琼管安抚司，统辖海南岛、南海诸岛及其附近海域。赵汝适《诸蕃志》说：“（唐）贞元五年（789 年）以琼为督府，今因之。……至吉阳（今三亚）乃海之极，亡复陆涂。外有洲曰乌里，曰苏吉浪，南对占城，西望真腊，东则千里长沙、万里石塘，渺茫无际，天水一色。……四郡凡十一县，悉隶广南西路。”[14]

宋政府还采取各种保卫措施，设立水军，加强海上巡逻，行使对南海和南海诸岛的主权。如宋太祖开宝四年（971 年）“命王师出戍，置巡海水军”，巡海范围南“至九乳螺洲，……占不劳山，……陵山东，其西南至大食、佛师子、天竺诸国”[15]。九乳螺洲即西沙群岛一带，而占不劳山和陵

山即为中越海域分界线。周去非也在其著作中更具体指出南海中有“长沙、石塘数万里”,“历上下竺与交洋,乃至中国之境”[16]。在这里,“交洋”即交趾洋,为现在北部湾。交趾洋与昆仑洋(今越南昆仑岛附近海域)一线亦为中越海域分界线。

元代,中国航海事业更加发达。元统治者好大喜功,元世祖至元二十九年(1292 年)派大将史弼领兵 5 000 人远征爪哇,“过七洲洋、万里石塘,历交趾、占城界”[17]。据悉,这支舰队先经西沙,也可能包括南沙发动进攻。这次军事行动虽因路途遥远而未能达到目的,但在征服南海上毕竟前进了一大步。元政府同时在海口港外设置白沙水军,负责海上巡逻,进一步加强对南海水域的管辖。

这样一来,宋元在政治和军事上对南海海洋的有效管辖,有力地保障了南海各项事业的发展,也是南海海洋文化发展远胜前代的一个原因。

五、明代对南海管理的全面加强

明代基于加强海疆地区的政治统治、防范倭寇和海盗侵扰,打击西方殖民主义者入侵,保护海上航行贸易安全,不断加强南海的海防,有效地捍卫了明朝的海陆国土安全。

海南岛作为南中国的海上交通枢纽,在海防上具有特殊重要意义,明初朱元璋就十分重视经略海南,在给守岛将士敕令中称之为“南溟奇甸”,“必遗仁勇者戍守”,[18]高度肯定了海南的特殊地位和作用。封建时代民族关系紧张,明统治者对黎族用兵连年,而反抗愈烈。洪武初,广西“诸蛮”又先后起义,仅海南黎族反抗斗争就达 20 多次[19],是全国次数最多地区,广西瑶民也不断起义。故采取分而治之办法,把海南与广西分开,也是巩固封建统治的策略之一。为此,在行政区划上作了重大调整。明洪武二年(1369 年)海南岛结束了历史上与广东大陆行政上分离状态,第一次划归广东。[20]自此它作为广东的一个地方行政区,面目大有改观。如果说在此以前,主要是由于水陆交通与红河下游、广西盆地关系密切(通过湘桂走廊、南北流江),而长期与广西同属一个政区的话,那么唐宋以降随着东南的开发，国内经济重心的转移，徐闻合浦作为早期的对外交通中心已经逐渐衰落，从广州经本岛东部海域直下东西二洋成为主要航线。珠江三角洲经宋代以来的开发，已崛起为华南主要经济区，广州作为它的经济中心与本岛关系更加密切。海南许多优良港湾，成为南海航线上的停泊所和补给站，仅从这点看来，海南划归广东比留在广西要合理得多。

明代虽也严加海禁，但变化了的海洋局势，尤其倭寇、海盗活动、西方殖民主义者入侵，使明廷不得不加强海防，实行“文武相制”的军事监察制度，即武将出征也同时派出文官监军。陆上如此，海上防守建设也如此制。所置巡海防官员称巡察海道副使、巡视海道、巡视副使、海道等多个称谓。万历《大明会典》记载：“国初兵事，专任武臣，后以文臣监督；文臣重者曰总督，次曰巡抚。总督旧曰军门，而巡抚近皆赞理军务，或提督，详载都察院。其按察司官整饬兵备者，或副使，或佥事，或以他官兼副使、佥事；沿海者称海防道，兼分巡者，称分巡道，兼管粮者，称兵粮道。”[21]按照这一建制，全国设浙江海道、福建海道和广东海道。广东海道地位至为重要，故《苍梧总督军门志》称：“广东省会郡属错居海上，东起福建，西尽日南，沿洄六七千里，中间负海之众，无事则资海为生，有事则藉之为暴。自嘉靖末年倭夷窃发，连动闽浙，而潮惠奸民，乘时遘衅，外勾岛孽，内结山寨，恣其凶虐，屠城铲邑，沿海郡县殆人人机上矣。”[22]基于此，明代嘉靖年间广东海防分东、中、西三路，沿海设置卫、所、水寨等。另置广东按察司巡视海道副使兼广州兵备一员，系兵备兼理分巡，原驻广州，后移至宝安南头。其中，东路为惠州、潮州府所辖海域，惠州卫下设河源、龙川、长乐守御千户所；碣石卫下设甲子、捷胜、海丰、平海守御千户所；潮州卫下设大城、蓬州、靖海、海门、程乡守御千户所；中路是广州府所辖海域，计有广州左、右、前、后卫、清远卫、南海卫，下设东莞、大鹏守御千户所；广海卫下设香山、海朗、新会、新宁、增城、从化守御千户所；西路是高、雷、肇、廉、琼、钦等府州所辖海域，肇庆卫下设阳江、新兴、德庆、泷水、南乡、涵口、封门、雷林等守御千户所；神电卫下设双鱼、宁川、高州、信宜、阳春守御千户所；雷州卫下设锦囊、海安、海康、乐民、石城守御千户所；廉州卫下设永安、钦州、灵山守御千户所；海南卫下设清澜、万州、南山、儋州、昌化、崖州守御千户所。[23]这些卫所绝大部分沿海岸线分布，镇守附近海域，特别是险要之处，必派兵防守，海面则有巡哨制度，规定出讯日期、地点，以达到安边目的，故时人评曰："守队之制，亦云密矣。"[24]

在卫所以外，明嘉靖中，广东海防三路还设水寨，从潮州到廉州直下琼州，都有水寨以守。广东共设六个水寨，计有潮州柘林寨、惠州碣石寨、广州南头寨、肇庆北津寨、雷州白鸽寨、琼州白沙寨，其中西路占了三个水寨，为海防要区。水寨间设立会哨制度，即相互交换巡海情报，有利于联防出警。例如，北津水寨驻扎在阳江海陵岛，兵船从港口出发分两路巡哨，一路往东，至台山上下川岛，与中路的南头兵船会哨，取广海卫情报；一路往西，至电白县放鸡岛，与雷州白鸽寨兵船会哨。这样，广东沿海防务，由于水寨兵船相互会哨而变得更为严密而有效。

明代在卫所和水寨设立之同时，还设立烽堠传警制度。不过，这一制度执行较迟，万历二年（1574 年）规定在"沿海地方不拘十里或十二三三里，择其高阜去处，或就山顶可以瞭望四远者，即建墩台一所，……每墩拨军六名，一年一换"。凡遇警报，"日则举烟，夜则举火，仍放大铳三个，鸣锣，令一军机小旗，打小锣，将贼船数目，约贼若干，登犯地方情由，毋分雨夜，走报邻墩，一体传报"。[25]据载，阳江北津水寨防区沿线就有南洋、丹草、北津、合浦、赤水、潭村、黄村、白山、罗浮、南海、莲头、大陈、山尾、辅弼等多处烽堠，有效地传递海警信息。[26]

这样，明代由卫所一水寨一烽堠组成海防体系，相互配合，发挥拱卫海疆功能，对防范海盗，打击海上走私，保障南海交通畅通，起了重要作用。恰如清初潮阳县令蓝鼎元在《潮州海防图说》对明代广东东路海防评价那样："明人防海知设水寨于柘林，而不知南澳之不可弃，迁其民而虚其地，遂使倭奴、红彝盘踞猖獗，吴平、林凤、林道乾、许朝先、曾一本先后盗兵，边氓涂炭。万历年间，始设副总兵守之，国家镇以元戎，游魂永靖。盖闽、广上下要冲、厄塞险阻，外洋番舶必经之途，内洋盗贼必争之地，去留明效，固彰彰若此也。”[27]

明代地图编制始进入一个兴盛局面，涉海地图大量增加。比较重要的是明建文四年(1402年)绘制《混一疆理历代国都之图》，该图在南海中标有两个“石塘”和一个“长沙”。据其分布位置及地名注释上方“石塘”应为东沙群岛，下方“石塘”，应为南沙群岛，居中的“长沙”应为西沙群岛。稍后的张天复《皇舆考》中《东南海夷图》也沿袭了《混一疆理历代国都之图》的画法。此外，张燮《东西洋考》全图也绘有“石塘”和“长沙”，地方性地图中涉及南海地图也不在少数。广东最早一部省志嘉靖(戴璟)《广东通志初稿·卷首》即绘各府州地图，其中《琼州府地理图》清楚标示海南卫、沿海巡司位置，在图幅边缘注明“外连大海，直抵诸蕃”。《廉州府地理图》则注明“西南至交趾铜柱大海洋”。至嘉靖(黄佐)《广东通志》则在各府图经中绘上各自地图，其中《廉州府舆地图》曰“西南至交趾北大洋海”，《琼州府舆地图》东、西、南边缘均表示“外连大海到诸蕃”字样，对南海诸蕃关系更加明确。此外，明代《琼州府地图》、正德《琼台志》也有类似表示海洋内容。这是一些官修方志所见地图，代表官府海洋意识和海洋疆界概念。此外，以个人名义编纂地图同样反映作者对南海认识水平和海洋疆界视野，如嘉靖年间广东巡按御史姚虞编《岭海舆图》(一卷)、万历番禺人郭棐《粤大记》所附《广东沿海图》，即以海防形胜和布局为主要内容。如《香山县图幅》还特别标明“番船”，“番人房屋”字样，表示对租赁澳门葡人的注意。《广东沿海图》还表示日本、朝鲜、大琉球、小琉球地名，标示倭寇从日本五岛分东、中、西三路入寇东路、广州、惠潮、泉漳、福兴；中路温州、台州、宁波、钱塘、松江、扬子江、淮安等；西路朝鲜、直沽的路线，海防观念和布局十分清楚。明代除《郑和航海图》表示经过南海地名以外，广东郑舜功《日本一览》也附有中日之间交通路线与地图，称《桴海图经》(三卷)。明嘉靖郑若曾出于防倭编的《筹海图编》内有《广东沿海郡县图》；罗洪先《广舆图》卷中附图，不仅有广东大陆，也包括南沙群岛，充分反映了明代以地图形式表达南海的海洋意识，海疆界线都十分明朗，海防空间也同步扩展到更广阔的海域了。

六、清代南海传统疆域的确定与中国政府的制度化主权管辖

明朝在南海地区的行政建置为清朝继承,保障了对所属海区管辖和开发的连续性和稳定性。清代,"千里长沙"、"万里石塘"划归琼州府管辖。有关防务分由海口营、崖州营、儋州营负责。其中,"海口营分管洋面,东自乐会(今琼海)博敖港起,西至临高县进马角止,共巡洋面一千一百余里。北接雷州府海安营洋界,西接儋州营洋界,外通钦州大洋,东接崖州协洋界,外通闽、浙两省及东南诸番";"崖州协水师营分管洋面,东自万州东澳港起,西至昌化县四更沙止,共巡洋面一千里。南面直接暹罗、占城夷洋,西接儋州营洋界,东接海口营洋界";"儋州营分巡洋面,南自昌化县四更沙起,北至临高进马角止,共巡海道五百余里,西接廉州洋界,外通越南夷洋,顺风三日可至,南接崖州协洋界,北接海口营界"[28]。因此,整个南海诸岛海域都在海口、崖州和儋州营巡逻、防守范围以内。康熙年间,广东水师副将吴升率领水师巡海,"自琼崖,历铜鼓,经七洲洋、四更沙,周遭三千里,躬自巡视,地方宁谧"[29]。道光十二年(1832 年)清政府制定巡海会哨制度,规定每年四月和十月的十日为巡海会哨日期,南海巡逻更加制度化和完善有效。这样,南海在行政建置和军事防守上都有了制度化的保障,提供了作为中国领土主权无可争议的证据。

清王朝达到我国历史版图最大时期,也扩展到南海最南边缘。作为国家领土主权标志的地图反映了这一疆域变迁,也是海洋管理制度的一种表现。清康熙四十八年(1709 年)清政府实测绘制的《大清中外天下全图》中,继续绘有"万里长沙"、"万里石塘"。特别要提出的是高凉总兵陈伦炯在雍正八年(1730 年)所著《海国闻见录》中所附《四海总图》,是现在能见到的关于南海诸岛的较早的地图。这幅图上写的"气"和"沙头"指的是东沙群岛;"长沙"指中沙群岛;"七洲洋"指西沙群岛;"石塘"则为南沙群岛,并把南沙的太平岛叫做"南沙马峙"。该图包括了南海诸岛全部海域,也是明确把南海诸岛划分为四大群岛的开始,以后被各类著作所转载。道光二十二年(1842 年)林则徐、魏源在《海国图志·南洋各国沿革

图》上，在珠崖之下，依次标明“万里长沙”和“千里石塘”，分别指今西沙和南沙群岛。光绪十七年(1891年)彭玉麟、王之春撰《国朝柔远记》，在《环海全图》上，广东海面顺序标明“沙头气”、“长沙”、“石塘”，在琼州东南方标明“七洲洋”。从方向判断，“沙头气”是指今东沙，“长沙”是指今中沙，“七洲洋”是指今西沙，“石塘”是指今南沙群岛。宣统二年(1910年)广东水师提督李准绘制《广东水师国防要塞图说》中有《西沙群岛图》(已佚)，在图说中再次重申西沙群岛为我国领土主权。

除了上述舆图以外，清代各种地图对南海诸岛记载的还很多。如雍正二年(1724年)《清直省分图》、乾隆二十二年(1757年)《大清一统天下全图》、嘉庆五年(1800年)《清绘府州县厅总图》，以及嘉庆二十二年(1817年)《大清一统天下全图》等，把西沙、南沙群岛分别标绘为“万里长沙”、“万里石塘”而列入清朝版图。说明对南海各海区认识更加详细、具体和深入，牢牢地树立起对南海的海洋国土和疆域、版图概念。

明清时期，记载南海和南海诸岛的典籍比以往任何时代都多，其中不少是中国对它们拥有主权的记载。明正德《琼台志》指出海南岛“外匝大海，接乌里、苏密、吉浪之州，南则占城，西则真腊、交趾，东则千里长沙、万里石塘，东北远接广东、闽、浙，近接至钦、廉、高、化”[30]。明代广东东莞县南亭门，为过去海舶发航地点，明黄衷《海语》指出，自南亭门放洋南行，“分水在占城之外罗海中，沙屿隐隐，如门限，延绵横亘不知其几百里，巨浪拍天，异于常海。由马鞍山抵旧港(今印度尼西亚苏门答腊东南岸巨港一带)，东注为诸番之路，西注为朱崖、儋耳之路。天地设险，以域(划)华夷者也”[31]。这里所说分水界线外罗海(洋)，指今越南中部广东群岛附近海面。乾隆四十六年(1781年)暹罗(泰国)使者丕雅·摩诃·奴婆来中国，途经这一海区，在所撰《广东纪行诗》中写道：[32]

二日揖山光，山影连绵长。
前进复二日，始达外罗洋，
自此通粤道，远城迷渺茫。
滨海皆大郭，处处进例香。

横山迤逦至，地属越南邦。

至此边界尽，针转折东方。

……

道是中华土，闻之喜洋洋。

这不但是一首很优美动人的诗歌，而且这位暹罗使者在此公正地指出了外罗洋一带为中越两国水域的分界线。后人研究指出该诗所记路程与我国文献《清通考》卷297所著录相符合，并说暹罗使者从曼谷起航，船行27日半“达外罗洋（Walo），过此则入中国境，入老万港抵澳门，并是碇泊，计程三十三昼夜云”[33]。在清代著作中，一般把西沙群岛称为“万里长沙”。成书于道光二十四年（1844年），谢清高口述、杨炳南笔录的《海录》明确指出：“万里长沙者，海中浮沙也，长数千里，为安南外屏。”[34]深谙域外地理的魏源也同时说：“凡往来商船，由厦门至广南者，先过安南界，历七洲洋，向广南外之占毕罗山，即入其境。”[35]按占毕罗山即今越南中部岘港附近的占婆岛，在上述广东群岛以南，西沙群岛以西，为古代中西海上交通所经。连越南古代著作《大南一统志》也认为：“大占屿，一名尖笔峰，古名占不劳力。……本国与外国越海者以此为准，往返皆停泊，取薪水。”[36]其作为中越海域一个分界的意义十分清楚。

明隆庆元年（1567年）明政府开始取消海禁，大力发展中国与邻近诸国和印度洋的海上交通。清康熙二十三年（1684年）清政府宣布开放海禁，翌年下令“开海贸易”，我国对南海和南海诸岛的地理认识继郑和远航以后更处于进一步发展之中。仅南海诸岛的命名，就更加复杂化。在宋元时期，一般以“长沙”（或“千里长沙”）称呼西沙群岛，“石塘”（或“万里石塘”）称呼南沙群岛。明代除因袭以上称呼以外，还有一种互相倒置对换的说法，即以“长沙”（“千里长沙”、“万里长沙”、“万里长堤”等）指南沙群岛，而把“石塘”（“千里石塘”、“万里石塘”）指西沙群岛（也可能包括中沙群岛）。入清以后，南海诸岛的名称有20多种，记述的图籍不下70种。在上述名称基础上，还提出“石塘海”、“石星石塘”、“万生石塘屿”、“石汊”等新的名称。据清代历年18种地图对南海诸岛的注记[37]，今东沙群岛多称“气沙头”、“气”或“沙头”，中沙群岛一律称“长沙”，西沙群岛称“七洲洋”，而南沙群岛一律称“石塘”。至于“南海诸岛”一词，是康熙四十九年(1710年)由徐葆光在《中山传信录》中首次提出的[38]。该书作者为康熙时进士，官至编修，曾出使日本，所撰为一部重要域外地理作品。尽管以上地名所包括的地域概念有差异，所指今天的岛群也有明暗、广狭之不同，但基本事实不外三种：即泛指整个南海诸岛，混指南海诸岛中的某两三个岛群，专指南海诸岛中的某一特定岛群。这得视具体史籍、地名在图中的方位及四邻情况，才能确定某个名称究竟是指哪一个区域。

今天南海诸岛各岛礁洲滩等名称，主要是明清时期确定、沿用下来的，并且与我国人民航海、巡防、生产活动、历史人物以及古代官职和其他地名有关，充分反映南海诸岛与祖国大陆有不可分割的联系。这些地名除与郑和下西洋有关的地名以外，还有更多的地名是与中国政府管辖这岛礁的活动或中国历史名人密切相关的。宣统元年(1909年)四月一日，清政府派广东水师提督李准率领170余人，分乘“伏波”、“广金”、“琛航”三艘军舰到西沙群岛等地勘察和巡视。因这次巡海而命名的有李准滩、甘泉岛(发现泉水)、珊瑚岛(发现岛上多珊瑚)、人骏滩(张人骏，清末管理、开发南海的地方官，曾任两广总督)，以及琛航岛、广金岛等。以我国历代著名人物命名的有赵述岛(赵述，明驻三佛齐使节)、嵩焘滩(郭嵩焘，清末出使英法)、鲁班暗沙(鲁班，古代木匠)、屈原礁(爱国诗人屈原，楚国大臣)、大渊滩(汪大渊，元末航海家)、东坡滩(苏东坡，宋代文学家)、巩珍礁(巩珍，随郑和下西洋的明代航海家)、阳明礁(王阳明，即王守仁，明朝哲学家、教育家)、孔明礁(诸葛亮，字孔明，蜀国政治家、军事家)、康泰滩(康泰，三国时著名旅行家)、朱应滩(朱应，三国吴人，中国最早到海外旅行家之一)、常骏暗沙(常骏，隋代出使赤土国)、义净礁(义净，唐代名僧、旅行家和翻译家)、法显暗沙(法显，东晋名僧，杰出旅行家和翻译家)。以我国古代官职命名的地名有伏波滩(伏波为汉代将军名号)、校尉暗沙(校尉为汉代军职)、都护暗沙(都护为古代官名)、金吾暗沙(金吾，即执金吾，掌管京师治安长官)、华夏暗沙(华夏，古代汉族自称，亦作诸夏)等。以我国其他地名命名的有漳溪礁(漳溪,韩江支流)、浔江暗沙(浔江为西江在广西桂平至梧州一段)、海口礁(海口,海南省会)、普宁暗沙(普宁,广东县名),南海礁(南海,一是南海县,二是南中国海)、海康暗沙(海康,广东县名,在雷州半岛)、海安礁(海安,徐闻县南港口)、潭门礁(潭门,琼海县东港口)、琼礁(琼,海南省简称)、琼台礁(琼台,旧址在琼山县城)等。这类地名绝大部分源于两广,为人类活动产生的制度文化转移方式之一。

七、鸦片战争后中国政府和人民维护南海领土主权的斗争

鸦片战争以后,英、法、德、俄、美、日等帝国主义列强相继侵入我国,他们对南海的侵略活动也有增无已,从此开始了中国政府和人民维护南海领土主权斗争的历史。

西方列强觊觎南海的活动由来已久。早在1701年,英船"马恰力士非尔特"号(Macclesfeild)测量中沙群岛[39],故西方称中沙群岛为马恰力士非尔特滩。1800年,英国商船"蓬勃"号(亦译"孟买"号,Bombay)到达西沙群岛高尖石;1807年葡萄牙船"乌拉多"号(Vulador)入侵玉琢礁;1808年英国人罗斯(Ross)与莫汉(Mallghail)擅自测量西沙群岛;1815年英船"调查者"号(Investigator)船主莫汉入侵中建岛[40]。1813年以前已有西方人士测量东沙群岛[41]。1835年,美国也派遣舰只到南中国海进行所谓"调查"。沙皇俄国为了与英美争夺太平洋霸权,更不甘落后,先后派军舰到南海游弋,计有"希望"号(1805年)、"纳瓦"号(1806年)、"抑里克"号(1819年)、"堪察加"号(1819年)、"波罗的诺"号(1820年)、"企业"号(1826年)、"克罗特基"号(1827年)、"谢尼亚文"号(1829年)、"小行星"号(1853年)、"勇士"号(1889年)等。这一时期,帝国主义列强动辄以航行安全为借口,擅自调查我南海诸岛,编制海图,设置灯塔等。现在南海诸岛许多外文名称,大部分是帝国主义在这个时期擅自命名的。例如,1866年英国人蒲拉他士(Pratas)遇风到东沙岛,到1894年,英国海军海道测量局便擅自以其名蒲拉他士为岛名;1866年英国船主里德(Reed)、沃德(Ward)、堤闸(Tizard)在西沙、南沙群岛擅自测量,故将南

海郑和群礁取名为堤闸滩(Tizard Bank);1867年英船“来福门”号擅自测量南沙,该船人员在太平岛询得我国渔民对该岛的海南名称黄山马,英文名称为依都阿巴(Itu Aba)。据有关专门研究,外国人对南海诸岛命名的英文地名来源,以外国人姓名居多。如中沙礼乐滩称为Reed Bank,Reed为英国船长;东沙群岛北卫滩和南卫滩称为North Vereker和South Vereker,Vereker(Hon F. C. P. Vereker)亦为英国船长;南沙乐斯暗沙,乐斯即为英国海军上尉V. H. Lys;南沙雄南礁1885年被定名为Marie Louise Bank,Marie Louise即为拿破仑第二个妻子(1791～1847年);另有以外国小说家、指挥官、皇帝,甚至总统等名字命名地名;也有法文地名,如宣德群岛命名为Grupe de I'Amphitrite,南沙南威岛命名为Ile de la Tempete,说明英、美、法等列强是长期侵略南海诸岛的主要势力。

20世纪初以来,又有日本侵略者闯入南海诸岛从事各种阴谋活动,并与其他帝国主义列强争夺海上霸权。1902～1906年,日本人西泽吉次受日本汤峙樟脑公司派遣,多次侵入东沙岛。1907年8月,西泽再次带领百余人,乘“四国丸”号,明火执仗地强占东沙岛。他们驱逐中国渔民,焚烧渔船,拆毁祖庙,挖掘坟墓,并把尸骨抛入海中,还将东沙岛改名为“西泽岛”,犯下滔天罪行。后经清政府多次交涉,并付出13万元的所谓赔偿费,始将东沙岛赎回。在西沙群岛,日本侵略者也采取同样的手段,进行杀鸡取卵、竭泽而渔式的掠夺。例如,1921～1930年,日本“南兴实业公司”在永兴岛偷采鸟粪磷矿达9万吨之多。对于南沙群岛,日本侵略者更不放过。在20世纪30年代以前,他们就对南沙进行过几次所谓“探险”。其中一次是1918年底,日本拉沙磷矿股份有限公司派遣退伍海军中佐小仓卯之助到达南沙,寻找所谓“无人之岛”,叫嚣要把它变为“大日本帝国的新领土”[42],小仓于1929年出版《暴风之岛——新南群岛发现记》一书,记述他们看到岛上有海南文昌渔民,还有窝棚、小庙和水井,在长岛(即太平岛)有一座水泥建成小庙,匾额上写的年代是“民国七年”(1918年)。在该书序言上,日本海军大佐水野广穗将小仓推崇为发现美洲新大陆的哥伦布。还有一个叫森圃氏的日本人,在回忆小仓诗中,有

“台风烈烈海涛狂，岛屿成群敌可防。中佐一探归我有，国威千载压南方”[43]，充分暴露日本帝国主义并吞南沙群岛的野心。而实际上，1918年7月，日本富商、贵族院议员桥本，已向外相内田呈请将南沙群岛划入日本版图[44]。1920年12月，拉沙公司又派遣预备役海军中佐副岛村八为队长共21人进行第二次探险。这次他们登上南沙的南钥岛、鸿庥岛、景宏岛、安波沙洲等，连上次共11岛，并对个别岛屿进行了精密调查，并继续开采鸟粪将南沙群岛改名为“新南群岛”，并向日本海军省提出呈请，要求将“新南群岛”并入日本帝国的版图，妄图永久霸占。此后，日本人于1921年和1923年再度探险南沙，并盗采岛上鸟粪数万吨。

日本在南沙的得手，早已引起英、法、美、荷等国的眼红和不安，其中又以法国为甚。法国侵略者于1858～1884年侵占越南并把它变为殖民地以后，更把魔爪伸入中国南方广东、广西和云南诸省，同时觊觎南海交通要冲的西沙和南沙群岛。1930年4月13日，法国趁日本人暂时离开南沙之隙，派遣军舰“麦里休士”号(Malicietlse)占领南威岛，并擅自将南威岛改名为“风暴岛”。1933年，法舰“亚斯脱洛拉”号(Astrolade)、“阿勒特”号(Alerte)及“达勒逊”号(Delan-essan)又先后侵入南沙群岛。同年7月25日，法国政府非法宣布占领北子岛、南子岛、中业岛、南钥岛、杨信沙洲、太平岛、鸿庥岛、南威岛和安波沙洲。此即所谓“南沙九岛事件”(时称九岛，实七岛)。这首先引起野心勃勃的日本的反对，在法国政府宣布这一占领之后，日本军舰“胜力”号开进南沙海域，与法对抗。

抗日战争时期，南海诸岛全部沦于敌手。1939年，日本政府将南海诸岛划入台湾总督府管辖，南沙群岛被改名为“新南群岛”，西沙群岛也改名为“平田群岛”，日本继续开采南沙的鸟粪资源。太平洋战争快结束时，盟军从南太平洋开始反攻，为控制南沙与日军展开激烈的争夺战，太平岛遭到盟军飞机的猛烈轰炸，日军以彻底失败告终。

外国侵略者在南海诸岛的一系列阴谋活动，早已引起清政府的警觉和注意。1883年德国政府派船擅自测量南海诸岛各岛屿，为清政府广东当局抗议后停止[45]。1902年以后日本人西泽吉次多次偷采东沙岛鸟粪磷矿和强占该岛事件发生后，清政府除派员与日方交涉以外，还派人前往东沙和西沙查勘。如1909年3月25日，粤督张人骏致电外务部："遍查海图及舆地各书，列有此岛（东沙岛），均指粤辖，证据已足。西泽擅自经营毁庙驱船，种种不合，实系日商侵夺，并非华人放弃。"[46]同年11月19日，广东当局派补用知府蔡康为代表乘"广海"舰前往正式收回东沙岛。当天中午鸣炮升旗，以兹庆贺和重申主权。1911年4月，英国人莫礼士等到东沙岛勘采磷矿，广东劝业道为此提出抗议。1933年法国"南沙九岛事件"发生以后，立即遭到我国朝野上下坚决反对。7月26日，国民政府外交部专电向法国政府提出严重抗议，指出南沙群岛"仅有我渔人居留岛上，在国际间确认中国领土"[47]。1933年8月西南政治会议议决"将九岛在粤版图之位置形势及经纬度证据等，详电回府，请据理向法严重抗议，务保领土完整"[48]。广东省政府"奉命向法当局提出抗议"[49]。各地工会、农会、船员、渔民及琼崖旅京同乡会等群众团体纷纷致电，请中国政府力争并抗议法国侵略行径。例如，上海总工会电文指出："我如默尔而息，不予抗议，则行见帝国主义得寸进尺鲸吞蚕食而已，大好领土或将悉非我有，贻患前途何堪设想，为此迫切电陈，复乞迅向法政府严重交涉，以杜觊觎。"浙江宁海县农会表示"本会谨率全县20万农民誓为后盾，敬祈从速力争，保持领土而固海防"。浙江绍兴商会电说："此例一开，国将不国，应请钧府严重交涉，誓必保此领土。"[50]而居留在南沙群岛上的中国渔民，即把法国三色国旗连旗杆一齐砍掉，埋在地下的标记也被挖去，抛入大海，大义凛然地维护了国家的尊严。

"南沙九岛事件"，特别是全国群起抗议和反对法国强占九岛高潮，推动国民政府更加重视维护南海诸岛主权的斗争。1934年12月21日，中国水陆地图审查委员会作出了审定中国南海各岛屿的华英岛名的决议。1935年1月审定公布了"中国南海各岛屿华英名对照表"，包括岛、沙洲、暗沙、暗礁及暗滩的名称132个，第一次将南海诸岛明确地分成四部分：东沙岛（即今东沙群岛）、西沙群岛、南沙群岛（今中沙群岛）和团沙群岛（今南沙群岛）。同年4月，该委员会专门绘制、刊行《中国南海各岛屿图》，比较详细地标绘了南海诸岛各岛屿、沙洲、滩礁的地图名和位置，成为以后地图界出版的重要依据。其实，早在1914年上海东亚图书馆胡晋绥编绘的《中华民国地理图·中华领域损失图》上已用一条连续线表示南海疆域，并在界线附近多处注明“中国领海界线”，这可能是迄今见到画线表示的南海诸岛最早地图。总之，民国时期用连续和不连续线段画法的中国政区地图或专门地图不下20种。

抗日战争胜利以后，中国政府派遣军舰接收南海诸岛。1947年，国民政府确定“南海领土范围应至曾母滩”（即曾母暗沙）[51]。

新中国成立后，南海诸岛的一部分岛屿也获得解放。至今南沙最大的太平岛、东沙的东沙岛为中国台湾军队驻守。但仍有一部分岛屿（主要在南沙群岛）为邻国所占据。

现时形成中国、菲律宾、马来西亚、文莱、越南五国共争南沙群岛局面。中国除台湾当局驻守太平岛外，所能控制的岛礁全部在高潮线以下，所控制海域几乎是少油带，形成严峻局面。中国政府曾先后多次发表庄严声明，指出：“南沙群岛、西沙群岛、中沙群岛和东沙群岛都是中国领土的一部分，中华人民共和国对这些岛屿具有无可争辩的主权。这些岛屿附近海域的资源也属于中国所有”，并一再重申：“中国是一个社会主义国家，我们从来不去侵占别人的领土，也决不容许别人侵占我国的领土。”台湾当局也对南海诸岛是中国领土一部分表示鲜明立场。1974年中越西沙之战爆发，蒋经国先生以（台湾）“国民政府”“行政院”院长身份向美国《时代》周刊记者发表谈话，指出：“许多年以前，我国政府（指台湾国民党当局）就曾在西沙保持一支武装力量。这支力量只是整个海南岛防御系统的一部分。我们撤出这支力量并不意味着放弃我们对西沙群岛的主权。……南沙群岛与台湾光复同时，从日本手中归还了中国。许多年以来，我们的士兵一直驻扎在南沙群岛的主要岛屿上，为了保卫这组群岛，我们将坚决做到可能做到的一切。我必须说明，我们的军队有赋予他们保卫领土的责任。”1988年，越南挑起“3·13海战”，台湾军方表示：“面对中共与越南开战，台湾应帮中共一边。我们同是炎黄子孙。”[52]这对企图染指、插手中国南海诸岛的外来势力，无疑是一个有力的回击。

第三节　海上丝绸之路与我国在南海传统疆域的形成

发轫于秦汉，延绵两千多年的海上丝绸之路，它的历史意义不仅在于商业贸易、友好往来和文化交流，而且对于我国在南海传统疆域的形成发展也是一个重要因素。阐明这条丝路形成、变迁作为边疆历史地理研究的一个重要任务，一方面有助于认识、巩固祖国海防，另一方面在今天实施《联合国海洋法公约》关于海洋国土的条款，也将提供重要历史证据和决策上不可或缺的参考。

一、我国在南海传统疆域的历史演变

秦汉统一岭南以后，《汉书·地理志》明确记载徐闻、合浦、日南是汉帝国海上丝绸之路的始发港。红河三角洲是汉帝国在岭南的经济中心，故汉武帝在这一带设置合浦、交趾、九真、日南郡，居岭南郡建置大部分，邻近海区也应纳入所在郡管辖范围。只是基于航海技术、造船水平等原因，航船须沿中南半岛海岸出航，转东南亚各地，则北部湾海域首先成为我国人民在南海的活动范围。广东省博物馆杨豪先生近年在印尼泗水、三宝垄、巴厘岛等城市的博物馆展品中看到有汉代粤式铜鼓，以广西铸造的数量最多，一些村寨建筑物大门饰青蛙雕刻，并采取“干栏”式建筑，说明汉代岭南居民可能假道丝绸之路迁居印尼一带。[53]

六朝时代，广州成为岭南政治中心，由广州首航丝绸之路开始使用海南岛东部海域，1974 年广东省博物馆考古人员在西沙群岛发现不少六朝文物，说明有些航船可能取道西沙海域南航；建国前有人在东沙群岛拾得汉代五铢钱，显示我国人民有可能在这一带活动。

唐王朝空前强大，广州崛起为世界性港口，《新唐书·地理志》所记“广州通海夷道”经南海到达西亚、东非乃至欧洲，中外交流频繁，南海诸岛至迟从这时开始正式归入唐王朝疆域，确立了主权。

宋代,我国政府对南海诸岛及其海域管辖进一步加强了。除了设置琼管安抚司外,统辖海南全岛军政,并包括了对南海诸岛及其海域的管辖[55],还派遣"广南水师",加强海上巡逻[56],巡海范围在今西沙群岛、越南中部占婆岛和越南归仁附近[57]。

元代,在今海南海口港(习称秀英港)外设置白沙水军,负责海上巡逻,进一步加强对南海诸岛海域管辖。元也祖至元二十九年(1292 年)元大将史弼领兵 5 000 人远征爪畦,"发泉州,……过七洲洋,万里石塘,历交趾、占城界"[58]。这支舰队取道西沙也可能包括南沙海域发动进攻,虽以爪哇路途遥远未能成功,但显示元代海上活动范围比宋代更为宽广。

明代,海南岛、雷州半岛和北部湾北部沿海划归广东,形成现今(1987 年前)广东疆域,同时在广东边要设置琼州、雷州、廉州三府,具体实施对所属海域和岛群管理。洪武二十七年(1394 年)设海南卫,"于所部海面巡视,有警申报剿除"[59]。另据明王佐《琼台外纪》(已佚)明代海南万州辖"长沙"、"石塘",海军指挥佥事"统兵万余,巨舰 50 艘","巡视海道几万里",当时外国人称南海为"大明海"[60],确认明政府对南海诸岛及其海域主权和管理。明嘉靖黄衷根据舟师海贾经历所撰《海语》一书指出"分水(界)在占城之外罗海中,沙屿隐隐,……东注为诸蕃之路,西注为朱崖、儋耳之路,天地设险,以域(划)华夷者也"[61]。这里所说分水(界)外罗海(洋)指今越南中部广东群岛附近海面,继承宋元时期在这一带海域分界线。

清代因袭明代对南海诸岛及其海域管辖,"千里长沙"、"万里石塘"划归琼州府管辖,有关防务分由海口营、崖州营、儋州营负责,巡海范围同样覆盖整个南海诸岛及其海域。志称其中崖州营水师"共巡洋面一千里。南面直接暹罗、占城夷洋"[62],即达南沙群岛海域,比上述明代所说分水界外罗海要南得多。康熙四十九年(1710 年)由徐葆光修《中山传信录》首次提出将南海各岛群统称为"南海诸岛",说明清政府已对分散在南海的各部分岛群作为一个体系加以管辖。

鸦片战争后,南海诸岛为日、法、英等外国势力觊觎,二次大战时全部沦于日军手中，抗战胜利后才接收回祖国怀抱。1947 年 10 月中国政府确定中国边界四至及经纬度，其中最南边界定为北纬 4°的南沙群岛曾母暗沙。

新中国成立后，南海诸岛一部分岛屿获得解放，至今南沙最大的太平岛和东沙的东沙岛为中国台湾军队驻守，也有一部分岛屿（主要在南沙）为邻国占领。我国政府曾先后多次声明“南沙群岛、西沙群岛、中沙群岛和东沙群岛都是中国领土的一部分，中华人民共和国对这些岛屿具有无可争辩的主权。这些岛屿附近的资源也属于中国所有”。

二、海上丝路对我国在南海传统疆域形成的历史作用

我国在南海的传统疆域是多种因素历史发展的结果，而海上丝路作为我国与周边国家政治、经济、文化等交流的强大通道，在其中的作用是巨大、无可置疑的，这也是今天研究海上丝路的一个要旨。

1. 南海丝路溯源

先秦时期，岭南先民就活跃在南海上，生活在南海周边的古越人属水居部族，因此海岸带上至今仍保存不少贝丘和沙丘遗址，是这些古越人食用海产留下的物证。三国以前广州称“番禺”，古越语意为盐村，为古越人原始聚落，曾与周边地区发生民间海上贸易往来。先秦著作《尔雅》有“南方之美者，有梁山之犀象焉”之说，而据广州汉初南越王墓出土象牙属非洲象而不是亚洲象来判断，这些象牙为舶来品，产于南洋各地，故《古本竹书纪年》也载魏襄王七年（公元前 312 年）越王使公师隅出使魏国通好，称“来献乘舟始罔，及舟三百，箭五百万，犀角、象牙”。又据研究，战国时西亚巴比伦人已航海到南海，希腊人记载我国丝绸也由海陆路输入[63]。这说明在海上丝绸之路兴起之前，岭南先民已迈开认识和利用海洋的第一步。另有考古学家和人类学家认为，海南岛黎族祖先有一部分是从东南亚漂流南海进入岛上的[64]。倘如此，则南海诸岛作为我国大陆与东南亚地区的联结点，可能会有一部分黎族先人在那里活动过，而^{14}C测定，南海诸岛大部分岛屿露出水面时间距今约 5 000 年，与岭南新石器时间大

致吻合。在南太平洋波利尼西亚群岛、社会群岛和苏拉威西以及北婆罗洲一带，均发现古越人新石器特有的有段石锛，表明古越人可能航海到此。1976年广西贵县罗泊湾汉墓出土一面铜鼓，鼓身绘有双身船纹图案，形式与现在太平洋诸群岛(如汤加、萨摩亚)各民族使用的双身独木舟极为相似，同样隐示古越人早就走向海洋，其冲要之区当是南海诸岛。

2. 南海丝路考古证据

南海丝路所经海区，风大流急，不少是航海高危险区，或由于海难、或航海人员登陆，以及渔民生产作业等原因，在南海诸岛及其海域保存不少文物，是我国人民开发、利用南海资源的物证。

东沙岛现为交通要冲，是通向香港、马尼拉、高雄的门户，在明《郑和航海图》上标为“石星石塘”。新中国建立前岛上发现汉代五铢钱，1974年又发现从唐代到明代铜钱300多枚。另有清初修建的大王庙、天后宫及同治年间我国渔民坟墓130多座。

西沙群岛文物及遗迹遗址最多，1974年以来发现唐宋元明清各代瓷器一批，计有青釉罐、青白釉彩瓷、碗、碟、盘等，其中宋瓷风格与广州西村皇帝岗、潮州笔架山、廉江窑头村宋窑风格一致；西沙多个岛礁采集到大批铜钱，至1974年5月达297.5公斤，80 706枚，从新莽“大泉五十”，东汉、西魏五铢钱，唐“开元通宝”、“乾元重宝”，北宋“宋元通宝”、“元丰通宝”，元代“至元通宝”、“至正通宝”，到朱元璋“大中通宝”等。这些铜钱很多是古代居民直接带到岛上的。另有大批铜锭、石狮、石柱、石磨以及多座古庙等，说明西沙为丝路贸易船只所经，或大陆居民在岛上留居。

距离大陆最遥远的南沙各小岛，虽未作文物调查，但也有我国风俗文化内涵的土地庙、石碑以及沉船、陶瓷器等物，同样显示它们是丝路通过或渔民留下的实物。

3. 丝路航经海区记载

除了海洋地貌、海况分布格局以外，丝绸之路也随航海技术和造船水平而变化，有关记载从各个侧面反映了我国在南海传统疆域的扩展。

据《汉书·地理志》、《后汉书·西南夷列传》和《大秦传》所载，秦汉时南海丝路航线有四条，一是由广州至今越南、柬埔寨航线，二是由广州至今印尼爪哇或苏门答腊航线，三是由广州至今印度、斯里兰卡航线，四是由广州至波斯湾转罗马帝国航线。这些航线皆经今广东西南、雷州半岛、海南岛西侧和北部湾海域。这些海域及海岛首先为我国人民认识和开发。

唐代，据《新唐书·地理志》所载"广州通海夷道"，从广州出发，经今九龙半岛、西沙、南沙海域，向西南航行达西亚和东非乃至欧洲，是沟通亚、非、欧海上丝路最长的航线。唐高宗咸亨二年(671 年)开始，僧人义净两次远航印度诸国，前后历时 25 年。据他本人叙述，从广州出发，直航占城，再转向佛逝(后称巨港，在今印尼)。这条航线经过西沙。另据《大唐西域求法高僧传》记述，当时西行求法僧徒约 60 人，其中半数走海道，可见南海航线已被广泛使用。唐玄宗天宝七年(748 年)鉴真和尚第五次东渡日本未成，在海上飘流 1 个多月，后抵振州。此前踏上一个不知名小岛，按当时风向、海流判断，鉴真一行曾在东沙、中沙、西沙一带飘流，那个不知名小岛应在南海诸岛范围内。

宋代，我国西北陆上丝路交通为西夏政权切断，南海丝路地位进一步上升，与广州通商国家多达 50 多个。大量文物显示南海诸岛海域为丝路航线所经。周去非《岭外代答·外国门》专设"航海外夷"条，列举大食(今伊朗一带)、阇婆(在今印尼)、三佛齐(唐称佛逝，后称巨港，在今印尼)等地都有航线至今广州，如从三佛齐"正北行，舟历上下竺与交洋，乃至中国之境。其欲至广(州)者，入自屯门"。另据马端临《文献通考》载，还有一个麻逸国(故地在今菲律宾)北宋初首次航海到广州[65]，此后与广州贸易不绝。这样，南海诸岛获得海上丝路交通枢纽地位，中沙群岛海域为新辟至菲律宾航线经过海区。

元代，我国奉行更加对外开放的政策，据陈大震《南海志·舶货》与广州有贸易往来的国家和地区有 140 多个。虽未辟新航线，但因福建泉州港地位上升，取道中沙、东沙航线更为繁忙，元代潮州成立录事司，港市也颇兴旺。元代著名航海家汪大渊在《岛夷志略·万里石塘》中指出由潮州发出三条地脉，“一脉至爪哇，一脉至勃泥及古里地闷（今帝汶岛），一脉至西洋遐昆仑之地。”地脉实为海底地貌，这三条地脉实际上是近代我国渔民在南海诸岛海域从事生产的三条作业线，它们把东沙、中沙、西沙和南沙四大群岛联成一体，说明对南海诸岛认识更加系统、深入，主权管理更加明确。

明清时期，我国虽然大部分时间严行海禁，但独留广州一口对外通商，所以南海丝路仍畅通无阻，且开辟了几条发自广州的新航线。一是明代由七洲洋（西沙）、占城附近海面南下抵爪哇海、帝汶岛航线。二是明中叶从欧洲绕非洲好望角入印度洋经南海抵广州航线。这条航线避开过去转东非和西亚大陆，使广州和欧洲往来更为畅顺。三是明末从广州经菲律宾到南美洲墨西哥航线，它进一步扩展了丝路延伸范围。此外，尚有明末广州至日本长崎，清代广州至大洋洲、广州至俄罗斯航线等。无论这些航线走向如何，它们基本上以西沙为中心展开，在西沙东西两侧形成两条常用航线。东侧一条叫“外沟航线”，西侧一条叫“内沟航线”。清谢清高口述、杨炳南笔录《海录·噶喇叭（雅加达）》指出这两条航线使用情况：“噶喇叭在南海中，海舶由往广东者，走内沟，则出万山（群岛）后，往西南行，经琼州，安南至昆仑。又南行约三四日到地盆山，万里长沙在其东。走外沟，则出万山后，向西南行少西，约四五日过红毛浅（中沙群岛），有沙滩在其中，约宽百余里，其极浅处止四丈五尺，过浅又行三四日到草鞋石，又四五日到地盆山，与内沟道合。”这两条航线至今仍在使用，如由新加坡直航香港，基本上走外沟，而内沟航线起于东西竺（即宋代上下竺）沿海岸到马来群岛，横渡泰国湾，再沿柬埔寨、越南海岸一直到岘港，转海南岛西南海域至广东沿海各港。明清时南海周边很多国家或为中国藩属国，或为葡荷等国殖民地，这些航线开辟和使用者主要是中国政府和中国人民，南海诸岛及其海域主权和管理理所当然是中国。

4. 南海丝路文化交流记载

假道南海丝路往来的不仅是商业贸易，且有中外文化交流，许多教士、使者、旅行家等的记载，同样有助于说明我国在南海的传统疆域的形成过程和特点。

东晋高僧法晋在《佛国记》(又名《法显传》)记载他于普安帝义熙八年(412 年)从印度、斯里兰卡回广州航程,从爪哇到广州 50 多天就够了。孙吴时出使扶南(今柬埔寨)的康泰和朱应,指出“涨海(南海)中,到珊珊洲,洲底有盘石,珊珊生其上”[66]。珊珊洲即南海中某一岛群,下有石质基底。隋大业三年至六年(607～610 年)常骏、王君政从广州出使赤土国(今马来半岛泰国东南),取道西沙和南沙西侧海域,对这一带海区有更多了解和记载。上述唐高僧义净取道南海游学天竺(印度)等国 25 年,所撰《大唐西域求法高僧传》二卷和《南海寄归内法传》四卷即有不少南海史地重要资料。

宋代指南针直接应用于航海,南海丝路上风帆浪舸,一派兴盛。赵汝适《诸蕃志》、周去非《岭外代答》等著作都记载了我国人民开发利用南海资源、实行主权管理、和南海周边地区人民友好往来的史实。如《诸蕃志・自序》说:“汝适被命以来,暇日阅诸蕃图,有所谓石床、长沙之险,交洋、竺屿之限。”即南海诸岛已出现在我国版(地)图上。元代旅行家汪大渊游历南海和印度洋沿岸国后所著《岛夷志略》总结了我国人民和旅行家在南海航行的经验,特别指出指南针在其中的作用,“故子午针(即指南针)人之命脉所系,苟非舟子之精明,鲜不覆且溺矣”。

明初,我国著名航海家郑和七下西洋,留下来许多关于南海诸岛的资料。入清以来,中外各界人士在南海活动更多。其中,以乾隆四十六年(1781 年)暹罗(泰国)使者丕雅・摩诃・奴婆的来华最有影响[67]。

5. 南海丝路地名显示证据

地名内涵、命名习惯反映了一个地理实体的性质。南海丝路经过南海广大海域,保留至今的南海诸岛地名,按照名从主人原则,也是南海诸岛为我国领土主权的见证。不过这些地名主要是明清时期确立并沿用下来的,与我国政府和人民在这一海区航海、巡防、生产活动等相关。按地名性质可分如下几类。

(1)与郑和下西洋相关地名:郑和群礁、永乐群岛、宣德群岛、晋卿岛

（即施晋卿，协助郑和航海，被封为宣慰使）、道明群礁（梁道明，南海人，久居三佛齐，雄视一方）、杨信沙洲（杨信出使三佛齐）、尹庆群礁（尹庆为明成祖中官，出使西洋，配合郑和航海）、景宏岛、马欢岛、费信岛（三人为随郑和下西洋航海家）、巩珍礁（随郑和下西洋航海家）等。

（2）以历代旅行家、使节、高僧命名地名：法显暗沙、义净礁、常骏暗沙、朱应滩、森屏滩（即黄森屏，明出使婆罗洲）等。

（3）以官职、兵舰命名地名：伏波（汉水军将领）滩、校尉（汉代军职）暗沙、都护（古代官名）暗沙、金吾（又称执金吾，职掌京师治安）暗沙、琛航（清末巡西沙军舰号）岛、广金岛（同上）、人骏（张人骏，清末两广总督）滩等。

（4）以文化名人命名地名：鲁班（古代名工匠）暗沙、屈原（楚国诗人）礁、东坡（苏东坡）滩、阳明（王阳明，明代哲学家）礁、孔明（诸葛亮）礁等。

（5）以两广沿海江河、港口、州县命名地名：漳溪（韩江支流）礁、浔江（西江在广西桂平至梧州一段）暗沙、海口（海南省会）礁、普宁（广东一县）暗沙、南海（广东一县或南中国海）礁、海康（广东一县，今雷州市）暗沙、海安（徐闻县港口）礁、潭门（琼海县港口）礁、琼（海南简称）礁、琼台（琼山县城旧址）礁等[68]。

三、海上丝路与新海洋国土观念

从上述可知，海上丝路为我国在南海传统疆域的形成提供了重要的历史依据。这个传统海洋国土范围，按我国政府1958年9月4日关于领海的声明，领海宽度为12海里，1992年2月25日通过的关于我国领海毗连区法，又重申了12海里的领海宽度，并把毗连区的外部界限宽度规定为24海里。而1982年《联合国海洋法公约》提出了一项新的海洋法制度，其中规定沿海国可拥有200海里专属经济区。这一公约又提出了与专属经济区在区域上重叠的大陆架概念。这都与传统海洋国土概念有重大出入。我国是这一公约的签署国，故按有关规定我国可拥有300万平方公里专属经济区，即新的海洋国土。南海在我国沿边海区中面积最大，也是拥有新的海洋国土最多的海区。但问题的另一方面是，这同时加剧了与南海周边一些国家业已存在的以海洋权益为焦点的矛盾和斗争。我国在南海的海洋权益的历史和现实受损害的事件频繁，情况也最为尖锐复杂，应予充分注意和开展相关研究。

以上南海丝路历史发展证据，不仅适用于我国在南海传统疆域，也可为未来专属经济区和大陆架划分服务。因为海上丝路穿越南海广大海区，而关于它的历史典籍、遗物遗迹并不囿于传统疆域之内。如据清代18种地图对南海诸岛的注记[69]，今东沙群岛多称“气沙头”、“气”或“沙”，中沙群岛一律称“长沙”，西沙群岛称“七洲洋”，而南沙群岛一律称“石塘”。这些地名所包括的海区概念对今天岛屿有明暗、广狭之不同，可泛指整个南海诸岛，可混指其中二三个岛群，或特指某一岛群，这都视具体史籍、地名在地图中方向及四邻情况而定。而我国在南海传统疆域所涉及的海区仅是南海很小的一部分，而范围更广泛的专属经济区和大陆架划分需要数量更多的历史证据和更加深入的研究。海上丝路历史研究将大有裨益于这个要求，为改变人们传统海洋国土观念，为拥有、管好、用好新的海洋国土，保障《联合国海洋法公约》所赋予的海洋权益不受侵犯和破坏服务。

第四节　南海九段线的形成及其意义

近年来，南海局势波谲云诡，阴霾密布，南海周边一些国家纷纷宣布和划定自己的海疆界线，确定自己的海洋国土范围，开发那里的海洋资源。而这些自行划定的海疆界线，犬牙交错，大部分突入我国在南海的传统疆域，有的甚至深入南海腹地，严重损害我国在南海的海洋权益，伤害我国在南海活动渔民、船只的事件也时有发生，由此不断加剧南海的紧张局势，正引起世界有关国家的关注和不安。我国作为南海的最大一个主权国，无论从历史形成的对南海的传统疆域，还是按照《联合国海洋法公约》所赋予拥有专属经济区的范围，都享有这片海洋国土的一切海洋权益，包括对它的研究、考察、开发、利用、治理、保护等。南海海洋面积约为350万平方公里，属于我国传统疆域内的约200万平方公里，含这个海域内岛礁、沙洲及其附近海域，即为我国管辖的海洋国土。

世界海洋是一个整体，与陆地受山川分割而产生很多天然界线不一样，海洋国土的海洋主权或权益管理界线通常按历史习惯或由相关国家协商划定。其界线划分和表现形式显然与陆上国土不同。而我国在南海的传统疆域是以九段线来表示的，它享有崇高的法律地位和效力，并且是我国拥有南海传统疆域的依据。现在我国捍卫、保护、开发利用和管理的南海海洋国土，也在这九段线所划定的范围之内。因此，认识九段线由来、历史变迁及其意义，不仅有重要的海洋法建设价值，更有非同寻常的捍卫国家主权和领土完整，保障国家安全，建设海上强国的价值。

一、九段线的历史背景

南海诸岛及其附近海域自古以来属于我国领土主权范围，这是不争的历史事实。直到鸦片战争前夕，南海还是风平浪静的，我国和南海周边国家和平友好相处，共同守望这片蓝色海洋。但是，战后英、法、德、俄、美、日等帝国主义列强相继侵入我国，对南海诸岛的侵略有增无已，从此开始了我国政府和人民维护南海诸岛领海主权斗争的历史。

这其中发生过很多重大历史事件，其中有1902～1907年，日本人盗采东沙岛鸟粪，伤我渔民，擅改东沙岛为西泽岛等侵略行为。1921～1930年，日本“南兴实业公司”派员潜入西沙永兴岛盗采岛粪，构建非法建筑。第一次世界大战期间及战后，日本多次入侵南沙群岛，盗采鸟粪，测量地形，构筑各种设施，叫嚣将南沙群岛变为“大日本帝国的新领土”[70,71]。日本在南沙的得手，早已引起英、法、美、荷等的眼红和不安，其中又以法国为甚。

1933年法国制造“南沙九岛事件”发生以后，立即遭到我国朝野上下坚决反对。特别是全国群起抗议和反对法国强占九岛高潮，推动国民政府更加重视维护南海诸岛主权的斗争。

二、九段线的历史演变

西方列强对南海诸岛的窥视和侵略，提醒我国有识之士应以在地图上划界方式，表示国家版图和领土主权。因为地图代表国家疆域和主权，古代献图等于献城，故有荆轲刺秦皇、图穷匕首现的故事。而对南海诸岛作为海洋国土的划界表示，可追溯到 20 世纪初。1914 年 12 月出版的《中华民国地理图・中华领域损失图》，是迄今见到画线表示南海诸岛的最早地图。此后，在 20 世纪 20 年代版的我国非官方地图上，对南海诸岛疆界，有用连续和不连续段线两种画法，所包括范围也不尽一致，也有不画海岛界线的(图 1—1)。直到 1936 年，著名地理学家河北师范大学白眉初(1876～1940 年)教授在一幅中学地理教学挂图上，第一次完整地将整个南海诸岛画上，并将北纬 4°曾母暗沙作为中国最南端范围。但这是一条连续线，同年，该图由北平(京)建设图书馆出版发行，称为《中华建设新图・海疆南展后之中国全图》。其后，中国政府和出版界都沿用白眉初地图画法。民国时期以这种画法编绘的中国政区图或专门地图不下 20 种。

抗日战争时期，南海诸岛全都沦于敌手。1939 年，日本政府将南海诸岛划入台湾总督府管辖，南沙群岛被改名为“新南群岛”，西沙群岛也改名为“平田群岛”，日本继续开采南沙的鸟粪资源。日本把南沙一些岛屿作为“南进”的基地，成为其太平洋环形防线的一部分。如日本占领太平岛的 10 余年期间，就在岛上修建了军用仓库、码头、无线电台、防空掩体，还有临时飞机跑道等军事设施。太平洋战争快结束时，盟军从南太平洋开始反攻，为控制南沙与日军展开激烈的争夺战，太平岛遭到盟军飞机的猛烈轰炸。1946 年中国海军接收太平岛时，就发现岛上尚有 10 余枚未爆炸的 500 磅巨型炸弹，海滩上遗弃的弹药比比皆是，海岸附近还有沉船多艘，退潮时露出桅杆。在太平岛北 6 海里敦谦沙洲还有一架坠毁的美机残骸。可知美、日海空军在此曾进行过一场恶战。

抗日战争胜利以后，1946 年冬和 1947 年春，中国政府在各国公认之下，派遣"太平"、"中业"、"永兴"、"中建"四艘军舰前往接收南海诸岛。其中，"永兴"、"中建"两舰接收西沙，"太平"、"中业"两舰接收南沙，"太平"舰后又奉命接收东沙岛。我国接收人员在西沙永兴岛举行立碑、鸣炮、升旗仪式，以志庆贺，宣告中外；在南沙太平岛也举行同样仪式，并派兵驻守。与此同时，还实测和绘制了南海诸岛地图，包括《南海诸岛位置图》(1∶400 万)、《西沙群岛图》(1∶35 万)、《中沙群岛图》(1∶35 万)、《南沙群岛图》(1∶200 万)、《太平岛图》、《永兴岛图》等。在《南海诸岛位置图》上所标四大群岛名称与今天地图完全一致。1947 年 4 月，国民政府内政部(方域司)、国防部、外交部、海军部开会确定，"南海领土范围应至曾母滩(即曾母暗沙)"[72]。1947 年 12 月 1 日，内政部重新正式审定南海诸岛地名 172 个，公布中外。原南沙群岛改称中沙群岛，团沙群岛改称南沙群岛(图 1—2)。当时并无任何国家对此提出异议。1947 年 6 月 11～15 日，广东省政府在广州举办一次具有学术性和国防性的西沙、南沙群岛物产展览会，公开展出各种实物、标本、图片、图表以及历史文物等珍贵资料，曾引起各界人士的重视，参观者达 30 余万人次。1947 年 10 月，中国政府确定中国边界四至地点及其经纬度，最南边界定为北纬 4°的南沙群岛曾母暗沙。

而上述 1947 年中国政府正式出版《南海诸岛位置图》即使用 11 段断续国界线来标示中国管辖的岛礁、沙洲及其附近水域范围，即为中国管辖的海洋国土，面积约 200 万平方公里。当时并无任何国家对此提出异议，并且很多国家，包括南海周边国家以及苏联、日本、法国、德国、英国出版的地图也画上 11 段线，并标明归属中国。

新中国成立之初，我国仍保留 11 段线画法，只在 1953 年以后，由于某种原因，取消了北部湾的两条界线，成为现在 9 段线断续国界线，称为 U 形线，或史称南海传统海疆线，广见于我国出版的各类地图(图 1—3)。由于该线画法采用国际通用的国界线画法，有别于陆上国界线，且符合 1982 年《联合国海洋法公约》有关规定，因此这条线至今仍是有效的，是图丙：

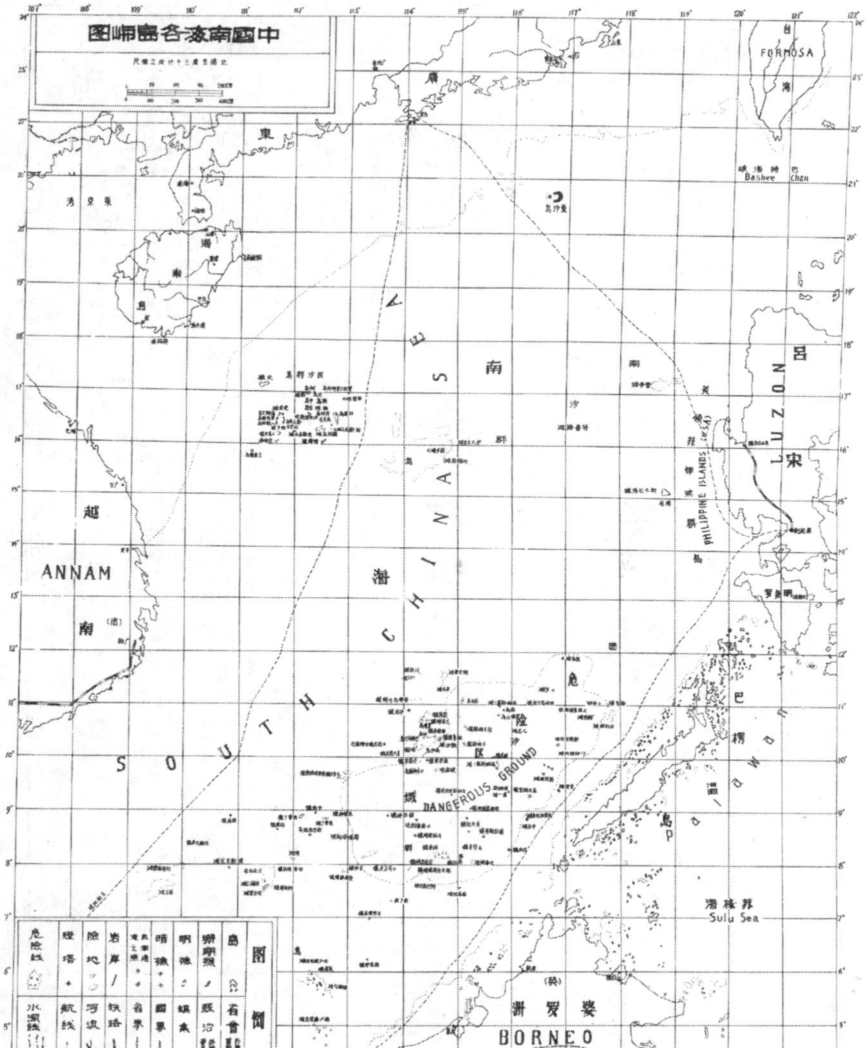

说明：本图是根据原图缩小复制。见《水陆地图审查委员会会刊》第一期，1935年1月。

图 1—1　1935 年南海诸岛

（资料来源：广东省地名委员会：《南海诸岛地名资料汇编》，广东省地图出版社，1997 年。）

图丙 2

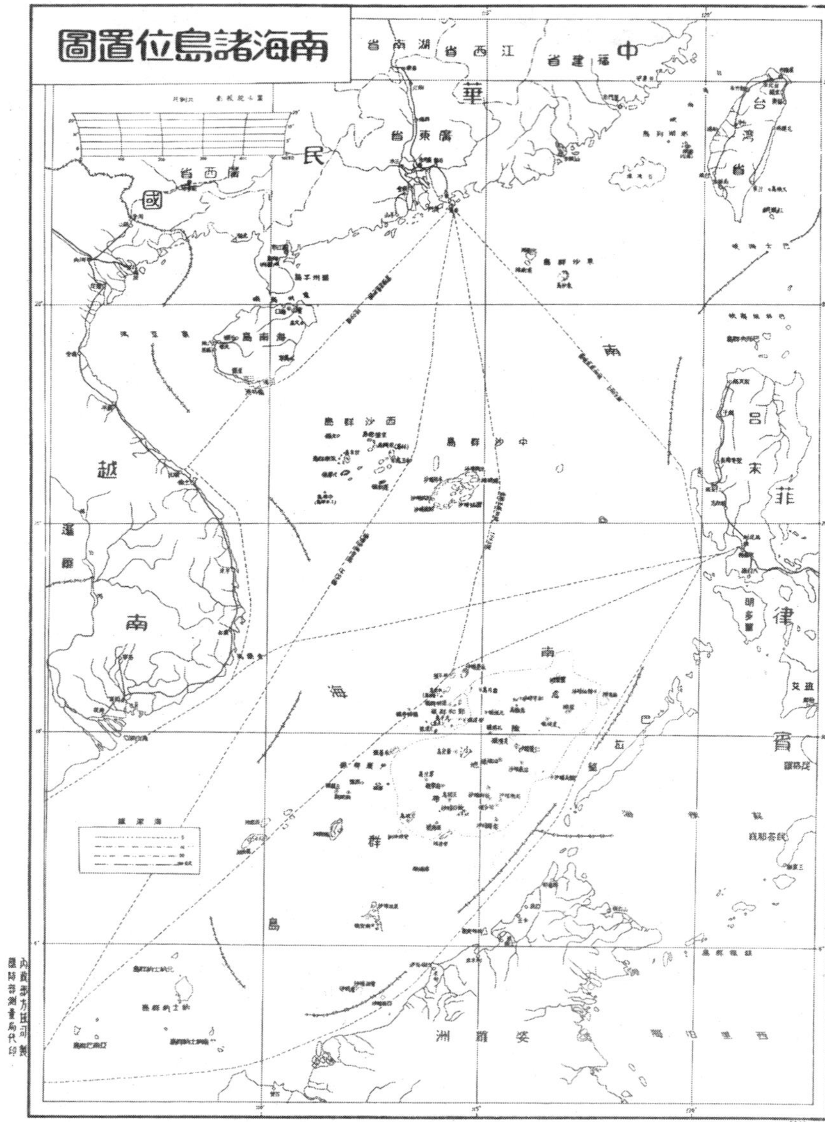

说明：本图是根据原图缩小复制

图 1—2 1947 年南海诸岛

（资料来源：广东省地名委员会：《南海诸岛地名资料汇编》，广东省地图出版社，1997 年。）

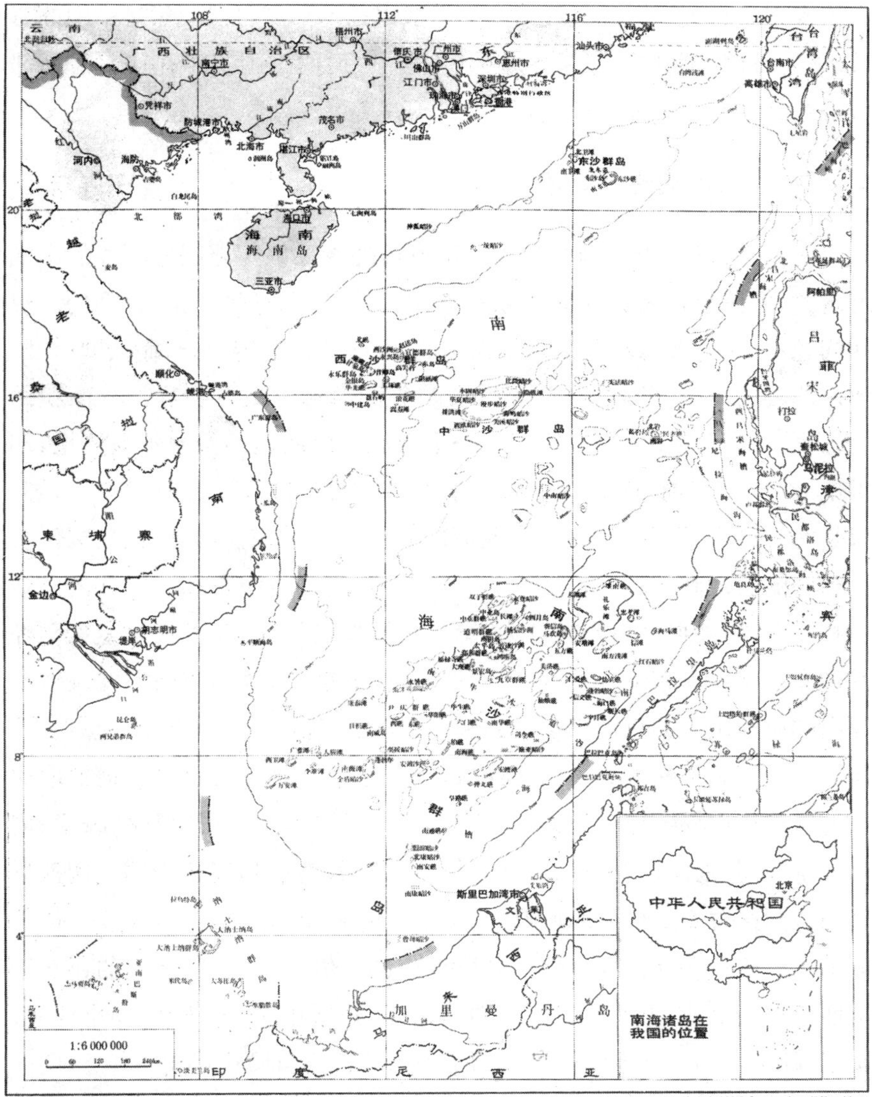

中国南海海洋国土概貌图

资料来源：中国地图出版社《南海诸岛》1999年5月第3版

图 1—3　1953 年南海诸岛

（资料来源:《南海诸岛》,中国地图出版社,1999 年。）

中国南海海洋国土的国界线。在该段线以内的海域自然而然是中国的海域,该海域内的岛礁等就是中国的领土。这说明中国不存在在南海与邻国重新划分海上边界线的问题。

三、九段线面临的问题

南海九段线,当初画时是按照南海最外缘岛礁与邻国等距离的中线划定的,实际上已考虑相邻国家的海洋权益,所以它是公正、合理的。现在问题在于,这条海疆界线是不连续的,有些还是未定部分,而按《联合国海洋法公约》有关条款,有些海域会与邻国海域有重叠。这部分面积约80万平方公里,成为归属争端的一个根源。但问题的实质不在这里,20世纪80年代以前,南海政治风云平静,很少或可以说无海洋权益争端。只是80年代以后,南海海底发现丰富油气资源,仅南沙群岛在我国传统海疆内的石油和天然气含量就达225亿吨,足可与中东和波斯湾的储油量相媲美,南沙群岛由此被誉为"第二个波斯湾"。这些巨大聚宝盆已经并正在给有关国家带来可观经济利益。受此驱动,我国在南海九段线范围内的海洋国土和权益不断受到侵犯和挑战,包括南沙大部分岛礁被占,海底油气资源不断被非法勘探开采,一条条输油管正日复一日地抽取这里油气输往世界各地。而据2006年9月7日《羊城晚报》引述《瞭望》周刊文章披露,南沙群岛海域1 000多口油井,没有一口属于中国。南沙群岛周边国家每年从南沙海域开采石油超过6 000万吨,天然气546亿立方米。这些油井绝大部分位于九段线中国一侧海域,特别严重的还在于南沙群岛的岛礁,几乎全部落入外人手里,形成中国、菲律宾、马来西亚、文莱、越南五国共处南沙群岛局面。中国除台湾当局驻守太平岛外,所能控制的岛礁全部在高潮线以下,所控制海域几乎是少油带,形成严峻局面。

面对如此严峻局势,坚持南海九段线的法律地位,也是捍卫南海领土主权的基础。故我国有关方面,十分重视南海九段线的作为海洋国界线的作用,国家领导人也指示要维护好九段线,发挥它的作用。

在涉及南海诸岛的地图上必须按照有关规定加以表示，不能乱画或者不画。但这类事例屡见不鲜，应通过对九段线认识，加强海洋意识和海洋国土概念的教育、普及，提高广大干部和公民的海洋素质。

至于九段线所涉及与邻近国家的海域权益争端，应遵循“主权归我，搁置争端，共同开发”的原则，通过和平谈判、平等协商、公平合理的解决，而不是诉诸武力或武力威胁。

参考文献

[1] 罗钰如、曾呈奎:《当代中国的海洋事业》,中国社会科学出版社,1985 年,第 487 页。

[2] 龙村倪:“马来西亚经营开发南沙群岛弹丸礁所见实录”,载(台湾)《尖端科技》,1998 年,第 88 页。

[3] 金庆焕:《南海地质与油气资源》,地质出版社,1989 年,第 408 页。

[4]《羊城晚报》,1992 年 6 月 10 日。

[5] 参见[2]“南沙群岛东南端岛礁及海域主权争执说明图”。

[6] 魏敏:《海洋法》,法律出版社,1987 年,第 184 页。

[7] 邓小平:“在中央顾问委员会第三次全体会议上的讲话”,载《邓小平文选》第三卷,人民出版社,1993 年,第 87 页。

[8] 范晔:《后汉书》卷 24《马援传》。

[9] 道光《琼州府志》卷 29《官绩》上。

[10] 光绪《崖州志》卷 17《宦绩志三·武功》。

[11] 顾祖禹:《读史方舆纪要》卷 5。

[12] 韩愈:《韩昌黎集》卷 21。

[13] 陶穀:《清异录》卷 5《小南强》。

[14] 赵汝适:《诸蕃志》卷下《海南》。

[15] 曾公亮:《武经总要》卷 21《广南东路》。

[16] 周去非:《岭外代答》卷 1《地理门》。

[17]《元史》卷 162《史弼传》。

[18]《古今图书集成》卷 1383,第 170 册,第 3 页,琼州府部。

[19] 吴晗:《朱元璋传》,三联书店,1966 年,第 155～198 页。

[20]《明史》卷 45《志二十一·地理六》。

[21] 万历《大明会典·兵部·镇戍》

[22] 嘉靖《广东通志初稿》卷 35《海寇》。

[23] 郭棐:《粤大记》卷之二十七《政事类·兵职》。

[24] 顾炎武:《天下郡国利病书》卷 102《广东六》。

[25] 应檟:《苍梧总督军门志》卷 5《舆图三》。

[26] 陈忠烈:“明代粤西的海防”,载澳门大学社会科学及人文学院:《明清广东海运与海防》,澳门大学出版,2008 年,第 169 页。

[27] 郭子章:《南澳程乡议》,载《粤革》卷 9。
[28] 道光《琼州府志》卷 18《海防》上。
[29] 同治《泉州府志》卷 56《国朝武绩》。
[30] 正德《琼台志》卷 21。
[31] 黄衷:《海语》卷下《分水条》。
[32] 姚楠、许钰:《古代南洋史地丛考》,上海商务印书馆,1958 年,第 89～90 页。
[33] 姚楠、许钰:《古代南洋史地丛考》,上海商务印书馆,1958 年,第 80 页。
[34] 谢清高口述、杨炳南笔录:《海录》(又名《海外番夷录》),噶喇叭(雅加达)条。
[35] 魏源:《海国图志》第四卷,《东南洋》条。
[36]《大南一统志》第五卷,《东南洋》条。
[37] 广东省地名委员会:《南海诸岛地名资料汇编》,广东省地图出版社,1987 年,第 542 页。
[38] 徐葆光:《中山传信录》全一卷,见《小方壶舆地丛钞》本。
[39] 陈寿彭辑译:《中国江海险要图志》补编第一卷。
[40] 杜定友:"西南沙资料目录",1948 年编印。
[41] 陈天锡:《西沙岛东沙岛成案汇编》,广东实业厅出版,1928 年。
[42] 台湾总督府:"新南群岛沿革略记",见广东中山图书馆编藏资料第 452 号及 493 号。
[43] 卓振雄:"祖国的南疆——南沙群岛",中国科学院南海海洋研究所油印本,1979 年第 7 页。
[44] "粤南九岛问题",《国闻周报》,1933 年 8 月 7 日。
[45] 邵循亚:"西沙群岛是中国的领土",见 1956 年第 16 号《新华半月刊》。
[46]《清季外交史料》第二卷。
[47]《申报》,1933 年 7 月 27 日。
[48]《申报》,1933 年 7 月 29 日。
[49]《申报》,1933 年 8 月 2 日。
[50]《申报》,1933 年 8 月 15 日、18 日、22 日。
[51] 鞠继武:"我国历代对南海诸岛的管辖",载中国科学院南沙综合科学考察队:《南沙群岛历史地理研究专集》,中山大学出版社,1991 年,第 84 页。
[52] 李明环、林成西:《边疆忧患录》,西藏人民出版社,1995 年,第 304～305 页。
[53] 杨豪:1995 年 4 月 1 日在广东省地理学会历史地理专业委员会学术讨论会上发言。
[54]《韩昌黎集》卷 21。
[55] 赵汝适:《诸蕃志》卷下海南条。
[56] [57] 曾公亮:(武经总要)卷 21 广南东路。
[58]《元史》卷 162《史弼传》。

[59] 顾祖禹:《读史方舆纪要》卷 105《广东琼州府》。

[60] 鞠继武:“我国历代对南海诸岛管辖”,载《南沙群岛历史地理研究专集》,中山大学出版社,1991 年,第 63 页。

[61] 黄衷:《海语》卷下分水条。

[62] 道光《琼州府志》卷 18《海防》。

[63]《中国对外贸易概论》,对外贸易教育出版社,1985 年,第 5 页。

[64] 刘咸:“海南黎族起源之初步探讨”,载《西南研究》一卷 1 号,1940 年;(德)H. 史图博:《海南岛民族志》下册,广东省民族研究所译,1964 年,第 300～311 页。

[65] 马端临:《文献通考》卷 332。

[66] 康泰:《扶南传》,见李昉《太平御览》卷 69。

[67] 姚楠、许钰:《古代南洋史地丛考》,上海商务印书馆,1958 年,第 89～90 页。

[68] [69]广东省地名委员会:《南海诸岛地名资料汇编》,广东省地图出版社,1987 年,第 495、496、295 页。

[70] 台湾总督府“南沙群岛沿革纪略”,广东省立中山图书馆编藏资料 452 号及 493 号。

[71] “粤南九岛问题”,《国闻周刊》,1933 年 8 月 7 日。

[72] 鞠继武:“我国历代对南海诸岛的管辖”,载《南沙群岛历史地理研究专集》,中山大学出版社,1991 年,第 84 页。

第二章　南海海疆史地

第一节　海南岛和台湾岛历史开发的差异及其原因

海南和台湾为我国两大海岛，都是独立完整的地理单元。它们地理位置相近，同处热带亚热带，面积相若，同样拥有丰富的自然资源，但现在经济发展水平却大相径庭。据悉，1980 年海南人均国民生产总值为 201 美元，台湾为 2 258 美元，两者比例为 1∶11.2[1]。这种对比，不能不给人们提出一个严肃而又值得深思的问题，其故何在？答案无疑是多方面的。这里拟在比较两岛历史开发差异的基础上，探讨其产生的原因，可供海南今天开放开发参考。

一、明代以前两岛开发水平的悬殊

海南和台湾都有悠久的开发历史，在海南可追溯到新石器时代中晚期，即相当于中原殷周之际，距今三千年左右。近年在本岛已发现一些新石器时代早期的文化遗存，如果得到进一步证实的话，那海南的开发史还可上溯到七千年左右。在台湾，这个历史更长，据在台南发现的古人类“左镇人”头骨化石判断，高山族先民的历史，与北京山顶洞人同属旧石器时代晚期，距今已有三万年。又据在日月潭所取孢粉分析结果，一万二千年前，当地已可能发生伐木和农业活动[2]，以后在台湾发现的距今五千年左右的新石器时代文化遗址则更多、更广泛。这都说明两岛开发历史源远流长。

除了考古发现以外，大量的历史文献、民族、民俗、地名、语言、民间传说等材料都表明海南黎族和台湾高山族先民都是我国大陆上百越族的不同支系，他们在史前时期就渡海进入两岛，开始了以渔猎或耕耘农业为主的土地开发活动。但由于各方面条件的差别，低级社会形态在两岛持续的时间长短不一，地方开发先后和强度也不尽相同。在海南，汉初中央王朝就在岛上建立了二郡十六县，当地一部分居民已过着男耕女织的生活，渔猎经济的地位在北部和西部沿海地区已经下降。这些地区已经分化出农业、畜牧业和家庭手工业，完成了人类社会二次大分工，生产力有一定发展，并引起中原人士的关注，这在当时岭南地区是不多见的。隋唐时期，海南已完成环岛建置，唐代岛上有五州二十二县之多，环岛农业带亦先后形成。宋元时期，岛上建置不断向山区推进，黎族与汉族融合过程进一步加快，从沿海到内地形成汉族—熟黎—生黎同心环形人文政治地图，其他各项事业都有新的发展，标志着海南真正开发时期的到来。迨到明代，海南已进入全面深入的开发，出现经济上升、文化兴旺局面，时有“鼎臣继出，名满神州”[3]之誉。在黎族社会中，大批黎族先后汉化，封建生产方式占主导地位，只在五指山腹地，仍有一部分所谓“生黎”，还保留有浓厚的原始公社残余，成为岛上最荒蛮之区。从汉到明约一千七百余年开发进程中，中央王朝在岛上牢固地实行政治统治，民族的血缘交流随而发生，封建生产方式在岛上移植、传播和生根，使海南渐渐走向“大陆化”，其社会经济面貌跟着发生重大改变，原来人数很少、荒古状态的海南，已非昔日可比。随着大陆移民不断入居，出现许多聚落和城镇，在垦田、作物种类、熟制、水利、牛耕和农具等方面都有所进步或创新，整个经济不断向其广度和深度发展。这一切又伴随着环境变化，从唐宋时代起，森林变迁在沿海开始和加剧，明代这种变迁转入山区，沿海有些地区的土壤出现卤化现象，好些居民点附近山林枯尽，化为童山。生态环境的各种变迁，反映人类活动给土地和环境留下深刻痕迹和结果。

海南这一千七百余年间所经历的变化，在台湾却是微乎其微，在这里所出现的完全是另一番景象。首先是原始社会在台湾非常漫长，从史前时期一直延续到明代。上古已太渺茫，即使三国时代，据沈莹《临海水土志》所记，岛上高山族所使用的生产工具主要仍是石器和骨角器，金属工具甚少，还处在母系氏族社会阶段段。公元6～7世纪，即隋唐之际，进入台湾的汉商开始增多，铁质工具随而传入这里，促进了地区开发。这时岛上高山族的经济生活，在采集渔猎以外，还有农耕畜牧，种植谷物、驯养家畜等，有一部分高山族进入父系氏族社会，但整个台湾社会经济，只发展到野蛮时代中级阶段。从宋到明，台湾与大陆关系日益密切，南宋朝廷曾将台湾附近的澎湖隶属于福建泉州晋江县[4]。据后人考证，“历来台澎一体”[5]，故宋代澎湖可能包括台湾在内[6]：如果如此，则台湾有建置始于宋。这虽然有待进一步证实，但宋代台湾与大陆关系确非从前可比，如西部沿海兴起一些港口（北港，在云林县西，鸡笼，今基隆），成为高山族人与汉人互市重要口岸，大陆铁器流入岛上当会更多。然而从总体上说来，这时高山族并未进入铁器时代，（宋代海南黎族地区牛耕、铁制农具使用已经开始）。据成书于17世纪的陈第《东番记》所载，即使到了明代，高山族仍“无水田，治畲种禾”的农业以外，还集体围猎，溪涧捕鱼，尚未摆脱原始共产主义生活方式，或者说正处在文明阶段的前夜。岛上汉人也很少，明中叶，福建漳泉有些人进入台湾，只见那里“山林未伐，瘴毒披猖，居者辄病死”[7]，一派荒古时代景观，台湾在某种程度上还是一张未写上开发文字的白纸，远远落后于海南岛。

二、明末清初以来台湾急起直追的开发与海南岛的停滞局面

如果说海南岛的真正开发始于宋代，那么在台湾，这个时代则要推到明末清初，比海南要晚五六个世纪。但台湾踏入这个时代以后，即急起直追，不但取得了前所未有的成就，而且赶在海南前面，渐渐崛起为中国先进地区。这其中经历了几次具有重大意义的开发高潮，奠定了台湾经济发展的基石。入清以后，海南开发却陷于停滞局面，相形之下，台湾开发的成果显得更加突出。

1. 明郑政权对台湾的奠基开发

明末以郑芝龙、郑成功为首的地方武装集团在驱逐西班牙和荷兰殖民主义者以后，戮力开发台湾，作为这个地方政权赖以存在的经济基础。

这是台湾开发史上一件划时代的大事。郑氏政权存在的23年期间,在岛上置承天府,下辖天兴、万年两县以及南北路和澎湖三处安抚司,后者经略范围比政区辖境要大。郑氏政权在岛上普遍实行与大陆一样的政治、经济、法律等制度,把汉族和高山族统一在封建制度之下。自此以后,台湾社会才迈入封建制度的大门,就这点而论,台湾比早在汉初沿海就建立了封建制度的海南岛要落后得多。郑氏政权在岛上"寓兵于农",屯田垦荒,发展水利,奖励农耕,保护森林,推广牛耕和铁犁耕田方法,鼓励种植五谷和甘蔗等作物,发展制糖、制盐等手工业,扩大对外贸易等,一时颇有生气。特别是积极鼓励大陆移民,开风气之先河。南明永历十五年(1661年)郑成功入台时,率领官兵和家属共5万余众。这本身就是一支庞大的劳动大军。在此以前,天启六年(1626年)福建大旱,在郑芝龙招致下投奔台湾的饥民达数万人[8]。他们成为开发西部平原的主力。在清初严行"迁界"不利的条件下,闽粤人民仍然偷渡台湾成风,一个有夸大之嫌的说法达数10万人[9]。据统计,郑氏时期台湾人口(不算高山族)约为20万[10],此为台湾过去未有人口数字,为开发台湾提供大量人力和物力。

在郑氏政权经营下的台湾,荒地垦辟、稻田扩大、粮产增加,森林也得到一定开发,西部沿海港口兴旺,出现许多新的聚落和城镇(如云林、彰化、新竹、琅娇等城市)。即使在高山族地区,生产力也有一定发展,如郑成功初入台时,许多高山族人还不知道使用铁器农具,耕作十分粗放,郑成功给他们带入铁器和其他先进生产技术,高山族的社会经济面貌才有所改观,分布在西部平原地区的部分高山族的经济文化已接近汉人水平。

当郑氏政权经略台湾取得很大成功时,海南岛恰恰相反,由于明清政权处在交接之间,岛上社会动荡、兵燹连绵,沿海又受迁海之变,田地荒芜,人口锐减,社会生产力遭到巨大破坏,甚至直到所谓乾隆盛世时,海南耕地面积仍未达到明朝万历年间水平。这与其时社会相对安定的台湾是个鲜明对照。

2. 清朝前期台湾的深入开发

康熙二十二年(1683年)清政府统一台湾。从此以后,台湾在全国统一政权的管理下进入第二个深入的开发高潮，并取得前所未有的成就。为适应人口增长和地方管理需要，台湾统一翌年即设一府三县（台湾府下辖台湾、凤山、诸罗三县）；雍正元年（1723 年）在诸罗县境增设彰化县和淡水厅；雍正七年（1729 年）设澎湖厅；嘉庆十年（1805 年）又设噶玛厅。到鸦片战争前夕，台湾建置已有一府六县（厅），以台南为中心，沿西部平原向北，再转东北，包括高雄、新竹、彰化、台中、台北等地区都被逐步开发，只有中部山区和东部纵谷地带变化不大。

台湾统一后，极大地方便了海峡两岸人民的往来，经过短暂的萎缩和挫折以后，移民大增，从康熙二十三年到嘉庆十一年（1684～1806 年）的 127 年间，台湾人口从二三十万增加到 200 万[11]，几乎增长了六倍，每隔 20 年增加 30 万人。他们多数是从漳、泉、潮、惠迁去的劳动人民。移民垦荒的道路打通以后，台湾耕地面积骤增，从明郑时期 35 004 甲[12]（一甲等于 14.5 亩），到康熙二十四年至雍正十三年（1685～1735 年）52 862 甲[13]，增长了 51%，成为台湾开发以来垦田面积最大的半个世纪。

入清以降，在汉族先进生产方式的影响下，台湾高山族的社会经济，也有不同程度的发展，按其进步程度形成类似海南宋代就已出现的同心环形人文政治地图，即最外一层为居住在西部平原的所谓“熟番”（又称平埔人）已进入封建社会，以农耕为主、狩猎为辅，在土地利用方式、农具、水利等方面颇接近汉人；第二层即居住在中部山区和东部海岸平原的所谓“生番”，以狩猎或渔猎为主，辅以农耕，但不会使用牛耕和种谷，仅种块根作物，亦无大型农具，只有小锄短刀之类，许多方面保留着浓厚的氏族社会痕迹，刚刚踏进阶级社会的门槛；第三层所谓“野番”分布在台湾腹地高山密林中，以采集为主，许多方面比生番还低级和原始。其情况当时鲜为人知。这种民族关系的新变化及其地城分布，反映地区开发程度的差异。在清代以前，这种差异并不是很强烈。

经过台湾人民的勤劳垦殖，台湾面貌大为改观，还在康熙六十一年（1722 年）台湾总兵蓝廷珍就指出：“国家初设郡县，管辖不过百余里，距今四十年，而开垦流移之众，延袤二千余里，糖谷之利甲天下。过此再四五十年，连内山山后野番不到之境，皆将为良田美宅。”[14]可见 18 世纪 20 年代。台湾已被开发成为我国东南重要粮食生产基地，蔗糖生产和输出尤占突出地位。

同一阶段的海南岛，地方建置仍袭明制，并无增减裁并之举。这一则是地方建置经多次兴废更迭以后，已趋稳定，不像台湾那样，很多地方还是建置伊始。二则也是地方开发停滞的反映。康熙到嘉庆年间，海南人口从 40 万增加到 150 万[16]，差不多增加了三倍，而耕地只有 299.8 万亩，仅为前明万历田亩 78%[17]，两者较之台湾，相形见绌，这样造成人口增长与耕地缩减之间很大的矛盾。为了对付人口再生产和交纳租税，海南农民不得不采取或砍森林扩大耕地，或掠夺原有土地，重复种粮等办法来生产粮食，由此招致对生态环境的破坏，不断遭到大自然的惩罚和报复，反过来又动摇了农业生存的基础，使海南农业经济陷于窘境。这种情况，对于刚刚开发不久的台湾并不突出。

3. 鸦片战争到甲午战争期间两岛半殖民地式开发

鸦片战争以后，两岛均沦为半殖民地社会，同样有过外国势力入侵，洋货倾销，农业和手工业凋零。但另一方面，由于清政府对两岛地位和作用的认识以及治理措施的不同，它们的开发进程和结果却大不一样。

战后，台湾澎湖不断被外国侵略者觊觎，引起清廷的警觉，并渐渐加强了国防措施，由此亦刺激了对台湾的开发高潮。这一方面是政区频频变更，光绪元年(1875 年)增设台北府，置基隆、卑南两厅和淡水、恒春两县，五年(1879 年)设埔里社厅；十三年(1887 年)台湾脱离福建，建置为省，成为全国行省之一，辖台湾、台南、台北三府及台东直隶州；二十年(1894 年)，增设南雅厅，这样到甲午战争前夕。四十余年间政区变动凡四次，最后发展到省辖三府一直隶州六厅十一县[18]，范围扩展到东部偏僻山区，开发地区占全岛面积 80%以上。另一方面兴办各种实业，特别是打通了横贯台湾山脉的道路，兴修了作为我国较早的基隆至台北、台北到新竹的铁路，大大地缩短了山区与平原的距离，推动了山区和东部的开发。而这一切又离不开移民的辛勤劳动。光绪元年(1875 年)，清政府准许大陆人民自由赴台，及准台湾汉人进入内山开垦，并在厦门、香港、汕头设抚垦局，有组织地招募移民赴台，民间中也有这样的组织活动。这样使台湾统一以来方兴未艾的移民高潮又有发展，建省同年，台湾人口已达320万[19]，比嘉庆十一年（1806年）增加120万，76年增长60%。作为地方经济中心的台北、基隆、高雄、台南四大城市相继兴起，有力地吸引和带动了它们周围地区的开发。至此，本来地旷人稀的台湾，已变为一个人物繁庶、经济文化发达的区域，一时声名鹊起，中外瞩目。

海南岛这段时期虽然也有过类似的经历，但清政府并未充分认识海南具有与台湾同等重要的国防和经济价值，缺乏积极经营的态度和方略；大陆对海南的移民，总的趋势是增加，有清一代达217万[20]，咸同期间入居者日益增多。然而，这是自发的而不像台湾那样有组织地进行。当时海南毕竟比不上台湾对移民有更大的吸引力。况且这时海南还有一部分人流向海外，海南由此成为广东著名的侨乡。至于海南山区开发，由于修筑五指山的十字路自海瑞倡议以来一直未能实现而大为逊色。再有战后海南人口比耕地增长更快，在洋米倾销的打击下，海南粮食生产重新萎缩，缺粮问题日趋严重，牵制了其他事业的发展，这较之其时尚有大量余粮外销的台湾，简直不可同日而语。

4. 日本侵占台湾和海南时期的殖民地式开发

甲午战争以后，台湾割让给日本，直到抗战胜利才回归我国。在这半个世纪中，日本对台湾采取的是帝国主义对殖民地掠夺式开发，其目的是把台湾变成日本帝国主义对外扩张，侵略中国大陆和东南亚的基地。为了这个目标而在台湾完成的各项建设事业，完全是在刺刀驱使下进行的。然而在客观上，它毕竟极大地改变了台湾的社会经济面貌，成为台湾走上近现代化道路的里程碑。

台湾被强占不久，日本即通过各种手段，把大片土地山林集中在日本财阀手里，在这些土地上建立农场，进行集约式经营，同时搜刮民力兴修水利，改进农业技术，推广优良品种。强制日本农民移殖台湾等，力图将台湾农业推上殖民地化轨道。在工业方面，首先结束传统手工业生产，大力发展新式工业和交通运输业，使台湾工业走上现代化大生产的道路。这样台湾很快成为日本的原料供给地、商品销售市场和投资场所，奠定了台湾进一步发展的基础。与此同时，台湾人口激增，50 年间从 300 多万增加到 600 多万，其中农业人口从 150 万增加到 330 万，占总人口 55%，较之 19 世纪末增加一倍以上[21]。耕地面积也相应增加。从 1900 年占全台面积 9.7%增加到 1945 年 22.5%[22]，亦有一倍以上增长额，这意味着被开发利用的土地非常可观。特别是水旱田比例变化，1900 年两者是 56∶44，1944 年上升为 62∶38[23]，灌溉面积也同时从 1903 年占耕地 28.2%增加到 1946 年占 61.6%[24]。所有这些对保证农业生产起了重要作用，如稻米产量，1924～1944 年增长 22%[25]，甘蔗面积 1945 年比 1905 年增加三倍多[26]。这样稻米和蔗糖成为台湾经济两大支柱，其中稻米有半数左右出口，蔗糖崛起东亚，为世界著名糖产区，可与古巴和爪哇相匹敌。但必须注意的是，这些成果是日本人对台湾土地掠夺性使用条件下取得的，因而给台湾土地资源和环境造成巨大破坏，尤以森林为甚。1922 年，岛上森林覆盖率达 60%，1942 年下降为 42%[27]。森林对台湾和海南一样，都是它们农业的生命线，一旦遭到破坏，水土流失、山洪暴发等自然灾害屡有发生，实为台湾开发史上的空前浩劫。

1939 年，日本侵占海南。此后曾以经营台湾的方式和经验来开发岛上资源，以海南作为“日本南进政策之基础”，开发项目包括投资农林水利、畜牧、矿业，交通等。为此建立了一些农场，改进作物品种，兴修若干水利工程设施，开采田独、石碌铁矿；修筑田独到三亚、石碌到北黎的铁路，勘建莺哥海盐场以及大规模采伐森林等。这虽然在当时似乎是促进农业的发展，但并不能改变海南农业落后面貌，与台湾相比，迥然不同。例如，1935 年海南土地利用率仅及全岛面积 7.7%[28]。达不到台湾 20 世纪初的水平；到新中国成立前夕，水旱田比例为 45∶55[29]。与台湾恰恰相反，海南有 77%人口从事农业[30]，但生产粮食只够本岛消费的 3/4，其他则依赖大陆或洋米接济。至于蔗糖，30 年代每年产量不足 7 万担，只等于台湾同期产量 0.4%(30 年代，台湾产糖每年约 1 600 万担[32])，其他开发事业,亦无多大成效。可是日本人竭泽而渔式的掠夺,却对海南土地资源,特别是森林破坏有加,1933 年森林覆盖率尚达 50%[33]。到建国前夕已下降为 35%[34],不到 20 年减少了 15%。而从公元前 110 年设郡到 1932 年,二千多年才减少 40%,即抗战到建国前夕,海南森林消失量等于以往 760 余年,相当于元明清三朝破坏总和,连日本人自己也承认"岛北部海岸五十到六十公里地方已见不到森林"[35],岛东西两部许多地区森林演替为草地、灌丛或稀树草原。南渡江、万泉河、陵水河、太阳河等出现暴雨则泛滥,天旱则可跋涉、沙积乃至断流等现象,表明森林破坏、水土流失引起一系列严重后果。

总而言之,琼、台两岛的历史开发,海南早,台湾迟,当海南进入封建社会,在以土地利用为中心的地区开发上取得很大成果时,台湾仍在原始社会的漫长道路上摸索。但明末以后,台湾经过几次较大开发高潮,成绩斐然,崛起为中国先进省区,以后来居上者姿态把海南抛在后面。海南经济长期陷于停滞,不但远逊于台湾,即比起两广大陆亦形落后。其原因何在?

三、两岛开发差异的原因

一个地区开发的先后,成果大小,不但取决于它的地理位置、地理条件,而且还取决于它开发的社会政治和经济背景,开发的指导思想和开发的方式方法等。这些因素不同,即使对地理条件相类似的地区,其开发结果也会有很大差异,琼、台两岛的历史开发就有这种情况。

1. 自然条件的差异赋予两岛开发以不同的意义

斯大林说:"地理环境无疑是社会发展的经常的和必要的条件之一。它当然影响到社会的发展——加速或者延缓社会发展进程。但是它的影响并不是决定的影响,因为社会的变化和发展比地理环境的变化和发展快得不可比拟。"[36]琼、台两岛纬度高低不同,与四周海洋关系不一,首先表现在气候特点不同。台湾东部、南部皆受海洋暖流影响,岛西部海峡辽阔,为冷空气南下通道,水汽充盈,而台风也并不被台湾山脉阻隔,这样岛东西两面均温湿，“露重如雨，旱岁遇夜转润”[37]。特别是配合东部高山以终年不断的水源，这都为农业生产提供良好条件。海南岛西部，由于季风影响，特别干旱，岛内其他各部，也有不同程度的水热结合不均的缺陷，台湾的情况比海南稍好。

其次是地质基础，地貌类型不同，海南覆盖着大片熔岩台地，地层发育史短浅，土层松散，保水保肥性差，地表干旱，三角洲平原不宽，适于水稻生长的面积狭小，而不得不以旱作杂粮为主，产量一般很低，限制其他事业发展。台湾西部为大片冲积平原，“厥土黑坟”[38]非常肥沃。地势也利于兴修水利，故“无旱涝之患”，以水稻为主，“一岁丰收，足供四五年之用”，这是缺粮的海南所不及的。

再有山地分布形势不同，海南山地坐落在岛中央，与平原台地交界线长，使汉族与聚居山区的黎苗族接触面广，历史上冲突也多，对开发力量的内耗也大；而台湾山地偏于东侧，高山族与汉族接触冲突面短，反作用也小些。

2. 过去人类活动所产生的对地区的历史压力不同，影响到土地进一步开发利用

地区开发是有其历史继承性的。这种继承性的作用并不因历史过程的消失而泯灭，它将成为地区进一步开发的条件和机制之一。海南开发时间比台湾早而持续期长，沿海尤其如此。在热带地理条件下，由于人类过去长期不合理的活动（如刀耕火种），造成对土地资源的很大破坏，有些地方甚至变为不毛之地，其后果几乎是不可逆转的。即使人类后来认识到这种危害性，亦难以弥补过去的损失，错过了合理利用这些土地的机会，为以后开发造成巨大的历史压力。因此，海南开发后期的土地利用效果就比以前差，清初屈大均指出这一点，“盖琼田滨海洋者，苦风涛变成斥卤……唯居中一带稍膏沃。然春秋之间，黎水横溢。又往往以淡伤为苦，故岁中亩无半收，田皆下下，即上田每亩不过五斗”[40]。显然这是人类过去不合理活动留下的后果。而台湾土地的真正开发始于郑氏，迄今不过三百余年。在一定时间内，这些所垦土地的肥力得以保持。事实也是这

样，台湾“土地初辟，厥田上上，播种之后，听其自生，不可耕耘，而收获倍蓰”，“每亩数倍内地”[41]这种生产率高低原因，重要一点应归结于与人类活动良窳有关的土壤的肥力状况。

此外，作为两岛农业支柱的森林开发与保护的情况不同，对以后农业发展关系甚大。在海南，平原尤其是沿海的森林早辟为农田，明清以后山区森林也受到很大破坏，严重损害农业发展。台湾开发历史短浅，森林保存较多。清初，“番地亦禁开拓”[42]，后来虽开禁，但森林作为产业来开发始于1903年，日本殖民统治之初，还着力营林，大战末期才大事砍伐，造成惊人的破坏，但各县森林仍然广大，未足以动摇整个农业基础的程度，森林继续发挥调节水源气候等功能，这是台湾农业收成得以保障的重要因素。

3. 人口地理状况重大差异，影响开发程度高低

人是生产力中具有决定性作用的因素。台湾人口比海南稠密，清嘉庆年间，台湾已达56人/平方公里。而海南只有44人/平方公里，以后差距日趋扩大，抗战前两者相应为184人/平方公里和62人/平方公里。竟有两倍之差。其故在于台湾地理上接近地狭人稠、经济活跃的福建漳泉地区，岛上汉人绝大部分来源于这一带。而海南岛历史上大部分时间受广西影响，广西人口稀少，经济落后，后来受广东影响较大，但移居岛上者仍然不多，反不及宋元以来入居的福建人。人口密度的悬殊，劳动力多寡不等，使土地利用集约还是粗放差别甚大。台米、台糖之所以蜚声世界，除了台湾水土、光照、积温等条件以外，与在这两种作物栽培上进行精耕细作、投入较多的集约劳动不无关系。反之，海南耕作比较粗放，单产低，野多旷土，长期缺粮，这与人口稀疏，劳力匮乏关系非常密切。

4. 历史发展进程的方向性在早期利于海南而不利台湾的开发

我国历史文化的起源，虽然不止一个中心，但就大部分时间和总的方向说来，其发展进程是自北向南，从黄河流域向长江、珠江流域推进的。地区开展的先后顺序也大体上按这个趋势进行。海南与台湾虽然都隔着海峡，但一则琼州海峡比台湾海峡浅窄，颇易横渡，二则秦汉时期，琼州海

峡和北部湾都接近中原汉人南下的通道，又是对外交通航线始发港合浦徐闻港所在，以故中央王朝对海南岛的注意和了解比较多，开发历史早，持续时间也长。而台湾岛位置偏东，与历史发展进程的南北方向有较大距离，它所受到的这个地理扩散的力量较弱。加之海峡风涛险恶，中央王朝难以顾及或者力不从心，对其经略也都浅尝辄止，如三国之卫温、诸葛直，隋之朱宽、何蛮等都到过台湾，然而未能在那里长期立足和真正开发，这样台湾得以长时间地保持原始状态。海南岛自汉初把开发局面打开后，历久而不断，渐渐改变自己的面貌。但两宋以后，中国经济重心已经南移，江南作为财赋之区以及泉州港的崛起，对台湾的影响日渐加强，历史早期南北向发展进程的作用，这时已成强弩之末。继明郑之后，经清统一以来的开发，台湾以跳跃式发展姿态，跻进中国先进省区行列。

5. 两岛地区开发与政权生存的关系不同，结果不一

海南历代开发，除了朱明王朝稍为积极，因而取得显著成果以外，无论哪个中央还是地方政权对本岛都采取压榨掠夺或放任自流政策，轻蔑和偏见在历史上占了上风，甚至直到清乾隆年间，清廷官员仍坚持认为“且得其地不足益国家分毫之赋，得其人不能当一物之用，故历代皆以禽兽畜之”。[43]这在很大程度上代表了历代经略海南的指导思想。特别是在我国历史上，从来没有在岛上建立过独立于大陆以外的地方政权，因而没有也不可能有哪个王朝或地方政权把海南经营为它们生存的基本经济区或根据地。但在我国大陆上，每当地方势力割据时，都离不开建立这样的基本经济区作为它们与对方相持的依托。即缺乏以政治力量来推动地区开发和经济发展，这是海南历史开发一个很大的特点。

台湾却不同于海南，明末清初在岛上建立的郑氏政权，在外有清王朝强大的军事包围和严密的经济封锁，内有由于人口激增引起的粮食短缺，给养不足等困难条件下，为了图存救亡，必须建立起自身赖以生存的经济基础。为此，郑氏政权实行“寓兵于农”，大规模屯田等军政结合措施，并取得良好的效果，“此则郑氏富强之基也”[44]。正因为这样，郑氏政权“故能以弹丸之地，据抗中原也?”[45]郑氏经略台湾的建树，为清统一台湾以

后的开发铺平了道路。

在割让给日本50年期间，台湾完全在日本殖民政权台湾总督府直接统治之下，这个政权在岛上所作的开发活动，带有明显的军国主义性质，把台湾经济紧紧地捆绑在日本的战车上，主要是为支持日本帝国主义对外侵略服务的，因此其地区开发的动力是侵略战争，经济与政治、军事一体化，说明台湾地区开发的成果，很多是在特定历史条件下，用非常手段取得的。

6. 近代社会经济条件的改变和开发方式的重大差异是两岛经济发展水平悬殊的主因

日本在台湾殖民统治，采取的是资本主义生产方式，在各项开发事业上投下大量资本、技术、人力、物力和资本主义管理方法，促使生产力有很大发展。例如，农业上一部分土地采取大农场式集约经营，工业垄断生产特别为了战争需要，日本人十分注重在台湾发展军火生产，整个开发事业都在不同程度上纳入日本军国主义的轨道。这样在旧中国，台湾工业仅次于东北，农业是我国重要粮蔗基地，建立起较为强大的物质和技术基础。抗战胜利后，这样一笔遗产为国民党政府接收，对台湾后来的开发起了巨大的作用。

而对于海南岛，封建自然经济仍很强大，整个土地开发事业淹没在小生产汪洋大海中，即使近代有过引进新作物，兴办各种农业开发公司和其他实业的热潮，但这并不能从根本上改变整个经济的性质和结构，促使生产力向新的高度迈进，只为地区开发起到某些先锋和示范作用。至于日本强占海南期间所从事的类似台湾那样的开发事业，其付出代价比取得结果还要大。日本败退后，这些结果大部分被破坏，或被国民党接收，由于经营不善，也发挥不了多大作用，仅为开发海南提供某些历史借鉴而已。

四、结语

综上所述，在历史上大部分时间里，海南地区开发无论在广度和深度方面都超过台湾，但在近代却落伍了。这种地位的转变，从地区开发的因素言之，表现在土地垦辟程度、土地类型、作物构成、耕作方式、水利建设、森林保护，以及交通道路，工业基础等与地区开发紧密联系的各个方面，海南在不同程度上与台湾拉开了较大距离，从而造成海南总的开发水平低于台湾。作为历史产物，其原因一是两岛自然地理基础的差异，同等劳动在它们中间产生的效果不同；二是人为因素起重要作用，即对两岛经略态度不同、措施不一、效果各殊。台湾能够后来居上，离不开明郑以来多次政治变动和比政治力量更强大的民族生存力量，即大规模的移民，和在特殊条件下所采取的一系列开发方式与措施，由此不断把台湾推向更高的开发水平上。而海南却长期保持平稳、渐进的开发方式，越到后来，则陷于停滞。因此，针对这一历史事实，倘能创造有利于地区开发的条件和措施，就有可能促使这种历史地位在今天发生转变。由此得到一个历史的启示，现在海南在正确的开发方针指导下，不但完全有可能把由于过去人类不合理活动所造成的后果严重的国土整治好，以更快的速度，弥合跟台湾的历史距离，而且一定能把它建设成为与台湾并驾齐驱的名符其实的宝岛。

第二节　海南黎族与台湾高山族同源异流

生活在海南岛和台湾岛上的黎族和高山族同是祖国大家庭的成员。虽然他们现在分属两个民族，每族内部又有多个分支，但溯本追源，他们主要是从祖国大陆迁到岛上的古越族后裔，后发展为两个不同民族和支系，即同源异流。他们与祖国大陆和其他兄弟民族这种不可分割的联系，不但有深刻的地缘、族缘、血缘和史缘根据，而且在民族文化的各个要素和层面上，都有异乎寻常的相同或相似之处。当然，也不能排斥其他地区的种族、民族或文化融入其中，但作为黎族和高山族的族源与文化的根源及主流，仍在祖国大陆。充分认识和肯定这种关系，对研究海南和台湾的民族历史与文化，以及它们与大陆的关系有非常重要的意义。

一、地理环境相类似

地理环境是人类生存发展的必要条件,且深刻影响到一个地区或民族文化的特质与风格。海南岛和台湾岛在中国南部和东南部,被喻为祖国的两只眼睛,面积相当,同属热带或亚热带季风气候区,中间山脉高耸,河流短促,沿海平原面积狭小,其余土壤、生物、水文、地质构造和活动等也很相似。这成为原始居民摄取食物、营造居室以及其他适应这种环境所采取生产生活方式,即原始文化相同或相似的自然基础。

尤为重要的是,地史研究表明,海南和台湾都属大陆型岛屿,即原为大陆一部分,后因地壳下陷或海洋水面上升,才与大陆分离。海南岛就有过两次与大陆分合的历史,最后一次是全新世早期,距今约 7 000 年,海面上升,海南再次脱离大陆,成为海岛,而台湾也在这个时期最后与大陆分开来,于是台湾海峡和琼州海峡就形成了[46]。在此之前,是海平面下降时期,台湾海峡地区曾为平原或浅水区,方便大陆或南洋一些地区的原始人类往来,有可能陆行或使用独木舟进入两岛。据^{14}C测定,作为海南、台湾与大陆和东南亚连接点及交通枢纽的南海诸岛大部分岛屿露出水面的时间距今 5 000 年[47],此前因为海平面较低,南海周边地区的原始人类与两岛交往也甚有可能。

因为海南和台湾脱离大陆的时间较短,从生物进化的原理观察,在一个狭小的岛屿范围里,不可能实现从猿到人的转变,所以岛上最早居民不可能是土生土长的,而应从中国大陆或其他地区迁入的。类似事例已从两岛动物区系演化中得到验证。例如,因为老虎出现时间比两岛形成的时间要晚,而老虎又不能在孤立环境下形成发育,所以两岛从来无虎。汉初,登上海南汉人见岛上“亡马与虎”[48]。台湾也有同样记载,清雍正黄叔开璥《台湾使槎录》说“山无虎”,“故鹿、麋、獐、麂之属成群遍野,莫为之害,野牛最蕃滋”[49]。这极利于畜牧业发展,牛羊可以野牧,无须专人看管。明代海南“牛羊被野,无冒诏(领)者”[50],台湾因无虎使平埔人打鹿业在 17 世纪十分兴旺,“社社无不饮鹿”[51]。故两岛畜牧文化有共同性,与虎有关的物质文化和精神文化匮乏，这不能不是地理环境特点所致。

二、体质人类学特征支持黎族和高山族同源

民族虽然主要由其文化特质决定其归属，但一个群体的体质人类学特征对于他们的来源也是一个重要依据。

体质人类学研究结果显示，黎族和高山族与大陆中国人一样，同属亚洲蒙古人种。据华南师范大学曾昭璇、中科院古脊椎动物与古人类研究所张振标等比较研究，海南黎族12项体质特征与华南汉族，包括与台湾高山族的关系十分密切(表2—1)。

表2—1 黎族和高山族与华南汉族特征比较

指标 民族(系)	头指数	体高(米)	鼻指数	眼型	肤色	发型
黎族	80.34	1.63	74.09	马来眼	偏黑	直发
高山族	80～85	1.56～1.65	70～85	马来眼	黄棕	波及直发
客家人	80.5	1.65～1.68	80～88	蒙古眼	黄色	直发
南中国人	79～80	1.61	70～99	蒙古眼	黄色	直发

资料来源：①张振标、张建军：《海南岛黎族体质特征之研究》，《人类学学报》，1982年第1期。② 曾昭璇：《人类地理学概论》，科学出版社，1999年，第56页。

另外，民族学者选取包括高山族在内国内九个主要少数民族15项头面部测量性特征与黎族比较，结果是"黎族与广西汉族最接近，其次与湖南汉族以及台湾省的高山族和台湾平埔族也都较接近"[52]。这些资料表明，黎族和高山族的起源和进化与中国内地人一样，具有同一渊源。只是他们所处地理环境有差异，形成某些体质特征略有不同。正是后者，成为他们后来分属不同民族(系)的自然基础。

当然，也有研究指出，无论黎族还是高山族都有南方黑人某些特征。此说由来已久。近年有论者用聚类统计方法研究黎族指、掌纹，认为"与其他东亚、南亚的沿海居民一样，黎族的个别掌纹特征表明存在着黎族和

某些黑人种混血的可能性”[53]。而台湾高山族为岛上最早居民自无可置疑，但其来源也流行不同说法。其一说：“台湾最早居民中，一如菲律宾有小黑人存在的事实。”[54]即黎族和高山族的来源都不是唯一的，可能有多个来源，这有待进一步深入研究。实际上，我国南方汉唐以来普遍蓄养“昆仑奴”，即南方黑人，其血统当然会融入汉人中。东汉杨孚《异物志》记载从海外来岭南黑人“齿及目甚鲜白，而体异黑若漆，皆光泽，为奴婢”。广州、顺德、三水等地汉墓出土陪葬陶俑中作为“灯座”陶人俑亦为南来黑人。但不管怎样，从人类迁移和历史发展趋势看，原始人类从中国大陆迁往海岛应是主流，上述“南来说”并不能改变这个总的方向，倒为这些民族多源说增添了新的内容。

三、考古发现显示黎族和高山族同源

近年考古发现显示，在我国大陆南方、海南和台湾都发现旧石器和新石器文化。这些文化的创造者和文化内涵均属于大陆古越族之前的古人类和古文化，且组成一个完整文化系统，有力地证明黎族、高山黎与大陆族同一来源。

在海南近年发现多处石器遗址，其中包括三亚落笔洞距今约 1 万年的旧石器晚期至新石器早期的石片石器，陵水大港村、石贡、旧县坡等距今 6 000～7 000 年新石器中期磨光石斧、石锛、砺石和各种夹砂陶器，陵水古楼坡、文昌吕田坡、安定佳龙坡距今 3 000～5 000 年新石器晚期的双肩石斧、有段石锛、平肩长身石铲、大石铲，以及板沿口釜、罐等器物，还有各遗址以云雷纹、方格纹和米字纹等饰物为代表的战国至秦几何印纹陶等，其风格与华南各省区出土同类器物文化内涵相一致，属同一个文化系统，发展变化规律也相一致。在排斥了海南具有从猿到人进化的可能性之后，这些不同时代器物无疑主要是华南大陆古人类带到岛上或在岛上创造的。这些古人类即为后来古越人[55]。

在台湾台南发现古人类“左镇人”头骨化石距今约 3 万年，与北京山顶洞人同属旧石器晚期。又据日月潭孢粉分析，1.2 万年前当地可能发生伐木和农业活动[56]。而距今约5 000年新石器遗址在台湾分布更多更广，如台北圆山、大坌坑、北部沿海土地公山、芝山岩、大直、尖山等数十处，出土有段石锛、有肩石斧、印纹陶、黑陶和彩陶等，质量和风格与大陆东南沿海地区发现的同类器物相近。另在台湾中部和南部沿海、河谷发现与圆山文化同时代距今约4 500～30 00年凤鼻头文化各期（1～3期）的陶器、贝丘、石斧、石锛等亦与大陆东南沿海出土的同类器物有很多共性。人类学者林惠祥教授在比较以上器物后指出，台湾圆山文化是由大陆东南传播过去，传播路径以福建较有可能，因两地距离较近，中有澎湖列岛[57]。

海南、台湾新旧石器和陶器既与大陆同属一个文化系统，则说明彼此之间有密切联系。文化风格若有小异，应为古越族内部有不同分支所致。如福建为闽越，岭南为南越、骆越等，皆为古越族分支，他们进入海南和台湾，后发展为黎族和高山族，成为岛上最早居民。

四、文化人类学特征显示黎族和高山族同源

文化较之血统，对民族认同更为重要，而文化的个性和共性，是研究民族识别和民族比较的主要标志。语言、风俗作为比较稳定、持久的文化要素，对比较黎族和高山族的文化人类学特征更具重要意义。它们的共同性或类似性，同样说明两族渊源于大陆古越族。

1. 语言比较

黎族和高山族在迁移过程中，语言会发生变异，尤其进入海岛以后，在与汉族交流接触中，也会失去自己一部分语言。不管怎样，民族语言仍是语言主体，并与母语有千丝万缕的联系。通过比较，可发现黎族和高山族语言颇多共性，皆以古越语为母语，后来才朝着各自方向发展，呈同源异流模式。

比较语言学表明，黎语和高山族使用语言（旧称番语）同为胶着语，有一字数音特点，不同于汉语一字一音，而古越语也是胶着语。例如“船”，古越人称为“须虑”[58]。古越语后随民族迁移，发展为不同分支，但作底

层语言仍保存下来，古今都在使用。海南黎族前称俚人，《隋书·地理志》载“俚人犹呼其所尊为倒老也，言讹，故又称都老云”。无独有偶，台湾高山族“呼民人为弥麟”；《隋书·地理志》同是记高山族首领“土人呼之为可老羊，妻曰多拔荼”；明末陈第《东番记》也说高山族首领被称为“大弥勒”，也一字数音；到清代黄叔璥《台湾使槎录》和《台湾府志》等史籍所记“番语”也列举一字数音之例。近人徐松石教授收集、整理了大量案例，如“头”字，台湾土语称“乌”，“目”称“麻撒”，“肩”称“歹一八”，“膝”称“希鲁盾”，“足”称“丁丁”，“死”称“马歹”，“水”称“喇淋”，“监”称“几鲁”，“铁”称“麻里”，“海”称“麻翁”等。而“女婿”称“阿郎”，与广东北江瑶族、广东南部、广西东南部粤方言对女婿称谓相同[59]，显示台湾高山族土语与大陆汉语有渊源关系。虽然黎族、高山族内部有多个分支，但语言的这种共同性没有变化。例如，黎族“古称�舌者为南蛮，岐（黎族一分支）瑶诸种是也，若充类言之，则吴越无不是也”[60]。对于高山族，林惠祥教授指出其语言，“各族不同，一族之中复再岐分，故其种类甚多”[61]。上述吴越有南蛮使用的语言，两者皆为古越人居地，即使用古越语。古越语有南蛮使用的语言，两地皆为古越人居地，即使用古越语。古越语至今仍残存南方许多少数民族和民系语言中。如黎语则属汉藏语系壮侗语族，与同一语族之壮布依语、傣语、侗语、水语等有亲缘关系，但它们皆源于古越语。高山族语言既与古越语相通，当然是从大陆传播过去的。

2. 断发文身习俗

大陆古越人有断发文身习俗，这类记载和实例甚多。它具有多种文化意义，其中作为热带森林中保护色，为适应地理环境一种方式。黎族无论古代还是近现代都有断发文身习惯的残余。海南在先秦古籍中被称为“雕题国”、“儋耳国”，意即文身和戴大耳环。《左传》说吴越人“断发文身”，也包括后来黎族。明顾岭《海槎余录》记“黎族男女周岁即文其身”。刘咸教授1924年在海南调查，黎族文身仅在面部和胸部图案有37式，在手臂有14式，有腿部有13式，共54式[62]，现仍在一些老年妇女中残存，这无疑是古越人遗风。

台湾旧称夷洲或流求，三国沈莹《临海水土志》记岛上“人皆秃头穿耳，女人不穿耳”，与汉人不同，与古越人断发相似。《隋唐·流求国传》则说岛上“男子拔去髭，身上有毛之处皆亦除去。妇人以墨点手，为虫蛇之文”，“妇女以罗纹白布为帽，其形正方，织头镂皮并杂色及杂毛为衣，形制不一”。明陈第《东番记》也说岛上“男子剪发，留数寸，披垂”。清黄叔璥《台湾使槎录》云：“水沙连北港女将嫁时，两颐用针刺如网巾纹，名刺嘴箍，不刺则不嫁。”1948年曾昭璇教授在台湾考察，见岛北泰雅族（高山族一支）盛行文身，男子文额，女子文面，被称为“乌鸦嘴”，南部各支文身亦相类。此俗长盛不衰，以致男子喜少恶老，头白也不留胡子，有一根胡子也要拔除，一些人外出喜欢携带拔胡子工具。断发文身虽非黎族、高山族所独有，我国南方、东南亚、日本南部、南太平洋岛国都流行过此俗，但海南、台湾两族文饰及其文化内涵相同或相类，包括龙蛇、龙草、树木、鸟兽等图腾或其他标记，反映他们有着共同原始宗教和原始艺术，这显然是民族渊源和文化特色共同性的表现。

3. 崇拜龙蛇等图腾

古越族以蛇为主要图腾，崇拜有加，这见于大量史籍、传说和各类建筑、艺术品等。上述黎族、高山族文身图案即反映了这种图腾文化。龙母庙或蛇神庙遍布岭南各地，仅广东德庆县盛时即有300多座，其中在龙母祖庙香火最旺，为当地带来可观的旅游收入。古越人流徙各地，龙蛇图腾即作为文化转移在当地传播。海南黎族流行蛇祖传说，清陆次云《峒溪纤志》云：“相传太古之时，雷摄一卵至山中，遂生一女，岁久有交趾蛮过海采香，与之相合，遂生之女，是为黎人之祖。”类似记载不胜枚举，有些地方黎族至今保持禁吃蛇肉习俗。黎族一分支美孚黎文身花纹似蚺蛇，故也被称为“蚺蛇美孚”。黎族中广为流传有“蛇女婿”、“蚺蛇青年”等人蛇婚配故事，清楚显示黎族龙蛇崇拜文化内涵。

台湾高山族也以龙蛇图腾崇拜至为突出，龙蛇在文身图案中居最显要地位。《隋书·地理志》记高山族“妇人以墨点手，为虫蛇之文”。明张燮《东西洋考》说鸡笼（基隆）、淡水一带高山族“手足刺纹为华美”。此风习传承至高山族各分支。泰雅人文身花纹模仿蛇斑纹，非洲人以百步蛇三角纹为文饰，并自称为蛇的子孙，建筑物和生活器具杯、桶之类绵雕上蛇纹，过去甚至在酋长家里备一小房，作为蛇栖息之室，视蛇为保护神。以台湾历史文献所记习俗，常见“虫蛇”、“鸟翼”等描写和以蛇祖崇拜有关神话，实为高山族原始文化折射。福建和广东潮汕地区旧为闽越人居地，对龙蛇崇拜尤甚。许慎《说文解字》云：“闽，东南越，蛇种也。”台湾多闽潮移民，龙蛇崇拜传入台湾，与高山族龙蛇崇拜相互影响，更加剧了此风习盛行。

此外，无论黎族和高山族都相信万物有灵，故日月星辰、风云雷雨、山林川泽、树林五谷都被赋予某种神灵，受到崇拜，是他们本根文化相同或相近明证。

4. 自由结合的婚姻形式在风俗文化中占有重要地位

其异同也反映了民族文化的相互关系。古越人婚姻形式异于汉人，尽管也经历了群婚向对偶婚至其后人向一夫一妻制的转变，但这个进程毕竟比汉人晚，此前有较多性自由和自由结合婚俗或残余。后世黎族“不落夫家”、一夫多妻、早婚、“放寮”、男大女小等风俗盛行，皆为古越人婚俗传承与变异。明末顾炎武《天下郡国利病书》广东条引旧志云：黎人“男女未配合者，随意所通，交唱黎歌，即为婚姻”。而台湾高山族也一秉古越人婚俗。沈莹《临海水土志》记高山族“又甲家有女，乙家有男，仍委父母。往就之居，与作夫妻，同牢而食”，“或男女相悦，便相匹配”。到17世纪陈第《东番记》说平埔人牵手成婚，“宵来晨去”，18世纪才发展到男子“夜宿妇家，日归其父合作者”[63]。“夫婿间财，乏共有之例，为夫者不担任扶养其妻；为妻者如旧与其一族耕种田园，自食已力”[64]，为典型不落夫家留俗。又高山族也盛行与黎族一样的“入赘”制度，“既婚，女赴男家洒扫屋舍三日，名曰‘乌合’，此后男归女家，同耕并作，以偕终身”[65]。此外，在离婚、再婚等关系上，高山族与黎族一样享有较大自由，表现了共同文化特质。

5. 尚武强悍民风

古代海南和台湾生态环境恶劣，毒蛇猛兽横行，瘴疠充斥，疾病为患，人类生存困难，势必引起部族之间矛盾和斗争，由此也造就了黎族和高山族的尚武强悍民风。许多文献都说“越人之俗，好相攻击”，直到中原文化传入，“粤（越）人相攻击之俗益止”[66]。但这作为一种民性，仍随古越人南迁带到岛上。范成大《桂海虞衡志・志蛮》说黎人“平日执靶刀畏鞘，多以竹为弦，荷长枪，跬步不舍去”[67]。明代，黎族中“生岐……弓矢不释手，虽父子，动辄持刀相加”[68]。此风也盛行于台湾高山族，《临海水土志》说夷洲（台湾）“其王，国有四五帅，统诸洞，洞有王，往往有村，村有乌丫帅，并以以善战者为之，自相对立”，“国人好相攻击，人皆骁健善走，难而不耐。诸洞各为部落，不相救助”。到明末，据陈第《东番记》，其人“喜斗而易动，疾战而轻解。起则两社相攻，休则亲戚不仇”。虽然类似记载也见于其他地区少数民族，但海南、台湾因为海岛，外来文化传播比大陆相对要迟，所以其民性变化也相封滞后。后世黎族、高山族对外来势力入侵反抗至为激烈，绝非偶然，正是古越人民性在各个历史时期的张扬。

6. 嗜食槟榔

我国南方古为瘴疠之地。槟榔含多种生物碱，有消谷、逐水、除痰、减菌等功效，与南方湿热地理环境相适应，故为古越人嗜好，且世代不衰。唐刘恂《岭表录异》明确指出“不食此无以怯其瘴 ”。此后槟榔又成为礼品，文化内涵有所扩大。古越人迁入海南、台湾，那里瘴疠比大陆更为严重，故食槟榔之风有增无减，实为适应环境一种方式，有其深层文化根源，而不仅是个人嗜好。唐宋以来文献典籍多记载海南盛产和嗜食槟榔风俗。宋人王象之指出“琼人以槟榔为命，……岁过闽广者，不知其几千万也”[69]。“漫山悉槟榔”[70]。唐宋时期黎人是海南居民主体，也是岛上槟榔的最大消费者。

高山族嗜食槟榔历史相信很久远。民族学者徐松石指出，台湾“土著人民喜欢嚼食槟榔，他们往往拿扶蒌叶和蛎灰一同咀嚼”[71]。食用方式与黎族完全相同。现今台湾槟榔漫山遍野，消费量甚大，槟榔摊档至为触目，性感十足的“槟榔西施”成为一道亮丽风景线。这决不是偶然的，乃高山族槟榔文化传承和扩大。此外，两族喜欢饮酒唱歌，喜食酢制食物等习惯如出一辙，充分说明他们为适应相类地理环境而形成共同民族饮食习惯。

五、共同地名文化渊源

地名作为一种可视和可悟文化景观，其命名与地理环境、历史条件和民族迁移有关，并且地名历史比文字还要久远，透过地名可了解很多历史文化现象。

黎族作为古越族一支，进入海南以后按古越语命名的地名颇多，现称为“黎语地名”。故明末清初屈大均《广东新语·文语》指出：“自阳春至高雷廉琼，地名多曰那某、罗某、多某、扶某、过某、牙某、峨某、陀某、打某……地黎称洞名有三字者，如那父爹，陀横大，陀横小之类，有四字者……”这种通名在前，专名在后地名，称齐头式地名，与汉语地名命名方式相反。在海南黎区，主要有抱（保、宝、报、包）、番、什、毛、那、南（湳）等为起首的地名约 1 000 个以上。在广东、广西也不乏这类地名，这已成为黎族源于古越人，从大陆南迁入岛的有力凭证[72]。

台湾现今地名有一部分是番语，即按高山族人读音用汉字书写的。高山族语言既为胶着语，其命名方式、构词法和含义属古越语，应当为古越人迁入台湾在地名上佐证。只是台湾经过西方殖民主义统治和日本侵占，汉人也大规模迁入，番语地名发生很大变化，保留至今的已成为台湾地名吉光片羽，但仍可借助于地名对比分析，看出高山族来源及其与黎族关系。

埔，谐音有步、埗、埔、埠、甫等，意为平地、津渡、码头之类，为古越语地名。广州有黄埔、增步、盐步、官禄埔 ，四会有华埔，罗埔 ，鹿埔 等。台湾有埠头，埠子颈、后埠、老埠、新埠、埠塘等，部分为齐头式，部分前为汉语修饰语，是汉人到来对番语地名的改造所致。

圳，粤方言指水沟。广东有深圳，广州有圳口，南海有梅圳，三水有圳东，德庆有圳边，封开有圳田、圳竹等。台湾有圳寮、圳头、横圳、深圳、过圳、圳岸、圳堵等。这不是偶然凑合，粤方言（广州话）由古越语融合汉语等而成，台湾“圳”字地名亦应与古越人迁移有关。

南或湳为典型古越语，作为地名与方向无关，意指水。据1982年地名普查，海南有这类地名255个。琼山有南渡江、湳渭溪，定安有南远溪、湳白溪，儋县有南建江，澄迈有湳滚泉，临高有南定汛，陵水有南陵山，东方有南龙江、南浪村，以及南圣、南坤、南罗、南闾、南美、南头、南口、南丰、南阳等，遍及全岛，但以黎区居多。雷州半岛也不乏这类地名，如海康即有50个，如南六、南畔、南田等，徐闻有南陈、南上、南洋等，当然个别南字可能指方向，但不改变它主要为古越语含义[73]。台湾也保存一些湳字地名，如湳子（云林）、湳雅（新竹）、水湳、湳湖、大湳、芦竹湳（苗栗）、草湳、湳墘、湳仔等[74]。这些地名无疑是古越语地名遗存。

台湾多山地，“台（湾）地诸山皆从番语译出”[75]。实际上不只山名，普通地名也有不少属于番语。“多（哆）”字地名即为一例。根安倍明义先生列举，即有哆啰嘓（新营番社）、哆咯唧（即日月潭东边蕃社）、史咯唧（花莲新城乡），另“多阿科汉姆”山地今写成大科陷、大姑崁或姑嵌。在海南也不乏“多”字地名，如琼山有多佩、多贤、文昌有多寻，琼海有多泥、多异，万宁有多扶、多格、多萌、多辉、陵水有多味弓，乐东有多能，儋县有多美、多业，临高有多文、多莲、多瑞、多郎、多贤、多朗等。亦偶见于大陆，如廉江有多浪、多实，吴川有多曹等[76]。雷州半岛古代也是俚（黎）人居地，故不乏些类地名。又“多”、“都”音近，而“都”字也是古越地名，广见于广东南路和广西东北部和中部[77]。可见，“多”字地名把两广大陆和台湾都联系起来了。

海南还有“打”字地名，且与“大”字同音，也属古越语地名。儋县有打腊，白沙有打安、白打等。“大”字地名更多，如昌江有大安、大章，陵水有大宁，东方有大田，乐东有大安，儋县有大成、大域，琼山有大林、大坡、大宾，文昌有大山，琼海有大路，万宁有大茂，屯昌有大同，澄迈有大美等。“大”字地名在岭南约1 000个以上，其含义有一部分表示大小之意，一部分为“地”意思，后者为古越语含义。又据徐松石教授研究，“大”字有时译作“都”字或“多”字，这样一相通，其分布更广，显示岭南土著文化共同性。这种共同性也延伸到台湾。“打”字地名在宜兰有打那岸（罗东）、嘉义有打猫（凡雄），高雄旧称打狗、打鼓，实也属于古越语地名。此外，海南还有马、麻、过、美、武、六（鹿）等古越语地名，在台湾也不乏其例。如临高有马袅，台湾有马赛（苏澳）、玛僯（礁溪）。雷州半岛有麻章、麻一、麻二、麻三、麻四，台东有麻豆，海南保亭有六弓，台湾有鹿野、鹿寨。“美”字地名在海南甚多，琼山有美兰，为今机场所在；台湾高雄有美派。“武”字地名在海南也不在少数，如儋县有武教，临高有武来，琼海有武弄，澄迈有武田等，台湾屏东有武洛（里港），意义为弓矢[78]，这自不是汉语之意。以上地名几乎成对应关系，应是古越人迁移岛上在地名上遗迹。

六、结语

从上述可知，海南黎族和台湾高山族实为从大陆迁去的古越族两个分支，族源相同。但是作为一个民族，无论文化还是血统都不可能只有一个来源。在民族繁衍进程中，有其他民族加入是不可避免的。有关黎族和高山族的“南来说”即属其例，但事实如何，应进一步研究，不宜轻易肯定或否定。

不管怎样，今日黎族和高山族毕竟是两个民族。这是地理环境和历史发展的产物。一是海南和台湾，地理环境总有一定差异，古越人长期生活在其中，生产生活方式会产生变异，民族文化随而变化。二是古越族是个泛称，内分许多支系，迁入海南的以骆越、南越为主，迁入台湾的以闽越为主。他们本根文化差异难免在以后民族发展中留下痕迹，成为黎族、高山族文化差异的原文化基础。三是区域历史发展进程和水平差异。海南汉初就建立郡县，后来被放弃，唐宋以来重新深入开发，明清达到鼎盛时期。黎族汉化也同步发生，宋代以来即有“生黎”、“熟黎”之别，但直到近代，在五指山腹地仍保留一块带有原始社会性质的合亩制地区。又由于琼州海峡比台湾海峡容易通过，中国历史发展总方向是自北向南，海南恰处在这个方向之南，受大陆文化影响较深，对黎族文化也不例外。而台湾原始社会历程很漫长，南宋时澎湖才隶属福建晋江县，如果就此认定台湾政区建置始于宋代，也比海南要晚得多，甚至到明代，高山族地区仍很原始落后，陈第《东番记》所载，他们仍未摆脱原始社会生活方式，或者说处在文明阶段前沿。但台湾明末清初经郑成功父子奠基开发，清统一台湾以后深入开发，特别是光绪年间台湾建省近代开发，以及日本侵占台湾时殖民地式开发，都在实际上改变台湾社会经济面貌，台湾以后来居上之势远远超过海南。这都在文化各个要素和各个层面上改变着高山族，使之形成自己文化特质，与此同时，海南黎族也按自己道路和方式发展，形成本民族文化特质。因此，他们走的是一条同源异流的发展道路，是一母所生的兄弟姐妹关系，其血脉根源和文化情结，无疑在中国大陆。

第三节　先秦海南原住民来源管窥

一、海南原住民非岛上土生土长族群

1. 海南环境不可能完成从猿到人的进化过程

地质史表明，海南岛作为一个大陆岛，与祖国大陆有过多次分合过程。早在更新世末，雷州地洼中部生产断陷，形成琼州海峡，直到全新世早期，海面上升，海南岛再次脱离大陆，成为一个独立地理单元，这距今约1.0～1.2万年。海南这个地质运动历史和它圈层状地形以及热带森林密布的自然环境，对生物的起源和进化有特殊意义。达尔文进化论的支持者，英国自然科学家华莱士（A. R. Wallace，1823～1913年）曾指出，因为长期孤悬海外，海峡和海洋成为一些动物和植物迁移不可逾越的障碍；海岛与大陆生态学不同，严格来说没有第一性意义，即海岛的动植物区系有自己特点与大陆不一样。这个观点用于海南岛，即可知海南岛会保留大陆没有的物种，大陆一些物种也会被海峡阻隔而不能进入岛上。即按人类起源和进化过程，170万年前，元谋人已经诞生，此后，北京人、封开人、马坝人先后出世，但海南已独立成海岛。在一个仅有3.5万平方公里

岛上，不可能完成从猿到人进化过程，即海南不可能产生人类祖先，岛上人类都是外来的，而不会是土生土长繁殖过来的。

2. 古人类迁移东南亚路径

从人类起源及其迁移路径而言，一种说法是人类起源于非洲，后向亚洲迁移，在第四纪青藏高原隆起以后，即沿其边缘进入西江流域，向东南亚和沿“东海走廊”向中国大陆中部、北部以及东北亚地区转移。[79]这条古人类迁移路线，完全有可能经过海南岛进入东南亚广大地区。

3. 海南旧石器文化贫乏

这样一来，即有岛外古人类进入海南繁衍生息。而海南岛史前考古，目前仍无旧石器时代早期智人。考古学家根据三亚落笔洞发现距今 1 万年文化遗物遗存，“推测（海南岛）新石器早期的人类应是从我国大陆进入的”[80]。其“年代初步推测为距今七八千年的新石器早期。这是海南岛首次发现的年代最早的古人类的居住遗址”[81]。既然海南岛旧石器文化仍很贫乏，这就完全排斥了海南本岛存在古人类的可能性。即海南古人类应是从海外进入，此后不断繁衍至今的。虽然黎族先人与海南古人类还有很大距离，但在缺乏其他古人类存在背景下，姑且将黎族先人视为海南最早居民。即使如此，也无证据显示黎族先人是海南土生土长的，他们也是岛外居民，最早在史前某个时期进入岛上。

二、原住民“北来说”依据

（1）岛上几何印纹陶与广西、珠三角相似或一致。按文化传播基本观点，举凡有相同器物之地，彼此间一定会有文化交往。据此，则海南与广西、珠三角文化关系也应如此，是人类活动将这些器物带到岛上，也就成为人类进入海南的佐证。

（2）海南出土双肩石斧、有段石锛、石铲与广西一致，为典型百越形石器，显示文化载体人类彼此往来。

（3）黎人体质人类学特征与广东佛山、广西桂林、福建闽侯新石器出土人骨相似，为蒙古人种南亚类型特征，反映原住民与华南人类有很深的渊源关系。

（4）语言考古。黎语为壮侗语族黎语支，与广西壮族及西南一些少数民族使用壮语、布依语、傣语、水语有亲缘关系，修辞、语法、词义与汉语不同，不能按汉语来解读这些语支。人类作为语言文化载体，语言传播应是人类迁移结果。而使用这些语支的民族分布在大陆，其在海南出现无疑是人类迁移的结果。

（5）地名学证据。地名先于文字，具有稳定、历史悠久的特点。经比较，海南很多黎语地名与广东高雷西江地区和广西相同。屈大均《广东新语·文语》指出："自阳春至高雷廉琼多那某、多某、扶某、过某、牙某、峨某……等。"名从主人，反映这些地名主人有共同来历。例如，这些黎语地名那—田，滴—水，番—村落等，那字地名在广西有 1 200 多个，广东（含海南）有 150 多个。地名普查显示，海南表示村落地名抱（宝、保、报、包）有 329 个，如乐东有抱田、抱界，三亚有抱头、抱营，东方有抱板、宝上，文昌有抱罗，临高有抱茂、泡河，昌江有保蛮，儋州有保牙、保亭有报什、报导等。番、什、毛等表示村落黎语地名，全岛有 469 个，仅保亭县这类地名就有 273 个，其他各县也不少见，如乐东有番豆、番阳、毛或、什文，三亚有番毛、番园，白沙有番伦、番印，琼中有番响、番沟，儋州有番真、番朗等，此外海南还有以方、芳、武为起首表示村落。

无独有偶，在广东大陆，也不乏这类壮侗语地名。特别是广东南部地区，如徐闻有包西、包罗，海康（今雷州市）有包全、保田、毛斋、南天、武郎、番昌，湛江有抱屋、抱塍，高州有保黎，电白有保田，化州有宝山、宝圩，信宜有保城，台山有宝兴，广州旧称番禺等，都是两地有深刻民族渊源在地名上反映。它们反映了百越时代从北而南的民族迁移。

（6）经济文化生活与壮族相同。古越人陆事寡而水事众；住干栏，种稻，断发文身，善铸铜鼓，龙蛇崇拜，迷信、鸡卜、二次葬等。这些文化个性，与作为古越人后裔的壮族相同。而黎族和壮族同源异流，这些文化特质反映了彼此间有非同寻常族源关系。

（7）海上交通佐证。海上丝绸之路在汉代开辟，为官方所为，但民间航海可能更早。海南岛为海上交通枢纽,大陆居民下海,必经海南。这样,或有人经此岛,或定居下来。如后世黎族常用独木舟为渡河工具,5 000年前,南海海平面比现在低 40～50 米,很多岛礁露出海面,有利于人类使用独木舟往来,不但可从南北上,也可自北向南,划过琼州海峡上岛。1976 年,化州古越人居地出土六艘独木舟,时代约相当东汉到魏晋,不能排斥此前古越人使用这种工具进入海南。

三、原住民"南来说"依据

基于海南岛居南海交通要冲,为人类南来北往必经之地,故其岛上居民除了北来说,还应有"南来说"。岛外居民从南北两个方向进入海南,成为岛上原住民的来源。

1. 石器考古佐证

(1) 中石器文化考古。在人类文化史上,继旧石器之后,通常认为是中石器时代,距今约 1.2 万年。这一时代环境产生很大变化,海平面大幅度下降,海水降到 130～145 米以下,大片大陆架出现,半岛和陆块、岛屿与陆块、陆块与陆块等相互连接,变成通道,极大地方便古人类和动物群的迁移,为人类活动和文化交流提供了更宽广的天地,南中国海再次成为古人类的交往通道。在南中国海北部,属于这一时期文化遗址遗存不少,包括广西宾县盖头洞、柳江思多岩、陈家村、崇左矮洞、柳州白莲洞、大龙潭鲤鱼嘴下层、桂林穿山月岩东岩洞、甑皮岩,广东阳春独石仔、封开黄岩洞、罗沙岩上层、英德青塘朱屋岩、云岭牛栏洞等遗址。这些遗址遗存出土石器以大中型者居多,也比较先进,其中阳春独石仔还有七件"苏门答腊式"石器,显示其来源或受海外石器文化影响。而更加明显的是南亚和东南亚地区也有同类石器文化,如越南和平省的"和平文化",马来西亚沙捞越西部的尼阿洞穴遗址,泰国北碧府柿约乡僧侣遗址、泰国西北部的仙人洞遗址等。它们与上述珠江流域同时代石器文化的共同性,说明以南中国海为通道而发生的自旧石器时代以来文化交流一直在传承下来。

海南岛三亚落笔洞遗址，可视为从旧石器时代到新石器时代一个过渡时期，它出土文化堆积物既与岭南上述遗址性质、风格一致，据此有理由推断，岭南大陆有来自东南亚石器文化，则海南岛作为交通枢纽，当不例外有南来古人类到来。当然，这须考古实物来验证。

(2) 新石器文化考古。在新石器时代，南中国海地理环境发生了变化。根据^{14}C测定，南海诸岛大部分岛屿露出水面时间距离现在约5 000年，这就为这一时期原始人类在海上活动提供了方便，即可以乘独木舟或木筏在岛屿和大陆之间往来。有段石锛是我国南方古越人新石器文化的特型器物，除在中国台湾、菲律宾等地发现以外，在南太平洋的玻利尼西亚群岛、社会群岛和苏拉威西，以及北婆罗洲一带均有发现，表示古越人有可能利用南海方便条件航海至这些地区，与那里的人类发生文化接触与交流。最典型的南海西樵山是一个巨大新石器加工场，其代表性细石器和双肩石器，不仅辐射珠江三角洲、广东南部、广西南部和海南岛、粤东、粤北，可能还有渡海进入台湾新竹、基隆、台中、高雄、台东，以及溯西江进入云贵高原，而且还向南传播到海外，包括中南半岛诸国、马来西亚、印度、孟加拉等国家和地区。西樵山石器文化的创造者和百越先民，以擅长舟楫著称，在南中国海大陆架出露、海水变浅背景下，完全有可能在海面上使用简单航海工具，将自己创造石器文化传到他们所到之处，从而在太平洋、印度洋很多地区留下海洋文化的印记。在这个过程中，海南岛完全有可能成为南北石器文化交流通道，岛上三亚、东方、乐东、昌江、陵水、定安、通什、琼山、万宁等新石器遗址出土石斧、石锛、有肩石器等即与以上地区风格一致，显示海南岛和岭南其他地区一样，古人类彼此间往来，不仅有中国古人类南下，也有东南亚、南太平洋古人类北上，发生南北之间双向文化交流，相信会有南方古人类进入海南。

2. 语言考古学证据

语言学研究表明，史前时期在西南太平洋地带的三大群岛，即印尼群岛、菲律宾群岛和我国台湾和岭南等地区广泛使用“南岛语族”，我国南方百越先民是南岛语族不可分割的组成部分，彼此间有深刻的亲缘关系。

而体质人类学研究说明，“古华南类型”人群与东南亚的印尼人、大洋洲的美拉尼西亚人特征接近。这一研究成果佐证了南岛语族在华南的联系，包括台湾海峡西岸、西向岭南、北上江浙都是百越—南岛一体化人群文化的范畴。历史学者吕思勉说：“粤者盖今所谓马来人。”[82] 历史学者翦伯赞也指出：“中国人种的来源不是一元，而是两个系统的人种，即蒙古高原与南太平洋。”对于后者，翦伯赞进一步认为，“这另一个系统的人种从南太平洋出发，沿马来半岛的海岸，向北推进，而达到中国的南部”，“南太平洋系人种之移入中国，似乎经由两条路线，其一支似系由安南溯湄公河与澜沧江域由缅甸伊洛瓦底江以达于云南。这一支人种就是后来所谓西南夷的祖先，亦即今日夷族和苗族的祖先。其另一支则系由安南沿今日之东台湾海岸进入中国之广西、广东、福建东南沿海一带，其前锋甚至达中国台湾、琉球乃至日本。这一支人种就是后来百越族之祖先，亦即今日瑶族、僚族及海南岛的黎族、台湾的番族之祖先。”[83] 而原广东省民族研究所所长刘耀荃先生在“海南岛古代历史的几个问题”一文提出，南洋一带小黑人可能是海南最早土著居民。在黎族血统中带有黑人基因。在对黎族进行体质测量中，具有宽鼻、眉骨突起、棕肤色、突颚等特征，但另一方面，黎族又具有圆头、黄棕皮色等蒙古人体质特征，并有蒙古眼，故黑人身体一些特征出现在黎族身上[84]，表明海南岛和南洋之间，种族往来早就发生，血缘交流结果，才形成黎族以上体质人类学特征。

人类迁移必然伴随着语言的传播，20 世纪 30 年代以来，人类学者林惠祥、凌纯声等先后从民族学、考古学的文化因素比较出发，提出南岛语族华南大陆起源论点，认为华南百越人就是古代马来人，即“原马来人”，华南大陆、东南亚到西南太平洋三大群岛之间的土著文化共同体构成了“亚洲(亚澳)地中海文化圈”[85]。而南中国海周边地区族群都属这个文化圈之内，使用南岛语族，他们也包括在南中国海海洋文化体系中。只是秦汉以后，中原王朝势力不断南下，汉人大量南迁，郡县制推行，汉文化成为岭南地区文化主流，百越—南岛系统土著民族文化被汉藏语族文化取代或覆盖，而退出历史舞台，但不等于终结。其仍以文化积淀方式留存下来，包括岭南在内我国东南沿海壮侗语族各系和这些地区汉族语言中即有不少这种遗存，如黎、水、侗、壮族的口语和方言即与中国台湾高山族、菲律宾土著、马来语等南岛语言在基本词汇上有很多共性。闽、粤汉语方言和客家方言的构词和语音特征，亦与台湾阿美族、排湾族等高山族分支有很多共语。即是说，由于南方汉语融合了南岛语要素，而与北方汉语有不少差异，成为南方汉语方言甚多的一个重要原因。我国不少语言学家通过语言材料比较，早就证实南太平洋岛屿上一些说南岛语的民族与我国百越先民操共同语言，并与今菲律宾语、马来语为代表的南岛语与包括海南黎族在内的侗台语族各语言作比较，发现它们同出一源，即我国南方汉语有不少南岛语成分，仅侗泰语词汇与南岛语有关的词约 330 个。人类学者容观复举例说，海南黎语与壮语、傣语、水语等同语族诸语言有不少同源词，但数词都大不一样。例如，这几种语言除“一”、“二”以外，自“三”以上至“十”、“百”、“千”、“万”几乎与中古汉语的数字相近。而黎语却不是这样，其形式上跟印度尼西亚语、中国台湾高山语比较接近。有些南岛语词只与侗台语的黎语有关，如“马”、“五”、“六”、“十”、“肺”、“在”等。民族语言学者解释说，在大批汉人进入岭南以前，黎族先民已漂离海上，因远离大陆，接受汉文化较晚，受影响也少，因而保留了黎族固有数词，并与印度尼西亚语、中国台湾高山语形式接近[7]。这无疑是南岛语进入岭南有力的凭证，也说明使用南岛语居民是海洋社会族群，南中国海无疑是这个族群活动的重心。

3. 器物考古佐证

史前考古的器物也验证南中国周边海海洋族群文化的共同性。树皮布是有力证据之一。中外人类、考古学家在树皮布起源分布上的认识基本上是一致的。东南亚的印度尼西亚、波利尼西亚、美拉尼西亚以及密克罗尼西亚等许多岛屿原住居民都使用树皮布作为服饰。西方一些原始艺术和民族著作对此多有描述。如中山大学容观复教授推介詹姆斯·埃奇帕廷顿和查尔顿·希普同一书名画集《太平洋岛屿住民的武器、工具、装饰品及衣着选集》即收入制作树皮布用的工具、成品式样等。而考古发现显示，香港、深圳、珠海、中山出土过制造树皮布用的石柏，台湾台南也出土过有条沟的树皮布打棒。据此有学者认为树皮布起源地可能在中国岭南范围内[86]。邓聪先生对树皮布作过田野调查和深入研究，他指出："以环珠江口文化的树皮布石柏，流行于距今6 000～5 000年前之间，是迄今东亚已知最古老的树皮布文化系统。由珠江口南向中南半岛、越南北部的冯原文化有丰富的树皮布资料，年代可能在距今4 000～3 500年之间。泰国及马来半岛的树皮布文化稍晚，在距今3 500年前稍后，菲律宾、中国台湾等地都具有别具特色的树皮布文化，年代迄今所知不超过距今3 500年。太平洋岛屿均为树皮布文化繁盛区域，其年代更应在距今3 500年之后。"[87]邓聪进而强调"发源于南中国的树皮布文化，从西南中国经中南半岛，席卷东南亚岛屿后，从海路跨过太平洋进入中美洲。树皮布在中美洲更广泛被用作纸，具有记载文化的功能，对中美洲的历史影响至为深巨。"[88]海南黎族即为制作树皮布能手，在现今通什海南民族博物馆中仍陈列着制作树皮布工艺和式样。笔者于2011年4月在深圳文博展览会上亲见海南馆展示用见血封喉树制作树皮布衣服，开口要价1万元。宋乐史《太平寰宇记》载："琼州生黎巢居深山，织木皮为布。"又曰："儋州黎人……绩木皮为布。"上古黎族先人广泛分布在海南岛、雷州半岛，树皮布应是他们的常服。又越南也有过繁荣一时的树皮布文化，菲律宾的树皮布又来源于越南，加上上述东南亚地区树皮布，则南中国海周边都是树皮布分布区，说明至少从史前时期开始，这些岛屿原住民已有树皮布文化往来，不管那里是其发源地，树皮布制作和传播都是不争的事实。

另一种称为"吹筒"的狩猎武器，也将海南、雷州半岛与东南亚史前文化联在一起。按"吹筒"为一种管状器物，为用竹或木做成管子，长可2米左右，依靠口吹气体为动力，将带有毒液箭头从筒中吹出，射杀小动物。其射程可达10多米，毒液来于见血封喉树，至今在海南、雷州半岛仍可见这种高大乔木（如在儋州、保亭、雷州市郊等）。据悉，婆罗洲、马来半岛等地土著小黑人和其他原始居民，曾广泛使用这种武器来猎取小型动物。无独有偶，20世纪20年代，有一外国传教士亨西·伊伯特（Hensi

Imbert)曾在雷州半岛发现“吹筒”。这位教士在调查报告中说:“此外尚有一个证据可以说明广东省从前可能有过小黑人的存在。因为其地到现在尚在使用吹筒。此武器最常见于婆罗洲的小黑人及马六甲的西蒙(Semang)人中。有一传教士在雷州半岛找到一件甚佳的吹筒标本,长 3.97 米,吹矢长 57～58 厘米,矢镞用铁或木。我们所得的吹筒标本乃获自江洪港(在今遂溪县),其地在 Weitchao 岛(涠洲岛)之对面,在雷州半岛以南 110 华里。该地居民今日仍以吹筒射鸟及狩猎麝香猫、狐、野猫等小动物。”[89]海南岛黎人传统狩猎武器也是吹筒,所用见血封喉树,在黎区甚为常见。笔者 2011 年到雷州半岛调查,即在遂溪、廉江等地闻说当地尚保留吹筒,唯未见实物。而在中国古籍上,也不乏有关马来西亚等地使用吹筒的记载。宋赵汝适《诸蕃志》曰:“穷谷别有种落,号海胆,人形而小,眼圆而黄,虬发露齿,巢于木颠,或三五为群,跧伏榛莽,以暗箭伤人,多罹其害,投以瓷碗,则俯拾忻然跳呼而去。”[90]这种暗箭伤人武器,应为吹筒一类器物,与后来西洋教士所记和在雷州半岛所见如出一辙,应是古代琼雷与海外居民往来一种物证。

实际上,树皮布和吹筒仅是联结海南黎族与东南亚族源关系媒介之一。早在 20 世纪 30 年代,德国民族学家 H. 史图博曾两次深入海南作田野调查,后著《海南岛民族志》在柏林出版,1964 年由广东民族研究所从日文译成中文(油印本)。该著列举黎族与东南亚、台湾民族相同的文化特质约近 30 项,包括刀耕火种、收割工具镰刀、柱子仓库、用牛踩耕、脱谷、鸡笼、牛车、木柱房屋、腰布、包阴布、妇女裙子、帽子、木棉和麻布、树皮布、纺织技术、大耳环、大发簪、红色长布、发型、圆形篓子(装黎刀用)、篮子、山刀(黎刀)、口琴、鼻箫、木鼓、造型艺术、文身图案、门口挂水牛角、族外婚等。而这些文化特质与汉人有明显差异,说明海南黎族与东南亚包括印尼、缅甸、越南、菲律宾、密克罗尼西亚,以及中国台湾地区民族史前有很密切联系,留下那么多相同文化特质,也反映这些民族都是海洋民族,共同以南中国海为纽带联结成一个海洋文化共同体或文化圈。

四、小结

海南原住民来源，长期以来流行“北来说”，而“南来说”研究长期被视为禁区，在近年始见解禁背景下，本文首从人类起源对环境要求和古人类传播出发，以海南面积狭小，不利于人类进化和旧石器文化空白为凭，认为海南没有土生土长古人类，岛上原住民是岛外来的。海南原住民除了公认来自大陆以外，还有从东南亚、南太平洋等地北上的海外居民。这除了两地居民体质特征共性以外，还有文化特性相同或相近的石器工具，共同使用南岛语留下的遗存，制造性质一样树皮布和吹筒，以及多种相同的物质及精神文化等多种证据，显示海南原住民渊源于大陆和海外，具有人种和文化南北合流、融汇发展的特点。这主要发生在史前时期，秦汉以后，海南在中原政权管治下，成为中国版图一部分，海南原住民南来基本结束，进入以俚僚和汉族移入岛上历史阶段，并最终成为中华民族和中华文化多元一体格局一个重要成员，谱写自己民族进化史和文明史。

第四节　汉徐闻港地望历史地理

东汉班固撰《汉书·地理志》有一段著名文字，指出我国海上丝绸之路最早经过的国家和地区。其曰：“自日南障塞、徐闻、合浦，船行可五月，有都元国，又船行可四月，有邑卢没国，又船行可二十余日，有谌离国，步行可十余日，有夫甘都卢国。自大甘都卢国，船行可二月余，有黄支国。……自武帝以来，皆献见。有译长属黄门，与应募者俱人海，市明珠璧琉璃奇石异物，赏黄金杂增而往。”从文字看，这条交通线最初是因丝绸贸易而开辟，既是丝路，又是商路，也是后世所称南海丝绸之路的由来。姑且勿论这条交通线所经国家和地区相当于今天何地仍有很多争议，即使其中始发港之一的徐闻港地望，也还是见仁见智，难以统一。而近年问世《南海“海上丝绸之路”始发港——雷州城》[91]一书，几乎众口一词肯定汉徐闻港地望就在今天雷州城附近，似乎这宗历史悬案可以到此画上一个句号。笔者以为不尽然。虽然该书列举不少证据说汉徐闻港地望非今天雷州城附近莫属，且也有一定道理，但也不容忽视，对这一历史悬案，更多的人主张汉徐闻港地望应在今徐闻县西南五里乡二桥、仕尾、南湾村一带，个人也赞同这种观点。这有历史地理区位和环境、文物考古，以及区域开发等要素支持。兹列如次。

一、港址历史地理环境

据实地考察，汉徐闻港在今徐闻县城西南约 10 公里的三墩湾。这一海湾东西分别为南山半岛和仕尾半岛夹峙，尾端相距约 1.2 公里，分布成片滩涂和红树林。雷州半岛为溺谷型海岸，第四纪以来处于下沉状态，利于港口选址。海湾外有头墩、二墩、三墩、倰时墩等花岗岩小岛，呈半圆形拱卫海湾，起到避风、减潮作用，形成一个天然避风塘。小岛间至今仍有航道，为三墩港使用。三墩港为那捍溪出口，造成河海相接状态。那捍溪发源于徐闻县城西南北草岭，今长约 10 公里，河宽平均 4 米，水深 1 米，流量约每秒 0.6 立方米，在当地是一条较为重要的河流。1958 年在河口修筑拦河坝，致使河口、海湾沉积日益旺盛，河床、海湾淤浅，坝内河漫滩、沼泽发育，盛长蒲草等植物。可以推想，在现代人类对这一带环境严重干扰以前，河流水量应较为浩大，它不但是一条重要交通线，也是港口船舶淡水、食物补给线。海湾两侧散布大片海滨台地，呈二级阶梯，现为南湾、二桥、仕尾、南山上村、南山下村等聚落所在。其中，最大一块南湾台地海拔约 10 米，最高点为 12.5 米，为玄武岩基底，地质基础坚固，视野宽广，可眺望北部湾海面，故《汉书·地理志》说“自合浦徐闻南入海，得大洲，东西南北方千里”，即从徐闻港出发，可渡海至海南岛，表示这里是一个优良港湾。另外，这片台地不仅有可供修建房屋、堆放货物所需用地而适宜城邑建设，也利于军事防守，故被认为是汉合浦郡治和徐闻县治所在。明万历《雷州府志》称“徐闻县城，汉元鼎置县海滨讨网村”[92]，到清宣统《徐闻县志》仍说“县西南三十里讨网村，即旧县地。前临海，峙三墩，中有淡水，号龙泉”[93]。今三墩港旧称讨网港，因邻近有讨网村得名。而“龙泉”保留在二墩至今，为一直径 1.4 米石砌水井，深 0.6 米，水质清甘，仍可饮用。头墩原有淡水井，后湮。三墩水井也是石砌，径 1.5 米，深 3.2 米，水深 0.5 米，涌水量丰富。这些水井遗址验证了志书所记。而据《后汉书·地理志》合浦郡下辖五县，即徐闻、高凉、合浦、临允、朱卢。按在这里徐闻为首县，即郡治所在。因同书注云："凡县名，先书者，郡所治也。"显见，汉徐闻县治也同为汉合浦郡治，均在同一地点。

郡县治所在城镇，应拥有一定经济腹地，以保障经济供给。今三墩港一带古代和现代都有大片稻田，"那捍溪"以"那"为首地名，反映古代稻作文化发达，"那"古越语意为"水田"。广西和广东南路至今仍保留大量以"那"字为起首地名，如徐闻有那加，海康有那稳，吴川有那罗等。"那"字地名分布区即农耕区，三墩一带得以有农业基础，达到郡县治所对经济条件的基本要求。另"徐闻"一词，一说为古越人居地，今读为"xú wén"，而古音为"查扪"(ca mang)，属今日壮语，意为河口[94]，口与那捍溪河口区地理形势相符合。三墩一带即讨网村自汉元鼎六年(公元前 111 年)作为徐闻县治以来直到唐太宗贞观二年(628 年)才由此迁至今县城以西 9 公里的麻鞋村，元世祖至元二十八年(1291 年)再迁至今治(旧称宾朴村)，讨网村逐废。故谭其骧先生主编《中国历史地图集》汉徐闻县治及西晋徐闻(珠官)、三国吴、南朝齐、梁、陈三代的齐康郡郡治和徐闻县治均标在今徐闻县西南沿海，即今三墩港附近二桥、仕尾、南湾一带。

二、文物考古遗址支持三墩港为汉徐闻港

20 世纪 70 年代以来，广东省博物馆和湛江、徐闻等有关文博部门，对雷州半岛尤其是徐闻县作了多次实地考古调查和局部发掘，从发现汉墓及其他出土文物，支持今徐闻三墩港一带大有可能是汉徐闻港和徐闻县治所在地。

1973 年和 1974 年广东省博物馆等在徐闻县西南沿海华丰、红坎、槟榔埚等村发掘 51 座东汉墓，另在西连、角尾、迈陈、竹山、县城附近等地发掘出一些汉代遗址和墓葬，出土一批陶器、铁器、五铢钱、银和珠质饰物

等。据此认为,徐闻西南沿海在汉代是一个人口稠密地区,并指出“解放后广东各地发现的汉墓凡密集成片者,几乎都是当时的郡县城郊。因此,我们认为汉代徐闻县城应该位于这片范围之内”;而“现今的海康县城(今雷州市)位于雷州半岛中部,并非海港,距琼州海峡也较远,附近也未发现大片的汉代遗址或墓葬,因此不可能是汉代徐闻县城的故地”[95]。根据1981年开始的文物普查成果而编辑刊行的《中国文物地图集·广东分册》更标示在徐闻迈陈一带有昌化坡汉墓、土旺村汉墓、计养岭汉墓、华丰岭汉墓群、提塘村汉墓、汉华丰港遗址,在县城西南、东南海滨则有二桥村汉遗址、红坎村东汉墓群、角尾东汉墓群,以及县城南郊槟榔埚、北潭村、石园村东汉墓群等[96]。此图集出版后,1990年、1993年和2001年,有关部门又对上述地区进行文物考察,连同以前墓葬,约发掘汉墓300多座,占全县汉墓2/3左右,不但进一步验证已有结果,而且在仕尾村附近首次发现“万岁”瓦当,其风格与广东五华县城狮雄山、澄海龟山、乐昌城郊汉代建筑遗址出土同类文物有很多共同点,显示当地必有官衙一类行政管理机构建筑[97]。特别重要的是仕尾出土瓦当与西汉都城长安等地出土“长乐未央”、“长乐无极”、“千秋万岁”、“千秋”、“万岁”、“长乐万岁”这类吉语圆瓦当同一风格特点,联系以上广东县城及近年广州中山四路发掘南越国宫署以及福建崇安汉城等遗址同类“万岁”瓦当[98],徐闻仕尾一带有官衙一类建筑无可置疑。另外,徐闻仕尾一带以上遗址还出土粗细绳纹、乳点纹板瓦、筒瓦、印纹砖、方格纹加圆形、菱形戳印陶罐、弦纹陶罐、卷云灵芝纹瓦当等。其中,1993年在仕尾、南湾、二桥汉文化层中发掘汉代墓葬、灰坑、房屋遗址、水井、烧土面及柱洞等,保存有罐、瓮、盆、钵、碗等各种生活陶器、陶网坠、陶纺轮、板瓦、筒瓦等建筑材料约共1万多件,首次发现铜质怪兽纹铺首,即墓门铜拉手,形制与广州南越王墓出土的同类器物风格相一致。另有斧、凿、刀、鱼钩和发钗、指环等铁器,盆、碗、镜、箭镞等铜器,五铢钱、手镯等银器,以及琥珀、玛瑙、水晶、丝晶、琉璃、银珠、玉石、青金石、檀香珠等饰物和陶屋,内有舂臼俑等,进一步印证这一带是一个规模较大聚落,内设官衙。其中,在二桥、南湾汉遗址中出土一枚鎏金龟纽铜印，上刻“臣固私印”，时代为西汉中期。此印虽为私印，但看来印主人非同一般，应有相当社会地位，这亦与上述出土文物组合特点相符合。文物出土遗址为一片完整台地，坐北向南，虽未见城垣，但有堆土垒石为基，类似山寨。主城寨基犹存，残宽 3.5～6.8 米，残高 0.6～1.25 米。实测南北长 95 米，东西宽 85 米，周长 360 米，呈方形，面积为 8 075 平方米[99]。主城遗址发现柱洞，排列不是很有规律有可能是较为简易的干栏式建筑遗存，而其中墓葬与广州汉墓相似，具有典型南越族埋葬风俗。这一遗址被列为广东所发现的十个汉代建筑遗址之一，又是四个出土汉代瓦当的遗址之一，应是县治以上建筑遗存存[100]。笔者曾二次到该地考察，见地面各种图案印纹陶片、绳纹瓦片、米字纹砖块等，俯拾皆是，当地文博部门和村民正大量采集收藏。笔者并被告知，村民盖房挖地基，常有汉砖汉瓦出土，表明这一带大有可能是汉合浦郡治和徐闻县治。当然，最终结论仍有待进一步考古发掘。

三、汉代番禺未能成为始发港

无论汉徐闻港或徐闻县城在何处，都不是孤立的问题，作为南海航线上一个港口，它离不开番禺（广州）这个岭南最大的经济都会。因为只有沿海各港连接起来，才能形成一条完整航线，发挥港口功能。战国时番禺是个原始聚落，有人称之为渔村，秦为南海郡治和番禺县治，到西汉史籍虽然明确指出番禺是海内外商品辐辏中心，但没有说它是对外启航的始发港。如《史记·货殖列传》说：“番禺亦其一都会也，珠玑、犀、玳瑁、果布之凑。”《汉书·地理志》则曰番禺“处近海，多犀、象、玳瑁、珠玑、银、铜、果布之凑。中国往贾者多取富焉”。这两书均为官方正史，番禺的政治、经济地位又十分重要，汉初又为南越国都城，如果真为始发港，应见于文字记载。故郭沫若主编《中国史稿》认为，“从中国的交州合浦郡徐闻县（今广东省徐闻县西）乘船去缅甸的海道也早在西汉时开辟”，“那时，海路交通的重要都会是番禺，船舶的出发站则是合浦郡的徐闻县”[101]。近年有人以广州中山四路发现秦汉（今改作秦）船台为重要理由，进一步论证番禺为汉代海上丝绸之路始发港。但这个“船台说”疑点甚多，难以支持始发港论断。然而，番禺作为集散中外商品的功能和港市地位无可置疑，只是集散方式，可以是水路，也可以是陆路，或者水陆联运。按汉代航海技术和造船水平，航船不能远离海岸。外来商品可以上岸，从陆路集中番禺；相反，番禺也可以同样方式，将商品从陆路集中某港口，再转运海外。大抵三国以前，我国史书上记通商南海、诸蕃国史事，常说在徐闻、合浦、日南以南若干里。上述《汉书·地理志》即是。但从西晋南北朝开始，常称距广州若干里了。最早明确记载番禺为始发港是西晋武帝太康二年(281年)“大秦国奉献琛，来经于(广)州，众宝既丽，火布尤奇”[102]。东晋法显《佛国记》载其“乘商人大船，上亦二百许人，……东北行趣(趋)广州”。到《新唐书·地理志》所记“广州通海夷道”即说“广州东南海行二百里至屯门山(今香港屯门)，乃风帆西行，二日至九洲石(今海南岛东北七洲列岛)，又南行二日至象石(今海南岛东部大洲岛)”。广州作为航海起点记得十分具体。很显然，晋代以前，广州因本能直接与海外通航，仍需徐闻、合浦等港为中转口岸，才能实现自己港口功能。这些中转口岸在某种意义上可视为广州的外港。在这种情况下，甚有可能借助于陆上交通，将货物集中于徐闻港，再转输海外。1984年在徐闻以北遂溪县城附近发现南朝时代波斯银币和其他金银饰物107件[103]，说明有陆路交通线经过雷州半岛，并与海上交通相配合，港口应选择在半岛南部，今徐闻三墩港应为合适地点之一。

四、琼州海峡海况险恶，港口应在雷州半岛西南部

从海岸带及近海自然条件看，雷州半岛冬季盛行东北风，夏季盛行东南风和台风，海上风大流急，沿海沉积也很旺盛，不及西部海岸条件优越，所以一般说来港口选址比较困难。唯雷州湾有良好的避风条件，雷州得此地利，后来能够成为港口。但南行至琼州海峡，海况大变，成为汉代沿海航行一大障碍，有必要在雷州半岛西部选择一个港口。

琼州海峡宽窄不一，最宽约40公里，最窄仅19.4公里，平均30公

里。水深也很悬殊，平均深 44 米，最深可达 120 米。风向、海流复杂，变化很大，特别是海峡东入口，更是航海高危险区，古代视为畏途，航行尽量避开。因信风关系，粤西海区海流冬季从东北流向西南，其中一支海流经过琼州海峡，风与海流叠加，加剧了东入口航行困难。粤西海区夏季恰好相反，盛行西南风，在北部形成一个逆时针方向的环流，使沿北部湾东岸或西岸航行的船只冲回原始发港徐闻，无法沿岸航行至东南亚。北部湾这个环流被称为“三合流”，即分三个方向运动的海流。宋周去非《岭外代答·地理门》指出，“海南四郡之西南，其大海曰交趾（即北部湾）。洋中有三合流，波头溃涌，而分流为三。其一南流，通道于诸番国之海也；其一北流，广东、福建、江浙之海也；其一东流，入于无际，所谓东大洋也。南舶往来，必冲三流之中，得风一息可济，苟入险无风，船不可出，必瓦解于三流之中”。这说明宋代必须借助风力，才能克服北部湾环流的影响，顺利地沿海岸航行。但风帆至东汉才用于航海，此前船只使用人力推动，故更受海流方向、大小控制。“三合流”在北部湾分布格局，显示极有必要在南流江口选择一个港口，它不仅是湘桂走廊南出海口，也是等待东北季风之地。借助于东北季风即可沿北部湾西海岸南下[104]。这个港口即合浦港，与徐闻港相互配合，同为汉代北部湾主要港口。

琼州海峡又是鲸鱼出没海区，也危及航行安全。唐刘恂《岭表录异》记琼州海峡指出：“海鳅鱼（鲨鱼）即海上最伟者也。其小者亦千余尺，吞舟之说，固非谬矣。每岁广州常发铜船过南安贸易。……舟子曰，此鳅鱼喷气，水散于空，风势吹来，若雨耳。……交趾回人，多舍舟，取雷州缘（沿）岸而归，不惮苦辛，盖避海鳅之难也。”[105]既然唐代从交趾航海入粤都要舍舟登陆，则汉代更是如此。这种状况，往往为许多人所忽视，以为从广州西南行，过琼州海峡即可入北部湾。恰恰是这个航行高危险区改变了雷州半岛港口分布格局。东南亚史专家陈序经先生曾指出，航船如从海康（今雷州市）出发，须绕过危险的琼州海峡，故古徐闻或置于雷州半岛南端为是[106]。若经海南岛东南部海域南下，须经七洲洋，即西沙群岛，也是航海危险区，自昔舟人云“去怕七洲，回怕昆仑”（即越南南方昆仑岛海域)。这样,最好的航线是避开琼州海峡,取陆路到北部湾南下。这是雷州半岛西部应有一个港口的缘由,这个港口即古徐闻港。

五、北部湾沿岸是西汉帝国海上交通枢纽

秦汉定都关中,我国经济重心偏西,与岭南和海外联系,过秦岭,入汉中,跨洞庭,溯湘江,经灵渠,顺湘桂走廊,过鬼(桂)门关,顺南流江即出北部湾。这是秦汉时期南北交通一条大动脉,所以《汉书·地理志》所列对外交通口岸,都环绕北部湾分布。其中,以合浦港地位至为重要,其地望即合浦“故城在廉江府合浦县东北”[107],附近已发现汉墓即有 1 000 多座,这已为中外学术界认可,在此不赘。直到唐代张九龄开凿大庾岭道之前,湘桂走廊和贺江交通线地位并未动摇或削弱,由此也形成岭南开发自西向东,从北向南空间推进格局。甚至文化重心,也在西江一带。“当时(指汉代)珠江三角洲虽然也有相当的学术表现,但可以代表广东学术思想的,还是西江中部的几个学者”[108]。番禺在三国以前不是始发港也与这个总体经济格局有关。古代贬谪岭南官员,多循湘桂走廊南下,唐李德裕贬海南,即有“一去一万里,千之千不还,天涯在何处,生渡鬼门关”[109]之叹。宋苏东坡贬海南,从徐闻递角场渡海,在澄迈通潮阁上岸。光绪《崖州志》说:“考宋时苏公渡海,由徐闻县直指澄迈县通潮驿,非今日由海安指海口也。”[110]这清楚表示在历史早期,由于琼州海峡限制,北部湾交通居岭南交通主导地位,港口也沿岸线分布并各有其腹地。大抵合浦港以桂南和西江流域,甚至巴蜀等为自己腹地。徐闻港则应以雷州半岛和海南岛为腹地。徐闻港要辐射所及范围,港址选择就显得十分重要。

六、徐闻港应扼琼雷交通门户

秦代,大陆商人已进入海南岛经商,“秦以水德王,其数用六。今琼人行使铜钱,犹用六数,以六文为一钱,六十六为一两,六百文为一贯。又田禾以六把为半担,十二把为一担,亦六用数,皆秦旧俗也”[111]。但直到汉武帝平南越国,海南岛才正式归入中央王朝版图,并在岛上设珠崖、儋耳

两郡16县，达3.2万余户[112]。这在汉代是个不小的数字，比西汉平帝元始二年(2年)南海郡6县1.96万户还要多，亟须要加强对海南政治统治。海南又是汉帝国棉花、蚕桑、丝绸等重要产区。汉人初履岛上，只见一派“男子耕农，种禾稻、苎麻，女子桑蚕织绩”[113]的田园风光。朱崖大守孙幸因滥征岛上著名的“广幅布”而被杀。岛上人民反抗封建统治的斗争非常激烈，从二郡建立到元帝初元元年(公元前110年至前48年)60多年时间里，这种反抗和被镇压就有九次之多[114]，特别是头20年，反抗尤烈，是百越族中最多的地区。因此，汉王朝统治海南60多年便放弃了。这说明经略海南需要一个良港，既是货物运输港，更是军港，以便形成对岛上少数民族的军事打击形势。这样的港口在琼州海峡两岸都有。志称“烈楼港在(府)城(琼山)西三十里，乃汉军渡海处，有大石在海边，北有三墩，名曰烈楼嘴，海南渡徐闻此为最近”[115]。这三墩应为徐闻三墩港，由此至琼山渡海为琼州海峡最短距离。宣统《徐闻县志》也说“渡海至琼，相传伏波南粤、军既齐渡、乃焚其舟，以示必胜。袁谭记云饮马于儋耳，焚舟琼山是也”。东汉建武十六年(40年)交趾女子征侧征贰反，十八年(42年)伏波将军马援“将楼船大小二千余艘，战士二万余人，进击九真贼征侧余党都羊等”，援军“遂缘海而进，随山刊道千余里”[116]，到合浦时副将段志病死。马援统军继续南征平叛。这次行军路线仍通过合浦郡海道，沿海岸线向交趾进军，时徐闻县恰处于合浦海道交通要冲之一。建国后徐闻沿海出土大量铜、铁钺、铁斧、铁剑、箭镞、刀之类兵器，说明这一带发生过激烈战斗。琼州海峡西出口，连接北部湾，海域宽广，风浪较小。汉军进攻海南，作战路线主要在岛西部和北部，故对岸徐闻港宜配置在与此相应位置上。又海南西部多伏波庙，为纪念西汉伏波将军路博德和东汉伏波将军马援而建。汉代开发海南，主要在西部和北部，作为控制海南门户的港口，宜尽可能接近海南开发区域，同时又顾及雷州半岛。西汉放弃海南以后，到东汉为了恢复对海南管治，曾设一个朱卢县(或珠崖县)，隶合浦郡。但该县不在岛上，而在对岸。据谭其骧教授考证，“朱卢县故址在今(广西)博白或玉林是可能的”。三国时，孙吴曾置珠崖郡，也不在岛上，而“是在雷州半岛的南端合浦郡的徐闻县境内，徐闻当为孙吴用兵海南的基地”[117]。这个基地应是徐闻港，即今三墩港一带。万历《雷州府志》说“徐闻阻海观涛，三墩前开星镜，尖岭双髻，后拥翠屏，琼海外迎，龙虎近揖，沟壮观也”。这样的军事地理形势，足以控制海南，故东汉马援平定征侧后“所过辄为郡县治城郭，穿渠灌溉，以利其民”[118]。这也应包括徐闻县在内。万历《雷州府志》又曰“东汉建武中伏波将军马援始筑徐闻城”。城与海港应为一体。至这个海港地望，北魏郦道元《水经注・温水注》引王范《交广春秋》曰：“朱崖儋耳二郡，与交州俱开，在大海中南极之外，对合浦徐闻县。清朗无风之日，遥望朱崖洲如囷廪大。从徐闻对渡，北风举帆一日一夜而至。”这段话说得很清楚，海南岛郡县建置时间与交州相同，交州辖下合浦郡徐闻县就在海南岛对岸。否则，站在对岸望不见海南形状像一个谷堆。又明白说“从徐闻对渡”，显见这个港口在琼州海峡北岸，又说帆船顺风一日一夜可达海南，则距离不会很远。今湛江港与海口港航程为 183 里，即 333 公里，位处雷州湾内的雷州城至海口港也在这个航程之内。在航海技术水平低下的古代，一日一夜不可能完成这个航程，所以这里说的徐闻港，在琼州海峡北岸某个地点无疑。又今海康县建于隋，今徐闻县建于唐，《交广春秋》所称徐闻当然是汉置徐闻县。结合上述考古遗址，应在今徐闻县西南海滨寻找汉徐闻县治。另据唐李吉甫《元和郡县图志》说：“徐闻县，下(等)，案：本汉县名。……县南七里与崖州澄迈县对岸，相去约百里。汉置左右候官，在徐闻县南七里，积货物于此，备其所求，与交易有利。故谚曰‘欲拔贫，诣徐闻。’”[119]这样一个巨大商业转运中心，必然拥有广大腹地，又是商贾云集之所，扼琼州海峡交通门户。按以上各种分析，它不出海峡北岸，故谭其骧教授主编《中国历史地图集》主张汉徐闻县在雷州半岛南端不无道理，也与宣统《徐闻县志》说汉代徐闻县城“前临海，峙三墩，中有淡水，号龙泉”相一致。

七、小结

汉代以北部湾为海上交通中心，徐闻港不应游离于这个中心之外，即应沿其周边分布。而番禺作为一个中外商贸都会，但又不是始发港，需要一个外港来实现其功能。按汉代岭南区域开发程度和交通线分布格局，今徐闻县西南沿海，因有大量汉墓及其他文化遗址，又扼琼雷交通要冲，在琼州海峡不利通航和海南岛动荡政治军事历史条件下，更有可能成为汉徐闻港所在与合浦港一起，发挥汉代海上丝绸之路始发港功能。最后需要说明的是，关于汉徐闻港地理位置，时下歧见仍然存在，亟须认真讨论，不断修正。本文也想作为引玉之砖，或挑起更多的争论，以求得历史问题解决。

第五节　合浦港在我国海上丝绸之路的历史地位和影响

合浦港作为我国海上丝绸之路在秦汉到唐一个最重要的始发港，除有《汉书·地理志》等史籍记载、考古发掘出土文物等作为确凿证据以外，从我国区域开发历史进程、北部湾地区在这个历史阶段所处的重要地位、合浦港与周边地区关系、港址所在地理形势等方面亦可论证它的存在，均无可置疑。当然，这并不排斥其他始发港口的存在和意义。但不管怎样，合浦港作为我国海上丝绸之路最早一个始发港，证据是确凿、坚挺、中外公认的，因而具有重大学术意义和应有价值，应予充分重视，并作为一笔历史文化资源加以开发利用，为当地社会经济发展服务。

一、合浦港兴起的历史地理基础

1. 史前古越人具有航海传统

合浦港位于北部湾南流江出海口附近，这一带是上古时期我国古越人居地。《史记·赵世家》索隐引刘向的话说："今珠崖、儋耳谓之瓯人，是有瓯越。"后《舆地志》释曰："周时为骆越，秦时曰西瓯，文身断发避龙。"按合浦与海南毗邻，应同族，到清初顾炎武《天下郡国利病书》广东条云"广东(旧含今合浦地区)有僮(壮)瑶两种，瑶乃荆蛮，僮则旧越人也"，即今广西壮族居地也是古越人分布区。有论者认为“越”字意义为水，越人为生活在水滨的居民。越人是个多成分群体，按环北部湾地区应为骆越人分布区，与今海南岛、雷州半岛原始居民同源。越人善水，以捕捞水产和航海闻名，这不但有北部湾地区大量贝丘遗址为凭，而且《淮南子·齐俗训》也指出“胡人便于马，越人便于舟”，这说明水文化是古越文化一个本质特征。考古发掘显示，越人活动的南海是世界上最早使用船舵、船锚的地区。1976 年广西贵县罗泊湾 1 号西汉墓，出土的大铜鼓上有羽人划船纹饰，船下面前头似锚，后头似舵[120]，反映西江流域古越人在史前时期已活跃在南海海域。有段石锛是古越人新石器文化特有器物。这些石器除在中国台湾、菲律宾等地发现以外，在南太平洋的波利尼西亚群岛、社会群岛和苏拉威西以及北婆罗洲一带均有发现。又上述贵县铜鼓羽人船纹图案与现在太平洋诸群岛（如汤如、萨摩亚）使用的双身独木舟极为相似，同样说明古越人文化很早就假道海洋向外传播，迈开征服海洋第一步，其出发点应包括合浦在内的南海北部湾沿岸。古越人这个航海传统后来得到继承和发扬。到殷商及战国时代，中原统治者向岭南征集贡品，多为珠玑、玳瑁等水产品。秦汉统一岭南，南海广大地区并入中央王朝版图，建立郡县，其中在海南所立珠崖郡、紫贝县、玳瑁县，即以海产命名。地名是一种稳定、持久的文化现象，这些地名说明环北部湾地区作为海洋活动基地，是有深厚地理基础和久远历史的。

2. 环北部湾为汉帝国一个经济区，为设置合浦港的经济基础

秦汉时虽然岭南初开，但得利于地理区位和湘桂走廊作为南北交通要道之便，在汉帝国版图内，红河三角洲和环北部湾其他地区是汉帝国在南方一个经济区。据梁方仲先生计算，西汉平帝元始二年（公元 2 年）岭南人口密度，合浦郡为 1.4 人/平方公里，交趾郡为 9.6 人/平方公里，九真郡为 3 人/平方公里，而占今广东大部的南海郡为 1 人/平方公里，这远逊于前数郡[121]。即使海南岛，在汉武帝时也设 2 郡 16 县，居民 2.3 万户，比据《汉书·地理志》所记南海郡 6 县 1.961 3 万户要高出 17%。城市作为经济集中的中心，其数量多寡和规模大小，同样反映地区经济发展

水平，汉代环北部湾地区，就有龙编、赢楼、西卷、合浦、徐闻等港市，而南海郡仅有番禺（广州）为经济都会，珠江三角洲大部分地区尚未开发。而据晋《交州外域记》载："交趾昔未有郡县之时，土地有骆田，其田从潮水上下，民垦食其田，因名为骆民。"对骆民有多种解释，有人认为是利用潮水灌溉田亩，这是灌溉农业发展的一个标志。又合浦地区宜蚕桑，东汉时蚕桑业很普通。明万历《廉州府志》说："合浦之蚕桑半稼，其织半稼。……煮橡实之冠为色，登机而织。……一亩之桑，获丝八个，为丝紬十二匹。"这个历史传统后来得到继承，合浦是岭南蚕桑产区之一。至合浦采珠业自汉代以来就风靡天下，"合浦珠还"的故事家喻户晓，自有它深厚的现实根源。《汉书·王章传》记西汉成帝阳朔元年（公元前 24 年），京兆尹王章获罪免死，其妻流放合浦，"以采珠为业"，七八年间"致产数万"，发了大财，显见采珠为当地一个经济支柱。近年在南流江河口和合浦沿海不少地区，出土多处汉窑。从其布局观察，生产陶瓷应为出口服务。可见，环北部湾经济区有力地支持了合浦港的存在和兴盛。

3. 唐代以前岭南交通重心偏西，加强合浦港地缘优势

一个港口拥有腹地越深越广，其地位越高。而腹地需要有交通线深入，港口才能赖以生存。合浦港有南、北流江水陆相连，北接湘桂走廊，通过秦开灵渠，打通岭北交通，将腹地延伸至湘江流域。在 1973 年出土长沙马王堆地形图上，岭南仅标桂阳（今连县一带）和"封中"两个地名，后者即贺江流域，与湘桂走廊同为重要交通线。秦汉进军岭南有多条行军路线，其中分布在西线的即有萌渚岭道，从湘江支流潇水过低矮分水岭，下贺江经封开即可东下番禺；越城岭道，即湘桂走廊；牂牁道即北盘江、浔江、柳江、黔江等西江干流。汉武帝建元六年（公元前 135 年）唐蒙出使南越，在番禺吃到四川出产枸杞酱，经夜郎地区运来，说明广州与四川已发生交通关系，故史称牂牁"江广数里，出番禺城下"，"牂牁江广百余步，足可行船"[122]，这既可东下番禺，也可南出北部湾，沟通海外，合浦港正在后者位置上，交通地位不可替代。直到唐张九龄重新开凿大庾岭道，五岭南北交通重心才渐渐东移，大庾岭道成为入岭南最主要交通线，但只要湘

桂走廊继续发挥功能，合浦港的存在就有它的必要性和合理性。这只在近世湘桂铁路通车以来才发生变化，合浦港同时由于环境变迁而渐渐走向衰落。

另外，在秦汉时期基于造船、航海技术等原因，南海海上丝绸之路还未能走海南岛东部和西沙、南沙海域，而琼州海峡东入口，风大浪高，海流很急，被视为高危航海区。加上鲸鱼（一说鲨鱼）为害，直到唐代刘恂《岭表录异》仍说“交趾回人，多拾舟，取雷州缘岸而归，不惮苦辛，盖避海鳅之难也”[123]。这使得合浦港成为我国对东南亚开展商贸最直接的航线出发港，不但有着广大陆向腹地，而且拥有以东南亚地区为主的海向腹地。众所周知，《汉书·地理志》关于合浦、徐闻港那段文字以及合浦地区出土各色琉璃、琥珀、玛瑙、水晶、香料等舶来品，证明合浦港腹地面向海内外，并以此优于其他港口，从而决定秦汉以来合浦港兴盛是以强大交通形势为背景的。

4. 南流江口优良建港条件，支持合浦港有效发挥功能

一个港口必须有一个优良港址和其他辅助条件，才能有效地发挥吞吐功能。合浦地区海岸线曲折绵长，达 447 公里，现自东至西有英罗港、河田港、营盘港、白龙港、铁山港、北海港、乾体港、本案港、大观港等，谅古代兴起港址不止一处。现合浦有大小江河 80 多条，最大一条南流江虽然河道不长，但出海口河汊众多，流量大，“合浦”地名意指众水汇流之洲滩，河流呈网状分布，有很多出海口，为港址选择提供了多种可能。据有关研究，汉合浦港址在今合浦乾体港，是汉代海上丝绸之路的始发港[124]。实际上，合浦港是众多港址的总称，就像今天说广州港实际包括大沙头港、洲头咀港、黄埔港、黄埔新港等河海港一样。汉代合浦港亦应不限于某个港址，但以乾体港为其中一个港址，无可厚非，因为最大的南流江口就在附近。当然，仍有继续深入考察之必要，以进一步弄清其他港址。合浦海岸属上升型海岸，南流江三角洲 7 000 年来向南推进了 10～12 公里。今合浦城建于北宋的廉州中学内海角亭，旧为南流江出海口，现已为城市包围。这一沧海桑田事实，说明秦汉时期南流江更深入内陆，附近出海口更

多，相信可为港址之河口或海湾也不少，说明古代合浦港选址条件应比现在为优，这也是它兴起、发展不可少的历史地理条件。

二、合浦港作为海上丝绸之路始发港的证据

汉合浦港和徐闻港一样，作为我国海上丝绸之路的始发港本无可置疑。但近年在海上丝路研究中，各地都会在不同程度上强调、凸现当地港口的重要意义。这对单个港口而言，似无可厚非，但从多个港口比较说来，无形中会矮化、削弱其他港口地位，这不利于科学、公正地评价各港的历史意义，也无助于海上丝路作为一个统一文化遗产的保护、开发和利用。所以重新肯定合浦港作为海上丝路一个始发港是很有必要的。这包括多方面证据。

1. 史籍记载

最早记载海上丝路史实的是《汉书·地理志》："自日南障塞、徐闻、合浦船行可五月，有都元国……自汉武帝以来皆献见。有译长，属黄门，与应募者俱入海市明珠、璧、琉璃、奇石异物，赍黄金杂缯而往……"尽管对这段文字的理解，所涉地望指示今地问题，特别是徐闻、合浦港具体何处仍有很多争议，但不管怎样，两港作为最早始发港的认定是毋庸置疑的。实际上，后世中外史地学者也对此一致认可，无须赘述。如果说有争议，也是港址具体地点问题，这容通过科学论证加以解决。就如合浦港址地望，也应抱着这种态度进行研究。例如，近人郭沫若、翦伯赞在他们著作中早就充分肯定两港的存在和意义，再上溯清乾隆北方学者刘献庭《广阳杂记·续编》即指出"东吴以前，俱以徐闻、合浦、日南为海市舶冲路，晋以后始以广州为海上诸藩之主港也"。这也回答了广州是否为海上丝绸之路最早始发港的问题。

2. 汉墓出土文物支持

合浦港不仅是海上丝路一个始发港，而且西汉合浦郡治也在附近，作为一个政治中心城市，必有相当数量的人口和经济活动，故出土文物能有力地解决合浦港地望和它的规模等问题。

近年考古发掘显示：合浦附近汉墓约有6 000多座（一说上万座），已清理数百座，既有小型，也有大型汉墓。出土文物包括铜、铁、陶、漆、玉、琉璃等，种类繁多，文化内涵丰富，风格多样，既有中国文物，也不乏舶来品，反映合浦作为一座港市，在西汉已达相当规模。恰如史学家范文澜在《中国通史》中说："由此可以想见西汉时期合浦已是一座商贸发达、水陆运输畅达、人烟稠密的江海港口城市。"[125]

3. 琼州海峡、北部湾的海洋形势，显示合浦港为优良港址

琼州海峡和北部湾海况深受地形、季风、海流影响。琼州海峡形如喇叭口，东宽西狭，东口流急，每日潮四次潮落，西口平缓，每日潮两次涨落。这个潮流差异，使合浦港和徐闻港一样，当海潮从东向西奔流时，它们所在海区受到冲击比东口要弱得多，利于海船航行和停靠。另外，北部湾春夏盛行西南风，秋冬盛行东北风，风吹海水，形成海水环流。风稳定时，浅海近岸以风海流为主；风力弱时，则以地转流（地球自转偏向力所形成的海流）为主，若风海流和地转流方向相同时，沿岸流很强，于航行不利；反之，沿岸流较弱。选择合浦港为港址，吹东北季风时，可顺海流南下；吹西南季风时，也可利用北部湾环流沿海岸南下，所以合浦港和徐闻港一样，都巧妙地利用季风、海流季节转换之便，安排航行和停靠，这使得二港都成为优良港址。[126]

4. 周边地区政治军事形势的需要

合浦与徐闻港一样，扼琼雷交通门户，具有重要政治、军事意义。汉武帝在平南越国第二年，即将海南岛归入中央王朝版图。海南岛汉平帝元始二年（2年）人口比南海郡还多，又是重要粮棉热作产区，亟须加强发统治。而苦于汉朝官吏无限度掠夺，岛上人民反抗斗争非常激烈，汉王朝统治60多年后便放弃海南。到东汉，为了恢复对海南管治，曾设一个朱卢县（或日珠崖县），隶于合浦郡，但该县不在岛上而在对岸。谭其骧先生认为："朱卢县故址在今（广西）博白或玉林是很有可能的。"[127]倘如此，则朱卢县与合浦港很是接近。合浦港既是商港，也应是军港，以对付岛上人民反抗斗争。故到东汉马援征交趾，平定征侧、征贰起义，"缘海而进，

随山刊道千余里”[128]，取道合浦海道前往，可见红河三角洲政治形势在汉代也很严峻，合浦作为一个军港，无疑起着重要的稳定局势的作用。

三、合浦港的历史地位和影响

合浦港作为我国南方一个历史大港，海上丝路最早始发港之一，虽然后来由于环境、历史条件改变而沦为一个普通港口，但它崇高的历史地位和深远影响并不因历史过程完结而泯灭，它在我国航海史、丝绸之路史、科技史、区域开发史、中外关系史等方面所留下的深刻痕迹却是永存的。随着时间的推移和研究的深入，将进一步显示它的历史价值。

1. 历史早期中外交流口岸

历史早期，我国对外交流国家主要在东南亚、印度洋沿岸各国乃至西亚、东非、欧洲。东部除日本以外，为一片汪洋，时美洲尚未发现，而囿于中国人“天圆地方”天地观念，古代中国人还不可能作环球航行。南海北部湾海岸一些优良港湾成了对外交流的主要口岸。《汉书·地理志》最早记载徐闻、合浦、日南港，日南港今已在境外，徐闻港在雷州半岛，但雷州半岛缺少大河，与珠江水系沟通需经陆路转运，自不及与湘桂走廊和南、北流江相接的合浦港方便对内对外交流。而广州自晋以后才作为始发港出航东南亚，这样在我国南方港口群中，合浦港占有最重要的地位是一个不争的事实。中外文化交流也通过合浦港进入内地。《汉书·地理志》所记汉朝官员、使节携带“黄金”、“杂缯”出口，带回“明珠、璧琉璃、奇石异物”之类，即为中外物质文化交流的见证。在精神文化方面，到东汉时，印度佛教通过海上丝路进入岭南，交州首府广信(在封开和梧州一带)成为岭南文化中心，牟子佛教著作《理惑篇》即在广信完成，对后世影响很大，这与合浦港作为海上丝路始发港作用是不可分割的。虽然后来广州港兴起，合浦、徐闻地位渐有下降，但作为一个进出口岸仍在发挥作用，故《后汉书·西域传》说“大秦道既从海北陆道，又循海而南，与交趾七郡夷比”，显见两港以后仍长期保持对外交流作用。

2. 推动我国岭南地区开发

秦汉岭南仍处蛮荒状态，社会经济严重滞后于中原，但交通线的开辟无疑有助于区域开发。秦开灵渠，打通岭南与中原交通，合浦港处在北部湾交通枢纽位置上，拥有海陆向两个腹地，借助于贸易、文化往来，理所当然推动区域开发和进步。上述汉在岭南置七郡，合浦郡户口、人口密度数量等都在南海郡之上。又汉代合浦地区农业、采珠、陶瓷业发达，环北部湾港市众多，显然与商品交换有联系。而商品交换或朝贡交换都直接或间接有助于地区经济发展。故《廉州府志》曰："(汉)武帝威德远播，薄海从风，外洋各国夷商，无不梯出航海，源源而来。现在辐辏肩摩，实为海疆第一繁庶之地。"这是合浦地区历史开发积累的写照，合浦港在其中是起了中介和辐射作用的。

3. 体现我国古代航海、天文、造船等科技成就

丝绸之路是我国与世界各国和平友好往来之路，包括了商业、贸易、文化、宗教、科技等往来，特别是要超越广袤的大海，克服南海、印度洋的风浪，顺利抵达目的地，必须具有先进的造船、航海、天文、地理等科技知识，以及掌握这些知识的技术人员。秦汉时期，岭南尚处在初步开发阶段，封建生产方式才开始建立，土著越人是当地居民的主体，汉文化只在部分地区立足。而合浦港能够成为我国海上丝路最早一个始发港，秦汉及其以后能远航到今越南、柬埔寨、印度尼西亚、印度、斯里兰卡、波斯转罗马等地，充分显示了我国在以上领域的科技成就，而其集中地区自然离不开合浦，因为只有集合了这些条件的地区，才有能力实施远航。沈怀远《南越志》曾记"南越王造大舟，溺人三千"，据考这是南越国最后一个皇帝赵建德派人到今福建漳浦县伐木造舟之事。虽然后来发生沉船事故，但说明汉代能制造如此规模的船只，技术一定相当先进。东汉建武十八年(42 年)马援征交趾，集中在合浦的士兵约两万人，所用楼船有两千多艘[129]。这些楼船能沿着近岸海域前进，已达相当高的技术水平。另据《汉书·艺文志》记载，汉代已有《海中星占验》、《海中五星顺逆》、《海中二十八宿国分》等天文著作 445 卷之多，显见航海中已运用星宿定位导航，而汉代最主要的航海实践是在南海。完全可以相信，从合浦、徐闻港出发

的船队已充分利用这些技术，并达到汉代航海技术的最高水平。

4. 展示合浦地区在我国区域开发史上的显赫地位

海上丝绸之路是个综合性概念，包括政治、经济、文化、科技、外交等多方面内涵和发展水平，能够成为它始发港的地区，社会经济应有相当发展，才能够为远航提供多种物资来源、补给和服务。合浦地区西汉墓中发现大量粮仓模型明器，说明农业生产达较高水平，并有粮食储备。墓葬中干栏式陶仓建筑，工艺很精致，讲究华丽，显示粮多，经济富足，船中备有足够粮食，可以远航。故《汉书·地理志》所列诸国，最远的已程不国（今斯里兰卡）约要走28个月，加上返程，时间更长，船中需贮备很多粮食才能保障供给。另外，合浦地区出土大量各种材质饰物，其数量之多，价值之大，远胜周边地区。许多墓室规模巨大，显示主人尊贵身份。如据《三国志·士燮传》记，东汉末交趾太守士燮弟弟士壹任合浦太守，"燮兄弟并为列郡，雄长一州，偏在万里，威尊无上。出入鸣钟器，备具威仪，笳箫辎并，子弟从兵骑，当时贵重，震服百蛮，尉佗不足逾也"。这一幅图景，勾勒了汉代合浦地区繁荣盛况，折射出合浦地区在我国区域开发史上的地位，而这又离不开合浦作为海上丝路始发港的支持。

合浦港作为我国海上丝绸之路最早的一个始发港，缘于深厚历史地理背景而产生；历经兴衰之后，至今仍有大量的历史文献、考古发现、环境变迁的遗迹遗址等证据，说明它的存在和变迁。这些文字和实物证据，以及它对合浦地区，乃至整个岭南的社会经济的发展的巨大历史作用和影响，已成为彪炳我国史册的重大历史事件，也是一笔极其珍贵的文化遗产，应纳入保护、开发、利用之列，并积极开展有关学术研究，解决其中疑难问题。同时注意协调与海上丝路其他港口的关系，为今后海上丝路作为一个整体，申报世界文化遗产作出自己的贡献。

第六节　广西钦廉地区政区建置变迁的区域效应

广西钦廉地区位于北部湾北部，指今广西北海、防城、钦州三个地级市，面积 20 358 平方公里，2008 年人口约 548 万，是广西和泛珠三角大西南出海口，通东盟十国和印度洋沿边国家和地区的口岸。无论今古，其对广西社会经济发展，都具有十分重要的战略意义。但这一地区，历史上行政建置复杂多变，分治无常，产生的社会经济和区域效应虽不相同，但都密切相关，显示政区建置的巨大作用力。在这方面，钦廉地区提供了一个值得重视的案例。

一、土邦小国时代与土著文化

先秦，钦廉地区尚处于部落社会阶段，有西瓯国、骆越国、伯虑国等，它们既是族名也是地名，广布环北部湾地区，尚未进入阶级社会，还不是真正意义上的国家。虽然谈不上政区建置，但它们创立的原始文化，却为秦汉建立郡县，奠定了一定基础。如包括桂南一带的西瓯国，以大石铲文化为标志，称盛一时，秦攻岭南，即遭西瓯人顽强抵抗，甚至秦军统帅屠睢也被袭杀，显示其有一定经济实力。

骆越国，范围涉及红河三角洲、桂南、雷州半岛和海南岛。部分骆越人与西瓯人杂居，先秦时已有发达农业，《水经注》引《交州外域记》说："交趾昔未有郡县之时，土地有骆田。其田从潮水上下，民垦食其田，因名为骆民，设骆王骆将。"按"骆田"即"落田"，为以潮水或洪水灌溉的农田。若此则骆越已进入稻作农业文明时期。无论西瓯还是骆越，先秦时都善铸铜鼓，如著名的"灵山型"和"北流型"铜鼓即产于该地区。《后汉书·马援传》说："援好骑，善别名马，于交趾得骆越铜鼓，乃铸为马式，还上之。"显见这些土邦小国，对后来建置郡县功不可没。

二、秦汉初置郡县奠定了合浦港作为海上丝路始发港的基础

秦始皇三十三年（公元前 214 年）平定岭南，置南海郡、桂林郡和象郡，钦廉地区属象郡，郡治临尘（今崇左），象郡下有无立县，未见记载，但这是该区有正式建置之始。此后历南越国，所置郡县与秦相同。汉武帝元鼎六年（公元前 111 年）平南越国，在岭南置 9 郡 49 县，该地区属合浦

郡，初治徐闻(今雷州市)，后移至今合浦。合浦郡下辖5县，范围广大，含今广西合浦地区、雷州半岛、高州、阳江一带。据《汉书・地理志》载，汉平帝元始三年(3年)，合浦郡共15 398户，78 980人，县长官称“县长”而不称“县令”，显示人户不多，属地广人稀之区，故成为迁徙流人之地。秦虽有迁民入岭记载，但未确指于何地。而汉代因罪“徙合浦”者史载有10余起。如《汉书・王章传》说，成帝阳朔元年(公元前24年)，京兆尹王章被怪罪下狱死，“妻子皆徙合浦”；北地巨商被捕，伏诛，“家属徙合浦”[130]。汉成帝绥和元年(公元前8年)冬十一月，定陵侯淳于长罪死狱中，“妻子当坐者徙合浦”[131]；关内侯张由、中太仆史立、泰山太守丁玄、河内太守赵昌等，皆因诬告、构陷他人，而被贬官，“徙合浦”[132]。平帝元始五年(5年)，郎中令冷褒、黄门郎段犹等，因议事触怒王莽，“皆徙合浦”[133]。这类记载，史不绝书。这些流徙者具有较高文化或生产技术，对当地社会经济发展不无贡献。如上述王章之妻，徙合浦后利用近海之便，从事采珠，“致产数百万”[134]，成为当地巨富。但对这些流徙者，必须由当地官府管理和约束，这离不开行政建置。

但最有经济、政治和文化意义的是西汉合浦、徐闻港作为我国海上丝绸之路始发港的开辟，揭开了我国海外交通史最辉煌一页。《汉书・地理志》有一段文字记载：“自日南障塞、徐闻、合浦船行可五月，有都元国；又船行可四月，有邑卢没国；又船行可二十余日，有谌离国；步行可十余日，有夫甘都卢国。自夫甘都卢国船行可二月余，有黄支国，民俗略与珠崖相类。……自武帝以来皆来献见。有译长，属黄门，与应募者俱入海市明珠、璧流离、奇石异物，赍黄金杂缯而往……”这段文字从断句到解读，历来歧见甚多，但从航海管理和参与者来说，这是一支由官方“黄门”(宦官)率领，也有私商“应募者”参与的船队，目的是寻找海外市场。这不能不涉及出航港口、补给、船只维护、商贸集散等问题，应依托港口城市才能办到。这样的港市应是行政中心，亦即西汉合浦县治。经广西文物工作队的考古调查，基本认定今合浦县城东北10多公里的石湾大浪村，为西汉合浦县治，距离古海湾不远，在南流江之滨，是一个天然良港，为一个人口相对集中的县城。[135]为这个县城的存在提供有力支持的还有它附近分布的面积约70平方公里的我国沿海地带现存最大的汉墓群，总数有五六千座之多。这些汉墓不仅数量惊人，而且已发掘近千座，墓中陪葬品多达上万件，不乏珍品和海外器物，如黄金器（金饼、金串球手链、龙首金带钩）、玻璃器（玻璃龟形器、各色玻璃杯、玻璃璧、玻璃珠）、青铜器（凤凰形铜灯、龙首铜魁、铜柱铜仓等）陶器、玛瑙、水晶等。而最令人信服的是墓葬中出土不少印章，如合浦堂排一号墓出土“劳邑执刲”，当为南越王给骆越首领的封号，墓主人生前可能担任合浦郡县官吏。在合浦望牛岭爆竹厂附近汉墓中，也出土“九真府”和“九真府口器”字样提简，由此推测墓主人生前曾任职九真郡，后来又到合浦郡任郡太守一级官员。合浦黄泥岗一座汉墓，更有“徐闻令印”和铜质“陈褒”印，说明墓主人陈褒是合浦人，曾调徐闻县令，后归葬原籍合浦。[136]这个巨大汉墓群及其出土的一系列珍贵文物，显示合浦曾为钦廉地区最高级的行政中心，不但在政治上，而且在经济上深刻影响当地的发展。西汉晚期，合浦经济日渐繁荣，考古发现汉墓中不仅有用铜锅装稻谷陪葬，而且出现大量粮仓明器，反映粮食储仓相当可观，足供城市居民和远航船只需要。这说明合浦城周围应有大片良田，种植水稻、果林，捕鱼、采珠、煮盐等业十分鼎盛，许多人以采珠致富。后来采集过度，到孟尝任太守，改革前弊，采珠重现生机，此即“合浦珠还”故事。城内应是手工业制作中心。有研究显示，北流县民安乡曾发现汉代冶铜遗址。[137]合浦县廉州镇草鞋村大型汉窑，面积广达1万平方米，现存马蹄形土洞窑10多处。从上述汉墓出土文物判断，这些坚硬、精美青铜器，主要在当地生产。另在湘桂走廊、南北流江交通沿线桂州、贵港等城市也有出土这些文物，既是城市高官贵族奢侈生活的显示，也是外贸需要、集中合浦港出口的反映。故史学家范文澜在《中国通史》中指出：“由此可以想见西汉时期合浦已是一座商贸发达、水陆运输畅达、人烟稠密的江海港口城市。”[138]近年广西文物工作队在合浦县城东北13公里石湾镇大浪村所属古城头村，发现并发掘了合浦县古城遗址。该遗址东西南北城垣长215米，呈正方形，城基宽18米。城内有一座西汉中期建筑群遗址，发现 20 多个规整柱洞，判断可能为一个大型望楼。这是我国迄今发现规模最大、保存最完整的汉代县治遗址。[139]这样，秦汉所置郡县，特别是郡治合浦，作为一座区域性中心城市，人口兴旺，颇具规模。这不但为实现这一地区从原始社会直接向封建社会转变，而且为港口和航线开辟，城市手工业和附近农业发展，以及城市建设等都奠定坚实的基础。其政治、经济、外贸、文化功能，是毋庸置疑的。恰因为如此，西汉钦廉地区是岭南经济最发达地区之一。

从维护地区安定、巩固封建统治秩序而言，汉代在钦廉地区的行政建置，也发挥了重大作用。钦廉地区与整个岭南西部地区一样，居住着不同部族，他们“言语各异，重译乃通”[140]。包括郁林蛮、合浦蛮、日南蛮、苍梧蛮等，由于各种原因，这些部族对汉朝廷叛服无常，朝廷亦恩威并重，采取各种措施，以实行有效统治。

一是设刺史，加大其权限。史称：“汉初遣丞相史分刺州，武帝改置刺史，察州，秩六百石。成帝更名牧，秩二千石。”《汉宫典仪》曰：“刺史行察郡国，省察政教，黜陟能不，断理冤狱。”[141]原为监督区域的刺史部，后变成一级政区。特别是岭南西部地区，政局欠稳，各种矛盾较多，汉朝廷先后置交趾部和交州。虽对其有无治所，今仍有争议，但据《后汉书·郡国志》交州条下刘昭注引王范《交广春秋》曰：“交州治羸县，元封五年移治苍梧广信县，建安十五年治番禺县。诏书以边州远，使持节，并七郡皆授鼓吹，以重威镇。”该地区近羸县，当有利于加强政治统治。

二是增设郡县。如魏文帝黄初元年（220 年）合浦郡析置高凉郡，下分置安宁县、思平县，郡治安宁县（今阳江）。特别是马援征交趾，平定征侧、征贰反叛，“所过辄为郡县，治城郭，穿渠灌溉，以利其民”[142]。北部湾沿岸是马援行军所经路线，他的上述行动有利于稳定社会秩序和经济发展。

三是加强合浦的军事地位。基于合浦北通中原、南出海外的交通枢纽地位，同时也是一个军事重镇，赵佗割据岭南，曾以合浦港为军事基地。据说：“州府西北四十里有糠头山，一名军头山，相传秦尉佗驻军于此。”[143]以后汉武平岭南，马援征交趾，都无不以合浦为军事基地，与作为地区建置中心的郡治作用相补充、相推动，加快钦廉地区发展，并成为汉帝国在北部湾经济区重要组成部分。时合浦郡领徐闻、高凉、合浦、临允、朱卢五县，不但在岭南为领县最多郡之一，而且管辖范围很广，它东至开平，北抵容县，西接东兴，南连三亚，居岭南九郡之冠。因为有合浦郡治作为商贸和手工业中心的经济辐射，从而带动该地区发展。两汉 426 年期间，以上述合浦汉墓出土文物为标志，说明这一地区农业、手工业、商业贸易、海上和内河交通及城市建设等都发展到相当高的水平，成为岭南草创开发时期的一个先进地区。

三、六朝建置纷乱时代，经济缓慢发展

三国两晋南北朝时期，各国版图越来越小，但州、郡、县数量却越来越多，废、并、增、改频繁，出现“十羊九牧”现象。辖属关系甚为纷乱，尤其是县的记述各异。以萧梁时期（502～557 年）为例，该地区置越州合浦郡、龙苏郡、定川郡、陆川郡、百梁郡，黄州宁海郡；安州宋寿郡、宋广郡、安京郡，辖县多不详。虽然如此，但其时该地区主要在俚族首领冼夫人势力范围内，冼夫人推行民族和睦、安定边疆、推广汉文化政策，带来当地社会安定。如三国时交趾郡守士燮、合浦郡守士壹治理合浦，交趾境内“四十余年，疆场无事，民不失业，羁旅咸蒙其福”[144]。陈朝开国皇帝陈霸先以合浦为基地，拥兵灭萧梁后，对合浦港海上贸易和港口建设重视有加，海上丝路得以维持，该地区行政建置也同步发展。陈时建置即有越州合浦郡、百梁郡、龙苏郡、定川郡、阴石郡、石南郡；安州宋寿郡、封山郡、宋广郡、安京郡、黄州（辖郡不详），以及确指的合浦、大廉、廉昌、海平、封山、安京、宋广等县[145]，多沿海岸线分布，显示陈氏政权很重视港口建设和注意发展海洋经济。如吴大帝黄武七年（228 年），合浦郡改称珠官郡，治今合浦县境内。同年又划合浦县置珠官县，沿袭于两晋及刘宋，很明显，这种建置与当地盛产珍珠，需加强行政管理有关。后南汉设媚川都，专管采珠，直到清朝，仍在合浦县境设珠场、涠洲检司，都与珍珠生产相联系，而其政区

之始，实源于珠官县。特别值得一提的是，这一时期，俚族领袖冼夫人拥护和积极推行郡县制。在中央王朝自西汉初放弃海南建置500多年以后，于梁武帝大同中（535～546年）在冼夫人努力下，在海南西北建立崖州，归广州都督府领导。自此，海南才恢复郡县建置，重归中央王朝统一治理。这一行政建置，势必加强与之毗邻的钦廉地区的联系。此前“海南儋耳归附者千余峒”[146]。崖州复建后，中土人士南迁岛上的不在少数，尤以高、化、雷、钦、廉、梧、藤等州俚僚人为甚，这对两地社会经济发展，是有促进作用的。

四、隋唐统一局面下政区调整与钦廉经济繁荣

隋唐封建统一国家的建立，使行政建置面貌焕然一新。隋初，简化过去的行政体制，使之轻便运作，有利于促进地区发展。隋炀帝大业三年（607年），钦廉地区设合浦郡（治合浦）和宁越郡（治钦州）。合浦郡领11县，其中在广西的有合浦、南昌、北流、定川、封山、龙苏、抱成等7县；而宁越郡领6县，即钦江，南宾（灵山）、内亭、遵化、安京、海安县。到唐玄宗开元二十九年（741年）该地区置廉州，领合浦、封山、大廉；山州领龙池；陆州领宁海、乌雷、五山；钦州领钦江、保亭、内亭、灵山、遵化，领县比隋代无明显增加，表示政区发展较为定型成熟，与经济发展相适应，并出现繁荣景象。而这主要表现在商业贸易上，如隋炀帝大业元年（605年）派刘万和宁长真从合浦等地出海，直取越南中部登陆，大败林邑，使之遣使谢罪，朝贡不绝。后宁长真为宁越安抚大使，驻节合浦，控制南海市舶要冲。[147]大业六年（610年），在洛阳举办了一次中外商品交流会，道光《广东通志》卷58称：“贡于隋者颇多，大抵皆南海中小国。”这是指东南亚诸国，多经钦州进入中原。到唐代，海上贸易取道钦廉沿海港口也不在少数。冯承钧先生在《中国南洋交通史》中指出：“当时之发航也，首广州次交州，偶亦为今合浦境内之旧治，与钦县境内之乌雷。”《旧唐书》更说：“唐贞观中，清平公李弘节遣钦州首领宁师京寻刘方故道，行达交趾，开拓夷僚，置襄州。”使钦州与邕州相通，并修筑钦州至襄州（今上思一带）的道

路，可直抵交趾。冯承钧在上述书中说，唐代益州高僧义朗、智能器、义玄“俱至(钦州)乌雷，同附商舶，挂百丈，陵万波，越轲扶南”。又《旧唐书》曰：“交趾之北(钦州湾地区)，距南海有水路，多复巨舟。”而岭南节度经略使曾奏曰：“近日船舶多往安南市易。”[148]则钦廉地区与越南等地贸易不断，折射出地方经济之繁荣。南汉时在南海盛产珍珠的海湾设媚川都，专管采珠政务，为一级军事组织，采珠疍民纳入军事编制，南汉媚川都有两处，一在合浦，一在东莞大步海(今香港新界大埔)，配备兵员 8 000 人(一说 2 000～3 000 人)，作为一个特殊政区为南汉首创，后为宋元继承。

五、宋元时期政区建置新格局和经济不平衡发展

宋代在全国统一和偏安形势下，岭南政区有较大调整和创新，有些为元代继承，一改以往政区分布失于平衡的局面。宋代在该地区仅置廉州和钦州，分领石康、合浦、灵山、安远四县，数量比唐代大为减少，另设廉州石康(盐)场为管辖特产的政区。元代政区因袭宋代，州改称为“路”，廉州路和钦州路辖县与宋代相同，另在合浦恢复宋代诏废了的媚川都。这种政区格局减少了行政层次，有利于经济发展。但宋元时期，该地区仍存在发展不平衡状况。沿海港市地区，以商贸兴盛而发展起来。如钦廉两港，有海陆道路与内地和东南亚贸易，获益匪浅。范成大《桂海虞衡志》云：“今安南国……东海路通钦廉，西出诸蛮，西北通邕州，在邕州东南隅，去左江太平寨最近。自寨正南行，至桄榔花步，渡富户、白藤两江，四程可至。”[149]周去非《岭外代答》亦云：“钦廉皆号极边，去安南境不远，异时安南舟楫多至廉，后为溺舟，乃更来钦……既出港，遵崖而行，不半里，即入钦港。”[150]宋大中祥符三年(1010 年)朝廷允准在廉州及钦州如洪寨(今钦州黄屋一带)互市，中国与安南边贸开始兴盛。宋神宗元丰二年(1079年)广西经略使上言：“钦、廉州宜创驿，安泊交人，就驿置博易场，委州监押。”[151]于是，“凡交趾生生之具悉仰于钦，舟楫往来不断”。“其国富商来博易场者，必自边永安州移牒至钦，谓之小纲，其国遣使来钦，因以博易，谓之大纲。所赍乃金银、铜钱、沉香、象齿、犀角。”而“吾之小商近贩纸

笔米布之属，日与交人少少博易”。“交趾、海北之香，聚之钦州，谓之钦香。”更有“富商自蜀贩锦至钦，自钦易香至蜀，岁一往返，每博易动数千缗”[152]。博易场成为西南地区对外贸易主要基地。元代注意发展海运，钦廉仍与交趾等地互市，并设市舶提举司，该地区仍保持经济繁荣。这都有赖于宋元政府对商贸活动有力的行政干预，特别是沿海巡检司、博易场、市舶提举司的设置及其功能发挥，但这些机构都是离不开州县政区建置的。

但这一时期地区发展不平衡已很明显，个别城市与广大农村经济发展水平出现强烈反差。如钦州以易香致富。北宋时钦州初治于钦江县，虽近海，但对内交通不及钦江上游的灵山，近郁江，接西南巨镇邕州，故钦州治后移至灵山，经济很快崛起。据《宋史·地理志》和王象之《舆地纪胜》载，宋代广东仅有1万户以上的望县九个，而灵山即属其列，在北部湾地区为凤毛麟角。而其余地区皆为下县，每县在1 500户以下。这些地区的村落和农业，如《岭外代答》所说：“钦民有五种，一曰土人，自昔骆越种类也，居于村落，容貌鄙野……三曰俚人……专属妖怪，若禽兽然。”又曰：“深广旷土弥望，田家所耕，百无一尔。……其耕也，仅取破块，不复深易，乃就田点种、更不移秧。既种之后，旱不求水，涝不疏决，既无粪壤，又不籽耘，一任于天。既获，则束手坐食以卒岁。”[153]这种粗放耕作方式，成为地区经济落后、发展缓慢的根源。

六、明清以来钦廉划归广东，成为滞后的内陆地区

明初原属湖广省的钦廉地区、雷州半岛和海南岛作为元代“海北海南道”同时并入广东省。其故在于朱明政权为加强中央集权和对海南黎族、广西壮族和瑶族等少数民族的控制，巩固南海边防，抵御日趋严重的倭患所采取的行政措施。这一新政区格局，在当时形势下有它的合理性，对海南岛和南海诸岛的管辖与开发起到过重要作用，成为海南历史发展的一个转折点。但不容忽视的是，这一建置举措，对钦廉、广西全省乃至大西南地区，都产生重大影响。

第一，在中国自然经济占绝对统治地位、商品经济不发达背景下，行政区经济向居主导地位，即使到了近现代，这个区域经济模式也未完全突破，行政区至今仍是区域经济发展的最主要空间依托和运作方式。如果说明代以前，该地区与海南、雷州半岛与广西大部同属全国同一个一级政区，因而可以发挥临海优势，加强广西内陆与沿海联系的话，那么广西这种政区空间一体化的格局，自以上地区划归广东后已被打破，行政区经济模式的作用力将不利于广西经济发展。一个最简单的事实是，明清时钦廉地区盐场悉归广东管辖，广西居民需要食盐完全由广东供应。因路途遥远而运载困难，运抵广西的食盐本来就不多，其中一部分还转运到湖南和贵州，造成广西的食盐供应短缺，价格昂贵。加之官府、军队参加贩卖私盐，而对百姓贩私盐打击有加，把食盐封锁作为统治人民的一种重要工具，由此激起的民变甚多[154]，这不仅在经济上牵制广西，而且在政治上也引起动荡，后果十分严重。据统计，明代广东有 29 个盐场，年产盐 1.113 亿斤，清代产量更大。明初广东盐主要运销广西。清代粤盐行销七省，其中每年运销广西就达 1.82 亿斤，超过明代广东盐产量。[155]广西受制于广东，由此可见一斑。

第二，广西由此变成内陆省。广西在北部湾的海岸线、海湾和海面，全归广东管辖，广西乃至整个大西南丧失了在北部湾的出海口，切断了与海洋的联系，游离于世界市场之外，难于进行大规模商品生产，无法分享海洋赋予的文明，完全改变了广西地缘经济格局而陷入困境。实际上早在宋代，随着广州外贸港地位的上升和市舶提举司的建立，宋王朝指令广州市舶司对广西进出口贸易严加控制，凡由广西进出口货物必须运到广州，经抽税领取凭证后方可与外商贸易。这曾引起广西官员不满。史称："乞令广西濒海郡县，土著商人载斗谷、牛酒、黄鱼及非舶司赋取之物，免至广州请引。"[156]但未获宋朝廷批准。故该地区只有少量民间贸易，钦廉各港地位开始下降。明代实行"朝贡贸易"制度，不久又实行海禁，"诏禁钦廉商贩毋得与安南夷交通"[157]，"自是安南、满剌加诸蕃，有司尽行阻绝"在当地互市，而"皆往福建漳州海面地方，私自行商，于是利归于闽，而广之市井皆肃然”[158]。为此，“两广总督林富于嘉靖九年奏革合浦市舶太监”，原因之一是“口岸番舶少至”，“外国贡使和夷商到港已不经常”[159]。入清以后，严行海禁，后虽弛禁，但仍禁止广西商人往南海贸易，而只准在广西平而（今凭祥）、水口（今龙州）两关商人互市[160]，甚至到道光九年（1829 年），越南国王请求海道来粤贸易，清政府回复：“仍令尔国王恪守旧章，于广东钦州及广西水口等关各陆路往来贸易，毋庸由海道前来。”[161]这样，该地区港口作用几近窒息，不但严重制约了广西经济发展，而且流行“无（广）东不成市”和“无市不趋（广）东”的民谚。即广西深受广东影响，主要接受广东经济辐射，辐射中心在珠三角，广西经济重心偏东，而不是偏南，钦廉地区被边缘化，自不能与桂东梧州相比。

第三，鸦片战争以后，北部湾沿海主权丧失，西南开辟多个通商口岸，钦廉港腹地被瓜分，政区影响有所削弱。战后，广西龙州、梧州、北海开埠，龙州郁江贸易走越南海防，梧州浔江、桂江贸易走香港，都没有使用海港。只是北海开埠后，海上贸易和城市才有所发展，北海成为新崛起港口重镇，但这时该地区已沦为半殖民地半封建社会，中国主权受到严重破坏，政区的作用不能和战前相提并论矣。如《中国海关北海关十年报告》（1892～1901 年）对开关后的北海贸易不景气写道：“北海是广西和云南省的贸易中心。……长期以来就预见到西江才是云南和广西和香港之间的真正贸易路线。……1897 年梧州开放对外贸易以后，给北海的商业就是一个打击。随后它又建立起经常的轮船往来于香港和海防之间。”有一个法国人经营的船队，“来往于红河三角洲，与香港的海外线衔接。……把他们的货物转运到几乎是广西和云南的边境，再加上红河容易扩展。作为事情的结果，就是运往这两个省的货物原是取道北海的，现在都转而取道红河”[162]。倒是孙中山看到了钦州港的战略地位和作用，他在《建国方略》中提出：“改良钦州以为海港”，指出：“凡在钦州以西之地，将择此港以出于海，则比经广州可减四百英里。……在四川、贵州、云南及广西之一部言之，其经济上受益为不小矣。虽其北亦有南宁以为内河商埠，比之钦州更近腹地，然不能有海港之用。所以，直接输入贸易者，仍以钦州为最省俭之积载地也。”[163]这从另一层面说明孙中山高屋建瓴，看到了钦廉地区出海岸的地位和作用。

此外，1898年，广州湾（今湛江）开放为自由港，完全在法殖民主义控制之下，广东地方当局无从过问。大量货物涌入，对北海港也是个不小的打击，实际受损害的不止于北海港，而是北海腹地广西、云南等地区。

第四，钦廉地区归广东，面临着一个治安管理问题。以钦廉位处广东西南隅，紧靠越南，与广西大陆本为一体，但又受行政分割，加上北部湾海盗横行，陆路绿林猖獗，故《中国海关北海关十年报告》惊呼：“即北海—钦州—南宁路线运输不安全”，[164]使地方贸易减少。其根源恐是广东政府鞭长莫及，广西当局又非自己管辖范围，于是常使这一地带处于治安真空状态，严重影响港口发挥其功能，这与政区归属也不无干系。

第五，以上诸因素的共同作用，使广西完全沦为广东和香港的附庸。两广地理上实为一体，皆岭南范围内，同属一个地理单元。西江东西贯穿，历史上广西土特产东下广东，广东手工业品、洋货溯江供应广西，形成不可分割的区域互补关系。广西拥有钦廉海岸线，完全可以凭此走向海洋，减少对西江航运的依赖。但这一口岸归广东以后，两广交流几乎全赖西江，对广东而言，这仅是一条嵌入广西和大西南的通道，它还有更长海岸线和众多港湾可资利用；但对广西来说，这几乎是唯一的省际交通线。这种不平等地位，完全是政区划分失当所致。故20世纪40年代张先辰在《广西经济地理》中指出：“广西过去在商业上属于珠江系统，不啻粤港二地之附庸。”[165]

七、新中国成立后建置的反复与历史回归

新中国成立后，政区建置成为巩固和建设新政权的一项重要措施，同时也为适应方兴未艾的经济建设需要。1951年，原属广东的合浦、防城、灵山、钦县委托广西代管。此前的1950年，增设北海市，是广东七个地级市之一，翌年也划归广西。1955年，以上四县和1952年成立的浦北县重新划归广东。1958年，广西壮族自治区成立，经济逐步发展，但以上1955

年时的政区仍无改变，同年4月，十万山壮族自治县更名为东兴各族自治县。1959年，合浦专区并入湛江专区。1965年6月，原合浦专区以及北海市再次划回广西。自此合浦（即钦廉地区）地区才结束新中国成立后与广东四次分合局面，并稳定保持至今。

这种分合产生的震动，其根源和效应大致如下。

(1) 新中国成立初期，两广沿海不少岛屿为国民党军队盘踞，骚扰大陆，加之帝国主义对我国海上封锁和禁运，海岸安全成为要务。基于这种军事斗争的需要，从广东划出北部湾部分沿海地区给广西，对国防安全十分有利，也减轻广东在这方面的压力。

(2) 20世纪50年代中后期，发展橡胶事业成为我国当务之急。这是粉碎帝国主义对我国封锁禁运这种战略物资的一项重大举措。而广东雷州半岛、海南岛、广西南部，以及云南南部最适宜橡胶生长。为统一部署、统一规划和统一指挥这种战略作物的生产、管理和加工，实行高度集中的统辖是完全必要的。广东是最大橡胶生产基地，把桂南这部分橡胶宜林地归入广东是必要而且是合理的。华南地理界为考察这些橡胶宜林地的选择做了大量工作，写出多篇（部）相关报告，桂南后来与海南、雷州半岛和滇南一样，成为我国橡胶生产基地，这种政区调整也功不可没。

(3) 1958年我国掀起全面“大跃进”高潮，政区也大量合并，往往是两三个县合成一个大县，实为贪大求全风气所致。1959年合浦专区并入湛江专区，也是一种时代产物，并无利益可言。

(4) 1965年原合浦专区所辖各县及北海市再次划回广西，则是中央和地方政府高度关注和重视钦廉地区。划给广东暴露出越来越多的缺点和问题，包括历史上自明代以来广西阻绝海洋，失去发展海洋经济条件所带来的一系列负面效应；在新中国成立后的新背景下，大西南和广西需要在北部湾沿岸建立进出口贸易基地，由此也可以减轻湛江和广州港的压力。此外，60年代中期，我国正在援越抗美，广西是这种国际主义援助前线，无论是军港还是商港都应部署在距离越南最近的北部湾，并应由广西管辖为宜。况且，还有北部湾海洋权益的深远考虑。在这些因素综合作用下，持续了600多年由广东管辖的钦廉地区终于归入广西。从此，广西由内陆省成为沿海省，获得了直接走向海洋、走向世界的条件，实现了行政区划一个历史性的转变。这样，广西可以按照自己的地理区位、资源和环境、历史等条件特点，发展海洋产业经济。后来的事实证明，这一政区的调整，对广西发展确实起到了很大的促进作用。近年，北海、钦州、龙门、防城等港接踵而起，滨海旅游蔚为大观，北部湾海底油气资源勘探开发捷报频传，泛珠三角和东盟十国区域经济联合风生水起，这都直接或间接与该地区在广西政区中的地位和作用有关。有论者认为，当今我国经济仍然是行政区经济为主体，市场经济发展尚未成熟，从该地区及1988年海南脱离广东单独设立海南省的政区变革所取得的效果观察，此语殊不谬也。而该地区在历经600多年的分分合合以后，才找回自己最合理的行政区划，可说是真正的历史回归。

第七节　中西海上交通贸易第一港澳门的沧桑

文化大师梁启超在“世界史上广东之位置”一文中根据16世纪世界海洋时代到来，指出：“今之广东依然为世界交通第一等孔道。……虽利物浦、纽约、马赛不能过也。”梁氏说的是整个广东沿海港口，但不管哪个港口，在世界航运史上都没有像澳门港在中西文化交流史那样显赫一时，彪炳人类文明交流史册。虽然时过境迁，昔日风光不再，但澳门港历史沧桑，它留给后人的丰富文化遗产，依然撩起人们对它的追忆，为它的过去感到骄傲，也对它的未来充满了憧憬，寄托着无限的希望。

一、澳门港开埠史

位处珠江口西侧的澳门，本为香山县（中山市）南端一个弹丸小岛，孤悬海中，不见经传。远古时期，有一些土著居民在岛上从事捕捞活动，留下路环黑沙沙丘遗址、寇娄岛长栝湾岩壁画等古人类活动的遗迹遗址，彰显澳门虽小，却是岭南文化一个亮点。

从珠江口流出的泥沙，很大一部分向西漂移，沉积在澳门以西海岸带，年长日久，使澳门与大陆之间堆积起一道沙堤，状如莲如花茎，澳门由此变成半岛。也由于这个由来，澳门与莲花结下不解之缘，故至今澳门仍以莲花为城市形象和特区政府旗徽。

澳门半岛突入海中，东面有东澳山、九星洲和九洲洋，远处为伶仃山和伶仃洋，与香港岛隔珠江口相望；西面为西江汊道濠江，邻接对面山，马骝洲、灯笼洲、文湾山、磨刀山等大小岛屿，接通往广州的珠江八口之一龙跳门；近则与珠海湾仔一衣带水。西南面有蛇尾岛、鸡颈岛，且与大小横琴岛相对峙，海水畅流其间，形成"十"字形，故称十字门，为澳门主要航道。屈大均《广州竹枝词》诗有"十字门开向二洋"之句，即指此。十字门外耸立着蒲台山、老万山等众多岛礁，形成澳门倚山环海地理形势和气象万千海洋景观。一则其区位足以扼珠江口和沿海航运要冲；二则岛礁罗列，可屏障海浪和台风，利于选择避风浪港址；三则紧靠富饶美丽珠江三角洲，不但具有广阔陆向腹地，而且可拥有更加辽远海向腹地，将南海、南太平洋、及至印度洋沿岸地区纳入自己吸引范围，非常适于发展航运业。

澳门这块风水宝地在沉寂了上千年以后，直到16世纪世界海洋时代到来，才在海风吹拂下，催生、发展为一个世界性海港，谱写了近500年的辉煌史，当然也是一部充满风云变幻，甚至交织着血和泪的海港史。正是天时与地利的结合，为澳门崛起提供机遇。16世纪初，欧洲最先兴起的葡萄牙十分垂涎东方的富庶，为寻找黄金和市场而东来，而其时明朝政府正实行朝贡贸易政策，欢迎海外诸国来华贸易。澳门很快被葡人看中，在正德十六年(1521年)和嘉靖元年(1522年)与明政府军发生"屯门之战"和新会"西草湾之战"失败以后，葡人改变以武力开海贸易的策略。嘉靖三十二年(1535年)葡人提出借地晾晒贡物，海道副使汪柏徇贿容许，葡人自此上岛居住。嘉靖三十六年(1557年)建设永久性居屋，葡人自称为澳门开埠(港)之始。

实际上，澳门从一个小渔村发展为渔港的历史早就开始。南宋末年宋元军队在新会崖门海战中，宋军大败，丞相张世杰护送宋端宋赵昰至井澳(今路环岛西侧大横琴)海面,遇上台风,舟覆几乎溺死,后又战守今小横琴岛,与元军恶战。后明香山人黄瑜《悲井澳》诗有"上有井澳,下有仙女澳,渔舟不到御舟到"之句,想见澳门已有一定居民,可停靠舟楫,故其地称"澳"。宋代源于福建妈祖信仰,也同时传到广州、澳门一带,成为当地保护神。据传明成化二十年(1484 年),福建渔民驾船抵澳门,于今妈阁山中建弘仁殿,称为"娘妈"或"妈祖",此被视为澳门妈祖阁之始。但澳门最早地名应为"濠镜",因明正德年间(1506～1521 年)已有阿拉伯人到澳门经商,有一本成书于 1512～1516 年葡人写的《远方概览》中就记录广州和濠镜同为港口,水路航行须一昼夜时间。到明嘉靖《广东通志》"濠镜"一称已入官修地方志书。实际上,最早使用"澳门"作为地名,是嘉靖四十三年(1564 年)广东御史庞尚鹏在《题为陈末以保海隅万世治安疏》中出现。其曰:"广州南有香山县,地当濒海。由雍陌至濠镜澳,计一日之程。有山对峙如台,曰南北台,即澳门也"[166]。而此前后,澳门还有镜湖、濠海、海觉、濠江、莲洋、濠镜澳、香山澳、龙崖门等名称。葡人初履澳门,并不知其名称,只称"中国马交神名镇",或"神名港",简称"马交港"。16 世纪中叶葡人租用澳门以后,"马交"一称叫法和写法五花八门,很不统一,后葡文写作 Macau,英文为 Macao,译为广州方言,与"马交"谐音。一说葡人初在今妈阁庙上岸,听当地福建人称之为"阿妈阁",即用 Macau 读音(马交);另一说澳门东北角有一巨石称马交石,成了葡人对澳门也称"马交"来源。不管那种说法,都说明澳门地名源于航海,是船舶停靠码头或港湾。照此看来,澳门得名之日,也是开港之时。

葡人租赁澳门以后,包括土地使用、军事防守、行政、司法、海关等都在中国主权管理下,经营澳门港,并且很快发达起来。特别需要强调指出的是,由于葡萄牙人以澳门为中枢而开辟的航线联结了亚洲、欧洲乃至中南美洲,它们横跨了东西两半球、赤道以及热带、亚热带和温带,范围十分广大,加之这些地区所处纬度又不相同,因此,其所交易的货物,不是数量多少之差,很大一部分是有与无的交换,显得十分必要。这种不可取代的相互交换,使前来澳门贸易的国家和地区非常广泛,据明末清初屈大均

《广东新语·货语》所列，达到46个之多。它们“皆以澳门为津市”。从澳门输出的货物，除广东生产的所谓“广货”、“琼货”以外，还有大批从广西、福建、安徽、江西、浙江等省来的货物；以丝绸、茶叶、陶瓷和蔗糖最为大宗，还有米谷、钢铁器物、土布、食品、干果、手工艺品等。进口货物则为欧洲毛织物、印度琥珀、珊瑚，象牙、白檀、银元和银货等，其中尤以胡椒一项，为数甚巨。葡萄牙人通过转手买卖，获取巨额利润。王临亨《粤剑篇》指出，“夷人金钱甚伙，一往而利数十倍”，很快成为世界暴发户。其时澳门中外商贾云集，甚至连各国在澳门的女修道会、修道院的牧师均以经商为其职业之一。明人周元玮在《泾林续记》指出：“广属香山澳为海舶出入襟喉，每舶至，常持万金，并海外珍异诸物，多有至数万者。”澳门这种世界性贸易地位的兴旺景象直到明清之交才衰落下来，以后虽然也有过恢复，但再也达不到嘉靖到崇祯时期的繁荣程度了。鸦片战争以后，澳门地位被香港取代，贸易江河日下，渐渐沦为一小港了。

明代基本上执行海禁政策，独留广州为对外通商唯一口岸。而整个广东公私贸易，或明或暗，从未中断，广州外贸一直居全国之首。葡萄牙人虽被规定不能直趋广州城下交易，但澳门“外环大海，接于牂牁（西江）”，有珠江各水道与广州相通，航运十分方便。《广东新语·货语》追述，“在昔（广）州全盛时，番舶衔尾而至，其大笼江，望之如蜃楼屃赑，殊蛮穷岛之珍异”。澳门内港濠江，具有水浅、风浪小、容易湾泊等特点。在帆船时代，这很利于澳门与内地和海外往来。印光任、张汝霖《澳门纪略》称“以故内洋舟达澳门尤便捷，遵澳而放洋十里”。而澳门的进出口货物，大部分通过广州向各地集散，所以澳门贸易在很大程度上也就是广州贸易，澳门也就成了广州的外港，履行着吞吐职能。明代广州外港，虽然不止一个（如佛山亦为广州一外港），但“广州诸舶口，最是澳门雄”。澳门港具有压倒其他港口的优势，广州船最后得经澳门再放洋。宋应星《天工开物》舟车条云“闽由海澄（漳州）开洋，广由香山澳”。这种交通形势是澳门得以繁荣的必要条件。屈大均《广州竹枝词》曰：“洋船争出是官商，十字门开向二洋。五丝八丝广缎好，银钱堆满十三行。”清康熙二十四年（1685

年）迁海令解除后，许多夷船已不停澳门而直泊广州城下，先泊虎门，后泊黄埔，澳门港开始衰落。迨到雍正以后，沿海开禁，准予自由航海贸易，澳门受各国竞争影响，丧失往日繁荣，澳门港不复作为广州外港了。

虽然如此，在葡人管治下，澳门仍维持主权与治权分离状态，即澳门始终是中国领土主权一个不可分割组成部分。因为从 1573 年（万历元年）葡人每年都向中国政府正式缴纳租居澳门地租 500 两银子，说明澳门为中国领土，而不是葡人协助中国政府驱逐粤东柘林海盗获得的酬劳。这个地租直到道光二十九年（1849 年）才获清政府批准豁免缴纳。光绪十三年（1887 年）2 月，清政府与葡萄牙政府在北京签订《中葡和好通商条约》换文生效以后，中国政府对澳门主权的行使才受到破坏，葡萄牙获得"永驻管理澳门"的特权。然而这也未能改变澳门主权归中国的性质，因为该条约同时规定，"若未经中国首肯，则葡国永不得将澳地让与他国"[167]。溯自鸦片战争以后，葡萄牙利用中国积弱、西方列强纷纷瓜分中国之机，趁火打劫，不断侵夺中国对澳门的领土主权。1845 年葡萄牙女王单方面宣布澳门为自由港，委任澳门总督，强筑军港，封锁在澳门的中国海关，驱赶海关官员，拒交地租，拆毁香山县派驻澳门县丞衙门，逼走县丞。清咸丰元年（1851 年）和同治三年（1864 年）葡人分别攻占氹仔和路环两岛，光绪九年（1883 年）又强占望厦、龙田等七村，光绪十五年（1889 年）占领青洲岛。至此，葡萄牙占得的地区相当于今天整个澳门，形成今天的澳门行政区域范围。《中葡和好通商条约》的签订，迫使清政府让出了澳门主权，使澳门成为一个属于中国领土却由葡萄牙政府管辖的特殊政治地理区域。所以从《中葡和好通商条约》签订到 1987 年 4 月 13 日中葡两国政府关于澳门问题联合声明正式签署，中国已于 1999 年 12 月 20 日对澳门恢复行使主权，葡萄牙实际统治澳门只有 112 年，而不是过去一历史著作所认为的葡人统治澳门有 400 多年。

在《中葡和好通商条约》之前，明清政府一直对澳门实行主权管理。这包括如下几方面。

一是在行政上由香山县主管，采取"建城设官而县治之"的方针。但澳门属港口城市，故又受广东海道副使管辖，设“守澳官”具体负责。万历三十年(1602年)香山县政府制定《制澳十则》，“以法绳夷”；海道副使发布《澳夷禁约五事》。乾隆八年(1743年)首任澳门海防同知印光任发布《管理澳夷章程》。此后，还有一系列禁令、章程、条例和规定，全面行使中国对澳门各方面的主权。

二是在行政区域管理上，明清政府将澳门划分华人区和葡人区，对前者实行保甲制度，对后者实行在中国官员管制下“以夷制夷”自治制度。

三是在管理体制上，实行多层次管理。明代在澳门设有“提调”、“备倭”、“巡缉”等守澳官，“参将”等武官；清代则设有“县丞佐堂衙门”、“澳门海防军民同知”(或称“广州府海防同知关防”)，后者为省一级派出机关，先后担任县丞和同知的分别有57人和64人。此后，派出机关代有增加和升级，在清代形成澳门县丞、澳门同知、广州知府、广东巡抚、两广总督等对澳门多层次主权管理体制。

四是在土地管理上，广东官府对住澳葡人征收地租，每年500两银，后又加到515两，并规定葡人不准买卖土地，未经中国官员允许，不得修建房屋等。当然葡人违例之事甚多，也受过不少处罚。

五是在军事管理上，明清政府在澳门驻军，兴建关闸，设官把守，既有陆军也有海军。如清初驻澳兵力多达2 000人，并多次击溃西班牙、荷兰和英国殖民者对澳门的入侵。

六是在司法管理上，明清政府对澳门治理十分严格，不管中国人还是葡人触犯刑律，皆由中国政府按中国法律惩处。如《大明律》规定：“凡化外人犯罪者，并依律拟断。”《大清律》也有同样条文。同时规定普通案件由澳门县丞审决，重大案件由澳门同知审决，并呈报广东巡抚终审。葡人在澳门犯法受中国法律惩办的事例不少，所以严格地说葡人在澳门并未取得治外法权。

七是在海关管理上，明清政府都在澳门设海关，管理外贸，征收关税等。如明代对葡船税率为20%[168]。清代设粤海关，其在澳门设关部行台，同样对葡船征收商税，对偷税漏税者严惩不贷。

由此可见，中国各朝政府一直对澳门实行周全而得体的全面主权管理，并将澳门作为广东政区一部分，由广东地方政府组织实施。而葡人只在中国对澳门主权之下实行有限度的内部自治权，包括由民政长官、治安判事、贸易舰队司令和市民代表组成的市议会管理葡人内部各种事务，但不得超越中国对澳门行使主权之上。

当然，葡萄牙殖民者从未放弃对澳门的抢夺，尤其是鸦片战争以后其强占澳门为殖民地的野心日益暴露。1844 年葡萄牙女王唐娜·玛丽娅颁令设立由澳门、帝汶和梭罗组成的海外省，省府设在澳门，后又采取一系列措施损害中国对澳门主权。但由于以上种种情况，澳门既不是葡萄牙的殖民地，更不是独立的城市国家，而是在中国领土内一个主权与治权分离的特殊政治区域。这个区域由于没有脱离广东政区疆域，故在中外舆图上并没有加以特别界线表示，在中国地图上多以“葡占”注记。

自澳门被葡人租占以来，中国政府和人民一直没有停止收回澳门主权的斗争。早在明万历年间，广东总督张鸣岗一针见血地指出：“粤之有澳夷，犹疽之在背也。”[169]不少人主张以暴力驱逐葡人，收回澳门。

清代，中国人民反对葡萄牙殖民统治的斗争也没有止息。清末武昌起义前夕，广东民众曾强烈谴责澳葡制造“路环血案”的罪行，大声疾呼“收回澳门”。抗战胜利之初即 1945 年 9 月国民政府外交部曾向葡萄牙政府表明中国收回澳门的愿望。同年 10 月中山县县长和当地驻军师长刘绍武秉承在广州接受日军投降的第二方面军司令官张发奎将军旨意，提出收回澳门口号，得到中山、澳门各界人士支持。中山县人民还组织代表团入澳门请愿，说明我国人民收复澳门的决心。1947 年国民政府参议会通过《及早收复澳门》议案，广东省组织了“广东民众收回澳门活动促进会”，研究收回具体事宜。该会还组织过一次民意测验，在 1 265 545 张问卷中，有 70% 的人回答赞成以武力收回澳门，只因各种历史原因未能实现[170]。

新中国成立后，中国政府多次阐明对澳门问题的立场，指出澳门是中国领土，中国不受过去葡萄牙政府同清政府签订的不平等条约的约束，中国将在条件成熟时恢复对澳门地区行使主权。1972 年 3 月 8 日中国常驻联合国代表黄华在致联合国非殖民地化特别委员会主席的一封信中说："香港、澳门是属于历史遗留下来的帝国主义强加于中国的一系列不平等条约的结果。香港和澳门是被英国和葡萄牙当局占领的中国领土的一部分，解决香港、澳门问题完全是属中国主权范围内的问题，根本不属通常所谓'殖民地'范畴。"[171]后来联合国接受中国政府意见，已将香港、澳门从世界殖民地名单中剔除出去，从而否定了英国和葡萄牙把香港、澳门当作它们的殖民地的作法。但它们主权问题的最后解决，还是近年中英、中葡关于香港、澳门问题联合声明的发表和香港、澳门两个特别行政区的成立。这标志着中国人民一洗百年耻辱，反对外国殖民主义的伟大胜利。

二、中西贸易第一港澳门的兴衰

港口的生命周期和兴衰，在于它的腹地大小和航线辐辏状况。凭借地理大发现以后欧洲人纷纷东来的良好形势，澳门港乘势大力拓展腹地，广开航线，形成以其为枢纽对外贸易全球大循环格局。澳门由此声名鹊起，享有中西贸易第一港声誉。但鸦片战争以后，香港崛起，澳门则江河日下，结束了第一港的历史，并转到以博彩业为中心的城市产业结构，赢得"东方蒙地卡罗"之称。

明中叶以后，珠江三角洲商品经济有长足发展，出现专门性蚕桑、甘蔗、水果、塘鱼等经济作物种植（饲养）区和冶铁、纺织、制糖、陶瓷等发达城市手工业，入清已形成以广（州）、佛（山）、陈（村）、石（龙）四大镇为代表的商业城镇体系，造就了以穗港澳为中心的珠三角经济地理网络。加上明清基本上实行海禁政策，独留广州一口为对外通商口岸，而广州—澳门贸易实为一体，故借助于这个政策方便，中西贸易以澳门为第一港很快崛起于珠江口。

首先是以澳门为枢纽海上航线开通，其产生的经济效应抵达港口腹地所在一切地方。隆庆四年（1570 年）澳门至日本长崎航线开通，葡人向长崎输入大量中国丝绸、红木、铅、金物等，换回的主要是日本白银、其他日本土特产，以及日本奴隶（包括日本军队从朝鲜俘获的士兵）。

万历三年（1575 年）以后，澳门—马尼拉—墨西哥航线开通。这是16～17世纪最长的一条航线，贸易商品主要是中国丝绸、瓷器、铁锅、金属原料、各种土特产等，为名副其实“海上丝绸之路”，而运回的主要也是白银，且为数甚巨。

至迟从万历六年（1578 年）以后，澳门—（印度）果阿—里斯本航线开通，航程约 1.189 万海里，主要与欧洲国家发生贸易往来。主要输出品为生丝、金属材料、蔗糖和药材，运回葡人从东南亚转手贩运的胡椒、苏木、象牙，以及大量白银和部分非洲黑奴。

这三条航线开通，澳门成为亚洲、欧洲、美洲海上交通枢纽，不同地区、民族、国家、肤色人群和以他们为载体的不同文化，从四面八方进入澳门，澳门自此成为中西商品和文化荟萃的港口城市。

稍后，万历年间（1573～1620 年），澳门—望加锡（Markasar）—帝汶航线开通并进一步巩固，澳门与东南亚贸易关系继续加深和扩大。

入清海禁解除以后，中西贸易进入一个新阶段。乾隆十九年（1754年），美国商船“中国皇后号”于 8 月 24 日驶达澳门，开辟广州—澳门—纽约航线，为中美通商之始。

乾隆五十二年（1787 年），英国商人詹米·美尔斯（James Meares）等开通了广州—澳门—温哥华岛航线，加拿大又纳入澳门海向腹地范围。

嘉庆八年（1803 年），开通广州—澳门—俄罗斯航线，澳门腹地向北延伸，寒带也成为它的货流之源。

嘉庆二十四年（1819 年）开通广州—澳门—大洋洲航线，世界发现最迟一块大陆也与澳门联系起来了。

自此，形成以澳门为中心的全球海运大循环格局。澳门进一步提升为一个世界性枢纽港，达到它发展的全盛时期。当然期间澳门港也有过起落、停滞、复苏、式微等变化，特别是入清至鸦片战争前夕，清政府对外贸易政策的改变；日本崛起后驱逐葡人出境；西班牙、荷兰、英国后来居上，与葡人争夺东方市场；葡国势力衰落，澳内葡人自己内讧，以及澳门港环境变化，水浅不足以适应近代轮船停泊等，这都使澳门港处于大起大落之中。有时商舶每年不到十艘，其每况愈下状况可见一斑，以致澳中葡人大量减少，人去楼空，居民生活困苦，一些人甚至沦为乞丐、土匪。

战后，我国沿海相继开埠，到19世纪90年代，已达34个港口之多，澳门港腹地被彻底侵占，不但港口衰落，依靠外贸为其生命线的整个澳门经济也几乎崩溃而处于气息奄奄状态。时广东巡抚吴大澂在奏折中陈述：

“澳门居住葡人，官无善政，商无善卖，工无善艺，惟藉赌馆娼寮，包私庇匪，收受漏规，为自然之利。……葡国既无商船来往，澳门别无地利可图，市面萧条，人情涣散，其坐困情形，可立而待”。[172]

基于这种衰微破败境况，葡人企图大力贩卖鸦片和苦力贸易缓解败局，但都无济于事，大有“流水落花春去也，天上人间”之叹。

三、澳门港对珠三角社会经济发展的影响

澳门港到底风光过200多年，它产生的正面效应绝不能低估。首先，澳门作为国际贸易港市，大量商品进出口岸，加深了广东经济与海外贸易的关系，特别是大量白银的流入，对商品生产和流通起了了巨大的催化作用，如嘉靖以后，“闽粤绝不用钱”[173]，而使用白银。这些白银的来源，正如屈大均指出的，“闽粤银多从番舶而来”[174]。据统计，在1580～1590年间，澳门每年由印度果阿运回白银约20万两。16～17世纪之交，日本输出白银的半数被葡萄牙人运走；16世纪最后25年，每年入澳白银有50～60万两；17世纪头30年达100万两，有时多至二三百万两；从马尼拉运回澳门的白银，超过从日本运回的数量；踏进17世纪，每年已增至200万两。[175]这么多白银的输入和流通，为赋役折银和一条鞭法普遍实行创造了有利条件，对封建生产关系也是一种内部侵蚀，反过来又有利于澳门外贸事业的发展。

在西风东渐形势下，西方资产阶级的政治、经济和文化也通过澳门传

入内地，使许多人耳目一新。这些新的外来因素，对中国古老的封建生产方式无疑是一个很大的冲击。另一方面，在我国封建社会内部，这时亦孕育着资本主义萌芽。外来势力在它入侵之初，并未能把这种萌芽扼杀。资本主义生产方式形成是从商品生产开始的。特别是与当时商品贸易最兴旺的澳门接壤的珠江三角洲地区，随着商品需求量的增加和流通的频繁，促使生产各部门和地区，必须突破封建生产关系的束缚，改变过去孤立、分散与闭塞的生产和分布局面，进入部门与部门、地区与地区之间更加广泛密切的联系领域，且与市场经济相互渗透，从而推动自然经济的瓦解和封建生产方式的改变，加速资本主义萌芽的生长。这从明中叶开始，在珠三角地区已有鲜明表现。

从某种意义上来说，外贸是广东沿海，特别是珠江三角洲地方经济的一根生命线。它的盛衰，制约着这些地方经济发展和分布的荣枯演变。在这方面，以珠江三角洲土地利用的演变最为典型。明初，三角洲桑田有限，发展缓慢，果、蔗、鱼也未进入大规模的商品生产阶段。但到明中叶，情况大变，广州成为全国唯一对外通商口岸。澳门被葡萄牙人强占以后，外舶不断涌入，生丝出口激增，这时三角洲诸县，一派“男勤稼穑，女务蚕桑”盛况。但由于三角洲在开发过程中，是以种果养鱼为先的。故这时果基鱼塘仍为土地利用的重要形式。迨到明末清初，国际市场对生丝的需求量有增无已，于是珠三角栽桑养鱼成风，果基渐渐被桑基取代，桑基鱼塘成为三角洲一些地区土地利用的主要方式。甘蔗，水果等经济作物的集中种植区也在这个过程中先后形成。而这与澳门国际的巨港地位和作用是分不开的。

澳门港兴盛又促进了三角洲城镇繁荣。例如。佛山兴起为全国四大镇之首，是明中后期的事。其原因当然很多，但很重要一点是佛山作为广州一个外港，又是与澳门的外贸发展息息相关的。由于佛山地处西北江合流的航道上，以至“四方商贾至粤，卒以是归”[176]。康熙年间，“四方之来游者日以万计，然皆以舟泊岸”[177]。可见佛山发展离不开水上交通，而广州—佛山—澳门又是相连成线的。明清时期佛山的丝织、冶铁、陶瓷、棉布、中药等手工业高度发展，并建立起具有明显时代特色的生产专业化、协作化、联合化和集中化的雏形，这与适应这些产品出口日益增长的需要是分不开的。

三角洲许多墟市也直接或间接地受澳门外贸发展的刺激应运而生，其数量和密度比过去大增。据嘉靖年间统计，广东各州府墟市共439个，广州府为136个，占31%弱，以接近澳门的县份墟市增加较快。如顺德由过去11个增加为36个，东莞由12个到29个，南海由19个到25个，新会从16个到25个[178]。有些墟市发展为城镇，如新会江门、东莞石龙、增城新塘等。它们成为商品农业发达、经济交流繁荣的三角洲各级经济中心。

至于广州，它以澳门为其外港，这时大批掮客云集，“于是五方之贾、熙熙水国，刳艨艟，分市东西路，其捆载奇巧、故异物不足述，而所易金钱；岁无虑数十万”[179]。嘉靖三十五年（1556年）．葡萄牙传教士克罗滋在广州小住了几个星期。后来在他的《回忆录》中谈到，广州有富庶的原料，有很多手工艺人为出口贸易而工作，出口产品丰富多彩。[180]这当然离不开澳门。到万历年间，广州出现三十六行，成为一个政府控制下承揽外贸业务的商业团体，以后变为清代著名的十三行。明后期广州每年冬夏两季都举行定期市，称“交易会”，或“年集”、“货市”等。这可视为建国后“广交会”前奏。万历十九年（1591年）著名戏剧家汤显祖贬徐闻路过广州，后又到澳门，目睹交易会盛况，在《南海江》诗写道“时时番鬼笑，色色海人眠；舶上兼灵药，吾生倘自全”，谅是赞扬西药最早一首诗。每次开市数星期，或长至数月，这与外贸发展的需要不无关系。

在私有制社会里，一些地区或部门的繁荣，必然带来另一些地区或部门的衰落，使它们之间发展更不平衡。这首先是澳门的崛起使沿海许多港口相继衰落。而在此以前，“各国夷船……湾泊不一”[181]，澳门崛起后，“自是新宁之广海、望峒、奇潭、香山之浪白、十字门，东莞之虎头门、屯门、鸡栖诸澳悉废、而蚝镜（澳门）独为舶薮”[182]。这些港口所包括的腹地的经济发展也随之遭到同样的命运。珠三角一些地区由于商品经济和外贸发展而首先富裕起来，如屈大均所指出的那样“多致末富”、“往者番舶通时，公私饶给”。而本省内陆和山区受外来影响较少，经济仍很落后和停滞，它们经济发展差距相对扩大。

生产部门发展不平衡，主要表现在粮食作物和经济作物地位的转变上。宋元时代广东粮食富足，南宋时广州还是个米市。甚至明中叶以前广州还有余粮接济高雷琼屯军。以后情况就不同了，经济作物在三角洲大面积发展，在好些地区上升为农业主要部门，粮食生产相对萎缩，缺粮问题日趋严重，不得不依靠广西接济。其故在于：“又广州望县，人多务贾……，以中国珍丽之物相贸易，获大赢利，农者以拙业，力苦利微，辙弃耒耜而从之[183]。”计当时三角洲“生之者十三，食之者十七”[184]，即农业人口只占30%，非农业人口达70%。这是经作区域扩大、城市人口增加的结果。例如，澳门，“广之粟，澳夷十余万，皆仰给焉，故不见赢”[185]。不仅如此，葡人还把大批粮食等农产品运走，部分还远涉重洋输出海外，加剧了三角洲缺粮局面，致使本地区粮食作物与经济作物争地矛盾更加尖锐。

第八节　香港历史地理的变迁

香港地区（以下简称香港）自古即为中国领土，是我国东南沿海交通孔道，有过辉煌的古代文明。鸦片战争以后，香港在英国殖民统治下，在一个半世纪里，中国人民披荆斩棘、含辛茹苦，把香港开发、经营为一个繁荣兴旺的世界性经济中心，对人类文明和进步，对中国内地经济发展作出重大贡献。这都连同1997年7月1日香港回归祖国一样值得讴歌和庆贺。完全可以相信，香港在“一国两制”条件下走向更加稳定和繁荣。因此，总结香港区域发展的历史经验，不仅为香港未来增加信心，也为同类地区开发建设，提供成功范例。

一、鸦片战争前香港历史地理梗概

1. 香港是岭南古代文明的一个亮点

考古发现，香港6 000年前就有人类居住，是一个以渔猎经济为主的海岛。距今 5 000～6 000 年新石器中期文化遗址在香港就有十多处，皆分布在上升海岸沙洲或沙堤，出土海生或淡水鱼贝类残骸，另有彩陶、白陶、绳陶等之陶釜、罐、碗等，为古越族先民文化遗存。距今 5 000～3 500 年新石器时代晚期，广东进入父系氏族社会。香港有多处这个时期遗址，出土与南海西樵山细石器十分相似的燧石、霏细岩等石器，在香港深湾、虎地湾、大屿山等地出土环块饰物在深圳也有发现；香港多个地点出土几何纹陶风格更与广东各地如出一辙；屯门、涌浪土坑出土铄玉石环、镯等与曲江“石峡文化”同类器物十分相似，显示“石峡文化”南传结果。

广东青铜文化时代遗址和墓葬约 700 多处，分布在香港的 30～40 处，发现有青铜斧、戈、矛、剑等兵器，工具以及铸铜石范，说明 3 000 多年前香港已能铸造青铜工具，其风格与广东大陆、湖南长沙、贵州贵阳同类青铜器很相似。又在香港石璧、蒲台岛、东龙岛、长洲、大庙湾等地发现摩崖石刻，有似鸟、蛇等动物图案，也与在珠海等地一些岩刻画相同，是古越人祖先原始崇拜的写照。

以上史前文化遗物遗址表明，香港是岭南文化源地之一，既有在当地制造，也有从大陆传入器物，特别是与珠江三角洲原始文化一脉相承，有很深厚渊源关系，是岭南古代文明一个亮点。这就排除了香港原始文化的“南来说”或“西来说”，显示了与祖国大陆文化的血肉关系。

2. 香港古代行政建置隶属于广东大陆

先秦时期，香港为禹贡扬州外徼，属荒服之区。秦平岭南，粤地初开，在广东首置郡县，香港属南海郡番禺县。此为香港有行政建置之始。西汉初南越国时期及其后，香港同隶于番禺，后汉因之。直到东晋初年，香港仍与今广州地区同属于番禺县。此为香港行政建置第一个时期。东晋咸和六年（331 年），东莞郡从南海郡划出，下辖宝安、兴宁、海丰等六县，香港开始属宝安县。隋文帝开皇九年（589 年）撤销东莞郡，宝安县属广州南海郡。唐代撤郡留州，宝安县直隶于广州，香港与广州地区关系进一步密切。此为香港属宝安县即行政建置第二个时期。香港行政建置第三个时期始于唐肃宗至德二年（757 年），宝安县改称东莞县，治所从南头迁至到涌(即今莞城),香港即为东莞县辖。此后,历南汉、宋、元,直到明末。此时期广州辖境包括珠江三角洲大部分地区,香港与珠江三角洲关系随而扩大。香港行政建置第四个时期从明万历元年到清道光二十一年(1573～1841年)即割让给英国前夕。新安县从东莞县划出,驻所南头。今香港许多地名已见于新安县建制中,如锦田、圆(元)朗、屏山、厦村、辋井、屯门、新田、浅(荃)湾、葵冲、沙田、梅窝、黄泥冲、大埔头、龙跃村、麻雀岭、河上、上水等,说明建置日趋完备。清初受"迁界"令影响,新安县一度被撤,并入东莞县,至康熙八年(1669年)始复界,重置新安县,仍治南头。此时期香港绝大部分时间在新安县辖下,社会经济有一定发展,海防和海运地位也日益突出和上升。

3. 香港历来为我国海上交通要冲

香港扼我国东南沿海海上交通要冲,具水深面阔、避风条件良好等优势,故能成为良港。东晋末年浙东卢循起义军南下即取道屯门,攻克广州。宪宗唐元和十四年(819年)韩愈坐贬潮州,途经广州前往,据传在屯门停留,有"屯门虽云高,亦映波浪没"诗句。另一位诗人刘禹锡也在《踏潮歌》中描写"屯门积日无回飚,沧浪不归成踏潮"。《唐书·地理志》记载了唐代闻名中外的"广州通海夷道",即从广州出发,经印度洋抵达东非乃至欧洲航线。此航线经过屯门,书中说:"广州东南海行二百里,至屯门山,乃帆风西行一日至九洲石(今海南文昌七洲列岛)。"

宋元时期广州海上贸易更加兴旺,香港作为广州外港地位进一步加强,留下遗迹遗址也最多。例如,香港佛堂门有建于北宋"天后庙",为香港最古建筑,供奉航海保护神天后娘娘。元代"屯门巡捡额管150人"[186],超过广州地区香山、番禺、南海、新会等县海防人数,反映香港海上交通地位。

明中叶以后,欧洲殖民主义者东来,香港首先成为他们窥视对象。正德十二年(1517年)佛郎机(即葡萄牙)武装船舰八艘进泊屯门湾,其中二艘炮舰驶入广州水域。正德十六年到嘉靖元年(1521～1522年)葡萄牙人派出一支由五艘舰只1 000多名官兵组成的庞大舰队闯入屯门水域,要求通商，并在大屿山布防，但为明政府拒绝，结果爆发屯门之战，以葡萄牙人失败告终。嘉靖三十二年(1553年)澳门被葡萄牙租占以后发展为世界性贸易港，自此"诸澳尽废，惟濠镜(即澳门)为泊薮"。[187]屯门也包括在内。但以后随着葡萄牙海上霸权丧失，澳门地位日渐衰落，香港作为广州外港地位不断上升，故林则徐说："而就粤省海道而论，则凡东越惠潮，北往闽浙之船，均不能不由该处经过。[188]"道光二十一年(1841年)闽浙总督伯焘也指出："香港为商船内驶必由之路，其岛曰红香炉，上有营汛居民，并非偏僻小岛可比。[189]"正由于香港交通区位优势，故在鸦片战争中为英国侵略者看中而要求割让绝非偶然。

4. 香港兴盛的海盐和种香业

香港除了舟楫，尚有渔盐之利，自古即为当地经济支柱。至迟从南汉开始，香港就成为我国重要采珠基地。南汉主刘𬬮在此设"媚川都"，派兵驻守，监视专业户采珠。采珠地点在今新界大埔一带，称"媚川池"。但采珠是一件很危险事情，有时得潜入很深海底，疍民溺死或为鲨鱼所害时有发生。故到宋代"媚川都"一度诏废，但后来香港与合浦、钦州一样采珠仍在继续。元代，采珠业更发展为一项暴政。元惠宗至元三年(1337年)，建立广州采珠提举司，且以采珠户4万赏赐巴延(即伯颜)[190]。另据《元史·张珪传》称："泰定元年(1324年)中书平章政事张等奏，东莞县(含香港)及惠州珠池，……疍户七百余家，……入水为虫鱼伤死甚众，遂罢采珠户为民。"可见，香港采珠业规模相当巨大。至明代香港原有珍珠蚌被采殆尽，而新蚌又未能及时生长补充，资源濒于枯竭，朝廷不得已下令罢采。自此香港采珠业日渐式微，仅有少量开采而已。

香港海滨宜于晒盐。汉武帝在番禺设全国有数的盐官，负责盐产销，谅有一部分盐产于香港。吴甘露元年(265年)于东莞县设司盐校尉，监管珠江口东部盐场，含今港岛、九龙、新界盐业生产，称"东莞场"。晋因之。北宋初朝廷又在九龙湾西北设海南盐场，取名"海南栅"。南宋初在九龙东设官富场，派官员专人管理。明代新安县境内分设东莞、归德、黄田、官富四个盐场，皆隶于广东盐课提举司。官富场仍在九龙东，是广东

13 个大盐场之一。它所产海盐除在新安县城和鲨鱼涌、长洲设销售点以外，还由香港大鹏湾经梧桐山运往广州。清初受“迁界”令影响，香港盐户内迁，盐田尽废。乾隆以后，九龙、大澳、屯门、大屿山等地才重开盐田，但经营者为新盐户，盐产量和质量都不及往昔，香港盐业自此走向衰落。

香港山多地少，盛产莞香。香港得名，一说是转运莞香的港口。香港一词，最早见于明万历郭棐《粤大记》所附《广东海图》，而在此以前，香港地区多标为“屯门”。但莞香树在唐以前已传入广东，宋元以后遍植于香港所在东莞县。照此看来，香港产莞香最兴盛也在此时期。其中，以东路沥源（今沙田）和西路沙螺湾（今大屿山西部海滨）所产最为著名。附近大宗莞香多由九龙尖沙头（今尖沙咀）落艇，运往港岛西南今香港仔东端一个小港湾，改装艚船北运广州，再过梅岭销往江浙苏杭等地。故明末清初屈大均《广东新语》有“岭南之俗，食香衣果”之说。清初“迁界”以后，莞香树大量被砍，香农转业，莞香业元气大伤。至康熙中至少在新安县不能成为一项产业，以致当时编修的县志也不列入《方产》条目中。兴盛多时的香港莞香业自此成为历史陈迹。而代之而起的是港岛采石业，原先转运莞香后取名“香港”的小港湾成了转运石料到广州的港口，易名“石排湾”，而其原先“香港”一名反不为人所知。因此，“香港”一名在古代因莞香业兴而起，也因莞香业散而废。不过至今石排湾附近还保留一个“香港村”地名。鸦片战争时英国人经过该村，以其记为全港岛地名，并按疍民口音，读为“Hong Kong”。此即今日香港英译来源。

5. 古代居民和聚落

从九龙李郑屋村东汉墓出土文物判断，至迟到汉代当地已进入农耕社会，建立了聚落，形成与珠江三角洲同类型建筑文化特征。东晋末卢循起义军在广州失败后，部分残部逃入大屿山一带，捕鱼为业。他们被称为“卢亭”或“卢余”，成为香港疍民一个来源。宋代入居香港移民大增，其中不少是整族举家迁入的。如宋徽宗崇宁年间江西吉水人邓符协官封阳春县令，卸任后举家迁来锦田，子孙在新界、港岛繁衍，至今人口已百万计。除邓姓以外，从宋到明迁居新界的著名氏族有侯、文、廖、彭姓等，加上邓姓，号称“新界五大族”。河上、上水、新田、大埔、粉岭等成为重要聚落。他们还建立圩市，繁荣当地经济。例如，邓氏开元朗圩和大埔旧圩，文、彭两氏开大埔新圩，廖氏开上水石湖圩等，成为香港最早一批市镇。这些早期移民多为客家民系一部分。而清初“迁界”以后入居的也主要是客家人，其数量更多，分布地域更广，形成客家与其他民系杂处局面。故从一定意义上说，鸦片战争前香港主要是客家人社会。

二、鸦片战争后香港历史地理迅速变迁

1. 英占香港地域范围扩张

战前不久英国人对香港作过多次勘察和测量，结果认为香港“较澳门为佳，海水既深，陆地环绕，常年可用，易资防守。它是山地，但已经开垦，在食物上可以独立。岛的西南有一个地腰，是很好的贮货所。这个地方并且是北方来的船只汇集之地，中国政府便无法干涉它的船只，将茶、丝运到我们的船里来”[191]。“无论出口入口，香港水陆环绕的地形，是世界上无与伦比的良港”[192]。既有如此优越区位和地利，英国人于 1841 年 1 月 25 日鸦片战争尚在进行中便强占香港，翌日发告文告，宣布：“香港岛及其所属范围内的一切土地、港口、财产或私人设施，属英女王之权利、皇权和特权所支配，并全归女王所专用。[193]”并于同年 2 月 1 日给香港人“安民告示”中宣布：“香港已为英国女王版图之一部分。所有香港本地居民须知：尔等业已成为英国女王之臣民，必须服从女王及其官员，并向其履行义务。[194]”而割让香港的《南京条约》是 1842 年 8 月 29 日签署的，这表明香港是被英国先强占后割让的。自此，这个面积 75.61 平方公里岛屿成为英国侵华基地。

港岛之北为香港屏障九龙半岛，其南端尖沙咀是个良好泊薮，故亦最早为英国人觊觎。1856 年第二次鸦片战争爆发，第二年 12 月 29 日英法联军攻占广州，对广州实行三年军事占领。1860 年 8 月攻陷北京，火烧圆明园，同年 10 月 24 日签署中英《北京条约》，规定将九龙割让给英国。翌年 1 月 19 日港英在九龙举行仪式，正式接收九龙半岛。自此，九龙半

岛南端(或称南九龙半岛)界限街以南及石匠岛(今昂船洲)11.1 平方公里中国领土成为英占香港地区一部分。

但贪得无厌的英国侵略者并不以此为满足。他们乘 1895 年中国在甲午战争中失败,被迫签订中日《马关条约》之机,积极策划扩界活动,于 1898 年 6 月 9 日逼迫清政府签订《展拓香港界址专条》,规定从 1898 年 7 月 1 日起将界限街以北(或称北九龙半岛)、深圳河以南,东起大鹏湾,西到深圳湾,南至南丫岛及其附近 235 个岛屿总面积为 975.1 平方公里中国领土租借给英国,租期为 99 年,即到 1997 年 6 月 30 日为止。这块租借地后称"新界"。由于新界 423 村 10 万居民的反抗,到 1899 年 4 月 16 日英国才正式接管新界,与港九地区连成一体。

1899 年 12 月 27 日,英国又将原来未列入租借范围的九龙城寨,单方面宣布为"女皇陛下香港殖民地一部分",纳入香港辖区。但这即为清政府拒绝,清政府还发表声明,九龙城寨是中国领土,管辖权仍属中国。此后,港英当局多次强迁当地居民,拆除城寨,但都没有得逞。直到近年由于城市规划、建设等原因,这个占地 0.026 7 平方公里城寨才被拆除,建设为一座公园,保留一部分文物古迹。

这样,从签订《南京条约》割让香港岛,到《北京条约》割让九龙,再到"租借"新界,包括上述九龙城寨在内,英国共侵占中国领土为 1 061.826 7 平方公里。后又填海造地 9.2 平方公里。形成今天香港陆地面积为 1 071.8平方公里。

2. 香港市镇拓展

香港是由古代一些乡村发展为一个国际大都会的。1841 年 5 月香港首次人口统计,凡 4 350 人。最大聚落赤柱约 2 000 人,次为筲箕湾,约有 1 200 人,其余则为 150～200 人小村。香港大部分为山地,平原甚为狭小,仅北部沿岸有一条羊肠小径,故城市用地甚为困难,开山填海成为取得用地主要途径。1842 年在岛北部沿海开出第一条马路,长达 4 英里,即今皇后大道。1859～1862 年这条马路向海岸加宽,建成今德辅道。1889 年开始又向海岸扩展,建成今干诺道,这样形成今香港市区最早三大干线。与此同时，总督府、大会堂、教堂、银行、商店、学校、医院、报馆、图书馆、博物馆、监狱、水库、货仓、避风塘、住宅等公私建筑接踵而起，形成以今皇后大道为中心的繁华商业区，即英国人聚居区的所谓女皇城（即维多利亚城）。而华人生活区则分布在港岛西区，那里主要为中国劳工、小商人、农民以及来港避难内地人所居。每当国内动乱，香港即成为世外桃源，人口不断增加。1845 年香港 2.4 万人，1858 年为 7.5 万，1861 年为 12 万，1871 年达 13 万。这样港岛作为一座商业和航运城市已初具规模。南九龙半岛尖沙咀地势比港岛平坦，紧靠航道，地理环境比港岛优越。但港英当局当初主要将其用作港岛军事防卫区，未作经济开发。直到 20 世纪初南九龙大部分地区仍很荒芜，多为英军驻地，南端为码头和仓储区，华人则集中于油麻地、红磡、何文田、大口环、大角咀一带。大抵到 20 世纪 20 年代前后，九龙繁庶才不亚于港岛，形成沿维多利亚港南北两岸分布的城市格局。

直到 20 世纪 70 年代以前，香港经济中心和人口中心仍在港岛和九龙，新界基本上是农业区，对香港农副产品供应作用甚大。但港岛和九龙毕竟面积狭小，容纳不了日益增多的人口和产业。故港英当局从 1948 年开始即提出建设“徙置区”计划，拟将部分人口迁到港九近郊。但这个计划真正执行始于 1954 年，约以每年 10 万人速度迁进“徙置区”。到 1971 年，迁移人口累计达 120 万人，占当年香港人口 30%左右。由此在九龙和新界形成一批卫星城镇。首先是 1953 年观塘开发为卫星镇，此后相继有荃湾（1960 年）、屯门、沙田（1962 年）、大埔、元朗、粉岭、上水、石湖、将军澳等，有些卫星镇发展为中等城市。例如，沙田 1971 年只是个 2 万多人小镇，1981 年增加到 11 万人，1991 年已达 50 万。这种人口郊区化的成功，明显地改变了香港城市人口过分集中分布格局。香港人口规模也由于各种原因不断扩大，1901 年为 30 万，1940 年为 180 万，1951 年为 200 万，1961 年为 313 万，1971 年为 394 万，1976 年为 440 万，1981 年为 520 万，远远超过广州市人口，大约每 10 年增加 100 万人，且形成从南向北推进的人口和城镇分布格局。

3. 香港经济崛起

香港资源匮乏，开埠之初环境恶劣，主要从事鸦片走私和苦力贸易，比澳门毫不逊色。据统计，1858 年进入中国的鸦片高达 7 万多箱，其中 3/4 是经香港入口的[195]。香港成了世界最大一个毒窟。更有大批华工经香港被转卖到南北美洲，许多人死于途中。而香港商业甚为不景，以致有些英商动议英国政府放弃香港。但不久在太平天国运动影响下，大批移民和大量华资涌入香港，为当地经济带来活力，香港很快成为南北货运和贸易的中继港，相继开辟了香港至我国沿海各港和澳门的航线，以及至欧美和日本的远洋航线。尤其是 1869 年苏伊士运河通航，西欧至香港的航程缩短了 5 000 公里以上，促进香港航运业大发展。1880 年约有中国进口货物的 1/5，出口货物的 1/3 是经香港转口和分配的。到 1900 年欧美各国与中国贸易货物已有 1/2 经香港转运。19 世纪末到 20 世纪初香港已发展为一个国际性贸易港。而为航运服务的修船业、旅馆业和饮食服务业，为当地人提供食物的工业，如糖厂、酒厂、面粉厂，以及火柴、肥皂、羽毛加工等相继建立起来。同时兴起的还有通信、供水、供电、银行、证券、地产、博彩业等，香港社会经济面貌大为改观，奠定了进一步发展的基础。

20 世纪初到 40 年代初即香港沦陷于日本侵略者之前为香港经济缓慢发展时期。由于港英坚持自由经济政策以及第一次世界大战使西欧国家经济受创而无暇东顾，香港获得较好发展机遇。1911 年广九铁路通车，与珠江三角洲联系更为便捷有效，港岛内及新界公路网络也基本形成。1928 年正式启用启德机场，开始空运服务。一些中小型工业如纺织、烟草、搪瓷、罐头、玻璃、化妆品等也纷纷建立起来。特别是金融业在香港相继勃兴，建立起多家中外银行。其中华资银行占了很大比重。1912 年第一家华资广东银行在港开业，此后则有康年储蓄银行、东亚银行、广东信托商业银行、永安银行、香港汕头银行等成立，打破洋商银行垄断香港银行界局面。这些华资银行对确立香港国际金融地位和经济发展功不可没。另外，1900 年以先施公司为代表的华资百货业也在港岛中心商业区兴起，同样结束了洋商对百货业垄断局面，使香港商业走向繁荣。

抗战初期，香港处于中立状态，上海、广州大量资金、设备入迁，给香港经济带来一度繁荣，尤其是商业畸形兴旺。但到1941年底日军占领香港，实行军事统治，给香港社会经济造成巨大破坏。1945年8月日军投降，英国恢复对香港统治时，香港人口减少了100万，其他损失难以历数，故香港人说1941年12月25日即日军占领整个香港这一天为“历史上最悲惨的一个圣诞节”。

战后香港利用国内外形势变化带来的机遇重新发展起来，特别是因国内战争，大量资金、设备、技术、人员流入，为香港经济起飞准备了条件。例如，解放前夕上海、广州就有不少工厂南迁香港，来港各类人员多达10万人。1948年香港有大小工厂1 600家，超过“七七”事变到1941年沦陷前香港工厂数量。1949年香港生产总值(时价)达26.3亿港元，比1947年增长72%。其中，纺织业发展为香港工业主导部门，1950年与纺织业相关的工厂超过1 000家，工人3万多人，不少产品打入国际市场。贸易额也迅速上升，1951年高达93.03亿港元，比1947年27.6亿港元增加了2.4倍。与此相应航运业和金融、证券业也很快获得恢复，且创办了不少新银行，保证了经济运作和增长。

五六十年代，由于美国操纵的联合国对中国禁运，香港转口贸易受到沉重打击。香港不得不利用大陆移民带来的大量劳力、西方国家资金和技术向亚洲转移的机遇，大力发展以纺织、成衣、塑胶、电子等为主的工业体系。1960年全港制造业工厂达1 500家，工人21万人，同年产品出口值达28.67亿港元，超过转口贸易额(10.7亿港元)[196]。这使香港城市性质发生重大改变，从50年代以前几乎是单一的转口贸易港市转为以工业为主的城市。自此以后，香港这种功能长盛不衰，工业至今仍是香港经济的重要支柱。

七八十年代，香港利用世界经济衰退条件，迅速改变自己经济结构，由原来以工业为主，转变到以工业为基础，大力发展贸易、运输、金融、信息、地产、旅游、购物等产业，迈向经济现代化和多元化，成为亚洲“四小龙”之一，迎来了香港历史上经济最辉煌的时代。

4. 香港是一个特殊历史政治和文化区

香港作为一个特殊历史政治区主要是在割让给英国之后，一方面是英国对它实行殖民统治，实行资本主义政治、经济和法律制度；另一方面它又远离英国本土，是一个自由港，绝大部分人口是华人，在地缘、血缘、亲缘上与内地有不可分割的联系，是中国社会的一部分，所以香港成为夹在中英之间和东西方之间一个特殊政治地理单元，在各个历史时期充当了特殊政治角色。鸦片战争后，香港成为英国侵华的桥头堡。第二次鸦片战争时英军经过香港攻占广州，残杀中国人民；清朝灭亡后，香港成为清朝遗老遗少的避风港；民国初年广州商团和陈炯明反对孙中山的叛乱即得到香港英国人支持；在军阀混战中落魄军人和政客也多避地香港；国民党政权在大陆崩溃前夕，流入香港军政人员及其家属数以 10 万计；新中国成立后，在东西方两大阵营对峙中，香港成了一些外国势力对中国进行颠覆活动的基地。

但香港又是革命势力活动的阵地，在孙中山推翻清朝的革命活动中，香港是一个重要基地。在新民主主义革命时期，中国共产党即利用香港为基地开展各种斗争，如 1938 年成立八路军香港办事处，1947 年建立中共中央香港分局，领导香港和华南人民革命斗争。建国后，在帝国主义封锁下，我国利用香港进口大批战略物资，挫败了帝国主义的阴谋，香港对捍卫年轻的中华人民共和国发挥了应有作用。

香港是一座华洋共处城市，中西文化在此交融、碰撞和整合，形成了独具一格的香港文化。在文化内容上，世界各种文化流派和思潮都可以在这里找到自己的位置，自由地发展，从城市建筑、人们衣冠履带、社情民俗、宗教信仰到宣传广告、饮食娱乐等无不如此。在文化空间上，历史早期展现英国人和华人居住区与商业区对照；近代山野别墅与山下贫民窟以及港九近代西方文明与新界传统闭塞生活方式对照。在物质文化上，香港聚集着巨大财富、先进设备和高科技产品、密集信息，拥有强大的文化优势和能量，故能辐射世界各地。但在精神文化上，香港又是一个迷信盛行、低级粗俗文化充斥之地。香港文化的复杂性和多元性是历史长期积淀形成的，它作为岭南文化一部分，源头仍是中华文化。但它又深受西方文化影响，表现出强烈西方文化特质和风格。这就决定了香港文化的特殊历史地位和作用，在中国历史文化地图上占有重要一席之地(图 2—1)。

图 2—1　香港地理区域的形成

三、小结

香港自古即为中国领土，古代价值主要在于舟楫和渔盐之利。鸦片战争以后，英国通过一系列不平等条约，将香港一步步强占为自己殖民统治范围，形成今日香港地理区域。此后香港充分利用地利，把握机遇，开发建设城市，发展多种产业，崛起为一个经济多元化的世界性经济中心，并在历史政治和文化上显示特殊地位和作用，取得举世瞩目的成就。但香港的成功，主要是包括香港同胞在内的中国人民充分发挥聪明才智、艰苦创业、辛勤劳动的结果，而不是英国殖民主义的胜利。1997 年 7 月 1 日香港回归祖国，使百年国耻得到彻底清洗，也开辟了香港发展新纪元。

参考文献

[1] 田方、林发棠:《中国生产力的合理布局》,中国财政经济出版社,1986 年,第 202 页。
[2]《高山族简史》,福建人民出版社,1982 年,第 12～13 页。
[3] 顾炎武:《天下郡国利病书》卷 102,广东中。
[4] 赵汝适:《诸蕃志》上卷《毗舍耶》条。
[5] 汤子炳:“台湾史纲”,载施联朱:《台湾史略》,福建人民出版社,1980 年。
[6] 清文献说:“台湾……自隋迄元以琉球或澎湖统领之”(《续文献通考》卷 315,舆地考十一,福建省台湾省);“或元以前”,台湾与澎湖“共为一国”(《凤山县志》卷 1,舆地志)。
[7] 连横:《台湾通史》卷 8,《田赋志》,商务印书馆,1946 年。
[8] 邵廷寀:《东南纪事》卷 11,《郑芝龙传》。
[9] 沈云:《台湾郑氏始末》卷 4。
[10] 施联朱:《台湾史略》,福建人民出版社,1980 年,第 91 页。
[11] 连横:《台湾通史》卷 7,《户役志》。
[12] 金梁:《台湾史料》上卷,1955 年,油印本,第 24 页。
[13] 光绪《台湾府志》卷 4,《土田》。
[14] 光绪《台湾府志》卷 21,《艺文》。
[15] 道光《琼州府志》卷 13 上,《经政·土田》。
[16] 嘉庆重修《清一统志》卷 452,《琼州府》一。
[17] 道光《琼州府志》卷 13 下,《经政·土田》。
[18] 周荫棠:《台湾郡县建置志》,湖南大学石印本,1941 年,第 11 页。
[19] 连横:《台湾通史》卷 7,《户役志》。
[20] 陈铭枢:《海南岛志》,上海神州国光社,1933 年,第 62 页。
[21] 吴壮达:《台湾地理》,三联书店,1957 年,第 81 页。
[22] 同上第 80 页。
[23] 同上。
[24] 同上,第 92 页。
[25] 同上,第 100 页。
[26] 同上,第 103 页。
[27] 同上,第 114 页。

[28] 广东省统计局《统计月刊》二卷五号，1935 年。
[29]《广东省海南岛热带亚热带资源勘察资料汇集》(二)页首，此数字系合并而成，1956 年印。
[30] 饭本信之：《南洋地理大系》(2)，1942 年印，第 41 页。
[31] 林缵春：《海南岛之产业》，正中书局，1946 年。
[32] 宋家泰：《台湾地理》，正中书局，1946 年。
[33] 陈铭枢：《海南岛志》，第 12 页。
[34] 吉野正敏："海南岛的农业气候"，《地理》，1934 年 29 卷 8 号。
[35] 饭本信之：《南洋地理大系》(2)，1942 年，第 116 页。
[36]《斯大林文集》，人民出版社，1985 年，第 216 页。
[37] 郁永河：《采硫记》卷上，粤雅堂丛书本。
[38] 连横：《台湾通史》卷 26，《工艺志》。
[39] 连横：《台湾通史》卷 27，《农业志》。
[40] 屈大均：《广东新语》卷 14，《食语・谷》。
[41] 连横：《台湾通史》卷 27，《农业志》。
[42] 连横：《台湾通史》卷 7，《户役志》。
[43] 何绛：《平黎立县议》，见《皇朝经世文编》卷 88，兵征。
[44] 连横：《台湾通史》卷 8，《田赋志》。
[45] 连横：《台湾通史》卷 27，《农业志》。
[46] 中科院南海海洋研究所："华南沿海第四纪地质调查研究报告"，1976 年油印，第 242 页。
[47] 转见司徒尚纪：《岭南海洋国土》，广东人民出版社，1996 年，第 79 页。
[48]《汉书》卷 8，《地理志》。
[49] 曾昭璇：《台湾自然地理》，广东省地图出版社，1993 年，第 15 页。
[50] 张天复：《皇舆考》卷 7，广东。
[51] 陈第：《东番记》。
[52] 张振标、张建军："海南岛黎族体质特征之研究"，《人类学学报》，1982 年第 1 期。
[53] 谢业琪："海南岛黎族指、掌研究及临高人与汉族、壮族指、掌纹特征比较"，《人类学学报》，1982 年第 2 期。
[54] 曾昭璇：《台湾自然地理》，广东省地图出版社，1993 年，第 3 页。
[55] 王克荣："海南岛的主要考古发现及其重要价值"，《海南大学学报》(社科版)，1985 年第 1 期。
[56]《高山族简史》，福建人民出版社，1982 年，第 12～13 页。
[57] 林惠祥：《中国民族史》第 6 章，百越系，上海书店，1984 年。
[58]《越绝书》卷 3。

[59]《徐松石民族学研究著作五种》(下)，广东人民出版社，1993 年，第 923～925 页。
[60] 光绪《高州府志》卷 6，《风俗·方言》。
[61] 陈国强：《台湾高山族研究》，上海三联书店，1988 年，第 35 页。
[62] 刘咸："海南黎人文身之研究"，詹慈：《黎族研究参考资料选辑》，广东省民族研究所印，1983 年，第 196～215 页。
[63] 周钟：《诸罗县志·风俗志》。
[64] C. E. S："被忽视之台湾"，载施联朱、许良国：《台湾民族历史与文化》，中央民族大学出版社，1987 年，第 153 页。
[65] 黄叔璥：《番俗六考》，《南路凤山番一》。
[66]《汉书》卷 1，《高帝纪》。
[67]《文献通考》卷 331。
[68] 顾炎武：《天下郡国利病书》，《四裔考八》。
[69] 王象之：《舆地纪胜》卷 124，《琼州》。
[70] 赵汝适：《诸蕃志》卷下，《海南》。
[71] 同[59]第 918 页。
[72] 司徒尚纪：《广东文化地理》，广东人民出版社，2001 年，第 364～365 页。
[73] 同[72]第 357 页。
[74]〔日〕安倍明义：《台湾地名研究》，台北武陵出版有限公司，1992 年，第 57 页。
[75] 同[74]第 60 页。
[76] 同[72]第 362 页。
[77] 司徒尚纪：《海南岛历史上土地开发研究》，海南人民出版社，1987 年，第 71 页。
[78] 同[74]第 221 页。
[79] 张镇洪：《岭南文化珠江来》，中国评论学术出版社，2006 年，第 196 页。
[80] 郝思德、黄万波："三亚落笔洞遗址"，载杨式挺：《岭南文物考古论集续集》，岭南美术出版社，2011 年，第 300 页。
[81] 周伟民等：《海南史要览》，海南出版社、南方出版社，2008 年，第 2 页。
[82] 吕思勉：《中国民族史》，世界书局，1934 年，第 109 页。
[83] 周伟民、唐玲玲：《中国与马来西亚文化交流史》，海南出版社、南方出版社，2008 年，第 20～21 页。
[84] 林惠祥："南洋马来族与华南古民族的关系"，《厦门大学学报》(社科版)，1958 年第 1 期。
[85] 容观夐：《容观夐人类学文集》，民族出版社，2003 年，第 155～157 页。
[86] 邓聪："树皮布——中国对世界衣服系统的伟大贡献"，《中国文物报》，2000 年 11 月 15 日。
[87] 邓聪："史前蒙古人种海洋扩散研究"，《东南文化》，2000 年第 11 期。
[88] 同[87]第 19 页。

[89] 转见同[83]第26页。
[90] 赵汝适著,杨博文校译:《诸蕃志校释》卷上,《志国·三屿》,中华书局,1996年,第143页。
[91] 李建生、陈代光:《南海"海上丝绸之路"始发港——雷州城》,海洋出版社,1995年。
[92] 万历《雷州府志》卷8,《建置·城池》。
[93] 宣统《徐闻县志·舆地志》。
[94] 宋锐:《汉徐闻县址考》,见[91]第85页。
[95] 广东省博物馆:"广东徐闻东汉墓——兼论汉代徐闻的地理位置和海上交通",《考古》,1977年第1期。
[96] 广东省文化厅:《中国文物地图集·广东分册》,广东省地图出版社,1989年,第140页、第420～421页。
[97] 徐闻县文化局吴凯提供:"汉、唐代徐闻县城址向何处——徐闻县二桥、仁尾考古调查纪要"(油印稿)。
[98] 杨式挺:"试论海上'丝绸之路'的考古学研究",载《海上丝绸之路与中国南方港学术研讨会论文集》,《岭南文史》编辑部,2002年增刊。
[99] 钟绍益:"汉置徐闻县治被勘明",《中国文物报》,1989年第23期。
[100] 广东省文物考古研究所等:"徐闻县汉代遗址的发掘",《文物》,2000年第9期。
[101] 郭沫若:《中国史稿》第二册,人民出版社,1979年,第393页。
[102]《艺文类聚》卷58,《布部》。
[103] 遂溪县博物馆:"广东遂溪发现南朝窖藏金银器",《考古》,1983年第3期。
[104] 陈立新:"海上丝路话徐闻",载《岭南文史》,2000年第4期。
[105] 刘恂:《岭表录异》卷下。
[106] 陈序经:"东南亚古史初论",转见陈佳荣:《西汉南海远航之始发点》,载《广东省博物馆集刊》,广东人民出版社,1999年。
[107]《大清一统志》卷450。
[108] 罗香林:"中国学术史",《书林》,1937年第3期。
[109] 光绪《崖州志》,《外志二·遗事》,郭沫若点校本,广东人民出版社,1983年,第506页。
[110] 光绪《崖州志》卷20,《艺文志》。
[111] 正德《琼台志》卷3,《郡邑沿革考》。
[112]《汉书》卷64,《贾捐之传》。
[113]《汉书》卷28,《地理志》。
[114]《汉书》卷64,《贾捐之传》。
[115] 道光《琼州府志》卷4,《山川舆地》。
[116]《后汉书》卷24,《马援传》。

[117] 谭其骧:“自汉至唐海南历史政治地理”,《历史研究》,1988年第5期。
[118]《后汉书》卷24,《马援传》。
[119] 李吉甫:《元和郡县图志》卷8。
[120] 广西壮族自治区博物馆:《广西贵县罗泊湾汉墓》,文物出版社,1988年。
[121] 梁方仲:《中国历代户口、田地、田赋统计》,上海人民出版社,1980年,第19页。
[122] 司马迁:《史记》卷116,西南夷列传。
[123] 刘恂:《岭表录异》卷8。
[124] 周家干:“合浦港是汉代海上丝绸之路的始发港”,见《海上丝绸之路与中国南方港学术研讨会论文集》,岭南文史编辑部,2002年。
[125] 张九皋:“合浦港在古代‘海上丝绸之路’中的地位”,《岭南文史》,2002(增刊)。
[126] 陈立新:“论汉徐闻港在海上丝路史上的地位和作用”,《海上丝绸之路与中国南方港学术研讨会论文集》,岭南文史编辑部,2002年。
[127] 谭其骧:“自汉至唐海南历史政治地理”,《历史研究》,1988年第5期。
[128]《后汉书》卷24,《马援传》。
[129]《后汉书》卷24,《马援传》。
[130]《汉书》卷84,《翟方进传》。
[131]《汉书》卷93,《淳于长传》。
[132]《汉书》卷97,《外戚传》。
[133]《汉书》卷56,《师丹传》。
[134]《汉书》卷76,《王章传》。
[135] 广西文物工作队:“合浦港的考古学实践与初步认识”,载吴传钧:《海上丝绸之路研究》,科学出版社,2006年。
[136] 邱立诚:“合浦——历史的选择”,载吴传钧:《海上丝绸之路研究》,科学出版社,2006年。
[137]“广西北流铜石岭汉代冶铜遗址的试掘”,《考古》,1985年第5期。
[138] 张九皋:“合浦港在古代‘海上丝绸之路’中的地位”,《岭南文史》,2002年(增刊)。
[139] 黄铮:“广西合浦:我国最早最重要的海上丝绸之路始发港”,载吴传钧:《海上丝绸之路研究》,科学出版社,2006年。
[140]《后汉书》卷86,《南蛮西南夷列传》。
[141]《后汉书》卷1上,刘昭注《光武帝纪》。
[142]《后汉书》卷24,《马援传》。
[143] 顾祖禹:《读史方舆纪要》“广东”条。
[144] 民国《合浦县志》卷15。
[145] 司徒尚纪:《广东历史地图集》,广东省地图出版社,1995年,第17页。
[146]《隋书》卷80,《列女·谯国夫人传》。

[147] 黄铮:《广西对外开放的重要港口——历史、现状、前景》,广西人民出版社,1989 年。
[148] 陆贽:《陆宣公集》卷 18。
[149] 范成大撰,严沛校注:《桂海虞衡志校注》佚文,广西人民出版社,1986 年,第 162 页。
[150] 周去非:《岭外代答》卷 1,《边帅门》。
[151]《宋会要辑稿・职官》。
[152] 周去非:《岭外代答》卷 5,《钦州博易场》。
[153] 周去非:《岭外代答》卷 3,《惰农》。
[154] 方铁:《西南通史》,中州古籍出版社,2003 年,第 626～627 页。
[155] 黄启臣:"明清广东商帮",《中国社会经济史研究》,1992 年第 4 期。
[156]《宋史・食货志》。
[157] 民国《合浦县志》。
[158]《明史・满剌加传》。
[159] 北海市地方志编委会:《北海史稿汇集》,方志出版社,2006 年,第 628 页。
[160]《清实录・高宗实录》卷 1 434。
[161]《清实录・宣宗实录》卷 156。
[162] 北海市地方志编委会:《北海史稿汇集》,方志出版社,2006 年,第 49 页。
[163]《孙中山文粹》上卷,广东人民出版社,1996 年,第 389 页。
[164] 北海市地方志编委会:《北海史稿汇集》,方志出版社,2006 年,第 628 页。
[165] 罗昭祥:《广西地理大发现》,中国审计出版社,1998 年,第 166 页。
[166] 黄启臣:《澳门通史》,广东教育出版社,1999 年,第 6 页。
[167]《中国海关与中葡里斯本草约》,中华书局,1983 年,第 74 页。
[168] 嘉靖《广东通志》卷 66。
[169]《皇明经世文篇》卷 357。
[170] 邓开颂:《粤港澳近代关系史》,广东人民出版社,1996 年,第 348 页。
[171] 施汉荣:《"一国两制"与香港》,广东人民出版社,1995 年,第 70 页。
[172] 王彦威、王亮:《清季外交史科》卷 73,第 18 页。
[173] 谢肇淛:《五杂俎》卷 12。
[174] 屈大均:《广东新语》卷 15,《货语》。
[175] 全汉升、李龙华:"明中叶后太仓岁入银两的研究"、"明代中叶后澳门的海外贸易",《中国文化研究所学报》,1972 年第 1 期。
[176] 乾隆《佛山忠义乡志》卷 11,《艺文志》。
[177] 道光《佛山忠义乡志》卷 12,《艺文志》。
[178] 嘉靖《广东通志》卷 20。
[179] 张燮:《东西洋考》,《周起元序文》。

[180] 朱培初:《明清陶瓷和世界文化的交流》,中国轻工业出版社,1984 年,第 31 页。
[181] 嘉靖《广东通志》,卷 31。
[182] 屈大均:《广东新语》卷 2,《地语》。
[183] 屈大均:《广东新语》卷 14,《食语》。
[184] 屈大均:《广东新语》卷 14,《食语》。
[185] 王临亨:《粤剑篇》卷 2。
[186] 陈大震:《南海志》卷 10,《兵防》。
[187] 廖士相、杨士骧:《广东图说》卷 8。
[188] 林则徐:《夷务始末》卷 90。
[189] 文庆等:《筹办夷务始末》道光朝,卷 30。
[190]《续文献通考》卷 23。
[191] 中国史学会:《鸦片战争》2 册,神州国光社,1954 年,第 652 页。
[192] 丁又:《香港初期史话》,三联书店,1983 年,第 24 页。
[193] 广东省文史研究馆译:《鸦片战争史料选译》,中华书局,1983 年,第 224 页。
[194] 同[8],第 225～226 页。
[195] 邓开颂等:《粤港澳近代关系史》,广东人民出版社,1996 年,第 107 页。
[196] 许锡挥等:《香港跨世纪的沧桑》,广东人民出版社,1996 年,第 261～262 页。

第三章　南海海洋文化

第一节　海南文化特质

厚重历史积淀形成了海南文化的基石和内在秉性，海南文化作为中华文化的一个组成部分，凝聚着历代海南先民们不同民族、不同民系文化的结晶。建国以来海南人民的苦心经营，改革开放后海南迎来的新机遇和大发展，建省办特区创造的海南历史上最好的发展环境，以及近年来旅游经济的着力发展和随之而来的城乡巨变，不断赋予海南文化以崭新的内涵，并使之具有强烈的时代气息。要之，经过近 20 年来的文化震荡及文化整合，海南文化特质日趋显著、内容也日益丰富。海南文化更是摆脱了往昔长期滞后落伍的局面，焕然展现出新颜。

一、海南文化是一种开疆文化

开疆文化是一种开拓、开发边疆的文化。广义而言，举凡在开发边疆过程中，一切能够使边疆地区从落后的、不发达的境况下向较发达的、先进的阶段转变的事物和人类活动都可纳入其范畴。它包括物质的、精神的和制度的三个文化层次中的各种要素。海南岛偏处祖国边陲，历来被人视为畏途。海南的开发浸润着各族人民的汗水。因此，从本质上讲海南文化是一种开疆文化。换言之，它是一种开疆文化在海南长期传播影响的结果。其中，既有汉、黎、苗、回等各族人民共同创造的文化成果，也有名家流寓人物对发展海南文化所作的贡献。同时，它还包括近现代农垦、矿业、盐业等事业发展的成就。如今像海口五公祠、儋州的东坡书院、乐东莺歌海盐场、黎族村寨，三亚回族的清真寺、遍布全岛的橡胶园和咖啡园，业已获得长足发展的岛上众多旅游景点和四通八达的公路网、高速信息公路、日新月异的城市建设等均可认为是海南历史及现代文化景观的一部分，更遑论已成为本岛标志性文化特质的椰文化（椰树遍岛，椰汁畅销等）和槟榔文化。各种迥异的文化景观既相互矛盾、冲突，又彼此和谐地共存于这一片海岛之上。长期的相互借鉴、整合，以至团结合作，多种文化已融合形成为一个有机的整体。因此，海南文化是一种融合万千气象的混合性开疆文化。正如中华文化中凝聚着全国各民族的文化一样，海南文化也是多民族（主要是汉黎）文化在历史时期长期“荣辱与共”，并在海南岛地域上有机渗透，与环境相协调适应的一种文化形式。改革开放后，尤其是海南建省办特区以来，经济社会快速发展所带来的冲击和丰富的多样化的内涵，大大强化、扩充、提升了海南文化品质，改变了海南文化长期落后的面貌，使其富有了时代性和现代性。这是海南文化的一个质变过程，也是它不断接受先进文化，积极开拓、前进的表现，显示着新时期开疆文化在海南地域上传播影响的成就。

二、海南文化质朴、诚信的文化内质

“民风朴茂，人重廉耻，……及习礼义之教”[1]等风尚可以视为海南文化最鲜明、最核心的特质。这种文化性格不仅源自黎族人民长期固有的文化本质，也是流寓名人的长期宣扬教义的结果。当然还与海南岛独有的文化环境不无关系，独特的文化土壤孕育、发展了海南文化。黎族人的诚信、纯朴可以在众多的史料中找到印证。“生黎质直犷悍”是最常见的说法。然而在“质性朴悍”的同时，黎人还“慎许可，重契约，犹有太古淳朴之遗风”[2]，充分体现了黎族人民讲信誉，重约定的美德。这种与人诚信的民风还表现在日常的贸易活动中。“与贸易，不欺，亦不受人欺，与人信则如至亲，借贷不吝”[3]就是一例。其重信守约已经成为一种黎族社会的行为规范，且有着相应的一套作法。《崖县现状》中说到：“尚黎极重信用，与人交易，直截了当。凡欠人钱，言定何时归还，至时卖妻鬻子，亦不足惜。”可见，其已成为黎民社会约定俗成的共同遵守信约。甚至对有背信失约者，必须加以最严厉之处分[4]。故而清朝的宝州牧有诗赞曰：“士风犹是传邹鲁，民俗依然似越瓯。”

黎族人民这种重诚信的文化特质也深深影响到迁居海南的汉族人众。宋时李光“刺竹芭蕉乱结村，人家犹有古气存”[5]的诗句，及其在《迁建儋州学记》中的记载：“而此郡独不兴兵，里巷之间，晏如承平，时人知教子家习儒风，青矜之士，日以增盛”[6]就初步描写了海南当时的纯朴之民风。当然，这种风气形成也有着中原汉文化影响的贡献。“谁知绝岛穷荒地，犹有幽人学士家”[7]就揭示了文化传扬之真谛。而“熟黎风俗颇依汉人，亦能延师较读，渐归礼让之风”[8]，则更刻画了汉文化对黎文化的推动作用。海南社会的纯朴民风反映在其“路不拾遗，夜不闭户”的美好境界。如明朝张天复所记：“富而尚俭，民无饥寒，凶年无丐者。黎疍杂居，不喜为盗，牛羊被野，无冒认者。”[9]《崖州志》中不仅认为海南“俗俭民贫风近古，山灵水秀士多贤”，还指出“士多业儒，人重廉耻，不喜华靡”的品质。总之，综上所述，淳朴的民风、安宁平和的社会秩序、人与环境和谐相处的安适均成为塑造其文化核心的重要因素。

三、海南文化的包容性和多元性

海南文化被认为属于琼雷汉黎苗文化区，属福佬文化区的一部分，但远离其文化核心区——潮汕地区。笔者认为，尽管今日海南文化的各个层面和因素与粤东福佬文化有着根深蒂固的文化渊源，但无论是文化表层特征，还是文化内在实质，两者均有较大差距。海南文化作为一种移植了的文化，在其新居地又吸纳了多种文化元素，并与海南岛地域环境完美的结合，本质上讲它已是一种全新的文化。可以说，海南文化以其丰富包容性、多元性彪炳于世。

说它多元，指海南文化是在黎族文化的基础上，不断接受汉文化持续多方面的传播影响，并广泛吸纳苗、回等民族文化中积极有益的成分，经过文化整合而形成的一种全新文化。除此之外，近现代以来，华侨文化、域外文化(如日本文化)以及改革开放后的西方文化均将其影响铭刻于海南文化肌体之上,从而使海南文化呈现出一种多元异彩的文化特征。就其内容讲,它既有不同民族,如汉、黎、苗、回等民族的文化印迹,也有来自汉族不同民系的文化血脉,广府文化、福佬文化、客家文化及临高文化等随着带有其文化特质的群体的迁入,也将其自身影响扩散到海南全岛。近年以来,随着海南岛全方位的开放,来自全国各地的文化精英们又汇聚琼岛,形成了一些新的区域文化社区,并以独有的文化景观融合于海南固有的文化版图之中。如承包荒山荒坡、大搞规模热作农业的江西人、四川人,不仅以其巨大的成功冲击了原有海南较落后的农业观念,也以其个人魅力演绎了蜀、赣等地的地域文化,并与海南当地进行了有机的融合。许多经济开发区的建成以及为数甚众的旅游景区、度假区的开发,也使海南原有的以农业文化为主的文化格局中增添了几份现代特区商业、大工业及旅游文化的成分。而海口、三亚等城市的崛起,更是将现代城市文化融入原有海南文化之中。

包容性则是海南文化多元性的前提和条件,正是早期海南岛作为一张白纸,有待文明波及和稍晚近海南原始文化所具有的吸纳百川的气度和心态,才使长期游离于中华文化圈外围的海南岛,不断地充实、不断地更新完善,才逐步成就了今日海南独特卓然的文化。早期的黎族先民在此站住脚跟,并持续发展,日后他们又以其宽大胸襟接纳了中原文化、闽南文化、广东大陆各民系文化以及广西苗文化等。即使是来自占城的伊斯兰文化也可以在琼岛找到生存发展的空间,先移居儋州,最后在三亚长久生存。而与中国人传统的道教、外来佛教等相去甚远的基督教也能够在海南岛得到较宽松地发展。据载仅是民国时期,美、法等国家派到本岛的传教人士就多达 50 多人,修建教堂、堂会近 30 间,教徒队伍一度曾高达 13 000 多人[10]。这种文化的包容性正是缘自其本身的多元复杂性。新中国成立后,百万农垦大军的移入,使原有的海南文化被赋予以农垦文化的大发展为时代特征,并使农垦文化成为既自成一体,又能深刻影响地方发展的一种较优势文化[11]。而近年国门大开之后,西方以高科技为支撑的现代先进的生产方式、经营管理方法和追求个性解放、崇尚生活享受的生活方式等，从多个层面、方位冲击、渗透海南文化，有些内容在历经冲撞、磨合之后已经演化成海南文化的新分子。

而改革文化、强省兴岛的特区文化，以及强烈的使命感和以经济建设为重，大搞社会主义市场经济的时代文化，伴随着“小政府、大社会”等海南特色范式的出现，更促使海南文化孕育出诸多富有时代性的文化因子，从而日新月异地改变着海南文化特质和风貌。需要强调指出的是，海南文化的多元和兼容并蓄发展，与海南孤悬海外，远离历代中外政治纷争中心，从而使海南人文群体总是处于较为宽松的政治文化环境有关[12]。相对而言历史包袱轻，故其兼容性和可塑性较之国内其他地域文化为大。这也是海南文化易于容旧纳新、不断获取进步的原因之一。

四、海南文化的强海岛性征

海岛因其迥异于大陆的自然环境而对其居民的心理状态、行为范式等深层文化要素产生深刻影响，并使其文化具有显著的海岛性征。海南岛作为一个四面环海、地处热带、资源相对丰富的海岛，更是以其有别于大陆的整体文化背景形成不同于大陆的海岛文化特色。曾有论者对海岛自然、人文环境因素对行为特征形成进行过研究，并认为海岛特定的行为因素会进而影响到海岛产业的发展和布局[13]。但就其实质来讲，海岛环境对其文化发生发展所产生的影响才是最根本的。分析海南岛的环境情况，其文化的海岛性征主要表现在以下各方面。

(1) 保守、传统、务实的文化本质。在漫长的历史时期，海峡隔断了海南岛与大陆的联系。正如高山、大河等地形似其屏障和阻碍因素成为文化传播中的分界一样[14]，大海的阻碍作用更甚。因而海南文化在更多的时间内就是在这样一种偏向封闭的环境中生长和发展的，从而受海南自身环境因素的影响也更大。在交通原始的年代，整个海南地域完全处于一种封闭隔绝状态，从大陆所接受到的文化信息大多也是片段、零星的，难以与外界形成经常性的交流。因此，文化的发展必然导致保守。而这种保守的传统也成为如今海南人最本底的特征之一。而黎族先民本就有崇拜自然、崇拜祖先的信仰，在人少地广、林木茂密的状况下，刀耕火种式的原始经济一直在海南的历史上扮演着重要角色。而赋存丰富的动植物资源又提供了宽松的存活空间，这使得海南人更趋传统，没有战争的侵扰，也绝少天灾人祸，又使闲适、从容融进海南文化之中。宣统《崖州志·风俗》说黎人"樵牧渔猎，家自耕植，田无佣佃。安土重迁，不事远贩"等成为这种文化的表征。然而，海南又多有"飓风之虞"，岛东多雨，岛西又"春常苦旱，涉夏方雨"，冬天还偶有强冷空气、甚至寒潮侵入，加之在古代低下的生产力水平之下，老百姓又多有生活不易之感，这又使务实成为海南文化特征之一。

（2）海岛的后文化性征。海南文化与其他岛屿文化一样，总是始终不断地从岛屿之外的大陆吸收各种因素和成分，最终才整合而成独具海岛特色的文化形态。因此，海南文化是大陆中华文化的派生系统，其形成和发展也总是晚于大陆文化。此外，大陆文化传入时不可能是全盘复制，总有一个自觉不自觉的选择、改造的过程。而且文化传播过程还受到具体传播时机、传播条件的限制，所以这种传播一般也不总是连续的，表现出显著的片段性。与此同时，海南岛的隔绝状态，使大陆文化一旦传入本岛，并能找到适合的环境能长期存在时，即使其在大陆的原始形态已经消失，但这些文化因素仍然能够在海南岛较好地存在下去。如"（琼州）数尚六"等秦代度量制度的存在，以及刀耕火种、钻木取火、鸡卜等古老习俗在海南黎族社会的长期存在，乃至诸多饮食习俗、生活习惯等的保持，均充分说明海南岛这种环境在较长的历史期内是有利于截留文化，使其本身具有文化博物馆的功能。其实，即使是在现今，许多彼此矛盾的文化现象都会相安无事地共存于海南。如果从沿海到五指山区做一文化剖面，会发现沿海地区的现代文明与山区偏远村寨的落后景状仍旧又冲突、又和谐地共存。这本身是文化传播、发展中的不平衡现象，也是海南文化中强海岛文化的性征之一。

第二节 开疆文化在海南的地域扩散与整合

一、引言

陈传康先生曾将所有开发、开拓边疆的文化界定为开疆文化[15]。随后，司徒尚纪在专著《广东文化地理》中对此作了进一步诠释，指出："以开发落后地区为目的、在边疆地区传播的汉文化称之为开疆文化"，并特别强调了开疆文化的发展性和阶段性[16]。海南岛由于经济、社会、文化落后，故为历代王朝开发、拓展的地区之一。海南文化是在黎族文化本底的基础上，由汉、苗、壮、回等民族文化，以及近代华侨文化、农垦文化、西方文化等多种文化的长期相互碰撞、彼此融合，在海南这一特定环境下生成的，是一种具有独特个性的海岛型文化。本文所述海南文化就是一种开疆文化。它包括了使海南岛从落后的、不发达的境况下向较发达的、先进的阶段转变的一切物质的、精神的和制度的三个文化层次中的各种要素。

开疆文化在海南岛的传播扩散因类型和特点的不同，以及传入地自然和人文条件的有别，形成了文化景观的地域差异和大集中、小分散的分布特点。研究海南开疆文化的地域扩散与整合，不仅有助于加强对海南文化形成历史进程的研究和理解，指导制订海南社会、经济、文化发展的宏观方略，而且也是对文化地理学学科理论的丰富和完善。

二、开疆文化在海南的传播扩散特点

海南岛，远有粤北五岭阻隔，近有琼州海峡割裂，中原汉文化的传播倍受阻隔。即便是广东大陆主流文化的影响扩散，也要克服重重困难才可传到本岛，所以它接收的常是屡受中介地过滤和影响的文化[17]。此外，一旦某种文化要素渡海而至，在岛内的传播也总受到自然地理条件之影响，而产生不同的效果。

海南岛没有纵贯南北或东西的大江大河，地形如倒扣的锅状，即中部

偏南为山地，其下是丘陵，最外围是沿海台地平原带。这样的圈层地形，加上西干东湿的气候特点，使大陆文化传播中占主流的沿江河、平原传染扩散的模式在本岛难以发挥作用。从发展历程看，本岛文化传播主要是按海拔从低到高，从沿海向腹部渐次推延的。当然在历史早期，大陆文化首先是在邻近大陆的岛北部及西北部，现海口、儋州一带登陆并站稳脚跟，其后再往岛东部、东南和西南发展，形成早期环岛传播格局(图 3—1)。

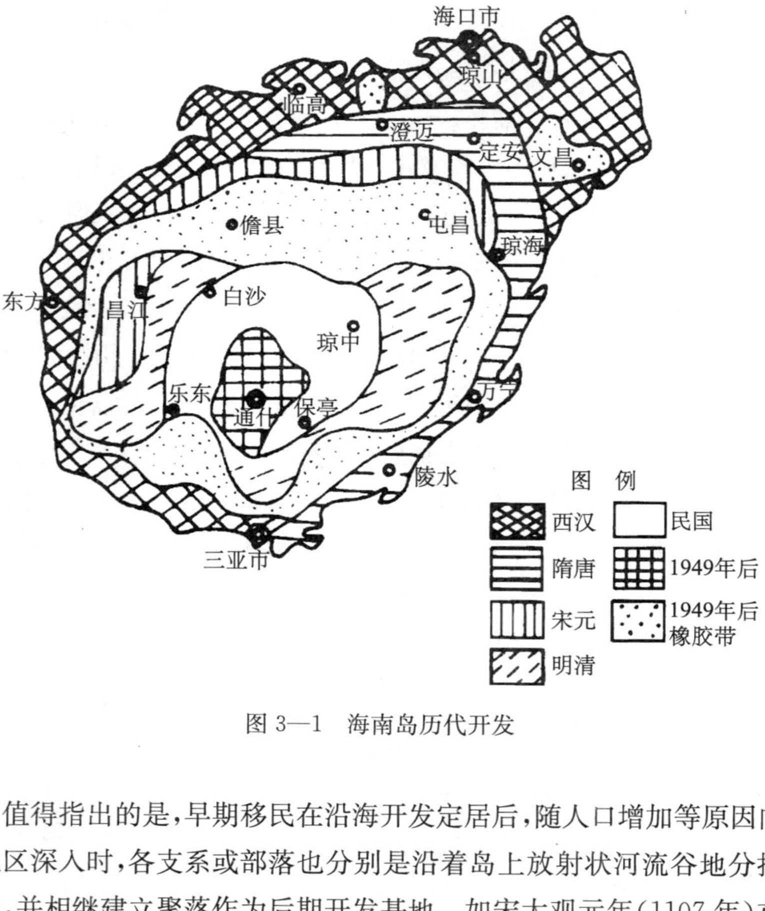

图 3—1　海南岛历代开发

值得指出的是，早期移民在沿海开发定居后，随人口增加等原因向中部地区深入时，各支系或部落也分别是沿着岛上放射状河流谷地分批挺进的，并相继建立聚落作为后期开发基地。如宋大观元年(1107 年)在今东方县昌化江流域曾设置镇州，虽然后因“出差货物不多，中间并无人旅往返”[18]而废，但足以反映开疆文化在岛内溯江传播的特点。这可能也是早期海南先民在“东西南北之路不通，州县不立”[19]的条件下，选择最便利的江河作为传播通道之必然结果。秦汉以降，特别是唐代汉族人口的增加，以往汉在北、黎在南的分布格局发生了变化，形成汉在外、黎在内的民族文化分布格局，给日后本岛文化从外向内的传播扩散奠定了基础。

地形特点固然是影响开疆文化在岛上传播的重要因素，但海南人口除了黎族以及少数随军来自广西的苗族，因避难或经商来自大陆和海外的回族之外，主要来自闽潮福佬系居民，故移民作为文化载体，是开疆文化在海南传播的最主要方式。据诸史统计，来自大陆的移民，唐以前为 2 万人，宋代为 10 万人，元代为 17 万人，明代为 47 万人，清代为 217 万人[20]。至 1980 年前后，1949 年新中国成立后因农垦进入海南的大陆移民也有上百万。他们随后将原地文化，主要是汉文化传播到岛上。宋赵汝适《诸蕃志》载：“闽商值风飘荡，资货陷没，多入黎地。”海南沿海有很多地名，带有鲜明闽地名特点，大量族谱也记载闽人迁入海南的历史。故海南流行的“海南话”被归入闽南语系统。南宋王象之《舆地纪胜》琼州府条说，崖州沿东 100 里，习尚多与迈人同，唯语言是客语，略与潮州话相似。此客语即闽南语，而不是客家方言。又海南沿海多作为福佬人航海保护神的天妃庙，为福佬文化传入海南的例证。但在历史早期，中原汉人主要移居到气候较干爽，容易通过的北部和西北部，所以那里最早为中原汉文化占据。宋代以后，闽潮人入居最多，岛东部及北部多港湾，潮湿气候也容易为他们所适应，福佬文化率而传播到这一带，后又扩散到南部及五指山边缘。可见，移民是开疆文化在海南的主要传播者。

黎族有其固有民族文化，唐宋时代黎族基本就退入五指山区，岛外移民在沿海立足以后，随着土地开发的深入及经商、军事活动等原因，逐渐向内地转移，形成对黎族的包围。虽汉文化先进、势力强劲，从各个层面影响黎族文化，但某些黎族文化也为汉文化认同或接受，结果形成汉黎混合型文化。这种传染式文化扩散，也是开疆文化在海南传播的一种重要方式。五指山边缘分布的熟黎区即是它传播的典型区域。如宋代吉阳军(今岛南部)熟黎“半能汉语”，“供赋役”[21]，即为汉文化占用黎区的表现。

反之，也有一些汉人或逃税、或经商失败、或为开发土地，深入黎区。因相对人数少，势力弱，而接受黎族文化。如南宋淳熙元年（1174年），有一批琼州沿海居民因逃盐税，“自此居民逃移，深入黎峒，结为聚落”[22]。明清时期，这类汉人加入“熟黎”之例更多，实际上也是黎族文化影响的结果。至明代岛上人居苗族，也将刀耕火种、饮食、服饰等苗族文化传至海南。宋以来迁居岛南部、北部的回族，也将伊斯兰文化传入，使海南文化更加多元性。当然，在总体上，还是以汉文化同化黎族文化，即以移民方式传播为主。海南开疆文化的地域整合不同文化传播中的碰撞不是简单的阻力，而是文化发展的重要动力，是文化竞争和发展的一种必然过程。从另一个侧面说，文化之间的冲突也正是新文化生成的前奏和必要条件。新文化的酝酿、孕育、生成之过程就是常说的文化整合。海南文化的形成，实际上就是各种形式的开疆文化在海南地域上的一种文化长期整合的结果。

海南开疆文化的地域整合，既发生在黎族本底文化与后来的汉文化之间，也发生在汉族与苗族、回族，苗族与黎族、回族之间。但汉黎之间的文化整合无疑是岛上文化演变的主旋律。由于海南岛地域空间相对狭小，回旋余地有限，所以一旦有新的文化系统输入，自然就会很快与原有的文化系统“短兵相接”，产生正面接触。这样发生在海南岛的文化冲突要比大陆激烈，融合程度也更高。

整体而言，开疆文化在海南的整合既表现在器用文化上，也表现在精神文化上。前者发展过程相对简单，属于比较浅层的范畴，如技术的引进或借鉴，进而推陈出新。而后者要复杂、深刻得多，包括思想意识、行为心态、节日习俗，价值取向等方面，它的某一整合结果可能就是历史长期积淀、演化的最终结晶。

黎族先民，早在汉时就已“男子耕农，种禾稻、苎麻，女子桑蚕织绩”[23]，表现出较高的棉纺织水平。汉代珠崖郡的“广幅布”、唐代振州的斑布食单已负盛名。而宋元时黎峒妇人“惟织吉贝花被、缦布、黎锦”[24]，在一定程度上体现了不同民族文化相互借取、彼此融合的特点。《桂海虞衡志》有云:“黎幕出海南,黎峒人得吴越锦,拆取色丝,间木绵挑织而成。”黎绵则“以吴绫越锦,拆取色丝,间以鹅毳丝线,……浓丽灿烂,可以为衾,褥幛幕,以有金丝间错者为上”[25]。这些颇负盛名的黎锦、黎幕,就是不同文化融合的产物。

黎族传统住宅,历史上普遍采用的有干栏和船形屋两种。“干栏乃居处架木两重,上以自居,下以畜牧”[26],“结栅以居,上设茅居,下豢牛豕”[27]。而“船形屋”则是干栏式建筑的派生,“居室形似覆舟,编茅为之,或被以葵或藤叶,门倚而开,穴其旁以为牖”[28]。《新唐书·南平僚传》中有说:“土气多瘴疠,山有毒草及沙虱蝮蛇,人并楼居,登梯而上”。这种干栏式建筑由于其兼备避温热、瘴疠,防毒虫蚊蚋的功能,被认为是黎族祖先对海南岛自然生态环境的一种适应方式,是他们智慧的结晶。而船形屋所具有的防风避雨,冬暖夏凉及兼顾通风之特点,也是黎人对海南自然的一种巧妙适应。金字屋和砖瓦房则是随着后来汉苗人民的移入,在海南逐渐出现并得到推广的建筑形式。即便是海南现代钢筋混凝土结构的建筑物,仍可以从中找出文化遗传的脉络。如村庄房舍多掩没在树林环抱之中,沿海各地的房屋窗户少而小,前后均开门等,无疑是防台风、防蚊蝇及方便通风的适应方式,体现了船形屋的某些特点。如今许多社区中的住宅楼,也多将底层留空,堪为干栏式建筑的现代变种。总之,海南建筑历史演化这个过程一直也是在不同文化的碰撞中实现的。

海南有些节庆的内涵也表现出经杂糅之后的新特色。琼山府城一带的元宵节,除传统的挂花灯、庆元宵之外,1949 年前还有换香摘青的习俗。20 世纪 80 年代以后“换香”被改变为“换花节”,还增加了诸多文化活动内容。这个节日的演变,既有往日传统汉文化的基本形式,也发展出许多富有地方特色的东西。而流行于海南东北部本为祭祀冼夫人的军坡节,现已逐步成为一种喜闻乐见的群众性喜庆活动,内容更趋丰富和颇具现代特色。海南椰子节虽没有一个对应的旧节日,但它植根于深厚的椰文化土壤上,改革开放后,很快就成为现代海南社会生活中最重要的节日,它也是原有椰文化的延续和再发展。

此外，服装之变颇能反映文化相互影响，进而推陈出新之特色。如黎族妇女很早以前就已穿一种“贯首”式的上衣。但现在上装已全部改为汉装，只是下身仍然穿桶裙。男子服装的变化更显著，以前常见的“包阳布”（俗称夹屎片）到 1949 年前几乎全部消失。五指山外围地区的黎族男子全部改穿汉装。经过 50 年来的发展，现在单从服装上是绝难辨别出民族归属的，且越来越多的黎苗族青年男女热衷于时装和名牌。同时，也有越来越多国内外游人穿黎族传统桶裙等服饰。现在汉族服装替代黎族传统服装虽是总的趋势，但在具体的样式、面料等内容上也借鉴了黎族服饰简单、耐热、防潮等特点，使两者达到和谐一致。

在精神文化方面，黎族迷信“万物有灵”，流行自然崇拜和祖先崇拜，且以祖先崇拜为主。举凡农事、凶梦、结婚、丧葬、求福、保寿及富有巫术色彩的查鬼、“禁”鬼、求子、求雨，以至于“治病”等均属于其宗教活动的主要内容。他们对祖先的崇拜也通过相应的一些习俗反映出来。如文身一说，就是因“若不文身，则上世祖宗不认其为子孙”[29]，男为女绣面，也是“一如其祖所刺之色，毫不敢讹，自谓死后恐祖宗不识也”，且有“不敢变更祖宗一肩担负成法”[30]。就其实质，黎人的这种祖先崇拜与汉族儒学所宣扬的“孝道”及所谓“三纲五常”有异曲同工之处。如今海南人尊老爱幼的良好风尚与历史时期的文化融合当有关联。祖先成为崇拜、成为凡生寄托情丝的依靠（“遇有病，辄宰牛告祖先”[31]），在这样的文化氛围中汲取了汉族的伦理思想就形成了如今海南人以上美德。

从几大宗教在海南的流传情况看，佛教、基督教和道教在与黎人社会的接触中因文化差异，产生了不同结果。佛教早在唐宋就已传到海南，鉴真和尚的亲临传教无疑是其高潮。虽然佛教在广大汉人中间有较多的信徒，但黎族人民对其玄而又玄的思想较难理解，故对他们影响较小。基督教早在明代就传到海南岛，但因其不杀牲等教义与黎人生活现实抵触，对上帝的信仰也难以达到虔诚的地步。而道教因多涉及鬼神，故与黎族“万物有灵”的原始宗教观念有共同之处，便于理解和接受，所以道教在海南便得到广泛的传播。但不管是哪种宗教形式，在海南都会或多或少受到黎族原始宗教的影响，所以说仍是多种文化整合的一种折射。

有必要强调的是华侨文化。海南历来就是一个移民岛。历史时期来自闽南和潮汕地区福佬民系和粤东客家民系更是海南移民中主要的两支。福佬民系素以海洋为活动舞台，海洋文化发达，在人多地少的环境下为谋生计而远走他乡已成为积习。而客家人外出谋生，以求更好的发展机会也成风气。这种文化特质也随其载体迁移到海南。在第一次鸦片战争以后，大批海南劳力飘流海外，最终使本岛成为逾 200 万华侨的国内重要侨乡。众多华侨就是很好的文化使者，他们将淳朴的海南汉文化带到东南亚等地，使之融入当地社会生活的同时，也汲取了各国民族文化的有益成分，经调适形成了具有包容的、交杂的、开放性的新文化，又通过各种途径传回到海南岛。如清末民初，华侨从海外引进了橡胶等热作，即对海南土地利用产生了很大影响。他们带来了资金、先进的技术，以及更加开明的全新理念和管理经验，使海南文化增添了更多开放性和海洋文化特性。原始的刀耕火种和“力田不耕，以牛践土”[32]式的原始农业渐向现代农业迈进，重农轻商的故习也发生变化。许多行为准则、文化习俗等也因而有了新的内容，留下了华侨文化影响的深刻印记。

无论是哪个层面上的文化整合，都综合反映在汉黎以及岛上其他民族间的群体文化整合上。上述传染式文化传播即为这种整合的主要方式。这又集中表现在汉黎之间文化交融上，它比血缘交流更加重要。宋范成大《桂海虞衡志》中有“熟黎能汉语，变服入州县墟市，日晚鸣角，结队而归”的记载。还说“生黎质直犷悍，不服王化，亦鲜出为患；熟黎贪狡，两广福建之奸人亡命逃居其间，每鼓煽生乱”[33]。还有文献则直接指出部分的来源与成因。熟黎本系汉人转化而来。如“熟黎，其先本南恩藤高梧化人，言语犹仍其旧，因从征至此，利其山水，迫掠土黎，深入荒僻，占据其地，人多从之，以故闽楚之亡命，视为逋逃薮”，他们“开险阻，置村峒，外连居民，慕化服役”[34]，成为联系生黎和汉人之间的衔接者。更有经商者因“乐其俗，而为(熟)黎者”。另海南作为古代贬官逐臣的流放地，他们在传播文化的同时，也吸收了当地文化，少数人的后裔甚至成为当地人。传说唐重臣李德裕之后数百人均成为黎人，（与汉人）言语不相通[35]。甚至还有一种人被称为半生半熟黎，“其杂处生熟黎中者，平时耕田纳赋，与熟黎同，但治则熟黎，乱则生黎”[36]。实际上也反映了群体的文化差异。对生黎与熟黎的分布区域，志称：“黎人环居其（黎母山）旁，内为生黎，外为熟黎，各以所迩，分隶四郡。熟黎之外，始为州县，四郡各占坞之一陲”。[37]据此，熟黎恰是处于生黎与汉族之间的一个过渡群体，其成分中既有汉族与黎族人民交往而逐渐变化为黎人的，也有因黎民接受汉文化浸染，渐有所发展，离汉文化圈更接近的部分。因此，不论是从居住活动的区域观察，还是从这一群体所具备的文化水准和特性看，都可以将其视为海南文化整合过程的一个生动范例。

总之，开疆文化在海南岛是汉文化与苗族、回族等外来文化与土著黎族文化接触、冲突、融合过程的产物，它糅合了多种文化成分，经长期发展，最终形成具有海岛地理特点的新文化——海南文化。

三、结语

开疆文化在海南岛的传播扩散，其最终结果缩小了海南与大陆地区在各方面发展的差距，促进了海南岛整体文化水平的提高，奠定了海南历史开发的基础。其中，移民是这种文化传播的主要方式，传染传播是它的辅助方式。基于海南岛区位和自然人文地理特点，开疆文化在岛上的分布，主要表现在黎族群体的汉化及其分布区域的收缩。汉文化成为海南文化的主体，并形成汉黎文化以五指山为核心的圈层状分布格局。

第三节　琼雷文化区的文化特质

根据文化区的基本概念，一个文化区在以下几方面具有共同的特征。这包括：比较一致或相似的文化景观，同等或相近的文化发展程度，类似的区域文化发展过程，文化地域分布基本相连成片，有一个反映区域文化特征的文化中心。以此来透视琼雷文化区，其文化特质如下述。

一、热作文化居主导地位

琼雷的热带气候决定了作为文化最基本含义的作物栽培是最主要的文化特征。到明清时期热作种植规模在琼雷进一步扩大，尤以槟榔、椰子为最。“诸州县亦皆以槟榔为业，出售于东西两粤者十之三，于交趾、扶南者十之七”，以岛东部文昌、乐会、会同一带居多，有些地方“多种槟榔以资输纳”。[37]在明中叶，已出现了“东路槟榔西路米”的地域分异[38]，这是集中种植区进一步发展的结果。尤为重要的是，海南沿海经过人类长期开发经营，许多地区土壤恶化，“变成斥卤”[39]，难以利用。而椰子恰是一种嗜盐作物，不择土地肥瘠皆可生长，东部沿海由此成为著名椰子之乡，同时给这些土地的利用开辟了新的途径。到明末清初，有些地方已采取种植园布局方式。如琼山一些人家“有槟榔之园，椰子之林”。[40]清中叶这样大片的商品性槟榔园甚至出现在今琼中与万宁交界的汉黎杂居的斩对洞，当地曾立碑示众，以为保护公约。至雷州半岛，槟榔、椰子等经济价值较高作物“雷间种之，然不如他郡之盛也”[41]。但当地人也能发挥地利，广种花生、甘蔗、葛、蒲草等作物。清末海康“城西坡地种落花生盈阡盈陌，用以榨油”，“所榨油运载出口”。[42]海康、徐闻、遂溪等农民广种甘蔗，生产多种蔗糖，“糖价与米价等。雷之乌糖其行不远，白糖则货至苏州、天津等”[43]。以民系血缘关系，潮州糖商将技术、资金引入雷州半岛，促进了当地蔗糖业的兴旺。乾隆《澄海县志·风俗》说“唯澄上习此，故以煮糖佣工雷琼等处甚多”，又指出潮糖商“持重赀往各乡买糖，或先放帐糖寮，至期收之”。时徐闻海安港为高雷蔗糖集散中心，潮州商人在此独揽糖利。血缘关系促进了潮州和雷州空间上的联系。沿海滩涂或内地沼泽广种蒲草，不少人家借以生产草包或草席，志称“有田之家种草致富不知凡几”[44]；而雷州妇女“多以织葛为生”，雷葛“盛行天下”[45]。这些已纳入商品生产的作物对当地经济发展发挥了重要作用。但琼雷热作基地的建立主要是在近代，特别是新中国成立之初，海南华侨和大陆移民功不可没。

清末，南洋华侨从国外引进椰子新品种，比海南原有品种果多硕大，先后在文昌与清澜港附近、万泉河中游、三亚藤桥等地栽种，收获颇大。光绪二十八年(1902 年)和三十四年分别有华侨从马来西亚引进第一批橡胶和咖啡种苗试种于儋县那大，此为在我国栽培橡胶和在海南种植咖啡之始。宣统二年(1910 年)乐会人何麟书从南洋引种巴西橡胶于定安落河沟(今属琼中)，拓地 250 亩，成立琼安公司。此后华侨经营胶园接踵而起。据琼崖实业局调查，到 1934 年全岛有胶园 94 处，面积 9 000 亩，种胶 24.65 万株，分布在定安、乐会、万宁、琼山、琼东、儋县等地。而咖啡自初试种 9 600 亩成功后，1910 年在定安县石壁地区扩种，继在文昌试种，后渐次普及全岛。1935 年全岛有咖啡园 69 处，面积 5 763 亩，33.8 万株，主要分布在文昌、琼中等地[46]。在橡胶、咖啡前后引进的热作还有油棕(有“油王”之称)、海岛棉、剑麻、蕉麻、爪哇蔗、金鸡纳、香茅、木薯、菠萝等，都获得成功。虽然这些新作物在抗战时期被日军摧毁殆尽，但它们试种成功毕竟积累了经验，为新中国成立之初在海南发展以橡胶为中心的热作事业，起了先锋和示范作用。当时一批以琼雷爱国华侨为首的有识之士所开创的热作事业及其实践精神，至今仍值得人们继承和发扬。

新中国成立之初，为了打破帝国主义对我国禁运和封锁，在琼雷地区开展以橡胶为主的热作种植高潮。为此建立了上百个热作农场，总面积 1 200 万亩，占全国热作面积的 80%。总人口达 90 多万，占海南人口的 1/6 左右。而从历史来看，1949 年前夕全岛热作面积仅 13.31 万亩，到 1980 年和 1985 年已分别增加了 30 倍和 41 倍，热作在海南发展速度是很可观的。[47]此外，新中国成立后引进的热作还有腰果、可可、胡椒、榴梿、红毛丹、神秘果等。在雷州半岛新中国成立后也经历了类似海南的橡胶热作发展过程，虽然橡胶种植面积、产量和效益不及海南，但作为我国橡胶热作基地之一，同样作出了重大贡献。特别是近年，珠江三角洲糖蔗基地瓦解以后，雷州半岛重新成为广东最大糖蔗基地，使这里的糖蔗生产传统进一步发扬光大。散布在两地各个农场，为新中国年青的热作事业奠定了基础。

二、海洋商业文化兴旺

琼雷本为俚僚人所居,直到唐代,商品经济极不发达,很多地方仍停留在以物易物阶段。宋代以降,大批善商闽潮人到来,逐步改变了当地的自然经济状况,重商渐渐成为社会风气,并发展为最重要的文化特质之一。

在海南,宋代沿海兴起琼山白沙津、澄迈石䂬港、三亚崖城港、昌化港等。那里聚集一批商人,专门从事海上贸易。王象之《舆地纪胜》琼州条说,琼州槟榔,“岁过闽广者,不知其几千万也,非槟榔之利,不能此一州也”。而宋代雷州,以西“通安南诸番国路”,以东“泛海通恩州并淮、浙、福建等”[48],当地人也走出自给自足的经济模式,进入市场交易。北宋诗人秦观贬雷州,诗作中有“粤女市无常,所至辄成圩。一日三四迁,处处皆虾鱼”[49]。南宋李纲贬海南,暂住雷州,说自己“山果海鲜多不识,都须传与北人夸”[50]。明代海口港,“帆樯之聚、森如立行”[51]。清代海口是粤海关七大总口之一,康熙年间有海舶船航行至日本,乾隆对“商贾络绎,烟火稠密”[52]。闽、广、潮等纺织品不断运到岛上,并设多家地缘性会馆。海南商人往东南亚经商的也不少。“年当中国新年,则有海南岛人、广东、福建及其他诸港之船五六十艘到达,除货以外,并常有数千移民前来暹罗”[53]。明清时广州有闻名十三行,其来源按屈大均《广东新语·货语》,是“琼货”买卖之地。经商风气吹到岛外,清咸丰八年(1858年),海口开埠,内外商贾络绎而来,成为全岛最大的对外贸易中心,带动了岛上商品生产和流通。海南商人先后在马来西亚、新加坡、槟城、西贡、曼谷、顺化、吉隆坡、金宝等东南亚各地,以及我国东南沿海各商埠建立起商业会馆。在雷州,明代即设两家滩港(在今湛江港湾内五里山港内)、雷州通明港、吴川芷寮港、梅菉港等,当地民谚曰:“上走下走,不离梅菉与海口。”清代则设梅菉总口和雷州口,都是广东七大总口之列。特别是赤坎港兴起,各地会馆林立,也是对外通商口岸,近年出土多枚西班牙银元,有些戳有中国钱庄之类的中文印记,显见中外贸易之盛。

三、海神崇拜

琼雷人重商，也反映在精神文化层面，尤以海神崇拜为著。这主要是妈祖（天妃、天后）崇拜。潮汕是福建妈祖神首先传入之地，后随闽潮人迁移扩散到琼雷地区，志载电白有五座，见于县城、水东、博贺等港口或近水处；吴川有八座，位居南海神、冼太夫人、龙母庙之先，在当地人心中地位甚高；海康有多座，其中最大一座南天后庙楹联曰“闽海恩波流粤土，雷阳德泽接莆田”，雷州半岛妈祖信仰与福建莆田关系很深远；又今湛江东方街原名“天后街”，以旧有天后庙得名，惜今已废为民居。高雷本盛祀冼夫人，庙宇林立，妈祖传入，也有被请进庙中并祀的，但称“宣封庙”，今湛江市南郊即有一座。湛江硇洲岛为航海冲要，明正德元年（1506年）修天后宫，代有重修，属名庙。徐闻海安港为通海南岛要津，明代修有妈祖宫，香火颇盛。此外，雷州半岛还崇祀三婆婆神（也是海神），传为妈祖之姐。民国《海康县续志·坛庙》云：“雷俗亦多祀三婆婆神。云是天后之姐，以三月二十日为诞辰。考刘世馨《粤屑》云，浔州天后庙有碑记叙述天后世系言自莆田庙中抄出者，称天后有第三姐，亦同修炼成仙。则三婆婆有来历，非子虚也。”这实是从妈祖衍生出来的海神崇拜。从宋代起闽潮商人即活跃于海南，故岛上妈祖庙甚多。嘉靖《琼州府志》曰：“今渡海往来者，官必告庙行礼，而民必祭卜方。”这位护航女神已深入官民之家。志载天后庙在岛南端崖州有六座[54]，西北儋县有四座[55]，其他州县难以历数，以海南四周多港湾之故也。因妈祖是源于民间的神祇，比官封的南海神更贴近群众，所以庙宇多、祭祀盛，每逢妈祖诞日（一般为农历三月二十三日）多有游神、演戏等群众性风俗活动。如岛内陆定安县这天“各会首设庆醮，或请神像出游，谓之‘保境’”[56]，反映妈祖作为勇敢、无畏、正义的化身，有涉波履险、热爱公益、济世救民的美德，正是海南、雷州人勇于开拓、冒险、进取精神的表现。

四、临海条件的建筑文化

在高温多雨、台风肆虐的背景下，形成琼雷建筑文化，也是两地共同文化特质之一。

海南岛沿海民居与大陆相似，大致可分为单开间式、双开间式和三开间式。单开间式称竹筒屋，在农村和城镇多有采用；双开间式采用较少，因这种形式房间少、不敷应用所致；三开间式则广泛应用于农村，布局为一厅两房，无天井，这点与大陆不同。但以三开间为基础，向纵横发展所组合的多进院落，又是海南民居的一种建筑特色。这主要有横向多开间式、合院式、多进院落式、护厝式四种。护厝即正房与侧屋（护厝）组合而成，相当于潮汕四点金加从厝，也类似客家地区堂屋加横屋。文昌、琼海、陵水等东部沿海城乡多有这种屋式。“厝”为吴越语和闽南语对村落的称谓，广府系地区无此称，客家系地区很个别，海南沿海则称侧屋为“护厝”，反映海南与闽潮文化的渊源关系。过去海南经济落后，聚落环境比潮汕地区恶劣，建筑水平也较低。民国《海南岛志》说：“其乡村间居室，则茅屋、瓦屋互用，屋式亦同城市，但低小而窗少，或竟不开窗。其低者檐高仅四五尺，户矮狭，出入必磬折。……溲溺亦无定所，早晚觅屋外僻静处行之。如屋前后有园林草地，即其圊溷所在也。牛猪栏设于大门外或屋后，上无盖，下无垫，矢（屎）溺恒堆二三尺。此外，琼山、定安、人家门首书‘天香’二字，垂竹笪如屏。屋面悬八卦或陶制物事，亦见特别。筑屋用石用砖，或亦用泥。大抵琼（山）、澄（迈）、临（高）各地多用乱石，儋（县）、文（昌）各地则石砖并用……乡村则用泥者多。大抵海南屋宇除寝室及厅事外，多不另辟厨房厕所，盖不重视也。”[57]又由于受台风影响，“公私宫室不得为高敞”，一般“民居矮小，一室两房，栋柱四行柱，圆径尺，中两行嵌以板，旁两行瓮以石，俱系碎石，以泥甃成，亦鲜灰墁，其木俱系格木，质坚重，钉不可入……皆购自黎山”[58]。其建筑文化特色与自然资源不可分割。独具一格的还在于，海南村落几乎全隐藏在树林里，或地势稍高有水田的台地上，四周栽种了高高的凤凰树、无花果或椰子树作为标志。村落间构筑凤凰竹、防御沟、土墙、竹签等作为防线，拱卫村落安全，反映当地治安不宁，也因海南热辐射强，需树林遮阴、调节小气候所致。

雷州半岛民居与海南多有相类之处，但以气候炎热和经济欠发达等原因，村落绿树环抱，尤多榕树，地铺玄武岩石板或青石板，梳式布局，外观封闭而内开敞。除少数殷实、仕宦之家的深宅大院以外，一般民居比较矮小，一般在 2.5 米左右，但很注意通风。山墙、屋脊、门窗、影壁、梁架、屏风、神龛、遮檐板也都造型朴实。另也受风水说的影响，建屋需择黄道吉日，升梁有六个次序皆以避邪、追求官福禄寿、子孙繁衍为内容；进宅或称“入伙”，也有繁杂的程式，有“吉日进华堂，子孙有千万，财源多广世，福禄寿无疆”的所谓“打四句”，旨趣同上。有的屋顶饰龙凤呈祥，有的大门外立“泰山石敢当”石柱。特别是雷州半岛狗图腾崇拜盛行，石狗塑像被广泛饰以屋脊或屋檐。石牛、石马以及各类奇石遍及村边路旁，并成为拜祭对象。雷州城郊邦塘村，即为当地古民居代表。其中一座有 70 多个房间的李姓院落，体现了雷州古民居建筑水平，今已成为游人常履之地。

五、流寓文化

琼雷古代被称为蛮荒之地、瘴疠之乡，因而成为朝廷处置不同政见者或罪犯之地。这些人中不乏有见识的政治家、文化名人和饱学之士。他们带来并在当地传播的中原文化，常称为流寓文物或开疆文化，对推动琼雷文化发展，贡献匪浅。

汉代以来，中原文化即在琼雷传播，其中一个载体即为流寓人物。唐宋时即有七位宰相贬雷或经雷州逗留，宰相官阶以下者更不计其数，雷州西湖十贤祠所供奉十位大贤，即寇准、李纲、赵鼎、李光、王岩叟、苏轼、苏辙、任伯雨、秦观、胡铨即为他们的代表人物，明代则有大戏剧家汤显祖。他们在当地兴教化、办水利、发展生产、改善民生、培养人才、贡献良多。至海南岛，则是贬官逐臣最后一站。据诸史统计，历代流寓海南人物中，六部尚书以上者有 50 多人，宰相以上者有 21 人，包括唐代李德裕、韦执谊，宋代胡铨、赵鼎、李光、李纲、丁谓、卢多逊、苏轼等，他们像在雷州所做的一样，留下许多开发海南的历史见证，至今仍为人仰止。

六、两个古老文化中心

基于琼州海峡的阻隔，海南和雷州历史上形成了海口和雷城两个文化中心，发挥各自的文化凝聚和辐射功能，但它们的城市性质、景观基本是一致的。这一是两城长期为琼州府和雷州府治、千年以上行政中心；二是在临海条件下形成城市文化景观共性甚多，如同为海上交通港口、商品集散中心、建筑形制大同小异；三是同为国家历史文化名城等。唯海洋分割，未能形成为一个文化中心，但文化功能的一致性和它们的实际效应，仍起到统一的文化中心作用，仅空间形式上出现“双城记”而已。

七、小结

基于地缘、史缘和族缘等关系，在海南岛和雷州半岛形成发展的文化特征，颇多共同之处，奠定了它们作为一个独立文化区的地理基础。在长达 2 000 多年的历史进程中，特别宋代以来闽潮移民的到来，并成为当地居民的主体，极大地加强了琼雷文化的个性，大抵在明清时期，作为一个地域文化类型或文化区，琼雷文化已经定型成熟。在热作文化、海洋文化、神明崇拜、建筑文化、流寓文化等表现出鲜明的文化个性和风格，足以支持琼雷文化区在岭南、在中华多元一体文化格局中占有自己的位置。

第四节　岭南疍民风俗文化及其历史根源

岭南疍民作为古越族一支，祖祖辈辈生活在珠江水系和南海江海环境，以捕鱼为主要生产方式，不与陆上居民通婚，受教育程度很低。与其生产生活和适应环境而成的风俗文化，既古老又很少变化，世代传承，与陆上居民风俗迥异，是一个独特的风俗文化群落。不仅有其特殊文化景观，而且有悠久的历史和深刻根源，揭示其这方面文化内涵变化规律有着重要的学术和应用价值。

一、以水取名

“越”含义一说为水，越人即水居部族，疍民先人既为古越人，则疍民每时每刻离不开水。水的自然属性和作为资源的开发利用最直观地出现在他们的身边，也深刻地存在于他们的意识中。这最突出的一个表现是疍民命名，皆以水为核心作为其内涵。同治《番禺县志·风俗》说，疍民命名，“其女大者曰鱼姐，小曰蚬妹”。但这种以水产品命名习惯，新中国成立后已不复见。而男人更多以“佬”、“水”、“陆”等为通名，以美好寓意为常见。按“佬”常见粤方言，一指成丁男子，二泛指一般成年人，如“收买佬”、“剃头佬”、“耕田佬”、“广东佬”等，或按职业或按地域划分，是岭南很普遍的命名习惯。而疍民对小孩也以“佬”字命名，则有其淳朴宗教意识和祝愿意义。按疍民浮家泛宅，出没于片片江海之中，环境甚为恶劣，特别是医疗条件很差，小孩稍一罹疾，很容易夭折。若遇台风肆虐，小孩首当其冲，常有被狂风席卷下海、巨浪吞噬的危险。这些现象，促使疍民喜欢将视小孩取名为“佬”，指望其平安长大，无灾无难，成为一个壮丁，故“佬”字命名也就不分老幼，几岁小孩也称陈佬、李佬、黄佬等，这在陆上居民中却不多见。

疍民生活在水上，以“水”为名字也十分广泛，并且表达出水越多越好的寄意倾向。这种名字有“水有”、“木水”、“水添”等。中山大学张寿祺教授 20 世纪 80 年代在珠江口作人类学考察，碰上很多个不同姓氏的疍民朋友，但名字多叫“水添”。隐喻着这些名字主人，有水是财富，水带来好运气等意。至于“水有”、“木水”等名字，也同样是一种取财、致富于水的心态。但这里的“木”字，却另有含义。因疍民所住岸边“干栏”屋以木为之，所用船只及各种生产生活用具，多为木制。另“木”为“五行”之一，水能生木，以木取名，能顺应水性，在水中上下自由浮动，消灾弭祸。干栏是古越人木构居屋形式，疍民继承这一文化传统，各种用品皆以木制作，也能说明疍民族源。

在广州话中，“久”与“狗”同音。疍民很喜欢以“久”为名字，虽意为

“长久”,但更希望有狗的本性,即顽强生命力、生殖力,对主人忠诚不二。因此,疍民小孩出生,家长即取狗名,曰××狗仔,希望像狗一样,茁壮成长,无灾无病。不光是疍民如此,沿海和珠江三角洲居民,亦欢喜以狗字命名其小孩。这其中还有一个深层的文化根源,即岭南是古越人居地,古越人曾以狗为崇拜图腾。今环北部湾地区,还保持一个石狗文化圈。石狗塑像,仅在雷州半岛不下10万尊。狗文化传承至今,疍民命名是一个例证。这同样可说明疍民祖先也是古越人。

二、以水域为核心组成江海社会习俗

岭南陆上居民大部分来自中原江南,通常聚族而居,一村一姓或数姓一村,依靠宗族关系维系本姓血缘、族缘或地缘关系。相比之下,疍民却与此有很大不同。他们虽然各有姓氏,但彼此之间并不称兄道弟,也不建立姓氏性群体组织,不建祠堂,而是一个以活动地域概念来维系,即他们碇泊汇聚在一起而成为一个群体。江海生态环境,辗转流离的活动方式,使疍民不可能像陆上农耕族群那样固定在一个地方,形成稳定的人缘关系。在近岸海洋,在各个河口,一小群疍家艇浮动在水面上打渔,通常以平时汇聚在一起的地区疍家艇为伴,形成彼此间地缘关系,继而成为一个较为稳定的水上群体或曰“江海社会”。比如来自顺德的曰“顺德疍家”,来自东莞的曰“东莞疍家”,来自番禺的曰“番禺疍家”等。到了异地,这些疍民仍称自己为原地居民,以示不忘祖地。据有关记载和考证,在宋元之际一部分疍民泛舟迁至海南三亚海岸聚居,至今仍称自己为顺德人。在东莞虎门穿鼻洋洋面,有些疍民20世纪50年代来自东江之滨的桥头镇,他们把新聚居地命名为“新桥”,以纪念旧地:又每逢两三年必定派人回以往旧住地“桥头”探望当日相熟的居民。[59]又据20世纪50年代的调查,阳江沿海一带的咸水疍民是从珠江三角洲的内河和海面迁来,操广州话,并保存珠江三角洲一些风俗习惯,受阳江当地的文化影响较少,组成一个相对独立的江海族群。在粤东汕尾一带,包括海陆丰、惠州沿海,一部分是讲广州话的疍民,主要来自中山、湛江硇洲岛、阳江、番禺、顺德、宝安、香港、澳门等，几乎全部住在钓鱼艇、鲜艇和索罟船上，极少与陆上居民混居，且大部分疍民自己聚居在一起[60]。在出海作业方面，珠江口疍民的大渔船可开到东沙群岛海面，或开到汕头外海面，并称潮汕地区的船民为“学佬”，而潮汕地区船民则称他们为“广佬”，地域观念甚强，畛域清楚。这显示疍民是以地域观念来维系群体，风俗基本保持原来状态，基本或很少受新居地影响，这与陆上居民完全不同。

另外，疍民世代水居，已完全适应水上环境，一旦环境改变，即出现“晕陆”反应，就像陆上居民晕海一样。宋乐史《太平寰宇记·岭南·广州新会县》记：“疍户，……若居平陆，死亡即多，似江东白水郎也。”这种“晕陆”后果，迫使疍民难以离开水面，这也是疍民不得不以江海来维系群体意识组成江海社会的一个根源。

三、迷信神灵成风

越人本尚鬼，作为古越人后裔的疍民，也继承了这一传统。加之疍民生活在风雨无常、变幻莫测的江河大海，备受各种自然灾害经常侵袭，流行病也使他们生活在惊恐之中。另外，疍民文盲充斥，缺乏必要的卫生常识，患病常得不到治疗，于是不得不求助于神灵。疍民对鬼神的崇拜由此比陆上居民更笃、更勤，形成了许多独特鬼神信仰风俗。

按神祇存在的空间形式，疍民鬼神崇拜可分若干种，构成一个多元崇拜体系。

一是庙宇神崇拜。这些神祇通常有固定庙宇，结构宏丽，香火旺盛，不仅是疍民，而且为社会各阶层信众所崇拜，是全民性神祇，但主体是江海族群。这些神祇有天妃神、南海神（波罗庙神）、龙母神、北帝神等。因疍民生活在江海环境中，所以对这些海神崇拜至为虔诚。如深圳赤湾有规模宏大的妈祖庙，疍民船艇经过这里必烧纸钱，然后才可开航。阳江北津港天妃庙，“据北津要害，而绾毂端州之口，海舶往来，皆备牲礼以祷焉”[61]。

二是神灵崇拜。陆上居民有许多神灵崇拜，如大树、巨石、各种奇异现象等，都被赋予超自然力量而得到崇拜。这种崇拜传播到疍民那里，也成为他们神灵崇拜的一个主要对象。这大致包括以下几类神灵崇拜。

(1) 水鬼崇拜。无论陆上或者水上居民，都会相信人淹死后灵魂不灭，会变成水鬼。水鬼要超生，则要拖一个活人淹死，作为替身，才能获得超脱。疍民时时刻刻在水上生活，最害怕水鬼作祟，不敢惹怒，故历史上疍民对溺水者不予施救，生怕水鬼报复。疍民这种观念和行为与陆上居民观念常常发生冲突。因为按照佛家说法，“救人一命，胜造七级浮屠”，而疍民却见死不救，被视为有悖伦常，这也常常成为陆上邪恶势力欺压疍民的借口。

(2) 定风猴崇拜。被视为水中类似猕猴一样的怪物，传说会将人拖入水下洞穴中，吸人血至干而亡。陆上居民中也流传这种传闻，但抽干水潭或鱼塘，并无发现这种怪物。谅是水中旋涡或水草致人于死地，被加工成怪物作祟。疍民比陆上居民更相信这种怪物，故崇拜有加。

(3) 海龙王崇拜。海龙王被奉为海神由来已久，据《山海经》载，四海都有龙王，南海龙王即南海之神为不适胡余，“人面，珥两青蛇，践两赤蛇。”民间传说海龙王住在海底龙宫里，拥有大批虾兵蟹将。海龙王发怒会掀起汹涌波涛，危及船舶和船员安全。疍民以捕捞水产品为业，捕捉的对象是海龙王部下，自然对海龙王充满恐惧而崇拜有加，以各种方式致祭。其祭海仪式是：“或在船头供祭龙王，或在船尾的圣堂舱供祭菩萨，点起香烛，三敬酒，跪拜祈祷。……望龙王和菩萨保佑，一汛中平安无事，获得丰收。”[62]这种仪式虽发生在舟山群岛，但广东也一样有此风俗，且很多庙宇就叫龙王庙或龙王宫。

居住在水棚里的疍民，很担心水棚底下淤泥里有妖怪、精灵作祟。为求得心理上的平衡和安宁，疍民每逢节庆日傍晚，在水棚底下燃香点烛，祭拜棚底淤泥。若船主有人欠安，则请男巫或女巫前来作法，驱除鬼怪。若无效果，则折棚他迁，直到心神宁静为止。疍民祭神，一般以鸡、猪肉、水果、瓜菜、疍类、酒等为祭品，而决不用鱼或其他水产品来祭拜鬼神。疍民认为，以鱼或其他水产品祭拜鬼神，无异于将水神和水中精灵的子孙烹煮给神鬼享用，这会触怒水神、水鬼、水怪，所以绝不能以水产品为祭品。这种风俗实际源于疍民依赖江海，资仰于江海的生产方式在精神层面上的反映，是有深刻的文化与环境相互感应关系的。

疍民这些崇拜神灵及其形式，都与龙蛇图腾有关，或为龙蛇原型，或为其衍生物。而龙蛇早就是古越人图腾。后世岭南赛龙舟习俗，即源于古越人龙蛇崇拜，后来才与纪念屈原投江相联系，而不是赛龙舟的最早来源。

四、资仰于水的生活习俗

江海水域是疍民生活的最大环境，《淮南子·泰族训》说南方越人"陆事寡而水事众"，作为古越人后裔与此相适应，疍民衣、食、婚嫁、丧葬、禁忌等都以水为中心展开，比陆上居民更鲜明地呈现水居群落的文化个性。

一是服饰风俗。疍民虽与沿海居民在服饰上颇多共同之处，但仍不失其有很多特别的地方，一看就会区别出来。历史上疍民流行以蕉麻织成的布料为衣，到近代始代之以洋布做衣裳。过去妇女通常穿蓝、青黑色衣裤，上衣作大襟式，镶以深色大边，与陆上妇女有明显不同。冬天妇女喜欢包一条黑色头巾，阳江沿海称之为"包头布"。其式样很特别，前面边缘用一块硬物衬托，称为"头布拱"。包头布上绣有狗牙式花纹，疍民又称"包头布"为"手巾"，沙田区农业疍民则称之为"搏头布"。在粤东汕尾一带，这种包头巾绣的是红色狗牙边，而从湛江硇洲来的则喜用深红色或黄色多花纹头布，地区差别颇大。不管怎样，"包头布"几乎成为疍民妇女一个特有的标志。另外，疍民用来背小孩的背带，上面绣有花纹或用碎布砌成的图案，背带上端又附上一块"盖头布"，这是陆上居民所没有的。汕尾一带疍民妇女，过去穿两色衣，称为"扎衣"。衣上结银质或铜质纽扣，无领，在领圈上捆着五色线。上衣阔，长可及膝，裤则较短。疍民自己也说不清两色衣的来源，有说是祖上世代相沿下来习俗，有说是一种受歧视的表现，也有说是经济困难，可节省布料，更有说是美观。但从古越人喜穿无领"贯头衣"看来，世代相传是比较可信说法。新中国成立之初，疍民曾被动员改装，不穿两色衣，但未果。原来疍民认为这是他们固有服饰，不愿改变。这又是越人“贯头衣“世代流传的结果。

疍民妇女无论老幼都喜欢戴耳环，通常未婚女子戴长耳牌，用小链垂挂在耳圈上，婚后才换上一块玉坠，而陆上居民只有老年妇女才把玉坠加在耳环上。在汕尾，已婚的耳钩长可 2 寸，重约 1 两。疍民妇女普遍梳髻，但各地髻形式有差别，阳江一带来未婚少女都梳髻，如果梳辫而不梳髻，会视为不正经女人，受到非议。在汕尾、澳头一带，梳的是“后船髻”或称“汕尾髻”，配插一枝银质“篦牌”。“汕尾髻”形大而多饰物，有的人佩 3 斤重银饰物，手镯银鈪，脚戴银圈，左右 6 个，手指戴满 10 个大小不一的戒指，似显得很富有。银耐盐，抗腐蚀，适应疍民海洋生活环境，故崇尚银饰绝非偶然。又梳髻也是古越人风俗，连南越王赵佗都效法。从这个意义上说，疍民为古越人后裔不无道理。

二是饮食风俗。谚曰：“靠山吃山，靠海吃海。”疍民食俗正是“吃海”的一个范例。晋张华《博物志·五方人民》说：“东南之人食水产、西北之人食陆畜。”古越人即生活在我国东南方。岭南疍民秉承古越人嗜食水产的习惯，虽然主粮是稻米，但副食几无不取之于江海，以水产为之，绝少蔬菜。南宋杨万里为官岭南所写《疍户》诗说，疍民“煮蟹当粮那识米”[63]，是这种食俗的写照。不过在旧社会，疍民经济地位低下，各种负担甚重，打到上等鱼虾，几乎全部卖给陆上居民，以换取钱财，缴纳各项费用。清初顾炎武曾提到广东疍民，“不事耕织，唯捕鱼，装载以供食”[64]。

疍民生活在波涛中，祈求平稳、安全。这种心态表现在吃饭时，鱼要平平地放在碟上，吃了表层的鱼肉，再继续吃下层的，但绝不能求方便，把鱼翻转过来吃。这样意味着覆舟的预兆，会受到主人的批评甚至责骂。吃饭用的汤匙也要摆得平平正正，用过后也要照样放回原位。如果将汤匙翻转，同样意味着覆舟的危险，用餐者将被责怪，这折射出疍民对水神敬畏的心态。

疍民出入水中，易受寒，酒是他们一种不可必缺的饮料，除了舒松筋骨，还在于驱寒。另外，水中劳动，体能消耗很大，亟须补充热量，所以南海周边居民，无论陆上或水上的都嗜糖，不管冬夏都有煲糖水习惯，疍民尤甚，这种饮食习惯，作为一种文化形态，同样是与环境调适的产物。

喝生水也是疍民的一种陋习，这一是船艇上缺乏燃料，二是贪图方便，信手从水面上打水来饮。因历史上疍民将排泄物直接倾进水中，水体受到污染，痢疾、霍乱病由此流行。20世纪30～40年代，广州珠江疍民中即发生过这些流行病，有些疍民甚至全家死亡，一时成为社会新闻。1949年后，这些流行病已得到有效的控制，疍民生活不断改善，喝生水习惯渐渐减少了。但吃生肉、饮生血也是古越人饮食风俗，后世岭南地区汉人也受其影响嗜食鱼生。因此，疍民喝生水的习俗，除受环境影响以外，恐是古越人嗜生食的一种残余[65]。

五、好歌风俗

越人好歌，自古已然。由越人演化而来的疍民是个开朗、乐天的族群。悠悠珠江水系、滚滚南海到处可闻他们动听的“咸水歌”，即疍歌。屈大均《广东新语·诗语》说：“疍人亦喜唱歌。婚夕两舟相合，男歌胜则牵女衣过舟也。”可知疍歌在明末清初已相当流行。清初王士祯《广州竹枝词》曰：“两岸画栏红照水，疍船争唱木鱼歌。”说明疍民是个善歌的族群，流行多种歌谣。1927年民俗学家钟敬文先生编纂《疍歌》一书，收录疍歌52首，记载疍民浮家生活的风俗。如一首咏广州珠江南岸金花庙的竹枝词，即为疍民异于陆上居民生育观的写照：

疍户生涯托水涯，但求生女莫生儿。
河南有个金花庙，庙侧桃花子满枝。

疍歌作为疍民一种最普遍的娱乐形式，劳动、婚嫁、叙事、举行各种仪式等，都可用歌声来表达与抒发他们的感情。清陈昙《疍家墩》诗云：

龙户卢余是种人，水云深处且藏身。
盆花盆草风流甚，竞唱渔歌好缔亲。

疍歌形式独特，每句末尾都有助词“啰”、“哩”之类，声调柔长。如屈大均《广东新语·诗语》说的“歌则清婉嘹亮，纡徐有情，听者亦多感动”。

如一首歌咏爱情的疍歌云：

巴豆开花白抛抛，啰，妹当共兄做一头，啰。

白白手腕分兄枕，啰，口来相斟舌相交，啰。

这热辣辣的男女之爱，对虚假的世俗是一种大胆的挑战，但这种爱又是忠诚不渝的。这首疍歌往上唱道：

头帆挂起尾正正，啰，中帆挂起船要行，啰。

大船细船去到了，啰，放掉俺妹无心情，啰。

疍歌的内容和形式都很直率，少用山歌的比喻和双关等手法，这也许是作为古越人后裔的疍民保存较多的古风遗俗的一种表现。如倾听爱情的另一首咸水歌《日落西山是黄昏》曰：

日落西山是黄昏，啰，点起孤灯照孤房，啰。

日来想兄会儿钩(不会)得暗，啰，冥来想兄到天光，啰。

这也是十分感人。历史上有“疍民儿孙不知书”之说，故疍歌作为口头文学一种形式，在疍民中世代相传，是他们的精神家园，也是一笔宝贵的江海文化财富。

六、结语

疍民无论在物质文化还是精神文化层面上，它的许多文化特质和风格都反映在风俗上，包括疍民对自己的命名，以江海水域来维系群体的文化认同意识、笃信神灵、亲水生产生活方式等，都与陆上居民大相径庭，由此说明疍民是一个独特的文化群落。而疍民以上风俗特征，与古越人文化特质颇多共性，且一脉相承，故可认为，疍民来源于古越人是这个族群起源的主流，当然也不排除在历史发展过程中有其他种族、民族或别的群体加入其中。从这个意义上说疍民也是多元成分集合体。由于风俗具有稳定性、传承性等特点，故疍民风俗能世代相传至今，成为复原、寻找古越人文化一个“活化石”。疍民风俗中保留许多古文化信息，具有重要的科学研究和开发利用价值，应加以保护和开发利用，为构建和谐社会和繁荣地方文化服务。

第五节 岭南疍民舟居和建筑文化景观

居住是人类以一定的场所为依托的基本生存方式，人类为了适应环境，创造出形态各异的建筑形式。居住与建筑密不可分，建筑不仅包括建筑物本身，还包括建筑理念、符号等文化内容。由于疍民居住条件的特殊性，环境因素成为影响疍民居住文化的主要因素。为了适应环境，疍民在居住方面体现了对自然的文化适应。这里拟从居住形态、聚落特征、居住环境空间、聚落形式等方面阐述疍民舟居和建筑文化景观。

一、疍民的舟居历史与疍家艇景观

船只是疍民经济活动的主要依托，也是生活起居的场所，疍民在以舟为居的过程中，通过适应和改造环境而表现出不同的文化形态，由此形成了舟居文化景观。

1. 疍家艇是疍民最早和最普遍的居住形式

岭南发达的河网水系为古越族人提供了便利条件，在没有掌握挖井技术之前，岭南古越族人滨水而居，以拾取水中贝藻、捕捞水中鱼类为生，虽有采集猎取陆上动物为食，但水中生物是其重要的食物之源。为了捕捞和扩大活动范围，古越族人学会了制作独木舟从事渔猎活动。疍民的主体部分是古越族人的后裔，遗存了古越人擅长用舟的特性，由此推断疍民使用船只和舟居的历史很长，并成为最初和具有族群特性的典型居住形态。《淮南子·原道训》说越人“短绻不绔，以便涉游；短袂攘卷，以便刺舟”[67]，不仅说明疍民祖先之一的古越人擅长使用舟船，而且其居住形态大部分与船相关，由此也说明，早在秦代之前，产生了疍民的舟居文化。

舟居是区别疍民与陆上居民的主要特征，也是疍民最常见的居住形态。疍民居住的船只又称为疍家艇、住家船、住家艇、连家船、沙艇，一般大的为船、小的为艇，下文统称疍家艇或住家船。一般而言，以捕捞为主要职业的疍民，每户有两艘船，一艘为作业船，是生产劳动的船只；一艘为住家船，是停泊在相对固定的地点居住与生活的船只，一些地区特别是经济困难的疍民一般只有一条船，兼有住家和谋生的双重功能。岭南沿海疍民居住的船只也称为海艇。关于疍民舟居的史实，历史文献多次记载。屈大均说："诸疍以艇为家，是曰疍家。"[68]外出作业时，疍家艇既是疍民生产劳动的工具，又是他们栖身生息之所，疍民根据捕捞资源的情况而在一定的范围内迁徙。特别是沿海疍民，随渔场的变化和捕捞地点情况而迁徙，居无定踪，终年浮荡在海上，故《岭外代答》说岭南疍民，"以舟为室，视如陆，浮江海者，蜑也"[69]。《桂海虞衡志》也说疍民："乃海上水居之蛮也。"[70]

疍民舟居的历史一直延续至现代，并散布在岭南各地。北宋《铁围山丛谈》记疍民："皆居海艇中，男女活计世世未尝舍也。"[71]记述广西北部湾一带的疍民世代居于海船中，直到宋代也没有改变舟居的习惯。《后山谈丛》也说两广一带："舟居谓之疍人。"[72]合浦、苍梧一带疍民也是"以船为家。"[73,74]《太平寰宇记》记述新会疍民以舟为居外，还说"若居平陆，死亡即多"[75]。而从历代诗人的诗歌内容中也反映了疍民舟居的久远历史，说明岭南各大河流都分布有疍民的住家船，如宋代陈思在《登广城楼》有"征郭楼台蛮客市，海门烟日疍家舟"的诗句[76]，描写的是粤东潮阳地区疍民的住家船。在涉及疍民舟居的诗歌中，以珠江三角洲一带的记述最多，这与该地区疍民广泛分布的特点一致，诗歌形象描述了疍民风雨飘摇的居住状态。苏东坡被贬岭南惠州途中，自赣江过梅关下北江、东江，路途中的诗词有不少反映疍民的内容，间接反映了疍民以舟为居的情况，如在《连雨江涨二首之一》有"床床避漏幽人屋，浦浦移家疍子船"[77]的诗句，描写了珠江疍民漂泊江船的居住环境。清代黄达在《范瀛三》诗中也有"回首珠江榕叶暗，秋灯风雨疍人船"[78]，描述了疍民舟居的内容。另外，历代各地的方志也描述了疍民以舟为居的情况，如增城、番禺、高要一带疍民也是"舟楫为宅"[79,80,81]。根据笔者在粤东汕尾、惠来、粤中三水、番禺、粤北清远、英德、广西梧州、海南三亚等地的调查，目前仍然有部分疍民以船为居，但在形态上发生了变化。

2. 住家船的特点及其文化景观

住家船的建筑结构。疍民的住家船与陆上居民住房一样具有自身的建筑风格。在建造材料方面，传统住家船全部采用小料建造，一般采用不易腐烂、浮力大的杉木，船上的木板使用桐油漆刷表面。在建筑结构方面，甲板以下的船底隔为两层，最下面一层放空，用来隔水，叫做隔水层。隔水层上层为底舱，主要用途为堆放生活用品和杂物、储存粮食，在方便起居生活的同时可增加底部重量，增加船的稳定性，也有的船只有底舱而没有隔水层的。比较大的住家船底舱还间隔成多个舱位，以存放不同的物品，如东莞麻涌的住家船长约8米，底舱隔为九间隔，分别存放网兜钩等打渔工具，锅碗瓢盆油盐酱醋等炊食用具，还有装米、杂货、衣物、被枕等，现代住家船的底舱尾部有一隔还放置船的心脏——柴油发动机[82]。清远、三水、梧州等地的住家船也都类似梧州等地以打渔为生的疍民，其打渔船只也是临时居住的场所，其船底舱前部还有一隔专门临时养鱼：一般的住家船在功能分区上比较简单，甲板以上为住人的主舱，也是生活起居的主要场所，前舱为作业、休息的地方，中舱为寝室和吃饭的地方，后舱为厨房、厕所等。在没有使用机械动力之前，沿海疍民的住家船在行进过程中需要借助风力，故住家船的中部往往建有桅杆，桅杆下一般为神位，如粤东汕尾的住家船在桅杆下供奉“天地神”、“妈祖”等神位，船尾挂着“平安灯”。疍民的主家船一般一户一船，儿女结婚后一般另外造一条住家船与父母分开居住，而家境贫穷的疍民没有条件为新婚儿子建造新船，一家老小拥挤居住在一条船上。在住家船的外观上，经济条件较好的疍民其建造的主舱外形如小木头房子，还有门窗和屋顶。在外部装饰方面，一般以遮风雨、实用为主，但各地装饰也有不同。如乐均在《青芝山馆诗集》以诗歌形式详细描述了潮州疍民的住家船：“篷幕斑斓绣桌毛，玻璃灯佩响丁冬。为嫌船板污罗袜，更垫流黄席一重。”“湘子浮桥铁索牵，桥南桥北疍娘船。宜春帖子雄黄纸，长乐兴宁小对联。”[83]写的就是疍民船尾各以红笺书写“长乐兴宁”四字的事实，从中可以了解到，疍民住家船多使用潮绒布绣花为幕帘，挂上小的玻璃灯，以潮州本地生产的流黄草席铺船。在春节期间，疍民住家船还张贴对联和祈福的字句，这一方面说明疍民也有过春节的习俗，并受陆上习俗的影响；另一方面也说明是陆上习俗文化在疍民群体中的扩散和传播，经济贫穷的疍民住家船以席蓬覆盖船舱，席篷以竹篾和篷叶编织而成，一般分为两至四节，可以前后推移、相互交叠，十分轻便，捕鱼时可将席蓬叠于后舱，便于劳作，晚上可拉上覆盖全船，遮蔽风雨露霜，整条船成为卧室。经济更贫穷的疍民，住家船极小，非常简陋，船中仅容遮盖一张席蓬。“剪得青蒲织作篷，平铺如席卷如筒。往来惯是乘潮便，不使朝南暮北风。”[84]形象地描写了新中国成立之前广州疍民以水草为篷的住家艇。

新中国成立后，随着疍民生活的改善，出现了以水泥浇注、类似浮船坞的住家船。在建筑特点上，船的底部以水泥浇灌，一般无动力，需要借助外力移动。甲板以上以木、砖等材料搭建为2～3个房间，门窗为木制，顶部一般使用传统的竹篷或木板，其用料在竹棕的基础上又增加了油毡布、铁皮等材料。其使用寿命更长、防水性更好，但隔热性能差。油毡布等工业品的使用，说明了现代文明已经深入疍民生活。由于水泥船一般停泊在相对固定的河段，受风浪的影响也不像木船那么大，有些船上还有床、柜等家具，并使用液化气灶炉具，成为浮动于水面的住房。水泥船除了停靠在水面之外，与陆上居民的房子区别不大。上述水泥船只在阳江、三水、英德、海南三亚等地普遍存在。从住家船的发展过程分析，从木结构船到水泥船，其在水面的稳定性更好，反映了随着经济的发展和可利用建筑材料的多样性，疍民对资源利用水平和适应环境能力的提高。

3. 疍家艇水上聚落景观

聚落指人聚居的地方，原义指区别于都邑的陆上居民点。疍民以船为居，其在水上的聚居区类似陆上的建筑物和村落，故称为水上聚落。从岭南疍民住家船停泊的地点分析，基本上分布在停泊便利、避风条件好的优良港门或者河流流速较缓的河套地带，其中一些地点在城镇附近，体现了疍民在选址方面对自然环境的适应。

内河疍家艇水上聚落一般分布在陆上墟镇附近或者交通便利的城市

水缓江面。在疍民聚集地附近，往往形成疍民鱼市，疍民每天把捕捞的鱼摆地摊售卖，如三水的大塘、芦苞、黄塘，韩江蓬辣、西江高要、清远北江大桥等河流缓流地带和码头附近。城镇附近的疍民则在固定的农贸或者肉菜市场附近摆地摊售卖，如梧州大东市场、梅州松口镇中心市场等。历史时期，在岭南各地的疍民水上聚集区，疍民的住家船相对固定停靠，船与船之间以木板相通，或者棚对停靠较近，可类似邻居一样串门，如广州珠江河面、佛山汾江河面、潮州韩江河面等。如《青芝山馆诗集》说清代的潮州韩江边："东船西舫雁行排，初月娟娟堕水涯。鱼姊隔牕呼蚬妹，灯前同打象棊牌。"[85]从诗的内容可以推断，当时疍民船只成排聚居，船与船之间呼叫自如，还可以互相串门、打扑克牌娱乐。李文藻在《到潮阳任五首》有："人家北郭连南郭，疍艇前溪接后溪，黛染东山似屏障，县楼恰在夕阳西。"[86]潮阳一带疍民船只从前溪到后溪，说明疍民水上聚落的规模很大。清代钦琏、屈大均等也以诗歌形式谱写了番禺沙湾、高要等地疍民水上聚落的情况[87,88]。即使进入 21 世纪，也还存在多处水上聚落，如梧州、三水等地。

而沿海疍民住家船则直接停靠在临海港口附近。岭南沿海各渔港既是避风港，也是海洋鱼类交易中心，有利于疍民的生产和生活，加上出海捕捞的时间比较久，成为疍民住家船停泊的主要场所。如广东西部的闸坡、广西北部湾的合浦等沿海港湾。在珠海市斗门县南部，清代期间是"渔舟耕舍，聚处如村市"[89]。而一些疍民聚集的海岛已经成为旅游开发热点，如涠洲岛、担杆岛、上川岛等。

以上情况说明，城市与其他区域的疍民水上聚落具有不同的特点，前者一般相对集中，排列比较有序，纵横交错，单位面积内船只停靠的密度较大，称之为集中性聚落，如 1949 年前的广州珠江河面。后者一般在某段水域内相对集中，但各自停泊，船只之间不连接，距离较大，称之为分散性聚落，如北江三水大塘河段。疍民水上聚落均处于水缓地带的事实反映了疍民对水文条件的认识水平，是人地关系中对"水"要素适应的结果。

二、从水居到陆居——疍民岸上聚落景观

由于受江海灾害条件的影响和生存发展的需要，地位卑微的疍民经过争取逐步在沿海和河岸聚居成村，并逐步发展到上岸居住，其建筑形态经历了水栏到岸上渔民新村的变化过程。岸上聚落的出现也是疍民适应环境空间和社会变迁的产物。

1. 寮棚与水栏的建筑特点

由于住家艇容易受台风、洪水等自然因素的影响，加上疍民在船只停靠和修理期间以及节日等情况需要上岸的影响，疍民逐步在岸边搭建寮棚，由此产生了寮棚居住文化形态。寮棚一般搭建在海边或河边，以竹木为架，用稻草或芒苇编织作墙壁和屋盖，棚内的布置也与船一样，因样式简单，故叫寮棚。所谓水栏，即以木头为支柱在水中支撑搭起的草木小屋，是类似干栏的水上棚栅建筑或寮棚，因临水而建，故叫水栏、水棚。如广州沙面一带，1949 年前部分疍民陆居者亦多于河沿岸搭个简易的“茅寮”或“水棚”[90]。沿海地带疍民也搭建水栏，遇到台风往往容易被破坏。与船相比，水栏相对比较牢固。寮棚与水栏成为疍民上岸之前的过渡居住形态。

寮棚与水栏在岭南有比较久远的历史。根据高要县金利茅岗考古发现，该处古代水边居民聚居的遗址面积近两万平方米，留存有木结棚架的木桩和一些水上作业的生产工具和生活用具，初步定为秦汉之间的水面村落遗址[91]，其中可能包括疍民在内。明人田汝成《炎徼纪闻》、邝露《赤雅》也记载疍民舟居或住水栏的历史[92,93]。顾炎武在《天下郡国利病书》也提到类似情况[94]，如在佛山，嘉庆、道光年间，汾江河上新涌口至太平沙近数千米的河面上，疍民“搭寮水面以居，几占其半”[95]。清代诗人林直撰在《彭南屏太守以泊虎门诗见寄依韵和之》中也描述了虎门一带疍民聚居水栏的情况[96]，其水栏在外观上如船的形状，是船只文化在疍民居住中的体现。海南疍民的情况也类似[97]。

以上资料说明，疍民居住水栏的历史比较久远。自南北朝至明代，水栏曾遍布两广的江河水域，成为上岸居住的重要过渡形态。而笔者在调

查中发现，广州新洲、南沙横沥等地仍然有水栏存在，但一些已经没有疍民居住，基本成为放杂物的场所。从人地关系的角度分析，水栏既可以避免舟居摇晃的不适，棚下架空可以避免水汽和蛇等动物进棚，在岭南气候条件下，相对的冬暖夏凉，是疍民在居住形态上对环境的适应。但是，由于建筑材料以木、竹等材料为主，岸边又直接遭受台风和洪水的影响，特别是沿海的水栏和寮棚，当刮强台风时常常被毁坏或受损严重，因此寻求更加稳固的住所成为必然趋势。

2. 寮棚与水栏聚落

疍民以寮棚和水栏聚居成村的现象在岭南各地普遍存在，在外观形制上经历了从寮棚、水栏过渡到茅草房屋等的变化，其中的文献记载比较少，主要体现在诗歌的描述中。如在海南东部沿海陵水等地，疍民聚居而成的渔村，北宋著名诗僧惠洪被发配海南岛时曾作《过陵水县》诗，中有："黎人趣牛日，疍户聚鱼村"[98]的诗句，描写的是陵水疍民的水上聚落，当然这种情况在三亚、儋州也有[99]。在广州、高要、三水等地，《广东新语》说："诸疍亦渐知书，有居陆成村者，广城西，周墩、林墩是也。"[100]从以上情况看，疍民水上聚居成村的现象主要分布在疍民人口数量比较多的地域，而靠近城市的疍民，由于有些经济条件较好，与陆上居民一样建房居住。如《粟香随笔》记述疍民自雍正七年（公元 1729 年）准许上岸居住后，"珠江临流多疍户结棚以居，妇女驾小艇为生，梭织江面"[101]。虽然如此，但上岸的人数不多，而其屋多为水栏或者茅草房。清光绪《香山县志》记载自雍正七年（1729 年）至嘉庆十九年（1814 年），香山疍民上岸居住的人数仅 24 户[102]，仅占香山疍民总户数的百分之二。

新中国成立之前，疍民在岸上的聚落形态不一，在建筑外观上，有岸上寮棚、茅寮、瓦房、木屋交错分布，或者单一外观成片聚集；在建筑布局上一般沿河岸边或者海边分布，在地理位置上比较偏僻，遭受恶劣天气条件破坏的概率相对舟居有所减少；在建筑立面上比较杂乱，在形式上以竹木结构为主，呈现出材料一致的规律，由于没有统一的规划，建筑风格自由散漫。

3. 疍民的居住文化景观

新中国成立之后，经政府的资助和组织，疍民逐步上陆定居，在广州、汕尾、梧州等地，政府专门为疍民建设了渔民新村。而在中山坦洲等沙田地带，疍民自建楼房居住，形成沙田临水聚落。

渔民新村成为新中国成立之后疍民最主要的聚居形式。在建筑布局上，由政府统一规划，以平房建筑和水泥楼房建筑为主，建筑样式统一，独立成村。平房建筑立面以水泥沙墙和瓦顶为主，墙体采用石头、红砖、水泥沙等建筑材料，屋顶采用泥瓦和木头建造，为一般的钝角形状，以简易、实用为特征，没有硬山顶、马头墙等风格，如汕尾新港渔民新村、甲子渔民新村、碣石红披渔民新村，肇庆高要渔民新村，广州新洲、同德围凤岗渔民新村，清远市区环城二路下廓飞水新村等。楼房建筑主要出现在20世纪60年代之后，特别是21世纪以来的楼房建筑，与现在城市基本一致，墙体采用红砖、水泥沙、钢筋混凝土等建筑材料，楼房高度在2层以上。由于统一规划，在建筑布局上有一定的顺序，一般成为一个独立有序的社区，在建筑景观上，具有统一的格调。20世纪60～70年代的楼房为两类，广州市内的楼房一般为6～9层，如广州滨江路、石基路、罗冲围、天河东圃等渔民安置区，其他地区的楼房一般为2层。本世纪以来建设的渔民新村一般为独立的住宅小区，楼房高度一般在7层以上，如佛山三水大塘、黄塘、芦苞渔民新村，化州疍民新村，梧州云龙疍民新村等。在陆丰甲子，汕尾新港，清远市区平安街，广州荔湾、滨江东路等地还建设了以疍民儿童为招生对象的渔民小学，体现了党和政府对疍民的重视，也为疍民彻底从水居到陆居、实施文化转型提供了保障。以上事实说明，政府成为建设渔民新村的决定力量，实现了以前不可能实现的疍民“居者有其屋”，逐步减少了陆上人对疍民的歧视，实现了社会各族群人民的和谐相处。

值得一提的是，中山等地的沙田疍民，在改革开放后，由于承包土地耕种，其群体生活水平相对较高，在原来临水居住地附件建筑了成片楼房，形成临水楼房聚落，如中山坦洲、番禺横沥等地。

三、疍民居住的环境适应

疍民居住的环境适应主要包括场所选择、体质适应、风俗适应等方面。在居住场所选择方面，疍民总是选择能趋利避害的居住方式。疍民从舟居、窝棚到水栏的居住环境选择中，沿海疍民一般选择在海岛、海湾附近相对固定的区域，既可以方便出海捕捞，也可以避风，避免陆上人的干扰，也是一种环境灾害的适应方式。如《明一统志》、道光《广东通志》等都记载新会、东莞等地疍民："附海岛，无定居。"[103,104]《续资治通鉴长编》也记载、廉州、雷州等地疍民："各依海岸湾澳居止，采鱼为生。"[105]内河疍民的住家艇则一般停靠在水流比较缓慢的河段，如广州沙面到海珠桥一带，三水芦苞、西江高要县河段等。疍民对居住环境的选择是适应自然的结果，也反映了疍民认识自然环境的能力。

体质对居住环境的适应。由于疍民长期居住于狭小的环境空间，又受风浪、太阳光辐射、咸水等气候水文条件的影响，在体质方面表现出一些适应环境的特征。在行动姿态上，如清代黄钊在《六篷船四十四韵》有："海国嘘蛮疍，江城指蝃蝀，鳚须排密迩，龟负穹窿腰，舫篷编篾头，舱板盖全家。"[106]疍家艇的甏篷背如龟壳，疍民进出需要弓腰，时间长久，疍民的腰也相对不直，臀部相对较大。在五官变化上，太阳光照射水面对眼睛的影响最大，经受长时间的光辐射，患眼睛疾病的疍民很普遍，体现了对水环境的适应。另一方面，环境改变也同样对疍民体质产生影响。疍民长期居住水上船中，中枢神经系统习惯了船的随波逐流，其平衡系统产生了的适应，而移居陆地后，四平八稳没有摇晃现象，疍民反而不适应，产生眩晕，称之为晕陆现象。晕陆现象也是疍民对环境改变的一种刺激反应。

四、问题与讨论

1. 疍民舟居形态及原有的生产方式仍然存在

疍民上岸居住后，由于生产方式没有彻底改变，疍民仍然以捕捞为主要生计，如清远飞水村、梧州城区、三水的疍民，大部分疍民的生活状况仍然处于社会底层。根据笔者调查，在粤东汕尾甲子渔民新村，1963 年，政府搭建并分配给疍民每户一套 30 平方米的平房，疍民家庭人口增加后，房子的数量和面积并没有增加，也没有新建的房屋，因此当地大部分疍民的居住面积反而越来越小，住房相当紧张。少数有钱的疍民已经离开渔民新村，村里居住的基本是贫困户。由于人口的增加，贫困疍民买不起房子，儿子结婚后老人没有地方居住，为给后代特别是儿子娶媳妇腾出地方，老人们在门口用木头搭一寮房，其高约 1.8 米，面积大约 2 平方米，用四根木柱子支撑，底下 0.8 米中空，类似干栏，外观与南方民居相似，寮房里有电饭煲、锅碗瓢盆、床上用品等生活用品，白天是疍民老人的活动场所，晚上则是睡觉的“房子”，而原来的房子则腾出给年轻人结婚和居住。其他地区的渔民新村建设年代主要在 20 世纪六七十年代，房屋已经破旧，空间狭窄。而近几年虽有疍民新建房子，但人口多的家庭仍然不够居住，故一些老人仍然居住在船上，如清远、三水等地。寮房等陆上小干栏建筑及疍民老人仍然舟居的文化形态说明，疍民上岸之后，由于生产方式和生产机会没有改观，其舟居现象仍然存在，疍民仍然属于弱势群体。

2. 旧城改造中昼民文化的消失

居住在广州等大城市的疍民，其居住地由于建设时期早、楼层低，在广州旧城改造中基本被拆迁、改造，疍民被重新安置到市区不同的角落，其原来的聚居地疍民文化氛围被改造。而由于疍民分散在不同的居住区，加上疍民本身对自身文化适的弱势，一些文化现象逐步消失。城市化进程中疍民特色文化如何传承成为亟待解决的问题。

综上所述，居住建筑物是人类对环境长期调适的结果，疍民在适应水环境的过程中，逐渐表现出具有环境适应和地方特点的文化倾向。疍民的居住形态经历了疍家艇、船屋、窝棚、水栏、砖木房到水泥楼房的演变过程，在聚居形式上有群居、杂居、陆上杂居等特点，疍民在从水居到陆居的过程中体现了疍民对自然的文化适应，居住环境适应主要体现在其居住介质的结构、外部特征、停泊地点等方面。疍民居住的发展趋势是逐步上岸，文化景观随而变迁，反映了对环境适应的规律。随着疍民居住形态的改变，从上岸集中居住到分散居住，其传统文化如何传承成为亟待研讨的社会问题。

第六节 广州南沙海洋地名文化

2005年5月23日，广州市新的行政区划调整方案正式公布，南沙正式从番禺区分离出来，成为广州十区之一。具体调整方案为：将番禺区的南沙街道和万顷沙镇、横沥镇、黄阁镇，灵山镇的庙南村、七一村和庙青村的部分区域，大涌镇的庆盛村、沙公堡村、石牌村的各一部分区域划归南沙区管辖。南沙区人民政府驻黄阁镇凤凰大道。其中最引人注目的则是南沙区的设立，所以这里从地名文化的角度对南沙区进行研究，揭示南沙区地理环境与社会文化变迁的过程，给南沙区今后的开发和经济发展提供地理环境和历史人文基础。

一、珠江三角洲的环境变迁

南沙区位于珠江口的西岸，北面与番禺区的大岗镇、灵山镇、东山镇等为邻，西南与中山市三角镇、民众镇等搭界，东隔狮子洋、虎门和伶仃洋与东莞市的沙田镇和虎门镇相望，面积为544.12平方公里，是广州最新的一个行政区，辖万顷沙镇、横沥镇、黄阁镇和南沙街道。据考证，珠江三角洲是距今约4万年前的晚更新世中期以后才不断由西江、北江、东江及其他小江携带泥沙在下游沉淀和堆积起来的。在此之前，珠江口还是一片汪洋，分布着大大小小的众多岛屿，如五桂山、西樵山、古兜山等曾为昔日海岛。新编《番县标准地名录》说："古番禺（今广州）原是个岛丘错落的浅海湾，经过漫长的岁月，岛丘附近的泥沙沉积而成片的沃土，再经过劳动人民的拍围和蓄水疏泄而成为万顷良田。古番禺河网交错，滩涂甚多，土地面积逐渐扩大。"[107]根据对珠江三角洲的考古和钻探研究，狭义珠江三角洲就在三水、崖门和石龙之间。直到宋代，这里还是海水浅滩。据《太平寰宇记》对全国400座山川地理形势的记载，其中关于东莞、新会、香山(今中山)三条,生动地描述了当时珠江三角洲的海陆轮廓。东莞(在广州)“东南水路三百二十里,无陆路”;新会(在广州)“东北水路二百三十里,无陆路,前临大海,后枕群山”;香山镇的东莞“县南隔海三百里”。[108]这些记述虽不够准确,但也足以说明宋代的珠江三角洲大部分仍未成陆,广州、东莞、新会和中山之间仍然是汪洋大海,所以无陆路相通。宋《浮圩山记》亦说:“番禺以南,海浩无崖,岛屿洲潭,不可胜计,其为仙佛之所宫者时时有焉。未至香山半程许归浮虚也,山虎踞而凤翥,钟悬而馨折,苍然烟波之上,四望无不通,方空澄而霁,一望千里,来船去舶,擢声相闻,及微风鼓浪,喷薄冥迷,舟望山咫尺若不可到,故过此山且喜且惧。”[109]珠江为八口出海,其中中间的六个门口,如沙咀和拦门沙,堆积旺盛,水下滩涂广阔,特别是磨刀门和洪奇沥,是八个口门中堆积速度最快的。然而,人类在珠江三角洲的活动却加快了珠江口的淤积,同时也促进了三角洲的快速形成。根据考古资料证实,在新石器时代晚期,珠江三角洲北部开发已甚兴盛,如增城金兰寺贝丘中层已有云雷纹印陶,上层的花纹整齐精美,似铜器花纹陶器;同期的佛山河宕文化说明河宕一带更是繁荣地区,6 000年前海岸线即在石头村和南河石碣,故佛山平原成陆不久。但在石湾四周村落已发现有多处石器时代村落。河宕村附近1公里范围,即有七处贝丘遗址(包括墓葬区)。[110]根据佛山市东南方的澜石从平原地下2米处发掘出的3 500多块动物化石和人骨头的碳测,说明佛山在3 800～4 500年以前已经成陆,并开始有人居住了。西樵山附近平原还挖出象的头骨和股骨,水鹿的鹿角化石,还有水松等树林的残枝。说明当时的珠江三角洲平原北部已经露出,成为森林繁茂,动物出没的沼泽草地。[111]两汉时期,珠江三角洲农业开始开发。西汉时,珠江三角洲范围较小,西江、北江只到顺德市西境,中山市仍为浅海,番禺市桥镇、石镇以南仍为浅海,东江三角洲亦为浅海,但四周陆地已有人聚居。[112]东汉时三角洲农业兴盛,《水经注·泿水》称广州附近:“高则桑土,下则沃壤,”又称“睹巨海之浩荡,观原薮之殷阜”,乃曰:“斯诚海岛膏腴之地,宜为都邑。建安二十二年(217年)迁州番禺,筑立城郭。”[113]此时的珠江三角洲由于泥沙淤积，河岸成堤（即滩），河道变浅，沼泽地多，在沉积物上表现为黑色淤泥层广泛分布。越族先民不少沿河而居，建“干栏”式和上字屋，高要金利水上聚落遗址长达1 000米，现仍保存在古河道围垦成的大鱼塘内，房屋全用木柱支撑建在当日河岸水面上，说明珠江三角洲在古代各大河口淤积地区，越族先民已繁衍，成为在书上记载“疍民”的先祖，金利茅岗即为一例。[114]

到了唐代，三角洲开发进入了筑堤护田和低地阶段。但此时堤短、低矮，建堤的地区还不普遍，故三角洲未能大量开发。直到宋代大量南迁移民，特别是珠玑巷移民南下，他们既带来了技术，又带来了先进的文化，珠江三角洲的开发由此也出现了生机勃勃的局面。虽然珠江口滩涂资源的围垦开始于两千年前的秦汉时代，但到了宋代西北江下游才有建堤的记载，西江羚羊峡以下的长利围、赤顶围、金西围、香鹅围，北江下游的村头围、榕塞西围、罗格围，东江下游的牛过围苏礼隆围等28条堤围就是这个时期筑成的。筑堤成功，使洪水归槽，不致泛滥平原之上；大量沙泥冲向下游，促使下游洲滩发育，又可筑建堤坝成田，保护生产。宋堤下游即兴建一批元堤，元堤下游兴建一批明堤，使珠江三角洲由海而江，由江而涌，不断变狭。至明代，海涂围垦发展到了盛期，当时三水、南海、顺德、番禺、中山、新会等县境内出现了争相围垦滩涂的热潮。顺德的青步海、中叶沙、五百；中山的四沙、大黄围、小黄围、西海十八沙、东海十六沙等浅海沙洲也都被一块块围了起来。这期间围垦面积超过万顷，并由垦殖出露土滩发展到局部围垦还未全出露的土滩。人工种植芦苇进行促淤，加速成田的做法也已出现。到了清代，海涂围垦进入了更盛期。特别是清中叶，三角洲土地迅速被兼并到豪强、地主、富商手中，经济力量和权势的相对集中统一，形成了争相承领滩地，划分筑围势力范围的热潮。此期间，顺德的上水口、陈村等乡合力兴筑了盘石围，绀村、禾渚等五乡联合筑成了巩安围。所谓“百田母沙（指已成坦地）而生数百亩子沙（指扩圈坦地）者比比皆是”，就是当时扩垦旺盛情景的写照。[115]

唐代以来，随着大庾岭的开凿，北方人民大批南下，导致西江、北江和东江下游大量土地被开发，随之而来的是河流两岸大量植被被破坏，加剧了河流两岸的水土流失，使得大量泥沙在河口处淤积。而宋代的珠玑巷移民又选择在“田野宽平，及无势恶把持之处”的“烟瘴地面，土广人稀”的地点开基。他们在河口、滩涂处围沙造田，修建堤坝，进而使得河口泥沙固定，再加上海潮顶托的作用，三角洲沙田涨出快速。特别是在沙咀和拦门沙处发育最快，堆积旺盛。而洪奇沥门外的万顷沙，就是从道光年间浮出水面的(指淤积高度超过低潮位)，平均每年向外延伸 63.6 米。据曾昭璇先生计算，近百年来，万顷沙每年伸长 75 米之多。从宋到清初约经过 700 年，珠江三角洲海陆又有很大的变迁。从清康熙年间测编的《皇舆全图》，以及后来在此基础上编撰的全国地图——《内府地图》来看，珠江溺谷湾已显著变小，呈现一片平原相接、岛屿变成陆上山丘的景象。不过，三角洲上的河川比现在宽得多，河口浩瀚，两岸不能相望。图中还显示出三角洲三个小海域：第一是十六沙海及唐宋时广州、东莞、中山、新会间的大海湾的剩余部分；第二是磨刀门海域，界线一直伸到五桂山西南；第三是沙湾海(图上实注记为南海)，即今番禺以南，顺德以东，东莞以西。

从以上分析可看出，现在的南沙大部分是在宋代以后逐渐由泥沙淤积而成的。而在此之间，自然环境和人类活动都发生了巨大变化，沧海变桑田，这些都在地名中打上了深深的烙印。因为地名作为语言景观之一，受当地自然和人文的双重影响，具有独特性和别样性，指示着本地的自然和文化性。同样，地名作为文化景观的组成部分，也具有文化景观的特性和内容。根据美国地理学家 C.O.索尔的观点，文化景观是人类活动添加在自然景观上的形态。那么，地名必然会反映当地的地理条件和特征以及人类活动。这在南沙地名中具有突出的表现。

二、体现以“山(包括岛、礁、角、岗丘、台、嶂、排、档等)”命名的地名

在南沙区的地名中，有许多是以“山”命名的地名。如：灵山、黄阁、枕箱角、香炉礁、大山母、青萝嶂、黄山鲁、芦湾、鹿颈、蕉门、狮子洋、大虎山、小虎山、亭角、大岗、坦头、南北台、铜鼓山等。

这些以“山”命名的地名，充分反映了珠江口的地貌形态和海陆变迁过程。珠江三角洲是一个特殊的三角洲，它和全国甚至世界上其他大河的三角洲不同。其一，它的形状奇特，虽然也近似三角洲，但底边靠陆，顶端向海，与一般三角洲正好相反；其二，它的河流入海口多，有八门入海，每一个口门都很宽阔；其三，它是由多个三角洲组合而成，是个复合三角洲；其四，它的地貌形态特别，许多三角洲都是一望无垠的大平原，难以见到一座山峰，珠江三角洲却有大小山丘160多个，约占三角洲总面积的1/5，其中黄杨山、五桂山海拔超过500米；其五，它的冲积层浅，平均厚度只有25米，而黄河沉积物厚达300米以上，长江三角洲也有100多米。[116]因此，特殊的地貌形态，使得南沙地区沙田和台地交错分布。由于冲积层浅，原来河口的岛屿和低山镶嵌在泥沙冲积物中，形成许多低山、台地，出现了许多以“山”及相关的地名。

三、体现以“水(包括河、水道、涌、沥、泉、塘)”命名的地名

南沙地处珠江口的三角洲，是西江、北江三角洲的一部分。它的北界是沙湾——市桥丘陵台地的边缘，南界和中山三角洲相接。由于北江和西江在三水思贤滘以下又分又合，互相沟通，番禺三角洲的顶点在紫坭附近，顺德水道在此一分为三，最北支沙湾水道，到沙头又分汊，其一与莲花山水道合并出狮子洋，另一向东南人蕉门水道，最南支为顺德水道主干，下接洪奇沥，在沙湾水道和顺德水道之间又是榄核河。因此，三角洲内部河汊众多，纵横交错，出现大量以“水”命名的地名，如东涌镇、横沥镇、大涌、东井、塘坑、南口涌、新涌、花鱼涌、下横兰涌、大涌、石涌、生元涌、斜涌、鱼仔涌等。

南沙区中以“水”命名的地名，足以说明南沙地区的气候和水文特征。由于地处南亚热带，年降水量在1 600毫米以上，地表径流丰富，河流纵横交错。加上河口众多的低山、岛屿将下游冲下来的泥沙分割成支离破碎的低洼地和塘地，在泥沙的冲积和淤积下，大的河流变成小的河流，由海而江，由江而涌，不断变狭，形成众多的小的分岔支流。

四、体现以“嘉名”命名的地名

在南沙地名中，有着一大批以“嘉名”或“美名”命名的地名，如和隆围、仁隆围、永安围、宝成围、正安围、义隆围、定安围、礼隆围、怡安围、安上围、福安围、同安东围、宝安围、佳安围、裕安围、福生围、广隆围、大元、正丰围、积生围，等等。直到新中国成立后的五六十年代仍然出现这样的地名，如新垦镇的新安、立新、同兴、阜盛围等。这些祥瑞和祈福的地名，一方面反映人们的美好愿望和内心的一种信念，另一方面也反映出珠江口一带的自然灾害。由于地处亚热带的沿海地带，多台风、暴雨和暴潮，再加上西北江洪水的威胁，自然灾害十分频繁。地势低洼的沙田和浅滩地区，更是经常遭受自然灾害的袭击。人们为了生产和生活的安定、丰收，常常以“嘉名”命名村落和其他地名，也养成了对一些水神的崇拜等。同时，当地人还修建许多庙宇，并以此为村落名称和地名，如庙南、庙青、庙青沙等。

五、体现时代特色的地名

新中国成立后的70年代前，南沙也有一批沙田被围垦，多发生在新垦镇和万顷沙镇，如红海、红江、红湖、红洋、民建、民兴、民立、民兵、工人、群结村、团结围、工程、东方红、太阳升等。一方面反映了在当时特定的政治社会环境下，人民群众在党的领导下围垦的热潮，大量的沙田被围垦成“良田”；另一方面也说明南沙沙田在清以后增长、扩大的迅速。

六、体现以数量词加通名命名的地名

南沙区是珠江中上游河流泥沙冲积在河口淤积和海潮顶托及人为围垦的结果，所以在南沙区面积扩大的过程中，许多数量地名也反映了南沙成长的过程。例如，万顷沙、二顷、三围、四顷、外四顷、七顷、八顷、上八顷、八顷六、九顷围、十二顷、冯五顷等。

此外，亦有以方位、人物事件、姓氏、纪念物等命名的地名。东瓜宇：

清康熙年间建村，建村前曾有一叫“阿宇”的农民在此种冬瓜，瓜优产量高，“冬瓜宇”名闻遐迩，“东”“冬”相谐，约定俗成便以“东瓜宇”为村名。九王庙：据传，古时有九兄弟回乡间参加赛龙舟活动而溺死，村民为纪念他们，于附近山坡修建庙，故名“九五庙”。冯马一、冯马二、冯马三：清康熙年间建村，位于围田上。1930年田围缺口，有姓冯、马两船民为托堵堤围而献身，人们在村上建庙纪念，取名冯马庙。后来，这个村发展成三个村落，故冯马一、冯马二、冯马三三村。三姓围：据传三四千年前此地还是一个浅海湾，由于山岛侵蚀和海沙淤积作用，于两千年前形成沙滩，聚居成村，开村时朱、黎、罗三姓人多，故名。[117]这都反映了南沙地名命名的多样化和人类在此活动的痕迹。

事实上，对地名进行文化的研究，并不仅仅是找出地名的命名规律和地名特点，更重要的是把地名作为一种文化现象、一种文化景观，研究它所反映的地理环境的演变过程和人类的历史活动，以及人类与地理环境之间的相互作用关系，变化过程，同时还要研究地名化作为一种文化现象对人类本身的影响等。同样，南沙地名文化的研究亦如此。现将南沙地名文化所反映的现象给予分析。地名作为文化景观，是对地理环境的折射物。主要体现在以下方面。

1. 地名反映了地区的地理特征和环境变迁

在众多的南沙地名中，不难发现这样一些特殊用词，如江、海、洋、湾、涌、沥、围、沙、冲、顷、坭、岗、挡、排、礁、角等。从这些字的表面意思看，是表示与水、沙、山等有关的地名，但通过仔细分析，便会发现带这些用词的地名，往往深刻反映了珠江三角洲的海陆变迁。如海、洋、江、河、涌、冲的地名，说明在远古时代，或者在宋代以前，珠江口还是一片汪洋大海，虽然是浅海，但随着上游的开发，泥沙在河口的淤积，再加上人为的围垦，使得河口地区沙田不断成长，通过修堤筑渠，拦沙护田，三角洲地区演变成河网密布、纵横交错的河网水田地貌。大的江河变成小的支流，最后成为所谓的“涌”。而大量带“顷”的地名更直接的反映了人们围垦沙田的数量或说明了河口三角洲淤积成长的速度。现在，那些被泥沙掩埋的浅海湾的地名更是诉说着沧海变桑田的历史。因为珠江三角洲在远古时代是一个浅海湾，是一片汪洋大海，但在河口地区分布着众多的岛屿，经过长时间的泥沙淤积，它们有的被掩埋在泥沙下面，有的露出地面，三角洲地带就形成了丘陵、山地、平原交错分布的格局。根据曾昭璇先生的研究，万顷沙正当伶仃洋沉降区西部，清代初期仍为“乌猪大洋”一部分，是西、北两江沙水汇集沉积之处。万顷沙于 1838 年出露水面，到今天（20 世纪 80 年代）约为 150 年，已积出 4 万多亩沙田。[118]

2. 地名反映了地域社会文化和生产特色

地名文化还是一个地区的语言化石，反映着古代人类生活的方式和状况。而南沙的地名中保留了大量以地方方言为特色的地名文化。如“涌”、“母”、“滘”、“涡”、“汪”等，反映出这一带地名深受古越语的影响。如“海”是南越语“广阔水面”之意，与汉语中海洋意思不同，今广州话仍称“过江”、“过海”，即南越语的残存现象。同样，“涌”、“滘”、“涡”（汪）即指水洼地之意（汉语则称“塘”），这些都是古越语对地势低洼地的称呼。

南沙的大规模开发却是在宋代以后的事，特别是清后期以来，清廷海禁取消之后，大批当地居民重返海边生活和生产，使得这一时期的开发成为可能。明代，珠江三角洲经济的大规模发展，人口增加，田地数量减少，广东也由原来的粮食输出省转为输入省。因此，人地矛盾进一步突出，出现了与海争田的现象，但也创造了适合三角洲生产的农业灌溉方式。明代仍把龙江以南称沙田乡，田称潮田，即潮水一天涨潮退潮，进行自流灌溉。涨潮河面升高，河中淡水可由堤围窦口（即排水口）涌入水田，退潮时田内积水可自行由窦口排出。这样，河水所带来的细泥沙及有机质可以增高田面，肥力自高，沙田产量提高，大批人口迁移过来围垦。大量堤围和聚落是这个时期形成的。而那些以“嘉名”或“美名”命名的地名，则反映了人们的信仰观。

同时，南沙南部大量地名还反映出近年来开发围垦的现象，但已无多少语言特色。如万顷沙镇以南排列整齐的冲围，一涌围、二涌围、三涌围……十五涌围、十六涌围、十七涌围、十八涌围、十九涌围、二十涌围、二十一涌围等，反映了新时期人们在政府的规划指导下，有组织、有计划、有目的的围垦，反映出标准汉语居地名命名的主流地位。

总之，地名文化作为文化景观的一个有机组成部分，“是居住在该地的某文化集团为满足其需要，利用自然界所提供的材料，在自然景观的基础上，叠加上自己所创造的文化产品”。[119]因此，南沙的地名文化即是当地人们在开发、利用自然的基础上，逐渐形成的一种文化现象。通过分析这些现象，可以透视出南沙的地理环境变迁和文化景观的发展历程，揭示出南沙在古海洋地理环境和不同时期人们开发的程度，为南沙的环境变迁研究提供有力的支持。同时，文化景观又是环境的一面镜子，“不同文化集团各按自己的文化来构筑自己的文化产品”。因此，文化景观还“反映了不同文化集团的差异与特征”。[120]通过对南沙的地名文化研究，我们还可以揭示出古越人的文化特点和面貌。这就大大丰富了岭南文化的研究内容，拓展了研究领域，为将来南沙的文化开发提供基础。

第七节 广东华侨文化景观及其地域分异

华侨是我国沿用已久的概念，本文将目前流行的华侨、华人统称华侨。广东是我国华侨人数最多、分布地域最广的省区。我国华侨约 3 000 万，其中 2/3 原籍广东。为照顾历史和行文方便，本文所称广东仍含海南省。广东现有 2 000 万华侨，按我国家庭亲缘关系一般规律，一个华侨可涉及或影响 3～4 个直系或旁系亲属[121]。这样可对 6 000～8 000 万人产生影响，相当于广东人口总数。另外，作为华侨在国内分布地域类型的侨乡，在广东是以华侨人口数与当地人口总数比例来界定，以 10%为界。按 1994 年行政区划，广东地级市有 80%为侨乡；按土地面积，侨乡占全省总面积 72%（未含海南）；按人口，侨乡人口约为全省总人口 75%[122]。这样一个华侨群体和地域分布格局，对当地社会经济和文化各个层面都产生了深刻影响。另一方面，华侨文化是广东文化一个本质特征。1916 年，广东省长朱庆澜在《续广东通志・序》中将“粤人冒险主义之天性”归结为广东人"天性"之一,其表现为广东海外华侨和慈善事业发达。研究广东区域文化、实施区域发展战略和规划,必须充分重视华侨这个因素。时下对华侨经济、人物、侨情、历史、社会研究成果颇丰[123];在研究的地区分布上,以研究东南亚和北美华侨论著居多[124],这与引入外资流向有关[125,126],而对国内部分则相对薄弱。从文化地理的视角来研究华侨地理问题,无论国内外研究成果都很寥落。对广东华侨区域文化景观及其差异的研究,基本上还是空白[127]。这与在广东分布至为触目的华侨文化景观及其巨大的区域效应是很不相称的。这里拟就此开展探讨,为推动广东区域文化地理研究,建设广东文化大省提供决策参考。

一、华侨文化内涵和文化特质

华侨文化是由于华侨出国,侨居异地,将中国文化与侨居国文化交流、结合的产物。华侨文化载体是华侨,他们借助于探亲、书信与家乡保持联系;有的回国办实业、教育、医院及其他福利慈善事业,影响或改变当地文化景观或结构,同时也将本土文化流布侨居地。这种由华侨兴起和传播的特殊文化,称为华侨文化。它作为一种文化类型,应是鸦片战争以后形成的。华侨这个特殊社会群体,生活在国外,但根又在祖国,一方面他们保留原有语言、习俗、伦理道德和价值观念,有着深厚的本根文化基因;另一方面,又深受侨居地文化浸染,接受、吸收当地异质文化,加以创新,使之成为自己文化的一部分。因此,华侨文化具有国内和国外两个源头,具有明显的跨文化、跨地域的特点,处于内外两种或多种地域文化边缘,是一个特殊文化系统。但对国内某一地域文化来说,它又是这个文化系统在海外的延续和空间占用,如岭南文化在海外所拥有华侨群体和地域即为岭南文化一部分。蜚声海内外的广东侨乡各地办的侨刊,到1987年多达107种[128],堪为华侨文化的一个缩影。对于它产生的故土一方,华侨文化同样具有明显的中外结合品格,无论在土地利用、聚落建筑、语言文字、习俗、服饰,乃至行为方式、思维理念等方面,都有异于当地文化或深深嵌入后者之中。这是外来文化在当地移植或变异的结果。广东五邑、梅州、潮汕侨乡所耸立的大量西式建筑，雷州半岛的橡胶、热带作物种植园，以及各地方言的夹带英语、马来语等，无不显示出华侨文化的中西合璧风格。

二、广东华侨文化地理景观

文化景观既反映文化历史积淀，也是区域文化的一个外化表现。广东华侨出国历史悠久，颜斯综《南洋蠡测》说："新忌利坡（即新加坡）有唐人坟墓，记梁朝年号及宋代咸淳。"明清渐见增加，《明史·外国传》载，洪武年间苏门答腊发生骚乱，华人流寓于此者有数千家，他们公推广东南海人梁道明为首领，组织力量自卫。尤其鸦片战争以后，大量华工出国，这些华侨分布在世界五大洲。1985 年统计粤籍华侨约 1 034.62 万，其中亚洲为 847.75 万人，占 81.9%；美洲 146.82 万，占 14.2%；欧洲、澳大利亚等 40.05 万，占 3.9%[129]；分布地区包括有各个自然地带、不同人种、风俗、民族、语言、宗教等。通过华侨把这些地区的文化引进国内，在广东形成特色鲜明的各种文化景观。

1. 土地利用景观

土地利用或作物栽培作为最基本文化景观，也是广东华侨文化空间占用的最大单元。宋代首先传入广东、福建等地占城稻、花生，明代传入番薯、玉米、烟草、菠萝、南瓜、辣椒、甘蓝作物，都直接或间接与华侨有关。如后来对土地利用影响极大的番薯，即由华侨引进。志称万历十年（1582 年）在安南（越南）经商的东莞人陈益将番薯成功带回家乡，"种播天南，佑粮食，人无阻饥"[130]；同时，还有高州人林怀兰亦"自外洋挟其种回国"种植[131]。原产中南美洲的玉米，明嘉靖、万历年间（1522～1620 年）也由海商带回广州惠州始种[132]，清初传遍全国。这两种作物终于成为全国重要粮食作物，形成"地瓜一种，济通省人之半"[133]和"红（番）薯半年粮"景观，对开垦荒地、救灾、保护大量人口和劳力，贡献匪浅。西方蔬菜也通过华侨纷纷传入广东，乃至内地。如辣椒"大约明末清初由南美洲传入广东，辗转传入中原"[134]。木瓜原产墨西哥，明末清初传入广东。稀有热带乔木槅树,国内无此树种,约于清初由鹤山华侨从南洋带幼苗或种子回来,种于该县雅瑶镇,后推广至广东其他地区[135]引。又“暹罗所出产的蔬菜,多数是广东潮州人”引入[136]。此外,番茄、马铃薯、荷兰豆等也先后经广东引入。这促使大片土地得到开发,明显地改变了传统农业分布面貌,也使人们的食物结构产生变化,丰富了社会文化生活。近代,由华侨引种于海南的热带经济作物,成为我国土地利用史上又一项破天荒大事。19 世纪末,南洋华侨从国外引进椰子新品种,果多硕大,很快取代原来品种,出现不少万亩椰林。1902 年和 1908 年海南的华侨从马来亚引进橡胶和咖啡植于儋州那大,1910 年乐会(今琼海)人何麟书从南洋引种巴西橡胶于安定落河沟(今属琼中)获得成功。此后胶园在海南接踵而起,为海南建设成我国最大橡胶林奠定基础,同时引进的还有油棕、海岛棉、剑麻、爪哇蔗、金鸡纳、香茅、木薯、吕宋烟等,都是一种新文化空间占用和新的文化景观。新中国建立后在海南岛、雷州半岛等建立了 100 多个农场,安置了 100 多万创业者,广东农垦文化称盛一时,成为华侨文化发展的一个重要标志。

2. 建筑文化景观

建筑作为一种最直观的文化符号,是一种动态和充满时代感的文化。有赖于华侨引进西方建筑文化,广东城乡建筑景观才大放异彩,为其他省区所不及。骑楼是地中海沿岸建筑,20 世纪初广见于我国东南沿海城市。广州最早出现骑楼在 20 世纪 20 年代,据研究是由西方殖民者和华侨从东南亚同时传入的,很快由广州传播至全省各地,尤以珠江三角洲和沿海、沿江城镇为普遍。据林琳博士统计分析,广东现今 21 个地级市,拥有骑楼城镇密度最高的是汕头和潮州(0.7 座/平方公里),次为佛山、广州、江门、汕尾、中山、揭阳、云浮、深圳等,为 0.4～0.7 座/平方公里;再次为东莞、肇庆、梅州、韶关、茂名、湛江,为 0.3～0.4 座/平方公里;最低为河源、惠州、清远、阳江(<0.3 座/平方公里)。这与广东华侨祖籍分布格局有某种相似之处,亦即两者成正比。潮汕、五邑和海南文昌作为华侨集中地,拥有骑楼的城镇密度最大,粤西、粤北山区则较少[137]。骑楼具有

上楼下廊、前店后宅，与街道相连，既遮风雨日晒，又方便交易等特点，与广东商业文化发达相一致，故具有强大生命力，留存至今。由于华侨数量、区域商品经济水平差异，侨乡骑楼平面类型多，有单开间、双开间、多开间等。如台山、开平城镇骑楼多为双开间并联组合而成，沿河或沿路摆布，风格多样，既有中国传统式屋顶，更多的是仿文艺复兴式、仿巴洛克式、仿古典式、南洋式等，规模大、空间阔、立面雄伟气派，异彩纷呈，突出中西文化结合特色。而内地非侨乡如粤北、西江、桂北一带骑楼，数量少，类型单调、规模小、体量轻，屋顶多为中国宫殿或民居式。笔者在广西贺州镇所见，骑楼通道宽不过 1.5 米，仅容 2 人通过，说明传统文化在当地占优势。

碉楼是华侨文化在建筑上的另一形式，19 世纪兴起于开平、新会、台山、恩平、鹤山所谓五邑侨乡。光绪《宁阳存牍》指出："自同治以来，出洋之人多获资回华，营造屋宇，焕然一新。"该县盛时有碉楼 5 000 多座，现仅存 2 460 座，[138]其他各县也有数量不等的碉楼。这些楼主人侨居世界各地，故其建筑风格丰富多彩，包括传统屋顶式、仿意大利穹隆顶式、仿欧洲中世纪教堂式、仿中亚伊斯兰教寺院穹顶式、仿英国寨堡式、仿罗马敞廊式、哥特式、折中式、中国近代式等，林林总总，堪为世界建筑文化博览馆。这些碉楼从用材到结构形式乃至内部的陈设，体现了中西文化的交流和整合。开平碉楼于 2001 年 7 月被评为全国重点文物保护单位，2007 年成功申报世界文化遗产。

在广东客家侨乡，传统客家大屋也吸收西方建筑文化养分，形成中西合璧的围龙屋，即建筑物正面外观与西方建筑相似，但内部结构和布局仍为传统形式，如梅州白宫洋湖尾村联芳楼、程江乡的万秋楼、松口镇南华又庐即属其例。

在城镇规划布局上，侨乡聚落也反映了传统文化与西方文化的调适和良好结合，即村镇选址按中国风水的要求，但布局却突破传统的中轴对称原则，采用网格状布局，显系受西方规划思想影响。如鸦片战争后开埠城市汕头，吸纳华侨文化和西方文化，不但建成骑楼和高层建筑的商业、服务中心，而且城市道路网络呈扇形扩散和布局，一反中国传统棋盘式道路格局。侨乡村落，建村前先制订规划，统一安排村内道路系统，主次巷道纵横交错，各户占地面积大小一致，外观整齐划一，整体上显得紧凑、严谨、规范。而附属建筑如牛栏、猪圈等单独配置，集中分布在村外，既节省用地，也保持村落环境卫生。这种功能分区思想，与小农经济下旧式农居无分工或简单分工迥然不同，乃华侨将西方规划思想在故土移植。这种西方规划模式村落，以五邑地区最多。台山海宴镇甄氏家族因丁口繁衍，光绪年间按以上思想重新规划村落，建成新旧两围共 93 村，安置 5 600 多人[139]，堪为中西规划和建筑布局文化良好结合范例。华侨热心公益事业，无论过去和现在，都把捐赠建筑物作为一种纪念形式。这些建筑物最能体现中西文化融合风格。现中山大学校址留存原岭南大学许多以“××堂”命名大楼，即为华侨捐赠，如“爪哇堂”、“哲生堂”、“陆祐堂”、“张弼士堂”、“荣光堂”、“十友堂”、“怀士堂”等。重檐大屋顶和钢筋水泥建材和西式立面和内部布局，反映了中西文化的完美统一。

3. 语言文字景观

鸦片战争以后，华侨作为一个特殊社会群体已经形成。而香港在英国殖民统治之下，英语更以一种强势文化，牢牢扎根香港，首先向广东沿海、继而向内地传播，使广东语言融入大量英语成分。而侨乡的人员、商贸、书信等往来十分频繁，既使用汉语方言，也使用英语和其他外语，两者交相融合，形成侨乡方言有大量外语词汇融入，主要是口语中夹杂英语词汇的文化景观，占有侨乡文化空间，并因华侨侨居地不同、侨乡原有方言的差异而形成语言景观区域分异。

珠江三角洲即广府文化在广东核心地区，使用粤方言，商品经济发达，华侨人数最多，英语和粤语融合广泛且深刻，形成语言景观至为触目。早期形成很多口语和书面用语词汇，如摩登（modern）、摩托（motor）、波（球 ball）、唛（商标 mark）、哈帽（cap）、畅（兑换 change）、凡士林（faseline）、朱古力（巧克力 chocolate）、爵士乐（jazz）、呔（车胎 tyre、领带 tie）、士的（手杖 stick）、士巴拿（扳手 spanner）等，反映产业革命后西方科技成就和社会生活。到清末民初，学习英语成为一种社会风气，并扩及到普通女性社会。张溪生词云："髻盘委堕鬓如云，窄袖蛮靴衬布裙。妆束工趋时世样，女儿还喜演英文。"据有关研究，仅五邑地区常用英语外来词，包括文化体育、食品饮料、五金工具、日常生活等用词有125个[140]，如漂亮叫"好泥"(how nice)、好称"骨"(good)、好球称"骨波"(good ball)、出去称"斗晒"(outside)、男人称"缅"(man)、老太婆称"老缅婆"(old woman)、文件夹叫"快佬"(file)、自助餐称"布菲"(bufret)、清漆曰"呖架"(lacquer)、第一叫"林巴温"(number one)、小费叫"贴士"(tips)、乳罩叫"薄络"(bra)、差劲和低档曰"妾"(cheap)等，这在外来人听来可能不知所云，但在当地却是老幼妇孺皆知。

深处广东山区客家社会，使用保留大量中原古词汇，反映山区环境和自然经济内涵为主的客家方言。但鸦片战争后，客家人大量迁移东南亚，外语也在侨乡不胫而走，如衬衣叫"恤"(shirt)、商标称"唛"(mark)、水泥曰"红毛泥"(cement)、洋葱曰"荷兰葱"(onion)、马铃薯曰"荷兰薯"(potato)等，反映这种作物转来自荷兰人势力范围的东南亚。也有马来语，如接吻曰"占"(tism)、领带叫"拉西"(tasi)、"拐杖"称"短刮埃"(tongkat)、"饼干"称"罗蒂糕"(roti)、杂货店叫"阿弄店"(alongtiam)等。但无论词汇数量和分布范围都较广府侨乡地区大为逊色。

广东另一个侨乡潮汕的华侨也引进英语，除了与其他地区相同的通常音译或意译以外，还结合自己方言特点，形成不同于广府、客家方言区读音，如商标曰"头目"(mark)、一分钱曰"一尖钱"(tent)、公斤曰"基罗"(kilogram)、百分比曰"八仙"(pecent)等。因不少华侨分布在东南亚，带进不少马来语，如接吻称"斟"(tism)、手杖称"洞角"(tongket)、饼干称"罗的"(roti)、警察叫"吗淡"(mata)、事情叫"巴特"(patut)、市场叫"巴萨"(pasak)、可怜叫"朵隆"(tolong)、铁线称亚铅(ayan)、合意叫(suka)、苦力叫咕哩(kuli)、奶油咖啡叫咕啤(kopi)等皆渗入人们生活用语，使之注入东南亚文化生活情调。而海南侨乡，华侨也主要在东南亚，引进外语与潮汕侨乡相类，有英语和马来语。如英语肥皂称"雪文"(soap)、酒桶称

"旦"(tun)、饼干称"戟"(cake)等，马来语接吻曰"斟"(tism)、苦力叫咕哩(kuli)、警察叫"吗淡"(mata)等，形成与潮汕相类语言景观。

这样，按照外语在侨乡使用多寡，与当地方言结合程度等所形成语言景观差异，广东侨乡大致可分为珠江三角洲、潮汕、海南、梅州四个语言景观区。在珠江三角洲，粤方言为主流语言，英语借词也大量并用，约400多个，并形成由英语、普通话、粤语整合而成"港式中文"。据广州零点公司调查，广州达到八成人爱用英语单词，如yes、OK、bye-bye、风靡各个场合[141]。潮汕与海南同属闽南方言区，但潮汕商品经济发达、外出人口多，外语在侨乡占有优势，一些山区小镇也流行作秀(show)、柯(call)、基佬(gay)、酷(cool)等英语口语。海南和梅州商品经济欠发达，外语多在有一定知识群体中流行，景观空间占用少和单调。

华侨身在国外，须保持与家乡联系。一种旧称为乡刊、族刊，今称为侨刊的民间刊物应运而生，流行于广东侨乡各地，也是一种特殊的文字景观，成为华侨文化的一个重要组成部分。举凡海内外乡亲关心之事，大从国家、市、县时事，小到生养病死、婚嫁喜庆、圩市物价等，无不在报道之列。由于侨刊最贴近华侨利益，故备受侨乡百姓欢迎和支持，不胫而走，是侨乡一道最富乡土气息的文化风景线。据《广东省志・华侨志・广东侨务》载，广东最早的侨刊创于清宣统元年(1909年)，为台山《新宁杂志》。此后侨乡办刊物接踵而起，到1937年，台山侨刊达59种，中山县1949年有42种，开平、恩平、新会也为数不少。番禺、南海、宝安、梅县、潮州、海南文昌、琼海等也陆续发行，但远不及五邑地区多。到1949年新中国成立前夕，侨刊全部停办。新中国成立初，侨刊陆续复办，1955年，广东全省有16种，1959年增至61种。"文革"期间，再度全部停办。1978年起又大发展，到1987年增至107种，其中台山占29种，开平占19种，新会占9种。1978～1987年累计发行864万册，其中1987年就达228万册，近年更多，并发行到世界各地。如著名的台山《海宴侨刊》、开平《教伦月刊》、广州《广州华声》、珠海《珠海乡音》、梅县《侨声》、潮州《潮州乡音》、海南《琼州乡音》等就风行海内外。

广东侨刊地区分布呈高度集中和大分散两个极端。五邑华侨人数最多,集中在富裕的美加,侨乡大量人口依靠侨汇来供养,需更多的信息沟通和往来。珠三角广府地区无论华侨人数和经济实力都次之,通信也较发达,侨刊办得较均衡,每县多为1～2种,最多的中山有7种。而其他侨乡华侨大部分在经济落后的东南亚,侨乡经济也欠发达,所办侨刊自不能与前两地同日而语。

4. 人才文化景观

侨乡民性外向、开放、兼容,深受西方文化浸染,思想活跃,对新鲜事物敏感,他们的言行举止反映了西方价值观念、行为规范等。由此形成文化景观,主要是文化氛围,在侨乡甚为突出。观念文化寓于人物之中,又以其中的各类人才为主。近代侨乡英才辈出,独领风骚。1872～1875年,我国四批留美学生120人,包括容闳、詹天佑、唐绍仪等时代精英,为早期华侨的代表人物。曾国藩、李鸿章奏折说,派幼童赴美留学"属中华创始之举,抑亦古来未有之事"。[142]

留学生中,广东人占多数,其中又以香山(中山)、番禺、南海、顺德等县为主,仅香山一县即有40人,占广东留学生的1/2,故近代广东能首先接受西方先进的思想文化,成为近代思潮的重点地与革命的策源地。梁启超说:"广东人旅居国外者最多,皆见他邦国势之强,政治之美,相形见绌,义愤自生。"又说:"广东言西学最早,其民习于西人游,故不恶之,亦不畏之。"[143]在变革现实、改造中国社会的革命运动中,华侨无不在财力、物力上鼎力支持,更有大批热血青年,远涉重洋,回归祖国,参加辛亥革命、二次革命、北伐战争、抗日战争。孙中山曾发出感慨:"华侨为革命之母。"例如,1911年参加广州黄花岗起义800名"选锋队"(敢死队)中,华侨占500人,黄花岗72烈士中,华侨烈士有30人之多。这说明广东华侨人才产生过巨大的社会效应。

三、广东华侨文化区域分异

从上述各文化景观特点,可见广东华侨文化有鲜明的地域分异,这是基于祖居地地理、历史和侨居地文化背景等差异所致。

1. 广东华侨祖籍地区不同，原文化差异较大

按广东汉人划分为广府、客家、福佬三大族群，故华侨原文化也有这三大差异。这种本根文化，虽然在侨居地会被冲淡或削弱，如华侨后裔可能会放弃一部分母语方言，接受当地语言，一些传统习俗被弱化，但这并不能从总体上改变他们的族群文化特质，本根文化仍是华侨文化的一个根本性特点。

2. 华侨所在侨居地不同，社会经济发展水平、文化特性差别更大

这对华侨文化影响，不仅体现在他们自身，也反映在原居地文化景观。生活在欧美、澳大利亚的华侨，主要受西方近现代资本主义浸染，而生活在东南亚华侨则主要受西方殖民地文化或当地土著文化影响，使原居地文化不得不有这种文化的深刻烙印，但仍以西方文化为影响其文化个性的主流文化，土著文化影响甚为微弱。这都在华侨文化特质上有所反映，它们的差异成为华侨文化区域分异的基础。

3. 侨乡经济水平差异

广东侨乡划分为五大块。一是珠江三角洲广府地区的华侨，主要分布在东南亚，包括印尼、马来西亚、新加坡等地，以工商、种胶、采矿为主业；二是五邑地区的华侨，主要分布在以美加为主的北美洲地区，多以经营餐饮为业；三是潮汕华侨，亦以东南亚为主，包括泰国、柬埔寨、印尼、越南等，以工商业为主；四是东江—兴梅客家华侨则以印尼、新加坡、马来西亚、泰国为主，多为工商、采矿、种胶；五是海南华侨也以东南亚为主，多以种胶、热作和开矿为生。美加华侨较富，其他地区次之，使侨乡经济收入有较大差异。五邑侨乡民初兴起建立大量碉楼，除了社会治安原因，也与华侨有较高收入相关。而在其他侨乡，仅偶见个别规模巨大建筑群。这种经济差异，必然反映到以它为背景的文化景观。海南能够成为我国最大橡胶、热作文化基地，即与华侨在东南亚谋生有很大关系；潮汕华侨集中在以佛教为国教的泰国，故潮汕现在是广东佛教最大的中心，1990 年潮汕的寺庵和僧尼分别为 268 处、13 173 人，分别占全省的 45.8%和

28.2%[144]。潮州新开元寺泰式佛殿与旧开元寺风格不同，即为华侨文化表现。

4. 侨乡人口与华侨人口比例关系差异

华侨与归侨、侨眷是一种正相关，华侨多，一般说来，其在国内归侨、侨眷也必然多。据刘权《广东华侨华人史》统计，广东归侨、侨眷人数约2 000万，其中分布在珠江三角洲粤语系地区的约617万，潮汕语系（汕头、潮州、揭阳、汕尾）地区约580万，粤东北和东江流域客家语系地区的有429万，各占30.8%、29%、21.5%，这三个地区恰是广东主要侨乡，也是三个文化区域。华侨文化与归侨、侨眷多少有直接联系。著名侨乡台山，1998年总人口约100.95万[145]，境外台山籍人口129.6万。后者大于前者，被称为“两个台山”。另一个著名侨乡潮阳，当地人180万，而华侨约170万，几乎对等。而非侨乡的阳江，1987年总人口123.67万，同年，华侨（人）仅1 371人[146]，只及总数1.1%。这样，地方文化景观大相径庭，前两县市异国风情引人注目，而后者则一派本土文化格调。

四、华侨文化区划

从上述可见，华侨文化有地域差异是显而易见的，因而存在明显的分野。划分广东华侨文化区，主要根据以下原则：①华侨祖籍地文化特质的相对一致性；②华侨侨居地文化背景的相对共同性；③现在被界定为侨乡的市县。

按照这三条标准，广东可划分出以下五个华侨文化分区。

1. 珠江三角洲广府华侨文化区

广州、佛山、中山、珠海、深圳、东莞等市为广府文化核心区。华侨多分布在东南亚，近年侨居美加者增多。此区毗邻港澳，深受西方文化浸染，故华侨文化以西方文化为主流。广州骑楼建筑，以爱群大厦为代表的高层建筑，南海简村陈启源创办的继昌隆缫丝厂、广州长堤先施（百货）公司、冯如创办的广东飞行器公司，侨资电灯、公共汽车、戏院等，还有侨资兴办的市政建设、西式学校。特别在精神文化方面，从容闳、郑观应、孙中山到司徒美堂等华侨精英人物的思想言行和华侨创办的多种报刊等，无不展示华侨文化在珠江三角洲的深刻痕迹。

2. 五邑华侨文化区

它是广东重点侨乡，各县市华侨人口超过当地常住人口。华侨主要分布在北美，收入丰厚，侨汇为当地经济主要来源。社会发展水平较高，为华侨文化提供了深厚经济基础。20 世纪初就由侨资修筑广东最早的一条铁路——新宁铁路，中西合璧式碉楼、骑楼建筑密集，遍及大小城乡；侨办医院、图书馆，刊物等很普遍。开平关姓、司徒姓图书馆即建于 20 世纪 30 年代。英语大量渗入当地方言，其文化内涵丰富多彩，但以生活用语为多，而缺乏精神文化用语，这与华侨职业直接相关。如商标称“唛头”(mark)、红苹果称“蛇果”(delicious)、蛋馅饼称“蛋挞”(tart)等，皆为华侨多事餐饮业所致。在台山，这种英语称“台山英语”，多不合语法规范，但也反映了老一辈华侨文化水平，且传承至今。早在 20 世纪 30 年代，仅台城（台山县城）即有冰室、饭馆 200 多家，供应美式、墨西哥式、南洋式饮食，人们对咖啡、面包、牛扒、猪扒、奶油、巧克力一点也不陌生，对西方饮食的接受程度远远超过广州。市面上流行美元、加拿大元、英镑、日元、澳元、港币等，统称“西纸”。台山、开平一些村庄侨居加拿大和南洋人多，自称为“加拿大村”、“南洋村”。在思想文化层面，一些农村妇女敢与男子在宗族祠堂开展辩论，以表示男女平等，这都实为西方文化在五邑地区的投影。

3. 潮汕华侨文化区

主要是二次鸦片战争及潮州（汕头）开埠后出去的华工，以东南亚尤其泰国为侨居地，目前当地潮籍华人在 500 万以上，成立了 400 多个社团[147]。他们在与异国文化和平共处之同时，吸收其成自己文化一部分，并影响到祖居地文化。如潮汕方言所含马来语数量超过英语，侨资所建住宅，竞相高下。俗云：“砂陇祠堂，下关沈厝。”前者指的是晚清马来西亚侨领陈毓宜在家乡所建豪宅，后者即为泰国华侨陈慈黄在前美乡所建大型住宅群，皆为中西合璧建筑。新中国成立之前，当地人依靠侨汇作为生活来源的人口约占总人口 40%～50%。因此，潮汕妇女不干农活和其他重体力劳动，仅作刺绣补家用，形成一个食侨汇社会阶层。潮汕人亲海，在频繁出国回国过程中，形成一些特有风俗，出国送礼曰“送顺风”，还演“顺风戏”，祝愿一路平安。而华侨回乡会得到亲朋一些礼物，称“落马”，同时也赠当地人面巾、水腰带或糖果，是一种人情美和风俗美。潮汕地区各类风俗活动甚盛，不少华侨从海外赶来参加，为当地带来商机，这在改革开放后尤为突出。据《广东省志·华侨志》，投资于 1984 年设置汕头经济特区的客商有 90%祖籍为潮汕的华侨，已成为带动当地经济发展的一种动力。

4. 东江—兴梅华侨文化区

属客家系侨乡，侨汇为部分华侨家庭的主要生活来源。但男子外出成为社会风气，留在当地的妇女承受一切田地和其他劳作，是主要劳动力，与潮汕妇女恰好相反。华侨在祖居地所建住房，同样为中西合璧式，与传统殿堂式客家围龙屋并存。华侨出资兴办公益事业，如修桥、铺路、建医院、办福利等至为触目，并多以文化教育为主，各类中小学校林立，其密度远远超过珠江三角洲，反映了客家人尊师重教传统的文化特点。客家山歌风靡海内外，其中不少是以“卖猪仔”、“过番”等为题材的，这已成为客家侨乡一种重要文艺形式。客家华侨也引进不少马来语，反映了本区文化与东南亚文化的渊源关系。

5. 琼东北华侨文化区

与其他语系侨乡不同，主要由于海南适宜热带作物生长而由华侨引入橡胶等热作文化为著。热作种植园在海南分布广泛，是华侨文化标志。华侨建筑也很普遍，《广东省志·华侨志》载，新中国成立之前，海口市有侨房 1 000 幢以上，1959 年调查，该市房屋有 50%为侨资兴建，不少为西洋建筑风格；海南华侨也很重视教育，解放前文昌县有小学 850 所，侨资支持的不下 80%。1950 年停办的海南大学，此前曾得到华侨广泛支持。海南距离南洋不远，同属热带气候，南洋风俗在海南广泛传播，如海南人喜喝咖啡，尤其是不放糖的黑咖啡；喜吃东南亚式菜肴；姑娘穿大红大花衣服，著木屐、戴草帽等。英语和马来语也渗入海南方言，无处不展示海南华侨文化的独特风格。

五、小结

广东华侨在全国占有特殊的地位，华侨文化是岭南文化的一个重要组成部分，且具有国内和侨居地两个文化源头的特点。在文化各个要素和层面上，主要由于引入外来文化而在土地利用、建筑、语言文字、人才文化景观等方面明显地反映华侨文化所特有的中西文化结合的特质和风格，也为岭南文化多元性、开放性和兼容性的一个重要指征。广东文化区域差异和侨居地文化背景差异，决定了广东华侨文化具有鲜明的地域特色。据此，根据华侨原居地文化相对一致性和侨居地文化相对共同性相结合的原则，广东华侨文化可在广府系、客家系、福佬系文化基础上划分出五个华侨文化区。它们所具有的不同文化个性，反映了广东民系文化与海外文化的紧密关系，并借助华侨文化在两地产生深刻的社会经济影响，改变当地的社会文化风貌。不过，本文主要谈的是对广东原居地影响，对海外影响容另外探讨。

参考文献

[1] 宣统《崖州志》，广东人民出版社，1983 年，第 32～35 页。
[2] 康熙《广东通志》卷 28，《外志》。
[3] 乾隆《琼州府志》卷 3，《风俗》。
[4] 范成大：《桂海虞衡志》，《志蛮》条。
[5] 民国《儋县志》卷 11，宝州牧诗《儋耳》。
[6] 道光《琼州府志》卷 41，《艺文志》。
[7] 卢多逊：《水南村为黎伯淳题》，见宣统《崖州志》卷 2。
[8] 光绪《定安县志》卷 9，《黎歧志 · 黎俗》。
[9] 张天复：《皇舆考》卷九，《广东》。
[10] 韦经照："基督教在海南岛的传播"，《海南大学学报》，1987 年第 4 期。
[11] 彭隆荣："浅谈农垦企业文化建设与思想政治工作的关系"，《海南师范学院学报》，1991 年第 4 期。

[12] 符和积："海南文化的历史渊源与融汇发展"，《海南师范学院学报》，1989 年第 4 期。
[13] 王焕令："行为地理因素对海岛产业发展的影响——以獐子岛为例"，《人文地理》，1988 第 2 期。
[14] 王康弘、耿侃："文化信息的空间扩散分析"，《人文地理》，1998 年第 3 期。
[15] 陈传康："发展文化、区域规划与文化地理研究"，《地理学与国土研究》，1991 年第 3 期。
[16] 司徒尚纪：《广东文化地理》，广东人民出版社，1993 年，第 41～42 页。
[17] 陈伟：《岛国文化》，文汇出版社，1992 年，第 73 页。
[18]《宋会要辑稿》，《方域七》，189 册。
[19]《定安县志》卷九，《黎岐志・黎议》。
[20] 范成大：《桂海虞衡志・志蛮》。
[21]《宋会要辑稿・食货》。
[22]《汉书・地理志》卷 28 下。
[23] 赵汝适：《诸蕃志》卷下，《海南》。
[24] 乾隆《广州府志》。
[25] 范成大：《桂海虞衡志・志蛮》。
[26] 周去非：《岭外代答》卷 4，《风土门・屋室》。
[27] 张庆长：《黎岐纪闻》，全一卷。
[28] 顾山介：《海槎余录》，全一册。
[29] 屈大均：《广东新语》卷 7，《人语》。
[30] 张庆长：《黎岐纪闻》。
[31] 毛奇龄：《蛮司合志》。
[32] 章潢：《图书编》，载《古今图书集成》卷 1391。
[33] 郝玉麟：《广东通志》卷 57，《岭蛮志・俚户》。
[34] 同[33]。
[35] 光绪《崖州志》卷 13，《黎防志一・黎情》。
[36] 雍正《广东通志》卷 57，《岭蛮志・俚户》。
[37] 屈大均：《广东新语》卷 25，《木语》。
[38] 正德《琼台志》卷 7，《水利》。
[39] 屈大均：《广东新语》卷 14，《食语》。
[40] 同[39]。
[41] 嘉庆《海康县志》卷 1，《疆域志》。
[42] 宣统《海康县续志》卷 2，《物产》。
[43] 嘉庆《雷州府志》卷 2，《地理志》。
[44] 同[42]。

[45] 同[39],卷15,《货语》。
[46] 司徒尚纪:《海南开发》,广东省地图出版社,1992年,第56页。
[47] 同[46] 第69页。
[48] 乐史:《太平寰宇记》卷159,《岭南雷州》。
[49] 秦观:《淮海集》卷6,《海康事书》。
[50] 李纲:《梁溪全集》卷24。
[51]《琼山会稿》卷7。
[52] 雍正《广东通志》卷7。
[53] 梁嘉彬:“论明清广东国际贸易与近代中泰之关系”,载黄启臣:《海上丝路与广东古港》,中国学术评论出版社,2006年。
[54] 光绪《崖州志》卷5。
[55] 民国《儋县志》卷5,《坛庙》。
[56] 光绪《定安县志》卷10,《岁时民俗》。
[57] 陈铭枢:《海南岛志》,神州国光社,1933年,第69页。
[58] 道光《琼州府志》卷3,《风俗》。
[59] 张寿琪:《疍家人》,(香港)中华书局,1991年,第129页。
[60] 广东省民族研究所:《广东疍民社会调查》,中山大学出版社,2001年第5、第67页。
[61] 屈大均:《翁山文钞》卷3,《阳江天妃庙碑》。
[62] 金涛:“独特的海上渔民生产习俗——舟山渔民风俗调查”,载王荣国:《海洋神灵》,江西高校出版社,2003年。
[63] 杨万里:《诚斋集》卷16。
[64] 顾炎武:《天下郡国利病书》卷104,广东八。
[65][66] 张寿琪:《疍家人》,(香港)中华书局,1991年,第151~168页。
[67] 刘安:《淮南子》卷1,原道训。
[68] 屈大均:《广东新语》卷1 8,《舟语》。
[69] 周去非:《岭外代答》卷3,《疍蛮》。
[70] 范成大、严沛校注:《桂海虞衡志校注》,广西人民出版社,1986年,第143页。
[71] 蔡绦、冯惠民、沈锡麟点校:《铁围山丛谈》,中华书局,1983年,第99页。
[72] 陈师道:《后山谈丛》卷4。
[73] 王士性:《广志绎》卷4。
[74] 穆章阿等修、李佐贤等纂:(嘉庆)《大清一统志》卷470。
[75] 乐史:《太平寰宇记》卷157,《岭南道》一。
[76] 陈思:《两宋名贤小集》卷365。
[77] 邵浩:《坡门酬唱》卷13。
[78] 黄达:《一楼集》卷9。

[79] 同治《增城县志》卷1,《疍户》。
[80] 梁鼎芬:《番禺县志》卷6,《风俗》。
[81] 屠英等:《肇庆府志》卷3。
[82] 张振江、陈志伟:《麻涌民俗志——岭南水乡社会研究》,汕头大学出版社,2008年版,第360页。
[83] (清)乐钧:《青芝山馆诗集》卷8。
[84] 路平:《广州风物》,广东科技出版社,1991年,第181~183页。
[85] 乐钧:《青芝山馆诗集》卷8。
[86] 李文藻:《岭南诗集》潮阳集,卷1。
[87] 钦琏:《虚白斋诗集》卷8。
[88] 屈大均《翁山诗外》卷7。
[89] 屈大均:《翁山诗外》卷8。
[90] 广州市地方志编纂委员会:《广州市志》卷17,广州出版社,1998年,第83页。
[91] 刘伟铿:"肇庆疍族概说",《岭南文史》,1993年第3期。
[92] 田汝成:《炎徼纪闻》卷4,《蛮夷》。
[93] 邝露:《赤雅》上卷。
[94] 顾炎武:《天下郡国利病书》卷100。
[95] 道光《佛山忠义乡志》卷3。
[96] 林直:《壮怀堂诗集》卷12。
[97] 罗日䌹:《咸宾录》卷8,《蜑人》。
[98] 僧惠洪:《石门文字禅》卷9。
[99] 曾昭璇:《岭南史地与民俗》,广东人民出版社,1994年,第479页。
[100] 屈大均:《广东新语》卷18,《舟语》。
[101] 金武祥:《粟香随笔》卷1。
[102] 光绪《香山县志》卷7,《经政》。
[103] 李贤、万安等纂修:《大明一统志》,卷79。
[104] 道光《广东通志》卷173,《经政略》十六。
[105] 李焘:《续资治通鉴长编》卷276。
[106] 黄钊撰:《读白华草堂诗初集》卷5。
[107] 番禺县地名办公室:《番禺县地名志》(序言),广东省地图出版社,1989年,第1~2页。
[108] 乐史:《太平寰宇记》广东条。
[109] "浮圩山记",载自蔡人群:《富饶的珠江三角洲》,广东人民出版社,1986年。
[110] 曾昭璇、曾宪珊:《宋代珠玑巷迁民与珠江三角洲农业发展》,暨南大学出版社,1995年,第4~5页。
[111] 蔡人群:《富饶的珠江三角洲》,广东人民出版社,1986年,第12页。

[112] 曾昭璇、曾宪珊:《宋代珠玑巷迁民与珠江三角洲农业发展》,暨南大学出版社,1995年,第1页。
[113] 郦道元:《水经注·浪水》。
[114] 曾昭璇、曾宪珊:《宋代珠玑巷迁民与珠江三角洲农业发展》,暨南大学出版社,1995年,第6~7页。
[115] 蔡人群:《富饶的珠江三角洲》,广东人民出版社,1986年,第163~164页。
[116] 蔡人群:《富饶的珠江三角洲》,广东人民出版社,1986年,第5~6页。
[117] 番禺县地名办公室:《番禺县地名志》,广东省地图出版社,1989年,第93~96页。
[118] 曾昭璇:《岭南史地与民俗》,广东人民出版社,1994年,第212页。
[119][120] 王恩涌等:《人文地理学》,高等教育出版社,2002年,第43页。
[121] 司徒尚纪:《广东政区体系》,中山大学出版社,1998年,第141页。
[122]《广东年鉴》,广东人民出版社,1995年,第427页。
[123] 李安山:"中国华侨华人研究的历史与现状概述",载周南京:《华侨华人百科全书·总论卷》,中国华侨出版社,2002年。
[124] Cheu Hock Tong and Jean De Bernardi. The Nine Emperor Gods: a Study of Shinese spiri-mediunl Cults. *JournaI of Southeast Asian Studies*, 1990, 21(1): 238~240。
[125] Anton Graham. Overseas Chinese Investors Combine Past with Profit. *Asian Business*. 17—1 ,1981: 50~51。
[126] 文云朝:"广东侨乡外向型经济优势及其地缘背景研究",《地理科学进展》,1987年第4期。
[127] 管江生:"广州华侨新村密度住宅庭院的树木和景观研究",《地理研究》,1997年第4期。
[128] 广东省地方史志编纂委员会:《广东省志·华侨志》,广东人民出版社,1996年,第255~256、第167~168、第177、第197页。
[129] 司徒尚纪:《广东历史地图集》,广东省地图出版社,1995年,第49页。
[130]《凤岗陈氏族谱》卷7,《家传·秦讷公小传》。
[131] 道光《电白县志》卷20,杂录。
[132] 黄启臣:《广东海上丝绸之路史》,广东经济出版社,2003年,第442页。
[133] 施保鸿:《闽杂记》卷下。
[134] 民国《广东通志初稿》,物产·蔬菜类。
[135] 梅伟强、张国雄:《五邑华侨华人史》,广东高等教育出版社,2001年,第19页。
[136] 刘权:《广东华侨华人史》,广东人民出版社,2002年,第175、第427、第9页。
[137] 林琳:"广东地域建筑——骑楼的空间差异研究",中山大学博士论文,2001年,第19页。

[138]《南方日报》,1997 年 12 月 2 日。
[139] 宣统《海宴都乡土志》卷 4。
[140] 张国雄等:《五邑文化源流》,广东高等教育出版社,1998 年第 111、第 130～134 页。
[141]《羊城晚报》,2000 年 4 月 30 日。
[142] 周一良:《中外文化交流史》,河南人民出版社,1987 年,第 654 页。
[143] 梁启超:“世界史上广东之位置”,载《饮冰室合集》第七册,中华书局,1932 年。
[144] 司徒尚纪:《岭南历史人文地理》,中山大学出版社,2001 年,第 356 页。
[145] 广东省统计局:《1999 年广东统计年鉴》,中国统计出版社,1999 年,第 631 页。
[146]《阳江县志》,广东人民出版社,2000 年,第 1020、第 1128 页。
[147] 陈泽泓:《汕潮文化概说》,广东人民出版社,2001 年,第 140 页。

第四章　港澳文化

第一节　澳门作为中西文化交流的人文地理价值

一个地区的价值，不一定在于它面积的大小、资源的贫富和人口的多寡，在很大程度上还在于它地位的重要性。这个地位，可以是自然地理的，也可以是人文地理的。因为作为人文地理核心的文化是历史的投影和时间的积淀，且它的发生和演进，又离不开特定的地理环境。因此，一个地区的人文地理价值，集中包含了以上因素的价值，在评估一个地区价值体系中具有不可替代的意义。澳门虽为弹丸之地，资源贫乏，人口单薄，但作为我国最早的中西文化交流中心，其文化地理价值巨大而独特，影响深广而且久远，凌驾于我国许多文化名城之上。充分认识和肯定澳门的这个地位和作用，不仅有助于它自身的文化建设，而且对与之毗邻珠江三角洲乃至我国沿海地区文化交流和整合，特别是在西方流行“文明的冲突”论背景下，澳门文化所赋有多元文化共生共荣、圆融互动特點，为减少这种所谓冲突，构建世界不同文化和谐共处地理格局，提供历史经验和借鉴，因而具有跨国界、跨民族的文化意义。

一、构建历史文化名城的基石

澳门是我国中西文化交流最早的中心，这个定位现已为中外人士一致认同，不容置疑。对此，北京大学季羡林教授所指出：“在中国五千多年的历史上，文化交流有过几次高潮。最后一次，也是最重要的一次，是西方文化的传入。这一次传入的起点，从时间上来说，就是明末清初；从地域上来说，就是澳门。整个清代将近 300 年时间，这种传入时断时续，时强时弱，但一直没有断过（中国文化当然也传入西方，这不是我在这里要谈的问题）；'五四'运动，不管声势多么大，只是这次文化交流的余绪。可惜的是澳门在中西文化交流中占十分重要的地位，但注意之者甚少。我说这话，完全是根据历史事实。明末清初传入西方文化者实为葡人，而据点则在澳门。"[1]如果说季羡林教授就这段话指的是20世纪90年代初情况的话，那么，近十年来，尤其是澳门回归前夕，对澳门历史文化研究所取得的果，已在很大程度上改变那种滞后局面，澳门文化定格，使它完全有条件成为一座国家级历史文化名城。这是基于以下根据。

第一，城市发展史。从澳门开埠始，澳门作为一座城市已有约450年历史，虽然较之国内一些文化名城，它较为短浅，但澳门城市发展，城址中心位置固定，空间扩张有序，中轴线明显，功能分区清楚，布局合理，历史文脉既有阶段性，更有系统性、连续性，文化从未断层。一部城市发展史，也是中西文化交流在澳门的历史，这个特殊性在内地历史名城中是罕有的，甚至是独一无二的。

第二，厚重的文化积淀和结构。考古发掘显示，澳门文明史可追溯到6 000年前，人类已揭开海洋文明史的第一页，以后随着历史发展，经过青铜时代、封建时代和殖民统治时代，到今天"一国两制"下资本主义时代。澳门厚重的文化积淀在每个时代都有它的历史剖面，清楚展现了那个时代的文化风貌，特别是近400多年的历史演变在文化上留下了深刻的印记，是澳门最可宝贵的文化财富，这是其他城市难以望其项背的。而这个厚重的文化积淀层，包括了早期由土著南越人创造的底层的南越文化，由中原汉文化融合南越文化、荆楚文化、吴越文化、巴蜀文化以及印度文化、阿拉伯文化等形成的中层的广府文化，主要由于葡萄牙对澳门实行殖民统治而形成的表层西方文化。这三种文化结构在时间上延续了5 000年，但在空间上都是并存的，各占有自己的位置。澳门使用粤方言，崇拜广府人共同神祇，流行广府人风俗、饮食习惯，是广府文化空间占用的一座典型城市；葡萄牙殖民者侵略、经营澳门400多年，西方文化在澳门至为触目，史迹斑斑，为澳门涂上了一层最鲜明的文化色彩。这三种文化组成的澳门文化体系，是澳门作为一座历史文化名城存在的最基本依据。

第三，特色鲜明的城市文化景观。悠久的文化发展历史，尤其是400多年中西文化在澳门交流、整合，形成了澳门特色鲜明的城市文化景观，布满旧城区的大街小巷，包括可视和可悟的文化景观。前者如形形色色古建筑、公私园林、风俗活动、饮食习惯、娱乐消费等，后者如价值观念、文学艺术、语言、地名（亦可视）等。小小一个澳门，西洋教堂就有20多座，中式庙宇40多座，在国内城市中恐绝无仅有。据悉，澳门特区政府查明、评定的具有历史文化价值的建筑物已有128处，如妈阁庙、港务局大楼、郑家大屋（郑观应故居）、仁慈堂大楼、圣若修院及教堂、大三巴牌坊、旧城墙遗址、大炮台、东望洋炮台、岗顶剧院（伯多禄五世剧院）、哪吒庙等，它们是我国境内保存最古老、规模最大、保存最完整、地域最集中的历史建筑群。这仅为单个文物或建筑，它们固然是支持名城的基本构件，但作为历史文化名城，还有传统街区（社区）和城市整体风貌。在澳门到处可感到这种历史的真实和它们存在的空间形式。例如，上述历史建筑主要集中在澳门半岛南部，成为名城传统文化区，如白鸽巢公园一带有葡国诗人贾梅士纪念祠、东印度公司所在地、许多西洋名人的基督教坟场和老教堂，为西洋传统文化集中街区。而半岛北部以及氹仔、路环两岛现代化建築，则是现代文明的结晶。那里“石屎森林”通街连片，人在其中，如置身谷底。传统与现代两种文化景观，在澳门泾渭分明，昭示了这座城市文化空间的差异，但无论城市那个部分，都凝聚着中西文化的有机结合，洋溢着它们浓厚的文化气息。这恰是澳门文化优势所在，也是构成历史文化名城的硬件。

当然，澳门历史文化景观，有的失于调查和整理，还“养在深闺人未识”，或布满历史灰尘；有的保护或开发利用失当，遭到不同程度的损害；而就澳门城市文化整体风貌而言，也存在各个文化景观的空间组合问题，也都有待于进一步调查研究。

二、中西文化交流史的科研基地

澳门文化就其400多年的历史而言，作为中西两种异质文化双向交流和多元文化融合的产物，它对于中国文化和世界文化的重要意义是毋庸置疑的，这也是澳门文化最独特、最精彩之处。据研究，估计收藏于世界各地包括十多种东西方语言文字的澳门历史文化档案，总数约有150～200万件，其数量是敦煌文书的数十倍[2]，其中一部分藏于澳门图书馆。而时下，对澳门文化的研究，以泛论的成果居多，而专门研究澳门自身的社会文化史、政治文化制度史、宗教文化史、交通史、艺术史、建筑史等，尚很薄弱，成果也很单薄；研究澳门与内地、与海外各个文化要素和文化层面的交流、整合和影响等，就更为寥落，亟须进一步开拓和加强。这在全球经济一体化潮流日渐强大，文化差异作用日益凸显的背景下，这种研究尤为必要。例如，澳门与珠江三角洲本为同一个地理单元，虽然它们历史发展进程有差异，也造成了文化特色的差异，但两地割不断的地缘、族缘、亲缘、史缘等关系，又形成彼此同有很多共同文化特质和风格，同为广府文化区一部分。这种区域文化同历史和空同关系，都有许多项目应予深入探讨。至澳门在中西方两大文明体系之间交往历史，文化相互交流和采借，它的动因、方式、作用以及正面和负面效应等，都应有一个全面、系统的研究。这方面虽已有一些成果，但仍流于片断、零散，应充分利用澳门在文献资料、文物古迹优势，以及名人活动、风俗习惯、市井风情、俚语歌谣等方面文化资源，开展多因素、多层面和综合性研究，有望取得填补空白和创新成果。澳门作为中西方文明的连接点，它对这种研究的价值是世界很多城市无法比拟的，也是不可能替代的。

三、多元文化共生共荣、圆融互动

在独特历史背景产生、发展澳门文化，其多元性和兼容性或包容性是其最大文化特质，由此形成多元文化共生共荣、圆融互动的文化态势和格局，是内地乃至世界许多区域文化所欠缺的。澳门文化可谓是这种文化关系的典范，也由此决定了澳门作为历史文化名城的世界性的文化意义。

澳门在葡萄牙长期殖民统治下，其文化并不像世界上一些殖民地那样本土文化被取代而西化，反而在与西方异质文化碰撞、交流中创新发展，形成独具一格的澳门文化。这与香港文化有共同之处，但澳门文化有比香港文化更久远的历史渊源和兼具拉丁文化特色。在文化各个要素和层面上，澳门文化的多元性和兼容性，与香港文化相比，虽不能说更胜一筹，至少是在伯仲之间。在城市景观方面，澳门兼具地中海式建筑和中国南方建筑风格，如妈阁庙、莲峰庙、普济禅院等，即体现中国传统文化在澳门的延续和发展；而大三巴牌坊、圣明戈堂、圣珊泽宫、南湾宫、陆军俱乐部、峰景酒店及 20 世纪竣工的白宫、永乐邨等则带有鲜明欧洲古典主义和新古典主义色彩。还有数量更多中西合璧建筑风格体现于四处可见的教堂、庙宇、堡垒、亭阁、民居、店铺、花园、广场、墓地之中，中西文化在这些景观上浑然一体。

在宗教文化方面，澳门教派林立，却能长期共存、各行其道、各得其所、相互推动，使澳门成为一座充满宗教气氛的城市。据 1991 年统计，澳门常住人口约 35.6 万，宗教信徒约为 13.9 万人，占 39%，这并不包括一般烧香拜佛的善男信女，而指佛教、天主教、基督教、伊斯兰教、巴哈伊教、摩门教、基士拿教、神慈秀明会等其他宗教。信徒中有中国、葡萄牙、英国、泰国、菲律宾等国居民[3]。至中国民间信仰更多、更杂，包括妈祖、洪圣爷、朱大仙、三婆神、水仙姑、龙母等海神，曹大仙、黄大仙、谭公、炎帝、吕祖、鲁班等可归入道教的诸神，以及怪石、古树名木等杂神，都可以在澳门找到自己的位置，且互不干扰地占有神圣空间。例如，莲峰庙所供奉的不仅有佛教神像，还有道教诸神，以及一些神化了的历史名人和民间崇拜偶像，包括炎帝、天后、文昌帝、神农、痘母金花娘娘等，皆入神仙之列，享受奉祀。而崇拜者也不一定专拜某个神明，反正有一个神灵，就达到目的了。

澳门人口构成复杂，来自不同国家和地区，各有自己的方言和次方言，在这个现在只有 40 多万人口的城市里，流行有汉语及其使用的普通话、粤、闽、吴、客家等方言、英语、葡萄牙语，以及马来语、泰米尔语等，被称为“语言博物馆”。澳门城市人口少而集中，族群交往频繁，语言相互影响和多语现象甚为普遍。例如，葡语方言以葡语为基础，同时吸收了粤语、马来语、英语、西班牙语等成分；反之，粤方言中也融进了葡语词汇，使澳门粤方言有别于香港和广州粤方言，从侧面反映了澳门语言多元性和包容性。澳门华洋杂处，风俗文化五光十色、斑驳复杂，然相互之同融会贯通，你中有我，我中有你，不但相安无事，而且相互影响，蔚为大观。华人春节、元宵节、清明节，天后诞、浴佛节、端午节、盂兰节、中秋节、重阳节等传统节日也为土生葡人与华人一起欢度；西方情人节、父亲节、母亲节、圣诞节、复活节、追思节、圣母无原罪瞻礼、花地玛圣母在葡显圣日等也得到澳门华人的尊重和接受。在回归前澳门公众假日中，中国传统节日有六个，西方节日有五个，实际上无论中外人士都共同度祝和分享节日欢乐。澳门饮食文化也多彩多姿、饱人口福。粤菜、潮州菜、闽菜、客家菜、川菜、淮扬菜、上海菜、北方菜等中式菜固然大行其道，葡国菜、法国菜、马来菜、越南菜、印尼菜、缅甸菜、日本菜、意大利菜等也占有一席之地，且互相采借，取长补短，使澳门饮食敢与广州、香港一样驰名天下。但各族群仍保持自己传统饮食、食物禁忌和进餐礼义。这堪为澳门文化包容性的一个缩影。

葡人治理澳门期间，留下“土生葡人”这个特殊群体。他们认同葡萄牙，但又视澳门为自己生长故乡；他们受葡式教育和接受葡国文化，保持葡人生活方式和习俗，但又受中国文化浸染，部分接受中园文化，主要是广府文化；他们信仰天主教，但也有不少人供奉观音和妈祖；他们识葡语，也嗜好粤菜。土生葡人生活在中西文化边缘，两种文化都在他们物质和精神文化层面上处处表现出渗透和交融，而不是对抗与冲突，实是中西文化在澳门长期交融、和平发展的结果。故澳门文化这些特质，备受中外人士高度秤价。国际古迹遗址理事会名誉主席罗伦·席尔瓦指出：“澳门是今天世界独一无二的中西文化熔炉。”[4]联合国和平奖得主、日本著名学者池大作教授20世纪90年代评论澳门文化：“人们发现澳门从来就是一个各种思想相互宽容的社会。在澳门，葡萄牙的人文主义和中国的宇宙观和谐相处，中西文化互相尊重，互相学习。澳门这种开放而兼容并蓄的精神给各国不同文化增添了光彩。不言而喻，澳门文化将像灯一样，给这个不安宁的世界带来光明和希望。”[5]当今世界上一些地区发生的矛盾和冲突，其中一个重要原因是文化冲突，而宗教冲突又是其中最直接原因和导火线。要缓和与消除这种冲突，化干戈为玉帛，方法自然很多，但典范或榜样的作用也是不容忽视的。澳门作为多元文化荟萃的地区，不是说历史上没有任何冲突和对抗，这样的事件发生过多次，但在付出沉重的代价以后，不同文化的兼容毕竟占了上风，并朝着继续发展的道路前进，终于形成了今天多元文化共生共荣、圆融互动的局面。总结这方面经验教训，导出其中发展规律，尤其寻求不同文化融合点、和平共处的奥秘，以供有关国家地区解决类似问题参考，澳门是个不可多得的成功范例。

四、文化辐射之源

历史上澳门作为欧亚海上贸易枢纽和广州外港，中西文化荟萃，积聚了强大的文化势能，必然对周边地区乃至海外发生文化辐射，形成文化区域效应，推动了这些地区文化和社会经济的进步。

在以澳门为中介的西风东渐形势下，西方资产阶级的政治、经济、技术等先进文化假道澳门进入内地，使许多人耳目一新，对中国古老的封建生产方式是一个很大的冲击，加速了在封建社会内部已经孕育的资本主义萌芽生长。例如，明中叶以后，通过澳门出口丝数量大增，珠江三角洲兴起劳动密集型桑基鱼塘的土地利用方式，劳动力成为商品，开始在市场上买卖。到清康熙年间，甚至深处广东内陆的梅州也出现劳动力市场，志称“嘉应州畲坑堡，土俗正月五日趁圩者不贸易，凡雇倩春作雇役者，于是日订议，谓之春哥圩”[6]。时洋船来往澳门，远航欧洲、日本和中南美洲。在这个市场上，仅有劳动力这种商品在买卖。明中叶以后珠江三角洲出现专业性经济作物生产和集中分布局面，主要为满足澳门商品出口所需。当时流行一首竹枝词反映了为种状况：“呼郎早趁大岗圩，妾理蚕缫已满车。记问洋船曾到几,近来丝价竞如何。”[7]由商品生产又引起三角洲城镇大量出现和兴旺,佛山即为明中后期发展起来广东四大镇之一,与澳门外贸发展息息相关。凡接近澳门州县,圩市数量和密度比过去大增。据嘉靖年间统计,广东各府州圩市共439个,位处珠三角的广州府为136个,占31%,其中顺德由过去11个增加到36个,东莞由12个到29个,南海由19个到25个,新会由16个到25个。[8]有些圩市发展为城镇,如新会江门、东莞石龙、增城新塘等,它们作为三角洲各级经济中心,直接或间接地与澳门作为广州外港出口功能有关。故屈大均有诗曰:“广州诸泊口,最是澳门雄。”[9]这反映了澳门由贸易引致对内地文化的辐射作用。

澳门文化对内地辐射,包括欧洲文艺复兴以来科技、制度、精神文化各个要素。这种影响的评估,已见于许多论著,兹从略。但其中的宗教在当时已以强劲之势,传播珠江三角洲等。例如,1576年在澳门成立主教区,即控制了整个中国、日本、朝鲜,至东南亚各地教会,澳门成为世界性宗教活动中心之一。广东各地有许多人入教,尤以珠三角地区为甚,“礼拜之期,附近南(海)、番(禺)、东(莞)、顺(德)、新(会)、香(山)各县赴(澳门)拜者,接踵而至,间有外省之人,唯顺德县紫泥(今属番禺)人最多”[10]。清政府曾一度下令禁止赴澳礼拜,但收效甚微,可见澳门作为宗教基地对珠三角文化的影响非常深广。澳门又是孙中山接受西方文化和从事革命活动的基地,保存至今的中山纪念馆、卢九花园,镜湖医院(已改建)、草堆街的中西药局等,即展现了这种历史情结和影响。当然,中国文化也通过澳门传播海外,包括儒家经典、地理、文学艺术、园林建筑、中医中药、生活习俗等,对欧洲社会同样产生重要影响,如欧洲人饮茶、乘轿风气,即是从澳门传播过去的。

五、为振兴澳门经济服务

文化背景对经济发展和经济合作的重要作用是举世公认的,而任何经济的发展都需要文化桥梁,经济发展成就本身就凝聚了科技文化成果。澳门经济地位虽然在鸦片战争以后被香港取代,但它作为中西文化交流中心历史惯性的作用并没有泯灭。鸦片战争前，先进的中国人就是通过澳门学习和引进西方先进文化的。20 世纪 70 年代以来，澳门经济得到复兴，现已发展为珠江三角洲一个重要的经济中心。鉴于澳门经济资源等欠缺，旅游、博彩业已成为澳门的支柱产业。而有着深厚历史积淀和丰富多样的澳门文化恰是澳门最大的优势，故有论者指出："多个世纪以来的文化汇集，形成澳门本身的特征，使澳门成为富有旅游特色吸引力的地方，除了特别的乡土人情外，本澳是唯一能到处体现东西文化融合的地方。"但长期以来，澳门经济主要偏重于博彩业，这固然无可厚非，而且事实上博彩业也是澳门经济的龙头和支柱，但一枝独秀犹嫌不足，深入开发澳门旅游资源将进一步扩大和深化博彩业内涵，增强澳门经济实力。澳门特区行政长官何厚铧在 2000 年首份施政报告中就强调"强化（澳门）中西文化交汇这一特质，将进一步突显澳门旅游独特性和吸引力"；"发挥独特优势，扩大旅游效益"。[11]在以后特区政府施政报告中，都重申了这一战略思想。而发展澳门旅游业的重要出路是开发它的历史文化资源，这对提高澳门旅游文化品位和层次是不可或缺的。尤其是澳门文化的拉丁文化渊源与特色，使它与拉丁语系国家和地区保持着天然的语言、宗教、习俗文化联系，这是吸引这些国家和地区游客的最有利条件，是其他旅游城市所不具备，因而是独有的。这又可以带动商贸、投资、保险、电信、科教、传媒、社会服务等行业发展，对澳门经济振兴和繁荣有着重大现实意义，也是澳门旅游业发展的一种必然趋势。

六、小结

澳门作为中西文化交流在我国是最早的中心，是特定历史背景下的产物，它所留下的宝贵文化遗产，并不因历史进程的完结而失去其文化价值。在当代条件下，它是构筑澳门作为历史文化名城的基石、研究中西文化交流史和相关学科发展史以及文化辐射区域效应的资料宝库，也为研究不同文化接触、交流，建立彼此之间和谐共处关系提供一种借鉴范例或模式。而随着旅游产业在世界兴起，对澳门这样狭小的地理单元，这种文化资源的旅游开发利用，将为澳门经济注入新的生机和活力，带动相关产业发展，使整个澳门受惠。因此，无论从那个角度和层面审视澳门历史人文地理的价值，它的主流是健康向上的，有利于人类文明和进步的，从总体上说澳门文化就是一种时代先进的文化。当然，澳门文化作为特定历史条件的产物，也有它落后，甚至是腐朽的一面，但这不应妨碍对它的总体评价。值得注意的是，明清时期以澳门为中心的中西文化交流始终是跟上世界近代化进程开展的，它有力地促进了中国和欧洲社会的变革，因此它的效应是双向的，所以它得到当时德国启蒙思想家莱布尼兹(Leibniz)热情讴歌，称赞“这是一次互相的启蒙”，是那个时代最大的事情，其伟大意义将超越人们的想象[12]。今天结合莱布尼茨这个预言来评价澳门及其文化历史价值，这位思想家具有何等异乎寻常的卓识远见。由此也将给人们以启迪，在中国改革开放、建设现代化社会主义强国的进程中，积极大胆地吸收人类一切文明成果，借以发展和壮大自己，又是具有多么重要的意义。从这个立场上回眸澳门的历史文化价值，无疑有助于对它作出公正的评价。

第二节　中西合璧的澳门文化

澳门在中国文化史上是个非常特殊地方，以其海陆交接的地理区位和港口条件，成为16世纪以来中西海上贸易港口，也是中西文化最早接触、交流的中心，深刻影响中国历史进程和对外文化传播。澳门的历史地位和作用，直到鸦片战争后香港的崛起才被削弱和取代，但却在中国文化史上留下一堵不朽的丰碑。

一、澳门文化形成的地理环境

澳门在珠江出海口西侧，为香山县(今中山市)南端一个半岛。另有濠镜、镜海、镜湖、濠海、海镜、海觉、濠江、莲洋、濠镜澳、香山澳、龙崖门、马交之称。澳门半岛上原有妈祖庙，福建人称为“阿妈阁”，葡人读为

"Macou",外人读为"马高"。半岛南部耸立氹仔和路环两个离岛。据1840年资料记载:澳门半岛面积为2.78平方公里,后经泥沙淤积和人工填海,面积不断扩大,1910年为3.35平方公里,1927年为5.422平方公里,1993年达7平方公里。而氹仔岛和路环岛1910年面积分别为1.78平方公里和5.61平方公里,到1993年相应增至4.5平方公里和7.8平方公里,同年整个澳门地区为19.3平方公里,到1997年发展到21.45平方公里,现今又扩大到32.8平方公里。有幸的是,由于受地球自转偏向力(即柯氏力)的影响,珠江出海泥沙,向西漂移,沉积在澳门附近水域。这一方面使澳门可以从水中得到宝贵的土地,以供城市扩张;另一方面,泥沙沉积又使港口淤浅,影响船舶停靠和出入港。在帆船时代,船只吃水浅,这对澳门影响不大,但到海轮时代,澳门港水深不足以容纳巨轮,由此逐渐失去海港地位。作为海上贸易枢纽,澳门经济生命线被切断,澳门自此一蹶不振,唯以博彩业作为其经济支柱,不过这是后话。澳门半岛附近,东面有东澳山、九星洲和九洲洋,再东为伶仃山和伶仃洋,更远为香港岛;西面隔濠江与对面山、马骝洲、灯笼洲、文湾山、磨刀山等岛屿相望;西南面则与蛇尾岛、鸡颈岛、大小横琴岛等对峙,形成"十"形水道,称"十字门"。屈大均《广东新语·货语》有"洋船争出是官商,十字门开向二洋"之句,即说十字门为澳门通南海和珠江内河交通咽喉。

澳门又处在东南亚与东北亚海上航线的中继点上。其东北距离日本东京约2 500公里,西南到新加坡约2 600公里,东南至菲律宾马尼拉约1 200公里,北上广州约105公里,与后起香港仅61公里。澳门这个适中区位使它拥有广阔的海向腹地和陆向腹地,连接东西方,深入中国内地,为名副其实的国际交通枢纽,海上贸易兴盛300多年,伴此而来的中西文化交流,也以澳门为中心展开。

二、澳门中西文化交流中心的形成和影响

15世纪地理大发现以后,16世纪欧洲殖民主义者东来,寻找黄金、市场、掠夺劳动力,开始了海盗式的殖民活动,也揭开了"西风东渐"的序幕。

澳门优势的国际交通枢纽区位，很快被欧洲殖民主义者看中。万历《广东通志·澳门》载："嘉靖三十二年(1533年)，夷舶趋濠镜者，托言舟触风涛缝裂，水湿贡物，愿借地晾晒，海道副使汪柏徇贿许之。时仅蓬累数十间，后工商牟奸利者，始渐运砖瓦木石为属，若聚落然。自是诸澳俱废，濠镜为舶薮矣。"澳门很快发展成为国际公共居留地，不同肤色、国家和民族的人群接踵而来，或在澳等机会进入内地，西方文化借此在澳门登陆、扎根生长，使之成为一座为多元文化的交汇城市。特别是西方宗教，首先在澳门立足，继向内地传播。1576年罗马教皇在澳门成立天主教区，负责远东地区天主教传教事务，第一站便是广东。1565年在澳门成立圣保禄公学，1609年升格为圣保禄学院(俗称大三巴)，成为澳门历史上第一所高等学校，招收学生大部分为欧洲传教士和一部分中国、日本修读生，通常每年有学生50人，最多时80人，最少时28人。曾在这家学院攻读毕业并入华传教的耶稣会士约200多人，占明清时期入华传教会士472人的50%左右。如颇负盛名的耶稣会士郭居静(L'azzaro Cattaneo)、龙华民(Nicolao Longobardi)、庞迪我(Diego Pantoja)、熊三拔(Sabatino de Urssis)、艾儒略(Giuio Aleni)、金尼阁(Nicolas Trigault)、汤若望(Johann Adam Schall Von Bell)、卫匡国(Martno Martini)、南怀仁(Ferdlnand Verbiest)等，他们不少人是研究中国文化的学者，出版了不少成果，为中西文化交流作出了贡献。中国天主教徒在这所学院进修神学的约有30多人，几乎全为澳门人，个别为广东新会、陕西城固、江苏常熟人，他们有中国文化背景，对传播西方宗教也发挥了重要作用。圣保禄学院在1835年毁于大火，仅剩框架，供人瞻仰，今已成为澳门名胜、著名旅游地[13]。

澳门中西文化荟萃，具有很高的文化势能，形成向外传播之势。这包括西学东传和中学西传的双向运动，在当时世界上也是罕见的。经澳门传入中国内地的主要有数学，如由利玛窦口授、徐光启译的欧几里得《几何原本》(1606年)，与徐光启合译的《测量法义》(1607年)，利氏口授、李之藻译的《同文算指》(1613年)以及二人合著的《测量异同》(1613年)等书，钱宝宗的《中国数学史》称它们"在中国数学发展史上是为西方数学传入中国之始”。另有艾略儒口授、瞿式耜笔录《几何要法》(1631年),邓玉逐著《大测》、穆尼阁著《比例对数》、《天步真原》,杜德美著《周经密率》等,对中国近代数学发展起了巨大推动作用。《几何原本》一书内容至今仍在中学使用。此外,利玛窦还带来了西方天文学、历法学、地理学、地图学等。西医学和西药学也以澳门为嚆矢,传入内地。1569年,卡内罗在澳门开设中国第一所西医院,分内外两种和化验,甚有疗效。此后西式医院在澳门相继兴起,还办起专门性眼科医院,免费为患者治疗,据悉五六年间有6 000名病人受惠。同时,英国医生琴纳于1781～1800年向中国介绍牛痘接种法,以预防天花。1805年,英国医生皮尔逊在澳门种牛痘获得成功,并著《牛痘奇书》,后被译成中文出版。此后,种牛痘医术传入广州等地,首先在广州十三行接种,30年间累计有100万儿童接种,效果甚佳,很快推广至全国,深受中国百姓欢迎和赞扬。南海诗人伍秉镛写诗为证,高度评价这一医术的盖世之功,其中曰:

人事补天天无功,天心牖人人乐从。
牛痘自种始夷域,传来粤海今成风。
等此批却导大窍,化尽险厄调鸿蒙。
爷娘未省喫惶恐,保尔赤子硕且丰。

此外,物理学和工程物理学、水利学、建筑学和建筑技术等自然科学基础理论和应用技术也假道澳门传入内地,对中国科技进步功不可没。

澳门同样是西方人文社会科向内地传播的基地,这包括语言学、音韵学、哲学和伦理学,以及美术、音乐等,有些先在澳门流行,继而扩布内地。当然,这些西方科技和人文社会科学是伴随耶稣教士一起传来的,仅是达到传教目的一种手段,但无论如何,这对开启封闭、保守下的中国人眼界,扩展他们视野,以及初步应用于实践,贡献匪浅。

中西文化交流是双向、互动的,在西学东渐之同时,也开始东学西传,经澳门由耶稣会士传入欧洲的中国文化同样是发轫于明末的一个时代潮流,这包括了中国儒家哲理、重农经济思想、语言文学、古典文学、医药学、数学、工艺美术、绘画和建筑艺术、中国风俗等。据粗略统计,16～18世纪耶稣会士翻译中国典籍及他们所撰汉学著作共82种，涵盖多个学科领域，比较重要的有《四书》、《五经》、《大学》、《中庸》、《论语》、《诗经》、《六经》、《孝经》、《幼学》、《赵氏孤儿》、《易经》、《皇舆全览图》、《中国通史》、《中华帝国志》、《中国植物志》、《满法字典》、《孔子传》、《历代名贤传》等。这些中国文化对西方国家产生了深远的影响，至今仍未泯灭。儒家学说传入德国，引起德国近代古典哲学的振荡。德国古典哲学家莱布尼兹是儒家学说的真正引入者，也由此成为这个学派的创始人。1697年他在《中国近事》一书中，指出："欧洲文化的特长在于数学的、思辨的科学，就是在军事方面，中国也不如欧洲，但在实践哲学方面，欧洲人就大不如中国人了。"而中国重农思想，则促进了法国和英国古典政治经济学的形成。法国重农学科创始人魁斯奈研究了从澳门传入的中国经籍，研究了伏羲、尧、舜和孔子思想，吸取他们的自然秩序、自然法则思想精髓，1758年写成《经济表》，1767年著有《中国的专制制度》、《自然法则》等书，提倡以农为本，只有农业才能增加财富，要求政府改变轻视农业观，改变妨碍农业的政策。英国古典政治经济学家亚当·斯密吸收了孔子"天然自由"和司马迁"自由经济"的思想精华，写成《国富论》，成为政治经济学经典名著，至今仍不失其意义。明末清初，中国才子佳人小说《好逑传》被在澳门、广州的生意英国商人魏金森译成英文，在欧洲引起极大的反应，后又出版法文、德文、荷兰文本和编译本达20多种。著名诗人歌德高度评价："中国人有千万部这样的小说，他们开始创作的时候，我们的祖先还在树上生活呢!"中医学和中药学传入欧洲后，不但为当地人用于治病，而且为科研提供了宝贵材料，达尔文的《人类的由来》、《动物和植物在家养下的变异》多处引用《本草纲目》。中国瓷器、造园艺术、漆器为欧洲人所青睐，广州油漆家具被运到英国，登上大雅之堂。中国茶叶运到欧洲，诱发欧洲人饮茶成风，尤以英国人为甚。连坐轿这种风俗，也由澳门传入欧洲，法国人竞相生仿效，成为时尚。诸如此类，说明中西之间，从物质文化到非物质文化各个层面和领域在明末以后都以澳门为中心发生了频繁交流和相互效应，使弹丸之地的澳门为举世瞩目而载入中西文化交流史册。这恰如北京大学教授季羡林1993年为陈炎教授著未刊稿《海上丝绸之路与中外文化交流》一书所写序言指出："在中国五千多年的历史上，文化交流有过几次高潮。最后一次，也是最重要的一次，是西方文化的传入。这一次传入的起点，从时间上来说，是明末清初；从地域上来说，就是澳门。整个清代将近300年时间，这种传入时断时续，时强时弱，但一直没有断过。（中国文化当然也传入西方，这不是我在这里要谈的问题）；'五四'运动，不管声势多么大，只是这次文化交流的余绪。可惜的是，澳门在中西文化交流中这十分重要的地位，注意之者甚少。我说这话，完全是根据历史事实。明末清初传入西方文化者实为葡人，而据点则在澳门。"[14]其中代表人物即为被后人誉为"沟通中西文化第一人"的利玛窦，入粤传教12年，将文艺复兴以后的西方科技文化首先传入广东，继而又扩散到其他省区，岭南文化自此注入了新的养分和活力，为后来发展为时代先进文化奠定了历史基础，从这个意义上说，利玛窦是一个划时代的人物，也是中西文化融合的象征。

三、澳门文化的多元特色

澳门特殊的政治、经济、文化和社会背景，其共同的作用是推动了澳门文化的多元发展。中西两种异质文化在此相遇相交和碰撞，经过400年的融会、沉淀和累积，产生了独特的澳门多元文化结合的模式，表现出和谐多于冲突、平衡多于对抗、包容多于分离的特性。这种相互影响更以螺旋向上的循环方式带动了澳门整体文化的发展。著名学者池田大作指出："人们发现澳门从来就是一个各种思想相互宽容的社会，在澳门，葡萄牙人文主义和中国的宇宙观和谐相处。中西文化互相尊重，互相学习，澳门这种开放而兼收并蓄的精神给予各国增添了光彩。"澳门文化的多元性，不仅反映在作为文化载体的移民，而且表现在城市建筑、宗教、语言、节庆习俗等方面，更体现于澳门的特殊族群——土生葡人。

1."华洋杂居"的移民文化

澳门自开埠以来，就是一个以华人为主体、华洋杂居的移民社会。澳门开埠初的1555年只有4 000人，1580年就增至20 000人，移民是人口增长的主要因素。历史上的几次人口的大变动，也都与移民的迁入、迁出有关，其中主要是来自于中国内地各省份移民和海外归侨。此外，澳门还汇集了众多的葡萄牙人、英国人、西班牙人、意大利人、德国人、法国人、瑞士人、日本人、印度人、越南人、马来西亚人、柬埔寨人、非洲黑人等。他们来自于不同的国度，拥有不同的肤色，属于不同的种族，带来了不同的风俗习惯、宗教信仰和文化传统。按1991年人口普查，澳门出生的人口仅142 697人，占总人口的2/5，而非澳门出生的移民占3/5。可见，澳门是一个移民城市。人是文化的载体之一，这种混合型的人口结构必然会赋予澳门更为丰富深厚的文化内涵[15]。

2. 浑然一体的城市建筑

澳门兼有欧洲地中海式的建筑和中国南方城市的建筑。妈阁庙、莲峰庙、普济禅院等典型的中国建筑体现着中国传统文化在澳门的延续和发展；大三巴牌坊、圣明戈堂、圣珊泽宫、南湾宫、陆军俱乐部、峰景酒店及20世纪初建成的白宫、永乐邨，岗顶花邨等则带有鲜明的欧洲古典主义和新古典主义色彩。还有更多中西合璧的建筑风格体现于随处可见的教堂、庙宇、堡垒、亭阁、房屋、店铺、花园、墓地、广场等，名胜古迹与人文景观浑然一体，构成了独特的文化魅力。这些建筑无不彰显了澳门文化的海洋性风格。如大三巴左边两根圆柱有一幅浮雕"圣母护航"，上刻与暴风雨搏斗的三桅船、水波纹和美人鱼，为东来航海家的形象和幻想。至今，澳门大街小巷地面上仍绘有水波纹、鱼、螃蟹、海马、贝类、水鸟、锚、舵、帆、船等图案，充满海洋意象。

3. 林林总总的宗教信仰

澳门是一座宗教色彩甚浓的城市，宗教信仰种类繁多，教派林立，却能长期共存，各行其道。据1991年的统计数据，澳门常住总人口为355 693人，宗教信徒为139 418人，占39%。这并不包括一般烧香拜佛的善男信女。中国人多信奉佛教、道教，重视祖先崇拜。民间信仰众多，如妈祖、洪圣爷、朱大仙、三婆神、水上仙姑、悦城龙母等海神以及黄大仙、曹大仙、谭公、关帝、吕祖、鲁班等。此外，澳门是天主教、基督教的东方基地，教徒众多，势力较大。其他外来宗教还有伊斯兰教、巴哈伊教、摩门教、基士拿教、神慈秀明会、新使徒教会等。这些教派和分支的教堂、庙宇在澳门都得以保存，教堂的钟声与寺庙的晨钟暮鼓此起彼伏，耶稣圣像出游活动可以同妈祖诞或关帝诞的拜神活动同时进行，成为澳门的特有景观[16]。

4. 世界性语言博物馆

澳门的语言是多元性的，这是由它复杂的人口构成所决定的，来自不同国家的人有自己的语言，来自中国内地的也有各自的方言和次方言。在这个只有 40 多万人口的城市里，有汉语（包括普通话及粤、闽、吴等方言）、英语、葡萄牙语等不同国度的语言被同时使用，甚至还有讲马来语和泰米尔语的人群，因而有人将其称为"语言博物馆"。据 1991 年的人口普查统计显示，在澳门 3 岁以上的居民中，有 86.3%是以粤语为日常用语，1.1%用普通话，9.2%用其他的中国方言，1.8%用葡语，1.6%用其他语言。但是因为澳门人口少而居住集中，族群之间交流频繁，因而语言的相互影响和多语现象已比较普遍，如官方语言是葡语（澳门回归后改为中文和葡文并用），居民实际上主要使用的语言是粤语和英语，各族群除了使用主导语言或官方语言外，一般都保存着自己的语言（包括方言和次方言）。澳门的葡语方言以葡语为基础，还吸收了粤语、马来语、西班牙语、英语等成分，反过来华人的主要方言粤语也吸收葡语的词汇而有别于广州和香港的粤语。

5. 和而不同的节庆习俗

在澳门，中国的传统习俗有着深厚的根基；而葡人在澳门的 400 年，也带来了自己的风俗习惯并广为传播。从岁时节令到婚丧嫁娶，乃至五花八门、中西合璧的节日假日，无不充满了华洋交融的多元特色。这些华洋各异的节庆习俗在澳门不仅和平共处，而且互相影响，融会贯通，你中有我，我中有你。如华人的春节、元宵节、土地诞、清明节、天后诞、浴佛节、端午节、盂兰节、中秋节、重阳节以及冬至等传统节日，许多土生葡人与华人一同欢庆；西方的情人节、父亲节、母亲节以及圣诞节、复活节、追思节、圣母无原罪瞻礼、花地玛圣母在葡显圣日等也得到华人社会的尊重和接受。在回归前的澳门公众假日中，中国的传统节日占六个，西俗节日占五个。回归后这些传统节假日仍予保留。

饮食也是一种风俗。澳门各族群有不同的饮食传统，因而澳门的饮食文化也多姿多彩。中式菜有粤菜、潮菜、闽菜、客家菜、四川菜、淮扬菜、上海菜及各种北方菜。西式菜以葡萄牙风味为主，兼有法国菜、马来菜、越南菜、印尼菜、缅甸菜、意大利菜、日本菜等。虽然各种饮食习惯互相影响，但各族群都保持自己的传统食品、食物禁忌和进餐礼仪。

6. 土生葡人的族群文化

土生葡人是澳门社会一个特殊的族群。澳门现有土生葡人约 11 000 人，虽然人数不多，却构成了澳门文化的重要特征。与英国人在香港不同，葡萄牙人鼓励不同种族通婚。所谓土生葡人，是指在澳门出生，具有葡萄牙血统的葡籍居民，它包括葡萄牙人与华人或其他种族人士结合所生的混血儿及其后裔，以及长期或数代在澳门生活的葡萄牙人及其后代。他们认同葡萄牙，但在葡国和中国都没有自己的根，而视澳门为土生土长的故乡。中葡文化长时间的接触发生了文化涵化现象，使这一族群的文化具有混合的特征，在语言和文化的各个方面都体现了东西文化的交融，表达出来的思想感情、思维方式、心态特征、价值取向、审美情趣等都带有他们的特殊身份、特殊生存环境和历史文化背景的影响。他们接受葡萄牙的教育和文化，保持葡萄牙的生活方式和传统习俗，但源远流长的中国文化和独具特色的社会风俗习惯，又不可避免地给他们以深刻的影响。他们信天主教，但不少人家里还供奉着观音和妈祖；他们欣赏粤剧，甚至用葡语唱粤剧；他们的语言吸收了粤语词汇，文法结构也与正宗葡语有所不同。他们生活在两种文化的边缘，两种文化的渗透交融、矛盾冲突在他们的生活中和精神上都形成了深刻的影响。因而他们有着与葡人和华人都不相同的思维方式和行为方式，形成了非常独特的文化现象——土生文化；有着自己惯用的方言——土生土语；有着自身独特的饮食文化和烹饪方式等，从而也具有了葡人和华人交融的民族品格、中西文化兼容的习俗和传统，以及在葡人和华人之间独有的自成体系的生活圈子。

四、澳门文化的风格

澳门文化是中国传统文化与拉丁文化相结合的典范，一方面深受岭南文化影响，许多在内地消失了的文化现象可在澳门找到它们的原型，并且保存得很好；另一方面，澳门又是一座国际性城市，有人说是海风吹来的，故澳门文化的风格，宛如一个光怪陆离的万花筒，多彩多姿，在世界上罕有其匹。

1. 高度多元混合

澳门在历史上是世界航运和商贸中心，由此带来了多种多样的海外文化元素，加之葡人国势渐衰，不强制澳门华人学葡语或接受葡国文化，葡人对澳门统治，在文化上少具有强制性。另外，澳门400多年未受战火影响，不存在文化断层或文化覆盖、取代等现象，故不同文化都可在这里找到自己位置，自由地生存、发展和相互融合，这种文化的高度多元混合，是世界上少有的。在外观上，澳门文化是多元并存的，但内质则表现为平和、宁静、圆融。澳门拥有比香港更为宁静、宽松、富有文化气息的环境，到处弥漫着“欧陆小镇”的休闲情调。澳门没有香港那样高度发达的商品经济，也没有像香港那样高度开放的国际地位，经济发展对文化的影响十分微弱。但是澳门却有比香港更长的开埠史，澳门在中西文化交流史上的地位是香港所不能比拟的。而且澳门比香港及中国内地幸运的地方，是基于澳门在历史上的特殊待遇，使它成功地避过了几次战争的破坏，从而使大量珍贵的文化遗产，包括历史悠久的建筑物，连同保存在教堂、庙宇、洋行、当铺内的书面资料和档案，以及在中国内地已经失传的某些习俗，都能够完整无缺地保存下来。因此，澳门文化的多元性，以历史的传承为主，传统的成分居多。同时，澳门的微型海岛型经济和经济增长的外生性，以及特殊的历史原因，还造就了澳门独特的博彩文化，以“东方蒙地卡罗”的赌城风貌闻名中外，这也是文化多元性的一个亮点。

2. 厚重海洋文化的积淀

澳门无论原为海岛还是后来演化成半岛，都深受海洋影响，是文化赖以发生的最重要因素。而海洋文化的主要内涵，一是以海为田的海洋农业文化；二是最重要的以海为商的海洋商业文化，澳门则二者兼具，成为澳门文化本质特征。

约5 000年前的新石器时代，澳门路环岛黑沙，作为环珠江口沙丘遗址一点，即出土了不少海生鱼类遗骸、网坠，说明当地先民从事海上捕捞或滨海采集。澳门先民属善于航海古越人，在珠海高栏岛宝镜湾发现以航海、水上作业为主要内容的岩壁画以前，1982年在澳门寇娄岛长栝湾也发现同类岩壁画，图案可能是带桅杆船只，同为照亮南洋北部海洋文化的一座灯塔。

疍民是一个很古老族群，属古越族后裔，珠江口是他们一个主要海洋社会。历史时期，澳门疍民以海为生，今澳门博物馆陈列疍艇、生产生活工具和各种海洋风俗，即为疍民文化的一个写照。

16世纪欧洲人东来，尤其澳门被葡人租赁以来，很快发展为欧亚海上贸易枢纽，由澳门出发航线联结亚洲、欧洲乃至中南美洲。它们横跨东西两半球、赤道带、热带、亚热带和温带，范围十分广大。这些地区所处纬度不同，其交易货物，不是数量多少之差，很大一部分是有无之别，显得十分必要。这种不可替代的相互交换，使各地商贾云集澳门。据屈大均《广东新语·货语》所列，抵澳门国家和地区多达46个，它们“皆以澳门为津市”，甚至连在澳门的各国女修道士、牧师均以经商为职业之一。明人周元玮在《泾林续记》中指出：“广属香山澳为海舶出入襟喉，每舶至，常持万金，并海外珍异诸物，多有至数万者。”王临亨《粤剑篇》指出：“夷人金钱甚伙，一往而利数十倍。”澳门很快成为世界暴发户。而澳门与广州以地缘、业缘关系，广州外贸必须依靠澳门。澳门成了广州外港，屈大均诗曰：“广州诸泊口，最是澳门雄。”在明清海禁时代，广州、澳门仍维持对外通商地位，故两地外贸十分繁荣，屈大均《广州竹枝词》曰：“洋船争出是官商，十字门开向二洋。五丝八丝广缎好，银钱堆满十三行。”按十字门指澳门以南由大小横琴岛夹峙所形成水道，商船过此而放洋世界各港。

基于这种至高无上航海和商贸地位，澳门海洋商业文化，不仅积淀在物质、制度文化层面，尤见于精神文化层面。如在澳门葡人多数经商，他们有“祈风”之俗。一年利用季候风出洋贸易，商船将归，妇女儿童便“绕舍呼号以祈南风”。如果出洋的人不归，则“相率行乞于市”，乞者常至千人，说明澳门对海洋的严重依赖，由此孕育、发展起来澳门海洋文化，广见于上述文化元素。

3. 中西文化交融的和谐性

澳门文化深受内地、香港和海外文化的影响，可以说是在这三者夹缝中形成和发展的。这种文化多元交汇，成就了澳门文化的独特魅力。澳门学者魏美昌认为，“澳门文化同属岭南文化，并具有岭南文化的开放性、重商性、多元性、兼容性等特点，其中开放性和兼容性表现得更为突出和强烈”。魏氏进一步指出，澳门文化有浓厚的拉丁色彩，在种族、语言、法律、行政、建筑、民族、饮食等方面受拉丁文化影响较深；另中西文化交融的和谐性突出。特别是后者，它比内地和香港更为凸现，如在澳门妈祖阁，既祭妈祖，也奉观音；在很多宗教场所，佛、道、儒和天主教、基督新教、民间信仰诸神共存，人们所拜的不一定有明确的神明，反正有一个灵，就达到祭拜的目的了。这反映了澳门精神文化具有极大的包容性、和谐性，各种文化成分和平共生、共存、共荣，没有激烈竞争，更多的是呈现一种中庸调和的状态。因此，很难界定澳门的主流文化。不过，澳门学者刘月莲、黄晓峰对澳门文化的总结，很大程度上概括了澳门文化的和谐性特质：“混在一起的时空与人在澳门产生出一种非欧洲、非亚洲的与众不同的生活模式，存在着一种特有的不同于其他民族风俗习惯的葡萄牙人的生存方式，一种共存的能力，一种力图入乡随俗而又不干涉他人的方式，和一种在世界各种生活方式中求和平的渴望。”看来，这种见解是很中肯的。

4. 澳门文化的娱乐性

自澳门丧失世界贸易港地区、经济陷于困境之后，博彩业成为澳门的支柱产业，由此产生的博彩文化，深刻改变了澳门城市性质、功能和文化形象，澳门已发展为世界三大赌城之一，有东方“蒙地卡罗”之称，也极大地促成了澳门文化的娱乐性质。澳门博彩业历史悠久，逐渐形成三大类，即幸运博彩、跑狗、赛马车、赛马、回力球、彩票，这已成为市民生活的主要内容，参赌者来自世界各地，尤以内地为多。赌彩方式、内容不断更新，1962 年澳门旅游娱乐公司与葡澳政府签订专营澳门赌彩业合约以后，澳门赌彩业进入了新发展时期。娱乐公司锐意革新，增加了花棋摊、骰宝、花旗骰、百家乐、花式庄赌彩、21 点、25 门、轮盘、12 支、法式纸牌、牌九、角子老虎机等。据悉，目前澳门赌场有 36 家，遍布各高档酒店，以新、旧葡京酒店闻名，一年到头，从早到晚，赌客如云，赌彩与色情、旅游、饮食、相命各业相互激荡，使澳门娱乐业发达到极致，娱乐消费税收成为政府财政的一个主要来源，据传约占 40%。于是，“麻雀馆”遍布横街小巷，饲养宠物成风，快餐店环绕赌场星罗棋布，“潮流兴”席卷各个角落，“消费族群”呼朋引类，招摇过市；娱乐、相命图书在书店、地摊至为触目，按摩、桑拿蔚为风气，纳入娱乐之列。如此等等，凸现澳门文化比香港文化更富于娱乐性、消费性和享受性。是耶？非耶？这个问题见仁见智，但不管如何评价，以赌彩业为基础的澳门娱乐性，始终是澳门经济和民生的文化支柱。

5. 社会价值观的中度性

粤港澳文化实是一个地域文化综合体，处在不断的互动之中，但澳门文化的政治基础和经济基础远不及广东和香港强大，文化势能薄弱，文化辐射力欠强；加之澳门长期稳定、有保障的社会生活，形成澳门人在价值判断和选择上的不偏倚原则。中度主要是指在处理个人与社会、物质与精神、享受与发展等人生面临的基本关系和问题所表达的态度、意向和判断，这反映了澳门文化的深层结构，是它的一个本质特征。大量调查问卷和深入研究结果显示，澳门人多奉中度为圭臬，作为自己的生活准则。上海青少年研究所杨雄先生曾对香港、澳门和内地青少年关于人生价值观的取向作过比较研究。结果得出，澳门青少年人生观比较讲究实际和中度，其中在一项关于人生目标的问卷中，回答为“有成就的一生”、“舒适、富足的一生”占 40%～60%；而香港青少年回答为“温馨的小家庭”、“自由自在”、“刺激与快感”的比例明显比内地和澳门要高，说明澳门青少年的人生价值取向居中。文化中度性获得他们多数人认同。由此推而广之，澳门其他社会群体也应保持这种价值观念，这对建立和而不同、共生共存共荣的社会人际关系，防止情欲失和、行为偏激、背离人道和社会整体利益是有裨益的[17]。

第三节　澳门与西方近代地理学在中国

肇始欧洲文艺复兴时期的地理学，虽不是严格意义的西方近代地理学，但作为向后者的过渡，对中国传统地理学仍然是一种冲击和挑战。与此同时，中国传统地理学也能以开放和健全的姿态，引进和吸收西方近代地理，改造和发展自己，逐渐跟上世界地理学发展潮流，最终融合为世界地理学一部分。西方近代地理学在中国立足和传播的最早据点就是澳门，而传播者即指西方传教士。这不但使澳门在中国地理学史上占有重要一席之地，而且西方近代地理学作为西方文化的一部分，在组成澳门文化的同时，也大规模地向内地传播，成为中国五千多年中外文化交流最后一次高潮的开端。澳门这个历史地位和影响，恰如国学大师、北京大学季羡林教授所总结的：“在中国五千多年的历史上，文化交流有过几次高潮。最后一次，也是最重要的一次，是西方文化的传入。这一次传入的起点，从时间上来说，就是明末清初，从地域上来说，就是澳门。整个清代将近300年时间，这种传入时断时续，时强时弱，但一直没有断过（中国文化当然也传入西方，这不是我在这里要谈的问题）；‘五四’运动，不管声势多么大，只是这次文化交流的余绪。可惜的是澳门在中西文化交流中这十分重要的地位，注意之者甚少。我说这话，完全是根据历史事实。明末清初传入西方文化者实为葡人，而据点则在澳门。”[18]这可在中西文化交流多个方位和层面上得到验证，而地理学则是最早和最直接反映这一历史事实的科学。充分认识和正确评价澳门和澳门文化的历史特点，在今天仍有它的现实意义。

一、地图学经澳门传入内地

自西晋裴秀以来,中国地图制作一直遵循“制图六体”和“计里画方”原则,并无创新。所制地图尚无法正确表示建立在地球是圆形基础上的弧形地表,因而具有很大的局限性。明万历八年(1580 年)意大利传教士利玛窦先到澳门,后又到广州、肇庆、南昌、南京、北京等地,绘制用中文说明的世界地图作为传教工具,被中国士大夫接受和视为珍奇,并辗转传播。利玛窦于万历十二年(1584 年)在肇庆绘制第一幅中文世界地图《山海舆地全图》,将中国画在世界中央,迎合中国人“中央之国”的传统观念。从万历十二年到万历三十六年(1584～1608 年),这幅地图在中国翻刻摹绘有 12 次之多,名称不尽一致,有《山海舆地图》、《舆地全图》、《万国图志》、《坤舆万国全图》、《两仪玄览图》等,刊刻地点还包括南昌、苏州、南京、北京、贵州等地[19]。后来,这幅地图经过校订、改善和重印,进入长官和总督的衙门,大受称赞,最后应皇上亲自请求而进入皇宫[20]。万历二十九年(1601 年)利玛窦献给皇帝贡品中有《万国图志》一册即为包括 53 种地图的世界地图集[21]。借助于利氏地图,大地球形说、等积投影、方位等距极地投影等地图投影学、地球五带划分、海陆分布,名山大川、国名地名等欧洲古代以及文艺复兴以来地理观点渐渐传入中国,故清初地理学者刘献庭说:“如地圆之说,直到利氏西来而始知之。”[22]继利氏之后,假道澳门进入内地绘制世界地图的还有西班牙人庞迪我《海外舆图》(未刻)、意大利人艾儒略《万国全图》、比利时人南怀仁和法兰西人蒋友仁同名的《坤舆全图》等。明万历、清康熙、乾隆皇帝都重视或组织人力仿效西法测绘、编制中国地图,先后有《皇舆全图》(1708～1718 年,1∶140 万)、《乾隆皇舆全图》(1760 年,1∶150 万)104 幅等地图问世,并达到很高的绘制技术水平,属世界前列。故时人剑华堂为此拍案叫绝:“呜呼!今日之天下,与古之天下异矣!……西人东来,地球图书,夫然五洲之土地,数十国之名号,突然而纷呈。”[23]中国地图学自此进入一个新的阶段。明末与利玛窦过从甚密的大学者章璜在其巨著《图书编》即收录利氏《山海舆地全图》,并分成六幅插入书中,还与之配合作《舆地山海全图叙》和《舆地圆图考》等文,曰:“自中国以连四海,固见地之无穷尽”,“谓地形圆而周围皆生齿者”,以及“普天下舆地分五洲,……各洲之国繁夥难悉,大约皆百以上”。[24]这些新地理观念,即从利氏地图中领悟而出。万历二十七年(1599年),南京吏部主事吴中明要求居留南京的利玛窦重刻在广东所绘世界地图,并增加注释。利玛窦很快完成这项工作。结果“这幅修的舆图在精工细作上和印行数量上都超过广东的那个制品。它的样本从南京发行到中国其他各地,到澳门甚至到日本”。[25]这样,无论官民都为利玛窦地图和它包含新地理概念所吸引,并广为传播。这恰如利玛窦自己所说:“我们的著作中,使中国人感觉兴趣的首推世界地图与数学之类的书籍,以及其他介绍新奇事物的书籍。”[26]故利玛窦工作受到后人高度评价。台湾学者林东阳总结说:“当利玛窦抵达中国之时,中国人的世界地理知识一直停顿在中古水平,而他们的宇宙的概念仍然囿守古代盖天说。他们不知道大地是个被海水包围的球体,其上分布几个大陆块,到处有人类生存繁居。这是利玛窦首将近代的世界地理方法与知识介绍到明代中国;世界地图的绘制一直是利玛窦介绍近代西方科学的重要工作。世界地理新知的传播有利于中西之间文化宗教的交流,因为唯有中国人对整个世界的认识发生改变,他们才会产生足够的胆识去接受外来的新事物”。[27]这个评价是中肯和公允的。

二、世界地理知识与澳门

在明末清初闭关锁国的条件下,澳门是中国唯一的对外通商港,也是文化交流口岸。利玛窦来华,所绘制的多种世界地图固然带来了地图学及与之相关地理知识,但更全面、系统的世界自然地理和人文地理知识还有耶稣会其他传教士在澳门或中国内地完成地理著作,计有庞迪我《海外舆图全说》、艾儒略《职方外记》(1623年)、南怀仁《坤舆全图》(1674年)和《地舆图说》(1672年)、蒋友仁《增补坤舆全图》等,详细介绍各国地质、物产、气候、风土、民情等地理状况,涉及自然地理和人文地理各个方面。据有关统计,明末到清中叶 200 年间,耶稣会教士撰写、绘画的地理、地图书籍约 43 种,其中有中国地图册和蒙古、直隶、黑龙江、山东、山西、陕西、甘肃、河南、江南、河北、福建、浙江、江西、两广、四川、云南、贵州、两湖等分省地图 17 册,涵盖中国大部分省区[28],内中文字说明,即有许多西方近代地理学知识。特别有意义的是成书于明天启三年(1623 年)意大利传教士艾儒略《职方外纪》(五卷)以所纪皆绝域风土为自古舆图所不载,故曰《职方外纪》[29]。按艾儒略 1610 年到澳门,是澳门圣保禄学院毕业生,又是这个学院著名的数学教授。他在另一位入澳教士庞迪我翻译利玛窦《万国图志》文字说明基础上增补润色而成这部著作,首为万国全国、五大洲总图,继为依次讲解亚、欧、非、美、南极诸洲。每洲先有洲图,然后为总说、列国。每个国家内容介绍包括方位、风土、气候、民情、名胜、物产等。最后是《四海总说》,简述海名、海岛、海族、海产、海状、海舶等。这是明末经澳门传入中国的第一部世界地理著作。1659 年来澳门的比利时教士南怀仁则著有《坤舆图说》2 卷和《坤舆外记》(不分卷)。前书内容包括坤舆图说、地体之圆、南北极、地震、山岳和海水活动,江河、气行、风云雨,亚洲、欧洲、美洲、非洲及各国各岛分论,四海总说、海状、海族、海产、海舶、世界七大工程、人物等,部分内容来自艾儒略之书。《坤舆外记》记载世界奇闻,文字俭约,大部分内容与上列诸书相同。1744 年来澳的法国教士蒋友仁手绘《坤舆全国》,并作文字说明。后人将这些文字整理成《坤舆图说稿》,内容有坤舆图说、经纬线、测量地周新程、亚、欧、非、美洲、七曜(星)序次、四季、地半径差、论地图、交食、太阳、太阴、五星、客星等。南怀仁还把温度计、湿度计,及其制作、应用技术带进中国。1722 年来澳法国教士宋君荣在北京建立测候所,开展气象观测。1750 来澳的法国教士钱德明在乾隆二十至二十五年(1755～1760 年)也在北京进行气温、气压、雨量、风向等观测。有关统计数字后在巴黎发表,此为外国人在中国最早气象气候观测和记录。与此同时经澳门传入内地的还有意大利教士龙华尼的《地震解》1 卷和熊三拔与徐光启合译《泰西水法》(6 卷)。前书于明天启四年(1624 年)写成,后重刻。该书以问答形式,介绍地震成因、分级、分布、特征、预兆等，为第一部传入中国的西方地震学著作，有些观点与现代地震学不一定相符。其中许多地方与地理学交叉，故它也可以列入地理学范畴。龙华尼也是澳门圣保禄学院毕业生，传教地点主要在韶州，故西方近代地理学在广东影响较大。《泰西水法》结合中国水利设施和水利工具翻译，图文并茂，并介绍影响水质因素和测试水质方法，是传入中国最重要的一部水文水利著作。由上列内容可知，这著作包合了自然地理、人文地理、大陆和海洋区域地理的基本框架、理论、知识和应用，对西方近代地理学在我国传播起了先锋和示范作用，对后来先进中国人"开眼看世界"也功不可没。

成立于1609年澳门圣保禄学院是来华传教耶稣会士必须专门学习中国语言文字和礼仪的高等学校。据有关统计，从该校前身圣保禄公学算起，1594～1805年毕业入内地传教耶稣会士约200多人。[30]一些人用西方近代地理学的原理和方法，撰写包括地理学在内的汉学著作，实际上也传播了西方近代地理学，其中有法国宋君荣《历史地理考证》、法国雷孝思《皇舆全览国》、法国杜赫德(Jearl Baptiste du Htalcle)《中国全志》第二册，曾被誉为"中国地理学之父"的意大利卫匡国《中国新地图》、《中国史初稿》，葡萄牙曾德昭《中华帝国志》、《中国通史》、法国张诚《鞑靼纪行》、法国刘应《鞑靼史》、波兰葡弥格(Michael Boym)《中国植物志》、《中国图说》等。[31]这些著作一部分虽属于历史学范畴，但在科学发展的初期，史地是不分家的，所以这些历史著作饱含了丰富的地理学内容。

入清以后，到鸦片战争之初，澳门仍保持着中西文化交流的中心地位，西方近代地理学同样假道澳门进入内地，并在战前形成高潮。据统计，1819～1840年西人传入中国世界史地著译约有13种，1840～1860年新增12种。[32]清嘉庆二十五年(1820年)广东嘉应州(今梅县)人海员谢清高口述，同乡杨炳南笔录，在澳门撰成《海录》一书，是我国第一部介绍世界地理概况的著作。全书分《西南海》、《南海》、《西北海》3卷，总共记录了亚、非、欧洲85个国家和城市、风土人情，以及华侨活动、生活等状况。1839年林则徐到广东查禁鸦片，曾将此书推荐给道光皇帝。光绪

《嘉应州志·艺文》说“中国人著书谈海事，远及大西洋外大西洋，自谢清高始”。鸦片战争前夕，林则徐急于了解外部世界状况，亲自和派员到澳门考察、收集资料，1841 年由译员梁进德将英国人慕瑞 1834 年在伦敦出版《世界地理大全》译成《四洲志》重版，概述了世界五大洲 30 多个国的地理、历史概况，是中国近代第一部系统介绍世界史地的译作，开中国人翻译、研究西洋史地风气之先河。1841 年，林则徐又委托好友魏源在《四洲志》基础上增补多种外国人所写材料，编成《海国图志》100 卷，共 80 万言，被誉为“国人谈瀛海故实开山之作”，也是我国第一部介绍世界地理知识的地图集。1924 年梁启超在《中国近三百年学术史》一书中专门介绍了《海国图志》，称“此两书(另有徐继佘《瀛环志略》)在今日为刍狗，然中国士大夫稍有世界地理知识，实始于此”。1831 年年底，第一个来华德国籍教士郭实腊抵达澳门，后经常栖留广州和澳门之间，编纂出版了不少世界史地书籍，主要有《万国地理全集》(1833～1837 年)、《大英国统志》(1834 年)、《古今万国纲鉴》(1838 年)，以及由他 1833 年在广州创刊《东西洋考每月统记传》所辟“地理”专栏，较多地介绍世界区域地理和气候、地震、人文地理方面知识。1830 年抵达澳门的美国传教士俾治文后在新加坡和广州出版《亚美理格全省图志》，介绍美国地理概况。1847 年葡萄牙人玛吉士《外国地理备考》(10 卷)，后收入广州士绅潘仕成《海山仙馆丛书》，介绍各种天文、自然、地理和五大洲区域地理，为魏源《海国图志》多次引用。

三、中国地理经澳门传播海外

文化交流是双向的。中国地理状况和中国传统制图理论方法也引起来华传教士的注意，他们推介西方近代地理学的同时，也翻译中国地理知识和地图传入欧洲，澳门同样充当了重要角色。最早从澳门进入肇庆的罗明坚曾立下向欧洲人介绍“中国种种有益之事”[33]的宏愿。他除了将儒家经典《大学》译成拉丁文以外，还绘制一部明代《中国地图集》，据载他 1589 年从澳门回到西班牙晋见国王菲利普二世和教皇利高里十四世时，都献上了中国地图。这部《中国地图集》有37页的地理说明和28幅地图，有些图绘制很精细，描绘了明代15个省之同的距离、矿业、矿山、府、州、县等政区划分、卫所驻地，以及地势和河流等[34]。这部地图集直到1988年才在意大利国家档案馆重新发现，并于1993年在罗马出版。有论者将它与明末流行的罗洪先《广舆图》比较，发现是以中国传统的“计里画方”（即“画方分里”）为基础绘制的。当时欧洲没有这种制图方法，故它受中国地图学的影响，为欧洲人了解中国提供了重要的认识工具。“当时欧洲最感兴趣的是中国中央集权的行政机构。因此，罗明坚的地图集才尽量详细地提供这方面的情况，即使在今天看来，现在出版这部作品最突出之点也是作者试图准确地说明中国庞大的行政机器在形式上的完美性。”[35]“我们不能低估这部作品对西方了解中国，对确定罗明坚是那个时代一个很重要的地图学家方面的意义。”[36]这个评论是恰如其分的。罗明坚同时把罗洪先《广舆图》上的地名译成拉丁文，带回罗马。因罗明坚只懂广东话，故《广舆图》上地名的拉丁文拼音带有明显的广东方音，即粤方言或广州话、白话读音。[37]显见罗明坚是在澳门或广州为《广舆图》上的地名注音的。

据北京大学李孝聪教授在欧洲的调查，至今收藏在欧洲各大图书馆的中文古地图，主要是16～18世纪以来来华的耶稣会士的作品，按西方世界地理知识和制图技术，甚至中国传统绘图法，结合中国地理图籍资料绘制的。除上述最早的《广舆图》以外，保存在英国皇家地理学会和亚洲学会就有近百幅中国地图，包括东南和西南、西北各省区的地图，其中有很大一批彩绘图是1838年来华的英国教士雒魏林在广州、澳门、上海等地收集得来的。在法国巴黎国家图书馆有明清中国地图40多幅，在意大利地理学会有明清以来中国地图200多幅，另在瑞典、丹麦、荷兰、奥地利、比利时等都有数量不等的中国地图收藏。早期地图以明中叶嘉靖至清初顺治、康熙年间刻印的为主，如汪缝预、汪作舟《广舆考》、梁舟《乾坤万国全国古今人物事迹》、佚名《备志皇明一统形势分野出处全览》、朱绍本与吴学俨《地图综要》、喻时《古今形势之图》、曹君义《天下九边分野人迹路程全图》等[38]，都在16世纪下半叶至17世纪流传到欧洲，反映了欧洲人迫切需要了解中国地理、历史大势，其传播通道自然离不开广州和澳门。如至今入藏英国博物馆和国家图书馆的就有道光八年(1828年)佚名《广州至澳门水途即景》，差不多同时的《广州至澳门水程》、《广州至澳门水道图》、《广州至澳门水路及沿途炮台分布图》、《广州城珠江滩景图》、《广州城被灾图》、《广东省城图》(藏巴黎)，以及广东地区地图，如《广东全省图说》、《广东通省水道图》、《广东地理图》、《广东全省经纬地舆图》、《广东舆地总图·广东省城图》、《前山(澳门)陆路内河全图》、《澳门舆图》、《新安县水陆塘汛舆图》等，绝大多数为鸦片战争前所绘制，显示这些地图绘制和使用与澳门作为中外交流口岸有密切的关系。

四、小结

中国传统地理学有着悠久历史和辉煌成就，但自形成以沿革地理和风水地理为主流的架构以后，长期停滞不前，在与西方地理学缺乏交流的背景下，走的是一条独立发展的道路。明末清初开始西风东渐，打破这种僵局，西方近代地理学作为西方文化的一部分开始传入，不但开拓了中国人的地理视野，丰富了中国人的地理知识，而且给古老中国地理学注入了生机和活力，使学科结构、理论和研究方法得到改造、充实与提高，从一门描述性科学向半定性定量的近代科学转变。到清末民初，中国传统地理学走上近代地理学发展道路。澳门在这约300年间所起的作用和贡献，是中国其他城市不可同日而语的。从这个意义上说，澳门可以说是中国近代地理学最早的发祥地和向内地传播的中心，与此同时，中国地理学也通过澳门流布海外，所以澳门也是中西地理学交流的一座桥梁。

不可忽视的是，澳门在中西文化交流史上享有如此崇高的地位，与一批致力于这项事业的西洋教士是分不开的。对此，英国科技史专家李约瑟说："在文化交流史上，看来没有一件事足以和17世纪时耶稣会教士那样一批欧洲人的入华相比，因为他们充满了宗教热情，同时又精通那些随欧洲文艺复兴和资本主义兴起而发展起来的科学。""总之，耶稣会传教士们的贡献虽说内容复杂，但却具有一种较高的投机性质。即使说他们把欧洲的科学和数学带到中国只是达到传教的目的，但由于当时中西两大文明仍互相隔绝，这种交流作为两大文明之间文化联系的最高范例，仍然是永垂不朽的。"[39]这个评价与本文开始季羡林先生高度肯定澳门在中西文化交流史上的地位是一致的。只是鸦片战争香港崛起以后，澳门的地位被香港所取代，中西文化交流中心继向香港转移，西方近代地理学更多地通过香港传入内地，揭开了中国近代地理学发展的另一个里程碑。不管怎样，澳门这段历史，在中国地理学史上乃至整个中西文化交流史上仍是辉映今古、不可磨灭的。

第四节　香港文化地理

历经一个半世纪沧桑的香港刚刚回归祖国，回顾其文化的历史演进，展望特别行政区成立以后香港文化面临的挑战和将出现的新动向，并探讨在香港和祖国内地日益广泛的经济、社会等多方面联系的背景下，文化因素在推动香港持续稳定繁荣，促进祖国发展中将起的积极作用，是很有意义的。

一、香港文化的起源和演进

香港文化的形成和发展是历史演变的结果。其政治制度、科学技术、社会习俗、城市景观等文化内容经历了从无到有、从浅薄到深厚的过程，形成了今日的文化特质。

1. 香港古代文化

香港古代人类活动的遗迹和考古发现多在沿海地区，其沉积物中出土的大量石器、彩陶、其他文物及鱼骨等，证实香港历史不仅可远溯到6 000多年前，且沿海岸聚居的这种生活模式也说明了香港早期居民以海洋渔猎为生，属于一种原始海洋文化类型的实事。

近半世纪来香港发掘了新石器时代中晚期遗址 20 多处，出土的许多文物与广东同期文物多有相同之处。如屯门、涌浪土坑出土的石钺、石环等较为先进的细石器与广东曲江“石峡文化”同类器物十分相似；大屿山、蒲台岛、长洲等地以几何图案为内容的摩崖石刻也与珠海等地的石刻画十分相同。这不仅是至迟 5 000 年前就有中国居民在香港地区劳动生息的反映，也是香港与祖国内地自古就建立起密切联系的写照。

香港有 30 多处遗迹中出土了大量精巧的青铜兵器、饮具、刀斧等生产工具和其他文物以及铸造青铜器的陶范和石范模具，说明从商末到春秋战国，香港地区已能够铸造青铜器物，进入了青铜文化时期。其文化风格与广东其他地区，甚至与长沙、贵阳等地的同类铜器极为相似，表现出香港早期文明发展中文化的交流和融合。

总之，先秦时期香港与岭南其他地区一样，处在原始社会阶段。生活在当地的南越族先民已经创造了新石器、青铜文化等古代文明，构成了香港文化的基本形态。同时也开始受到较发达的中原文化、吴越文化，尤其是楚文化的影响。

秦汉以降，随岭南先后成为中央王朝行政区的一部分，香港地区就开始隶属于中国统辖之下。这一时期是岭南古代文化的一个新起点。岭南土著文化与中原文化发生了更多的接触和碰撞。华夏文化开始在岭南生根，并奠定了该地区文化发展的基石。香港作为岭南的一分子，其文化也深受岭南文化变化的巨大影响。如 1955 年香港李郑屋东汉古墓的发掘，出土的大量文物及陶屋模型为两种文化的交流提供了参证，也证明了单家独户的定居农耕已普遍取代简单的渔猎生活范式，实现了一种文化飞跃。中原文化开始同化南越文化，并渐呈主导之势。

此后，经历晋初、唐末、元初、清初前后多次大移民，使广东人口的民族成分发生巨变。尤其是随着唐宋中原地区人口的大举南下，客家人成了香港早期的主要居民，汉文化成为当地文化的主体。

但唐以前，其文化还处在形成、相对不成熟阶段，容易接受异质文化，体现出初始文化的多元性。如唐时随广州对外贸易的发展，屯门成为阿拉伯及西洋船只进出广州的交通中转站，来自异域的民族文化首次移入了香港。伊斯兰教、佛教文化及大量国外特殊材料、器物等物质文明引进，极大地丰富了香港文化的内涵。后至宋元，随广东文化地域组合大致轮廓的形成，土著文化经过融合、改造和沉淀，与中原文化的差距缩小，而香港文化也日渐丰富和完善。后到屯门被葡萄牙殖民者强占之后，近代西方较先进的文化开始影响香港，进一步加强了其文化的多元体系。大抵明清时期，以中原文化为脊骨，具有岭南地方特色的，并兼容一定异域文化的香港文化构架已经形成。到清中晚期，广东及香港文化已渐能争雄于中原、吴越及楚文化了。[40]如从康熙至同治的200多年间，香港地区共出了2名进士，文武举人10多人及不少副榜以下科第人士，并创办了数目甚多的书馆书塾[41]，文化教育已有了长足发展。虽然与广州、潮汕等地相比尚有不足，但也证明了香港作为岭南文化源地之一，有过灿烂的古代文明和文化。

2. 近现代香港文化的发展

鸦片战争成为香港文化发展历程的一个分水岭。香港被英人殖民统治的结果，一方面使其封建落后的文化日趋没落，资本主义的新文化萌芽生长；另一方面，西方文化比以前更积极地拓展其影响和势力，香港本地文化在一种全新的参照系中，遇到了前所未有的冲击。虽然不能从根本上摆脱旧的文化体系和风格，但旧文化也不断发生离析、崩坍、扬弃和蜕变，得到很大的改造，涂上了更多的近代西方文化色彩。20世纪以来，随着香港人口的增加、经济发展及港口功能的加强，西方资本主义以其高势能文化，猛烈地动摇着传统儒家文化在香港的统治地位，并改变了传统的农耕渔猎的生产方式。引进了近现代工业文明，如近代工业的建立、现代化市政设施的兴起及电灯、电话、汽车等物质文明的引进，使香港文化赖以生存的背景及文化本身产生异变。人们的生活方式、社会习俗、城市景观等显现出新的气象，创造出了近现代城市的文化风格。而新型教育体系的建立、西方宗教的广泛传播，以及大批移居国外华人之华侨文化的反影响，使香港文化初现中西合璧的端倪。

而真正意义上香港近现代文化的开拓，主要还是受到了辛亥革命和

“五四”运动的催生和推进。辛亥革命时期文艺改良及大量反帝反封建文化产品的产生，使香港成为中国近代革命文化的中心。而鲁迅、胡适等文艺大师积极投身的“五四”新文化运动也推动和影响了香港文化的形成和发展。

抗战和内地解放战争时期，茅盾、郭沫若、夏衍等先后会聚香港，使其文化事业空前繁荣，两度成为南中国爱国进步新文化的中心。“二战”后香港迎来了第一个经济大发展时期，百业兴盛，其国际性贸易巨港的地位逐步确立。与此相应，文化亦呈勃勃之势。以空前的规模和速度引进和吸收西方文化的精华，又加上新中国成立前夕从国内汇聚而来的大量资金和人才，逐步成长为荟萃中西、兼容南北的文化中心。这一时期，香港文化的多元性有所增强，而商业性、自由性也渐成气候。

六七十年代是香港经济起飞的重要时期，也是其文化近现代的分界。世界经济的复苏给香港提供了发展的机遇，经过数百万香港居民的苦心经营，香港一跃成为亚洲“四小龙”之一，创造了傲视世界的经济奇迹。而实现经济高速增长和工业化的同时，社会的演变牵动了地域文化的演变，尤其是随战后第一、二代香港人的成长，风格鲜明的“本土文化”开始诞生。而工业发展及相应工薪人口的增多和个人收入的提高，消费文化市场有了发展的可能，商品味浓重且适应都市生活的通俗文化产品大量涌现。该时期香港文化的多元性愈加突出，商业性得以加强，而香港不同区域间文化也出现较明晰的差异。

七八十年代以后，随着香港经济、社会的持续繁荣，香港发展成为金融、经贸等的国际中心。尤其是中国改革开放以来，香港与大陆的联系和交流日益加强，古老的东方传统文化中有生命力的部分得以保持和发扬，又不断地借鉴、引进西方的现代文化，使其文化显现出多姿多彩的风格，地方特色也越加成熟鲜亮，并成为某些文化领域内的领导力量，深刻影响着东南亚和中国大陆。而且中国成功的经济改革的顺利进行，也使作为中国与世界联系桥梁的香港得到更大发展。中外各种文化必然会在香港这样一个具有独特时空背景的地理单元上，以更大的规模和深度加强竞争，并相互影响，推动香港文化的丰富、完善和壮大。

二、香港文化地理的特点

香港文化地理是研究香港这块狭小地域空间上的各种文化差异及其与香港的特殊环境、人文社会相互作用、相互适应而形成的文化现象。这种文化是在本地文化的基础上兼容并蓄，纳旧吸新再塑而成的一种新型、“有型”的区域文化。

1. 香港文化的本源性

香港文化从本源上讲是中国文化亚文化——岭南文化的一个有机组成部分。香港与大陆的地缘、血缘、亲缘和宗缘，不仅反映在地理上为一个整体，也体现在百多年的殖民统治从未隔断过彼此间在文化、经济和社会诸方面的联系。不仅居民中华人占到98%，中文一直是主要语言之一，白话也是广大市民的最主要交流语言。而且在饮食起居、婚丧礼仪等风俗习惯方面与广东，尤其珠江三角洲几乎是融为一体的。如源自广州的粤曲和大戏（粤剧）已成为市民大众文娱生活的主流。与其生产、生活方式相适应的文化现象，如山歌、粤讴、木鱼、南音、哭嫁歌、哭丧歌等也与广东各地颇多相近之处。

作为一个资源贫乏的港口，内地是它生存、繁荣的保证。而近百年从中国内地迁入香港的数百万人口，其思想文化、价值理念及传统习俗等特征，也一定会在香港社会的不同层面留下印迹。香港人和广东人一样也具有冒险、精明、重商、开放、讲实利等个性。而两地的客家人也同样具有崇尚传统、勤俭节约、重视教育、吃苦耐劳等美德。

透过香港文化的表层，可看到其中国文化的本底。儒家文化的影响随处可见，中国传统文化中的整体性、家族主义、高度的纪律性、成就感等文化的性格特征，如今在香港社会有着广泛的影响，因此说，香港文化从本源上讲是中华文化。

2. 香港文化的多元性

进入近现代以来，多元性是香港文化最独特的性征之一，且贯穿于每一个发展阶段。香港是一个浓缩了的世界，一个异常宽容地吸纳各种文化的窗口。不同的文化景观在这里相容共存，是一个中西合璧、华洋结合的文化范例。

在香港，既有太平山顶的豪华别墅，也有山角的破烂拥挤棚屋；既有港九高耸入云的现代化建筑，也有新界传统的干栏式建筑和客家围楼屋；既有繁忙的现代大都市景观，也有阡陌纵横的田园风光，表现出了多元复杂的特征。

而现在的香港话完全是一种中英夹杂、以粤方言为语法架构的“港式中文”。语词混杂，词类乱用，体现出多元庞杂的风格。例如，一句讲晒，anything goes，推销母爱，孝心商品化，实属 sure win 等。[42]居民习俗礼仪等方面也更多地体现其多元的一面。既有中国的传统节日，如清明、端午、中秋、春节等，也充分兼顾西方节日，如重视情人节、圣诞节等。婚嫁礼仪中虽然洋味十足，但也保留了相当的中国传统习俗。普通人家男婚女嫁大都中西兼顾，既有要到婚姻注册处进行登记，在教堂举行西式婚礼仪式，又有拜祖先，“斟新抱（新媳妇）茶”等旧习。而一般的社交形式也大多采取中西结合，或各行其是的办法。

香港一方面能够最迅捷地吸收和传播世界先进的科技文化，享受着最新的科技成果，一方面又各种迷信活动盛行，求签拜佛、电脑算命等无处不在。而其法律制度、文化艺术、建筑风格、服饰等众多方面，不同文化风格的事物存在着矛盾但又能和平地共存着。近年随着港人经济实力的提高，外籍劳工如菲律宾女佣的涌入，其文化特质又将成为当代香港文化中新增的因子。

但是，香港文化并不是各种文化的简单罗列和重叠，而是相互碰撞整合后，与香港完美结合的一种多元文化，是一种再塑和提高了的文化。香港文化集世界多种层次不同、良莠不齐的文化于一身，表现了典型的多元性征。当然，这种多元性征也具有庞杂性。

3．香港文化的自由性

由于港英政府长期实行的自由经济政策，即积极不干预的政策，使香港成为一个自由开放的经济体系，并成为全球唯一一个不歧视任何外国经营者的地方。[43]这种政策既是香港经济腾飞的缘由，也是其文化具有自由独立个性的保证。各种文化流派都能在这里找到自由发展的空间，可谓精华与糟粕同在，先进与落后并存。如宗教在香港的蓬勃发展就是一个有力的证明。世界各大宗教，甚至如石克教等小教派都可以自由地在香港传经布道，广招信徒，致使信奉耶稣、信奉安拉，或是拜祀关帝、观音娘娘等的善男信女和平相处，享有高度自由的信仰权利。又如极度繁荣的报刊新闻文化，由于香港较完善的版权法和相对宽松的自由气氛，使龙蛇混杂的出版机构优如雨后春笋，出版社多达 200 多家。到 1990 年注册出版期刊 610 种、广播电台 15 家、报纸 70 多份[44]，严肃高雅的文化产品与低级下流的东西相安无事地共处。这种特殊的不干预政策吸引并刺激了各种文化，使它们不受任何侵扰地发展，也使原本基础并不厚实的香港文化芃芃高长，成长为亚洲，乃至世界的文化中心之一。自由、独立是文化的生命，上述的多元性也正是这种自由性的必然结果。但不容忽视的是，香港文化也曾真实体现了“有自由而无民主”的特征。

4. 香港文化的商业性

自由政策使香港成为闻名世界的购物天堂，高度发达的商品社会使其文化具有了浓重的商业性质。自由开放的经济体制，狭小的生存空间和依赖外界的转口港性能形成了港人极强的竞争意识、生存危机感和敏锐的市场触觉。拼命挣钱，金钱成了衡量事物的标准。随着贸易和旅游业的发展，各种商业味十足的休闲文化形式大行其道，如时装、饮食、商住、健身、漫画、流行曲等。不少文化形式只为感官需求，博人一笑而缺乏思想深度。商品化的色、打、杀及武打、言情小说等文化产品也是迎合港人社会的产物。虽然文化的商业性带来了港人淡情义、重实利、势利，对社会、国家和世界漠不关心等消极的一面，但商品意识强，也有益于在日益激烈的世界贸易中审时度势，准确地把握时机。可见，商业性是香港文化顺应自身区域环境，糅合多种文化而成的又一特点。

5. 香港文化的多变性

香港文化是一种动态、发展的文化。每一次香港文化的提高和跃进，都离不开历代移民高潮带来的文化传播的影响。过去是如此，近现代香港发展与移民的关系更是如此。大量移入香港的民众带着他们的思想、技术、文化、习俗及传统等，改变着香港文化的内容和形态。

太平天国时期，为了躲避战乱，沪宁等地的大批前朝遗老遗少移入香港。清朝灭亡后，更有数十万皇亲国戚“避地香江”。这些移民带去财富的同时，也带去了等级分明、腐朽没落的清代文化遗风。

抗日战争时期，日军侵占了香港，约有百万人被逼返国内，战后即回迁百万人。这百万人口的出进，不仅仅是人口的简单变化，除了民族意识、国家精神的增强之外，也是更大层面上省港文化的再融合。

新中国成立前夕，逃往香港的国民党官员和家属近百万，且搬迁了大批固定资产到香港，在加强其经济实力同时，也把国民党官场的腐败颓废文化及封建文化残余又一次大规模地带入香港。

我国三年困难时期有数十万人从内地流入香港。[45]而 1970～1980 年中国内地移到香港的非法和合法移民人数高达 110 万[46]，1981～1995 年这个数目为 50.5 万人。[47]这几次从国内到香港的移民高潮，从文化意义上讲，也是走上独立发展道路的香港文化与新中国成立后内地文化联系的再继续。数百万内地移民带去的文化，影响并融入了香港文化。

而作为一个与世界紧密联系起来的国际化大都市，世界政治动荡、经济波动以及跨国公司的兴盛、全球经济一体化进程的加快、计算机革命、信息高速公路建设等重大事件无一例外地成为影响香港文化的主要因素，并极大地改变着其文化的各个层面。但应该看到，香港文化的多变，并不是其根本性质的改变，而是其文化内涵的再充实和丰富。正是这种多变性维持了香港文化旺盛的生命力，并增强了自身的辐射影响力。

6. 香港文化区的划分

文化地理也有其独特的地域分异规律。综合文化区域的划分是直接揭示文化的空间差异及其规律的基础。[48]根据香港的历史进程、主要民族和民系构成、政区演化及城市景观等实际情况，现特选择语言、行政区演化、民族(民系)、经济状况、城市景观及风俗民情等几项指标为主导因素，并充分考虑区内相对一致性原则，将香港地区分为三个文化区：①港九现代化文化区(包括水上疍民文化板块)；②新九龙过渡文化区；③新界传统客家文化区。

英国于1842年强占香港岛，又在1860年强行割据了九龙南部界限街以南的领土(现称九龙)。而所谓的新界是英人乘1898年中日战争中方失败之际，强行“租借”的深圳河以南广大地区。由于被英人实行殖民统治的时间不同，以及区位差异、开发程度等方面原因，港九现代化文化区是最能尽显现代香港风范的一个区域。主要的政府部门、文化娱乐设施及商业、金融等中心多在此区。地理景观上表现为拥挤的街区、高耸入云的摩天大楼和繁忙海港的气息。而从聚落建筑形式、语言、饮食、风俗乃至人们的衣冠履带等，都体现出中西合璧的特点。居民以广府人和外国人为主。香港文化的多元性和商业性特点鲜明。

而水上疍民文化板块是该区一个特殊的文化亚区。他们以维多利亚湾、内河及近岸为活动场所，多以捕捞及水上运输为生，也是香港的最早居民之一。由于生存背景的差异，在生活习惯、服饰、礼仪、饮食等方面都有独特风格，是较为封闭的文化群体。

新九龙是由于行政缘由，从以前的三个区中新分出的一个行政区，位于港九和新界之间，文化上表现为过渡的特点。该区是城市发展后外移的结果，是卫星新城和新兴工业区集聚之地。文化内容上是港九的现代城市文化向外延伸和扩散，并与新界传统客家文化相混融的一个区间。宽阔通畅的交通网络、优良的市政设施、环境优雅的商住区和欣欣向荣的经济开发区是其典型景观，并伴随有少量的农业文化。

新界客家文化区，居民以客家人为主，更多体现出了乡土气息的农耕文化，风格独特的客家大屋尚有保留。人们家族观念强，讲客家话，民风淳朴。生活习惯、宗法观念等表现了更大的中华文化本源性。但广九铁路沿线已建起了不少现代化新城镇，文化形式及内容与港九渐成一体，趋同势态明显。

然而，由于香港狭小的地域范围和现代化都市文化的高势能辐射，区间文化差异越来越小，各文化区的界线势必会不断模糊，而最终走向统一。

三、香港文化地理的前景

香港依靠广泛领域内的生产、销售、投资、贸易和管理来发展其经济。而中国经济实力的增强和巨大市场潜力的开发，需要大量资金、商品和人才的引进。同样，发展中的中国也需要一个高档次、与世界联系紧密、专业性强的商业服务，香港成了这一需要的必然选择。“中国因素”已成为香港发展不可或缺的要素。而中国内地与香港两地经济的稳定发展，会促使香港与世界有更多的往来，增强其文化的世界性。

回归使香港与内地将在更广泛的层面上展开合作，加强联系。在港人对祖国认同感增强的同时，其文化也将发生新的变化。有理由相信开创性的“一国两制”会保证在香港继续保持资本主义制度，包括其政治经济制度和生活方式，并使其文化享有独立发展的自由空间。回归后两种文化各自以其特有的文化势能相互影响，彼此融汇，而愈加地取长补短，丰富自我。在珍视自己独立的、民族的传统文化，并增强自身凝聚力的同时，推动香港文化的更大发展。通过对香港文化的回顾与展望，也期望着种种文化因子以其特有的影响力，促进香港和内地的政治稳定、经济繁盛和人民幸福。

第五节　粤港澳区域文化综合体形成

一、引言

地理学在近几十年，常见自然综合体、地域生产综合体或区域生产综合体等概念，指的是自然要素或生产要素在一个地区的有机结合[49]。中山大学梁溥先生将“综合”分作两部分，“综”就是错综复杂，就是矛盾；

"合"是有机结合，就是统一，综合体就是矛盾的统一体[50]。这个诠释，已在区域地理研究中广为使用。在人文地理复兴背景下，文化地理中最为活跃和蔚为时尚的一个分支即区域文化地理，其研究的主要内容就是文化区。按李旭旦先生的解释，文化区就是"一个特定的居民区具有一个特定的文化体系(Cultural System)……而文化体系是许多文化特质和文化综合体的集合"[51]。可见，文化综合体和文化区是不可分割的。文化综合体必须依赖一定地域而存在，故称区域文化综合体。

在文化地理中，区域文化综合体是一个新鲜概念。文化地理的先辈们，包括美国的索尔(Carl Sauer，1889～1975年)、德国的拉采尔(Friedrich Ratzel，1844～1904年)等研究过文化景观、文化区等，并创立景观学派[52]，但尚未涉及文化综合体问题[53]。现在流行文化体系、文化系统等概念，广泛用于各学科。区域色彩淡薄，不能等同于区域文化综合体。在这里，拟以粤港澳区域文化为例，作一实证研究。

文化景观，包括可视和可悟文化景观，即通常所指土地利用、聚落和建筑、语言、风俗、宗教、地名等，这些文化景观同样有其结构和时空发展的分布规律。珠江三角洲网河地区，低地围垦形成沙田，沙田土地利用或为稻作，或为经作(蔗、果、桑)，在为适应这种地理环境而建立各种形态的聚落，使用具有古越语词汇和语法的粤方言，信奉中西宗教，以及具有浓厚水乡特色风俗和生活方式等，都成为珠三角文化景观结构及其运行的范例。

文化也有区域结构，因文化景观也必占用一定的地域，有文化产生和文化景观。就必定有它们赖以存在的地区，所以景观与地区是不可分割的。不同文化景观有自己的空间分布，从其所占用的范围来说，也是一个单要素的文化分布区，如稻作、经作、方言、宗教、民间崇拜、饮食分布区等，就像一个区域内，有地貌、气候、水文、土壤等自然要素分布区一样。这些景观区同样是相互依存、相互联系、相互推动、相互结合为一个复杂的综合文化区。它们各个部分所占地域，及其比例关系，也就是文化区域结构。如珠江三角洲，按文化景观类型划分，既有稻作区，也有基塘区、粤语区、龙母与妈祖崇拜区、粤菜区等，所占空间有重合也有离合，性质不同、面积大小有别，反映了珠三角文化地域的结构。

在区域文化发展的过程中，必然会产生文化景观比较集中、同时向外发生传播的文化中心，它们起着区域文化发展、组织、带动作用。文化中心一般都为区域中心城市。如广州，无论在岭南还是珠江流域，它都是这两个区域文化单元的文化中心。

这样，一个区域文化综合体包括了景观结构、区域结构、文化中心等概念。这几个概念紧密联系，不可分割、孤立地看待。把握它们的差异和联系，就能游刃有余地分析区域文化的各种关系。

二、粤港澳区域文化综合体的形成要素

1. 背景和条件

从行政建置的概念上说，粤港澳是指广东全省和香港、澳门两个特别行政区。但从区域文化意义，即从文化渊源、特质、风格的共同性而言，粤港澳主要指珠江三角洲、香港和澳门所联成地域，相当于清代广州府全部、肇庆府和惠州府一部分，现在则分属广州市、佛山市、江门市、深圳市、东莞市、中山市、珠海市、惠州市、惠城区、惠阳市、惠东县、博罗县和肇庆市的端州区、鼎湖区、高要市和四会市，以及香港、澳门两个特别行政区，基本上为粤方言覆盖区域。基于深厚的地缘、亲缘、史缘等关系[54]，粤港澳文化的共同性远远大于它们的差异性，并借助于历史文化的交流和转化，最终形成粤港澳区域文化综合体，从香港割让给英国并发展为初具规模的港市算起，这大约经历了百余年的时间。

2. 地缘关系

全新世时期，珠江溺谷湾就分布着众多海岛。进入距今 3 000～4 000年的历史时期，这些海岛不断被沉积物填充，一些成为珠三角上的山丘，一些仍为海岛，香港岛即属其列。珠江三角洲因无高山阻隔，水陆沟通甚为方便，使粤港澳地理上成为一体，同属一个地理单元。在一个幅员不大范围内，地形、气候、水文、土壤、生物等自然特性差异较小，以此为

背景而感应、孕育、发生的文化,其原始特质应是相对一致的。考古成果显示,港澳在5 000～6 000年前就是一个以渔猎经济为主的海岛和半岛,这个时段新石器中期遗址在港澳就有多处。如屯门、涌浪出土的石钺、石环等较为先进细石器就与广东曲江"石峡文化"同类器物十分相似;香港大屿山、蒲台岛、长洲等地以几何图案为内容的摩崖石刻也与珠海高栏岛宝镜湾石刻画十分相同。澳门路环岛黑沙湾海滩出土石器、玉器、陶器属岭南新石器"大湾文化的一个代表"[55],而大湾遗址在香港南丫岛上出土彩陶盆为大湾文化指示物,广见于珠江三角洲,乃至广东东西两翼,甚至海南岛沿海等。这个"大湾式彩陶文化圈"将粤港澳史前文化联成一个整体。故著名考古学家安志敏认为:"大湾文化的含义不仅仅局限于特定历史时期下的香港本土文化,亦是同一时期整个珠江三角洲文化的总称。"任式楠研究员则指出:"从香港出土的文物来看,毫无疑问,香港文化是大陆文化的延伸。即使是新石器时代的,也都可以证明它的根在大陆"[56]。

广东青铜文化遗址和墓葬有700多处,在香港有30多处,出土了大量精巧的青铜兵器、饮具、刀斧等,以及铸造青铜器的陶范和石范模具,说明香港地区已能够铸造青铜器物。同样青铜器物大量见于珠三角各地,文化风格极为相近,并与长沙、贵阳等地同类青铜器也很相似,表现出史前时期粤港澳不仅在本地,而且与周边地区发生了文化交流和融合。

3. 文化史缘关系

历史时期,粤港澳社会经济的发展,促进文化关系进一步弥合,形成深刻的历史渊源。这种历史渊源最重要的一个表现是政区建置,它深刻作用于社会经济文化的各个层面。列宁在《论"民族文化"自治》中说:"只要各个民族同住在一个国家里,它们在经济上、法律上和生活习惯上便有千丝万缕的联系。"粤港澳文化的史缘关系,也恰恰如此。

港澳和珠三角其他地区一样,先秦为禹贡扬州外徼,属荒服地区。秦平岭南,粤地初开,首置郡县,整个珠三角,包括香港、澳门均属南海郡番禺县。西汉初南越国时期及其后,港澳同属番禺,后汉因之。东晋成帝咸和六年(331年)东莞郡从南海郡划出,下辖宝安、海丰、兴宁等六县,香港开始属宝安县。隋文帝开皇九年(589 年)撤销东莞郡,宝安县属广州南海郡。唐代撤郡留州,宝安县直隶于广州,两地关系更加密切。唐至德二年(757 年),宝安改称东莞县,治所从南头迁到到涌(即今莞城),香港即为东莞县辖。此后历南汉、宋、元,直到明末,广州辖境包括珠三角大部分地区,与香港关系进一步加强。万历元年(1573 年)新安县从东莞县划出,驻南头。清初受"迁界"影响,新安县一度并入东莞县,康熙八年(1669 年)复界,重置新安县。直到鸦片战争割让给英国前夕,香港绝大部分时间在新安县辖下,社会经济和文化有一定发展,海防和海运地位也日益突出和上升。

澳门古代行政建置同香港一样,先后同属番禺县、宝安县、东莞县。直到南宋高宗绍兴二十二年(1152 年)香山县(今中山市)成立,澳门归入香山县管辖,结束与香港同属一县的历史。澳门归入香山县的行政隶属关系一直维持到近代(1887 年),即使明嘉靖三十二年(1553 年)葡萄牙人赁居澳门,澳门发展为一个世界性贸易港口,但澳门主权仍在中国政府手中。只是到光绪十三年(1887 年),清政府与葡萄牙政府签订的《中葡和好通商条约》换文生效以后,清政府被迫让出澳门主权,成为葡萄牙政府管辖地区。

可见,港澳在被英葡实行殖民统治之前,一直属广东管辖之下,特别是与珠三角所在州府县保持着不可分割的行政建置关系。这种行政建置史缘,自然使港澳文化还不能独立出现和发展,而是岭南广府文化一部分,不存在文化特质方面的差异。但港澳沦为英葡手中以后,从早期西风东渐窗口或基地转变为西方文化大举登陆、传播的地区,并与当地文化发生碰撞、交融和创新,形成独具一格的香港文化和澳门文化,与珠三角这时所实行的半封建半殖民地政治制度下形成的广府文化存在一定的文化差异。

1949 年中华人民共和国成立,内地实行社会主义政治制度,港澳仍然保持原有政治制度。珠三角文化在新历史条件下按照自己的方式发展,而港澳文化仍按固有方式继续前进。1997 年和 1999 年港澳先后回归，港澳特区政府成立，消除殖民制度，实行资本主义制度，"一国两制"。在这个崭新历史条件下，港澳文化又出现新的发展条件和特点。而1978年内地实行改革开放政策后，珠三角文化也面临新形势和机遇，从而揭开了粤港澳文化关系的新进程和格局。

4. 族缘关系

粤港澳民族和人口迁移，一则造成文化传播，二则使不同文化发生交流，形成新文化，并推动文化向前发展。民族和人口迁移对地域文化的形成占有很重要的地位，而移民素质、源地、迁移时间、路线和分布，又影响到一个区域的文化特色。粤港澳区域文化的创造及其特质风格的异同，在很大程度上应归结于历史上的移民运动。

港澳原为人口稀少的海岛、半岛。1841年5月香港首次人口统计，共有0.435万人。战后香港城市发展很快，主要来自广东的移民迅速增加。1845年香港为2.4万人，1858年为7.5万人，1861年为12万人，1871年为13万人，1901年为30万人，1940年为180万人，1951年为200万人，1961年为313万人，1971年为394万人，1981年为520万人，超过广州城市人口，大约每10年增加100万人[57]。即使在我国实行闭关锁国时期，内地非法进入香港的人口也不在少数。1970～1980年超过30万人[58]，1981～1995年达31.7万人[59]。而澳门人口，1555年为0.04万人，1600年为0.2～0.4万人，1700年为0.49万人，1825年为2.25万人，1924年为19.32万人，1967年为20万人，1997年为45.4万人[60]，20世纪70年代以来增长最快。从澳门人口地缘构成看，明清移民以广东、福建为多，尤以珠三角为著，有谓"粤民侨寓澳门，人数众多，良莠互异。南(海)、番(禺)、香(山)、顺(德)等县，商民往来省澳者，何止数万？……至于闲民滥匪，往来如织，尤无纪极"[61]。除中国人外，港澳也有一些外国人，但所占比例很低。1980年以后在澳门葡萄牙人和其他外国人仅占澳门总人口12.3%[62]。无论香港还是澳门，粤语是强势方言。在香港，使用粤语者约占总人口90%，广府人是当地居民的主体，而使用客家话、闽南话、潮州话、吴语的占总人口7%，使用英语、普通话的分别为2.2%

和1.1%(以上比例总和稍高于100%,与少数人使用双语有关)[63]。这显示,港澳文化是以广府文化为主流,同时带有其他文化成分,呈一元为主、多元共存格局。当然,人口的民族或民系构成所反映的文化渊源和地位,对于大众文化有更多的参考价值,对于精英文化却不一定能等量齐观。无论如何,港澳居民来源的多样性,且从未间断的历史进程,毕竟是它们族缘关系的反映,也是认识粤港澳区域文化综合体形成的一个重要背景。

三、粤港澳区域文化综合体的历史进程

1. 珠江三角洲广府文化核心区的形成

珠三角作为广府文化核心区,也是粤港澳区域文化综合体的历史核心。它的形成发展有自己历史和特点,溯自秦汉统一,在珠三角就发生了汉族和土著南越族,以及后来俚族的文化交流和融合。以唐宋粤方言形成为标志,广府文化作为岭南文化一个核心已经形成。宋元大规模围垦开发,形成了多种土地利用类型,奠定了农业文化的深厚基础。到明清时期,珠三角已成为中国基本经济区之一,建立起发达的商品农业,城镇连绵、人文兴旺,各类科举人才、教育机关和公私著述,其数量之多,学风之盛,甲于全省。广府文化完全定型成熟,故屈大均《广东新语·文语》说"天下之文明至斯而极……至有明乃照于四方焉,故今天下言文者必称广东"。特别是明末以来,珠三角作为西风东渐首受之区,得到西方文化的滋润,广府文化内涵被充实与提高,具有很强的文化势能,并以高屋建瓴之势,形成向国内外辐射格局。这可从洪秀全、康有为、梁启超、孙中山、詹天佑等组成的人才群体,站在时代前列,推动了中国社会前进的历史事件中得到验证。新中国成立后,内地与港澳基本处于文化交流的分隔状态,珠三角文化在社会主义体制下独立发展,由于经济建设的挫折和"文化大革命"动乱而处于停滞状态。只是自改革开放20多年来,珠三角成为全国经济的高峰区,广府文化被染上更浓重的商业色彩。港澳文化、华侨文化、西方文化以及在珠三角的数百万外来人口带来其他省区地域文

化，使珠三角文化更加丰富多彩。广府文化由此积累了更加强大的文化势能，不断向外倾泻，以粤语、广货、影视、音像作品、时装、流行音乐以及新潮生活方式、价值观念在全国扩布，即为新时代背景下珠三角文化脱羽、成熟的标志。珠三角这些文化成果在很大程度上为粤港澳区域文化综合体奠定了坚实的基础。而自秦汉以来一直是岭南首位城市的广州就是这个综合体的文化中心，志称："五岭之南，郡以十数，县以百数，幅员数千里，咸执秩拱稽受治于广州之长。"[64]在制度文化上如此，在教育上也一样，广州是广东书院的集聚中心。西方汉学家帝莱曼·格里姆在研究了广东书院分布后指出："到19世纪时，在学术功能和官方地位方面列为高等的书院，往往坐落在高级城市；较低级书院为层级中较高级的书院输送学生，以及较好书院为较差书院提供山长和学长的整个结构，在广州达到顶点。"[65]而近现代广州，一直在发挥中西文化交流整合的功能，即一方面通过各种渠道，吸纳西方文化成分，并加以改造、完善和创新，变为岭南文化的一部分；另一方面，又将自己吸收、积累的文化能量辐射出去，传递到内地，乃至海外。广州这种文化角色从未动摇，高居岭南文化的中心地位，带动周边地区的文化发展，保障珠三角能够成为岭南区域的文化重心和代表。

2. 香港区域文化的形成

香港作为一个海岛，历史早期是南越文化，后来主要为客家文化所覆盖。有关族谱记载，从宋到明迁居新界和港岛的邓、侯、文、廖、彭等姓主要是客家人，他们建聚落，开圩市，繁荣当地经济，也带来客家文化。清初，沿海"迁界"和以后入居香港地区也以客家人为主，并与其他民系杂处。可以说，鸦片战争前香港是客家人的社会，也决定了客家文化是香港文化的本底。

如前面所述，鸦片战争以后，大批内地人，主要是以珠三角为主居民迁居香港，带来广府文化，粤方言、风俗习惯等都与广州为中心的珠三角地区相同，广府文化覆盖香港大部分地区，只在新界山区保留传统的客家文化。但香港毕竟是在英国管治下，实行殖民主义加资本主义的政治、经济制度以及自由港政策，以英国海洋文化为主的西方文化得以畅通无阻地在香港传播、生根、发展，如英语、英国政治制度、法律、西方建筑、艺术、宗教、风俗，乃至行为方式、价值观念等。由于港英当局并没有在香港采取同化的文化政策，中西文化得以相互并存、碰撞和交融，形成香港文化既有与珠三角文化“同声、同气、同根”一面，又是西方文化最直接的传入之地，而具有浓重的洋味[66]。两者兼收并蓄，凸现香港文化多重个性与商业化、世俗化、享乐化风格。当然，香港文化经历了近半个世纪的发展过程，直到 20 世纪初，广府文化仍是香港文化的主流。但 50 年代以后，在香港与内地互相分隔的背景下，香港经济起飞，进入现代化轨道，文化进入独立发展的阶段，形成香港本土文化。因此，不少人认为，香港文化是在 20 世纪中后期形成的[67]，而对香港文化的地位、性质，更是众说纷纭，莫衷一是。不管怎样，香港的本根文化在广东，但又有全面的开放性和国际性、浓厚的传统性与高度的现代性并存，这种多元性甲于世界许多地区，是一种很独特的混合型文化，但香港文化始终是岭南文化的一个特殊部分。

3. 澳门区域文化的形成

澳门虽然比香港更长时间受殖民统治，但葡萄牙国势弱小，实行自由港政策，也没有强制华人葡化，加上葡语属小语种，只在官方使用，没有在学校教育中推行，所以葡萄牙文化在澳门除葡式建筑、葡式饮食，以及占总人口 2%左右中葡混血土生葡人至为触目外，主要还是在上流社会中存在。但澳门是个半岛，更便于三角洲居民往来，与香港交往也非常便捷，香港文化大规模渗入，大有反客为主之势，所以有人将港澳文化视作一个文化类型。有区别的是，澳门文化有“浓厚的拉丁色彩，与香港的盎格鲁萨克逊传统不同，澳门在种族、语言、法律、行政、建筑、民族、饮食等方面受拉丁文化的影响较深。中西文化交融的和谐性突出”[68]。而澳门稳定、宽松社会环境、悠久历史，华人占当地居民绝大多数，在这种背景下，形成澳门文化与香港文化一样，甚至比香港更多地保留了传统的广府文化，同时糅合了形形色色的西方文化，也是一种多元混合型文化。

从澳门为葡人租赁到20世纪70年代以前，澳门文化处于独立发展阶段，以中葡文化融合、调适为特征。70年代以后，香港利用国际产业、资本向东转移机遇，经济起飞为亚洲“四小龙”之一，现代文化崛起，并迅速占领澳门市场，香港电视、音像制品、服饰等成为消费潮流。而自50年代以来澳门与内地相互隔离，澳门文化一方面独自，另一方面受香港文化所左右，两股力量支配了澳门文化的发展方向和模式。70年代后期内地改革开放，澳门文化才踏上与珠三角文化相互交流、影响的道路。

在上述既共同又相对独立的时空背景下，粤港澳文化各自作为一种类型先后形成。它们在文化势能差等作用力的驱动下，除短暂时期外，基本上不间断地进行着交流、碰撞，使文化景观、结构等产生变化。但港澳回归前，由于主权的隔阂，文化交流还有很多人为的障碍，三地文化以各自的发展为主(港澳基本一体)。港澳回归以后，三地文化交流产生了重大改变，最终的结果是区域文化综合体的形成。

四、三地文化互动在区域文化综合体形成中的作用

1. 粤港澳文化互动

文化互动是粤港澳区域文化综合体形成的根本动力。这种互动在于三地商品经济和城市化发展所伴随的西方文化与本地文化往返运动。历史上三角洲几次大量的人口迁居港澳，广府文化顽强地生存、扩展、占用港澳空间，涉及各个文化要素和层面，港澳遂成为广府文化天下，这是历史早期广府文化传入港澳的一个方面。在这里，港澳是接受一方。但港澳到底是西方文化登陆的桥头堡，拥有时代先进文化的优势，不但进入这里的广府文化被涵化、改造，而且借助于各种途经，将新生港澳文化传入珠三角，促使那里广府文化发生变异，形成新文化景观和区域分异。三地的文化互动主要表现在以下各方面。

(1) 城市建筑景观互动。以城市建筑而论，地中海式建筑骑楼，符合岭南气候特点，首先在澳门，继而在香港立足，成为主要街景。20世纪初广州拆除旧城墙，拓建马路，也采用骑楼建筑，构成了广州城市风

貌。这时期穗港澳三个城市都拓展城市范围，划分功能区，骑楼便于面对顾客，做活生意，为三地所青睐和采用，形成了相同的城市建筑风格。从骑楼由港澳传入广州，又在港澳、广州三地流行，反映了三地文化的交汇关系。

（2）风俗文化互动。以风俗文化而言，珠三角传统风俗到了港澳，或多或少受西方文化影响而发生变异，具有中西多元混合的特点。港澳特重西方圣诞节、复活节，也同样重视春节[69]。近年一些西方节日传入珠三角，为青年所钟爱，其喜庆气氛不亚于港澳。

（3）语言文化互动。以语言文化而论，粤港澳都以粤语为本土方言，但在不同环境而产生变异和互动空间关系。早期粤语作为强势语言进入港澳，占领所有商业空间，成为共同语言。当地原有的客家话步步收紧地盘，只保留在新界传统农村，潮州话也差不多消失。新中国成立前夕上海，具有经济优势、避乱来港澳的上海人带来吴语，“大闸蟹”、“交关”这类吴语在港澳不胫而走，后来又倒流传入珠三角，被普遍使用，至今仍有许多人不知其来源。20世纪50～70年代，港澳与珠三角处于隔离状态，大规模移民停止，粤语在港澳和珠三角各自独立发展。这时期，香港社会经济迅速实现现代化，香港粤语更多地进入澳门，使港澳粤语日趋同一[70]。而内地也由于政治需要，粤语中一些源于英语词汇被普通话用词取代，如“士多（store）”改称“商店”，“士担（stamp）”改称“邮票”，“菲林（film）”改称“胶卷”等，珠三角粤语景观与港澳差异扩大。进入80年代，粤港澳趋于经济和空间一体化，粤语空间占用和互动关系不但一改旧观，而且达到历史高潮。但主动一方是港澳粤语，而珠三角则处于接受地位，与历史早期传播方向恰好相反。这些传入粤语的多为经济和生活用语，如“阿sir”（警察）、“水货”（走私品）、“走鬼”（乱摆卖）、“杯葛”（boycott抵制）、“基佬”（gay同性恋者）、“派对”（party聚会）、“酷”（cool时尚）等．其中不少词汇由英语译过来。这些粤语近年又由珠江三角洲扩散到全省乃至全国大中城市。香港常用“××广场”、“××花园”地名一时风靡内地各个角落，成为最抢手商业、住宅区地名。这显示，粤港澳粤语区域差异正日益缩小，正朝着语言整合的方向发展。不过，具有经济优势的香港在领导这个变化和传播潮流，仍是不争的事实。

(4) 文学艺术互动。以文学艺术而言，港澳开埠以后，尤其20世纪20～30年代，广州、佛山等地粤剧即进入港澳上演，“省港戏班”穿梭两地，活跃于茶楼歌坛。著名粤剧大师马师曾、薛觉先在港澳剧台上演，成为新闻猛料。早期香港流行歌曲和音乐来自广东传统音乐。三角洲民歌在港澳拥有广大的观众，一曲《月儿弯弯照九州》风靡港九，南海人招子庸《粤讴·吊秋喜》爱情故事动人心魄。1904年香港总督金文泰把它译为英文，题为《广州情歌》，葡萄牙人庇山也把它译成葡文，推介到欧美各国，堪为粤港澳文坛的一件盛事。30～40年代，国内大批文化人避乱南下香港，如茅盾、夏衍、郭沫若、蔡楚生等，使香港一度成为华南进步的文化中心。到香港沦陷前夕，香港创办文化艺术团体之多，各种文化活动之盛，新闻、出版、教育事业之繁荣，实属空前。仅《大公报》1938～1941年发表来自延安抗日作品就有150多篇[71]。香港沦陷后，香港文化也随避乱人士传布内地。在广东临时省会韶关，就集合了一批从香港迁来岭南的大学师生，他们在当地演奏贝多芬、莫扎特乐曲，上演话剧《罗密欧与朱丽叶》，使内地人耳目一新。他们也同时学会粤北民谣和山歌，以及流行抗战歌曲，为战时粤港文化碰撞和交融一段佳话。80年代以后，粤港澳中断近30年的文化交流得以继续，并达到高潮。香港武侠通俗小说、粤语歌曲、电视剧等流行文化大举进入珠三角，包括澳门，继而内地，影响极为深广。

(5) 思想文化互动。以思想文化而言，粤港澳都是我国先进思想的策源地、时代思潮的重点，但以港澳首得风气之先，继而传入广州等地，引起了社会异动和变革。早期康有为、梁启超发动变法维新，其基地就在粤港澳。如康有为考察香港，看到资本主义先进事物，深感清王朝腐败，才萌发改造国家、变法维新的思想，抱定“经营天下”大志。他的大批新学图书就是在香港采购的。以港澳为基地或由港澳培养的维新人物，还有著名思想家王韬、郑观应、何启、胡礼垣等，他们或办报、或著述、或办学，奔走于粤港澳之间，在推动变法维新的同时，也极大地促进了三地文化联系。孙中山革命思想更深受港澳文化影响。他说“我之此等思想发源地即为香港”[72]；1897年，孙中山自述：“予在澳门，始知有一种政治运动，此种政治运动大可视为少年中国政党之形成。……予当时深表同情，即投身为党员，自信固为国利民福计耳。”[73]可见港澳不仅是孙中山投身革命之地，也是组织、指挥革命的大本营。1895年孙中山在香港成立兴中会，1905年中国同盟会成立，不久在香港和澳门成立分会。甲午战争到辛亥革命前，革命党人在南方发动多次武装起义，绝大多数在香港、澳门策划和获得补给支援。粤港澳成为颠覆清廷的一个革命活动中心。

(6) 宗教文化互动。以宗教文化关系而言，港澳现是中西宗教在我国最大的中心城市。而珠三角历史上也是民间宗教盛行，各种宗教在三地互相感应，交叉传播，由来已久。

珠三角和港澳民间信仰和原始宗教同源同根，历史早期主要由珠三角传往港澳，举凡珠三角人信仰的神祇，在港澳同样有他们的庙宇和信众，无疑是珠三角居民迁移首先带进去的。而这些神祇又随港澳居民带回内地，形成双向传播的历史格局。

道教自东晋葛洪在广东罗浮山布道以后，南宋时传入香港。清初道教在广东有较大发展，也影响到香港。明清时香港道教颇为兴盛，比较闻名的宫观有10余座。民国时期又呈上升之势，至今已发展到120多座大小道堂、宫观。其中，黄大仙祠原址在广州芳村，后迁香港新界，香火甚旺，广州原址后湮没，近年才恢复，一神异地，堪为道教在粤港互动的典型事例。而道教在澳门至迟在明成化年间(1465～1487年)已流行，此后道观接踵而起，现在历史在500年左右的天后庙宇有八处之多，其他宫观也多属妈祖信仰范围，反映了澳门海洋文化的特点，与珠三角多水、盛行江河海神的崇拜一脉相承。

佛教西来，传东汉已沿西江传入广州。唐代惠能创立南宗顿教，并不断向外扩布。香港在南北朝建青山寺、灵渡寺，后代有发展。只在鸦片战争后佛教在香港一度式微，到20世纪20年代又得到复兴。据粗略统计，香港保存和新建大小佛寺、精舍有400多座(处),另有数百座小佛堂遍及港岛各个角落。这主要是由内地包括广东传过去的。如1920年太虚法师来港讲经,听众景从,奠定佛教在港发展的基础。近年香港作为佛教在岭南的基地,经常入内地开展教内交流,使珠三角成为常履之地。佛教在澳门兴起虽晚,约在明中叶,但在一个多元文化兼容背景下,仍获得长足发展,1980年有教徒4.53万人,占信教总人口19.3%[74]。佛教在澳门主要由广东丛林法师过去而获得传播和发展的。

港澳为西方宗教传入我国的最早基地。首先是天主教传入澳门,1576年在澳门成立主教区,发展为天主教在远东传教中心。万历十一年(1587年),利马窦从澳门进入肇庆传教,前后六年,建立我国第一座天主教堂仙花寺;翻译一批天主教教义图书。另一位教士罗明坚也曾随同利马窦来过广州。到雍正十年(1732年)广州已有男女天主堂8处,教徒1.2万人[75],并且很快在珠三角掀起群众性的信教高潮。志称民国初年:“礼拜之期,附近南(海)、番(禺)、东(莞)、顺(德)、新(会)、香(山)各县赴(澳门)拜者接踵而至,间有外省之人,唯顺德县紫泥(今属番禺)人最多。”[76]清政府曾一度下令禁止赴澳礼拜,但收效甚微,可见澳门作为西方宗教基地对珠三角影响深远,非行政力量所能制止。自此,天主教长驱直入广东内地,特别是粤东地区。近据广东省天主教爱国会估算,全省天主教堂和教徒约有2/3分布在粤东,这是继承天主教在这些地区传播历史的结果。

香港天主教也由澳门传入,1841年香港被列为监牧区,翌年在港建立第一间天主教堂。第二次鸦片战争后,天主教又从香港向新安(宝安)、惠阳、海丰等地传播,遂使香港成为天主教一个主要中心城市和向内地传播基地。港澳也是近世基督教向珠三角传播最早城市。1807年英国传教士马礼逊进入广州传教未果,继潜居澳门,将《圣经》译成中文,并于1814年在广州出版。1832年英文《中国丛报》在广州出版,天主教势力逐渐伸入珠三角和内地。鸦片战争后,天主教又由澳门登陆香港。1843年伦敦传道会总部和所属“英华书院”从马六甲迁香港,此后基督教各派纷纷在港设教堂、学校、慈善和传教机构。到1989年全港有基督教徒25.8万人，约占全港人口4.4%；中英文教堂924座，教会兴办各类学校237所，学生31万人，约占同期全港学生1/4。同期在澳门有教堂、布道所40多间，学校13间，学生1万多人，与香港一起成为基督教向珠三角和内地传播的基地。早在第二次鸦片战争后，基督教即以佛山为基地，首先扩布珠三角，继沿北江、西江、粤东沿海传播。到19世纪末，基督教几乎覆盖广东全省。到1919年广东全省有基督教徒62 262人，约占全国同类教徒1/6强。到1949年新中国成立前夕，基督教在广东划分11个教区，拥有教堂222所。

在11个教区中，19个县市（镇）在珠三角（港澳除外），占全省基督教布道区的55.9%，而珠三角面积其时约占全省的4.5%。这种分布反差，说明港澳与珠三角都是基督教传播的集中地，两地有非同寻常的渊源和互动空间关系。

天主教在广东与基督教相类似，1949年广东分为九个教区，分布如表4—1。

表4—1　1949年天主教在广东分布概况

教区别	按方言区域	按行政区域
广州总主教区	粤方言	珠三角、西江地区县市
香港教区	粤方言	港九、新界
嘉应教区	客家方言	梅县、兴宁、蕉岭等
江门教区	四邑方言	台山、恩平、开平、新会
澳门教区	粤方言	澳门
韶关教区	客家方言	粤北各县市
汕头教区	福佬方言	潮汕各县市
北海教区	福佬方言为主	高雷地区、北部湾北部沿海
海南教区	福佬方言	海南岛

资料来源：许锡挥等：《粤港澳文化关系》，中山大学出版社，2001年。

天主教以上各教区分布，仍以粤方言地区为主体，港澳也是粤方言区，语言一致极便于文化交流，所以天主教在两地也和基督教一样，属于一个关系。

1949年后，在特殊历史背景下，港澳与广东宗教往来处于隔绝状态。改革开放后，港澳保持和发展与广东宗教往来，主要在扶贫、捐资办学、赈灾、互访等加强彼此了解，发挥宗教正面功能。如1987年香港蓬瀛仙馆捐资修建广州三元宫，1990年香港道教青松观捐助惠州玄妙观、重建陆丰紫竹观等。广东宗教界也邀请港澳宗教界人士举行各种学术研讨会，参加荔枝节和各种宗教礼仪等。

(7) 价值文化互动。以价值文化而言，粤港澳各有自己的价值观念和体系。香港人的一切讲究实际利益的文化功利性、香港人群体中多种价值观并存的文化多元性、处在中西文化价值观之间的香港文化边缘性等，成为香港价值文化的特质。而澳门则因经济地位低微，葡国文化势力弱小等而形成澳门人传统与现代相融合的文化协调性，恪守中庸之道的文化中度性，随时代变迁较小的文化稳固性等。至广东人所具有对外来文化宽容的文化开放性、处世或判断的理性和兼容性等，又是广东价值文化的特质。这三地价值文化既有差异，制约文化传播的政治、经济地位也有高下，故三地价值文化相互影响和空间交流也势所必然。直到20世纪50年代初，当广州经济胜过香港时，不少港人回流广州就业；在60年代和改革开放之初，内地不少人被香港经济繁荣所吸引，掀起一次又一次合法和非法的出境风潮。特别是80年代初，香港文化价值观首为广东人崇尚，时装、流行歌曲、影视作品、口头用语、社交礼仪、明星崇拜等大举进入广州，继而风靡内地。但进入90年代以后，珠三角经济崛起，粤港经济差距缩小，这种风潮很快减弱。文化互动关系表现为两地优势互补和双向流动。如港人休息日大批进入深圳、广州等城市采购各种商品，内地更多人进入港澳观光旅游、探亲访友、学术和民间交流。这种交往结果，一方面是广东价值观发生改变，金钱、功利、娱乐、消费等观念和行为越来越向港澳看齐，由此而形成文化景观在广州、深圳等城市甚为触目，仅各种名目桑拿、按摩场所之多，即不亚于港澳。另一方面，普通话越来越在港澳流行。特别是港澳回归以后，广东对港澳的意识形态影响在加强，大量游港旅客所带进的内地观念文化氛围也是一种鲜明的文化景观，而港澳价值文化也更容易传入广东。港澳回归前后，一些人提出港澳文化回归问题，这虽然是个有歧见的议题，见仁见智者旗鼓相当，但问题的提出反映了对港澳文化，特别是对港澳深层价值文化的普遍关注。有论者认为粤港之间的文化关系，不是“求同存异”，而是“认同存异”。这一转变意味着三地价值文化共同性在增多，互动作用在加强。

2. 粤港澳区域文化综合体结构

从上述可见，粤港澳文化互动在历史绝大部分时间都未间断，且涉及各个文化要素和层面，形成自己的文化景观结构、区域结构和广州、香港、澳门三个文化中心，三者紧密相连，标示着粤港澳区域文化综合体的形成。

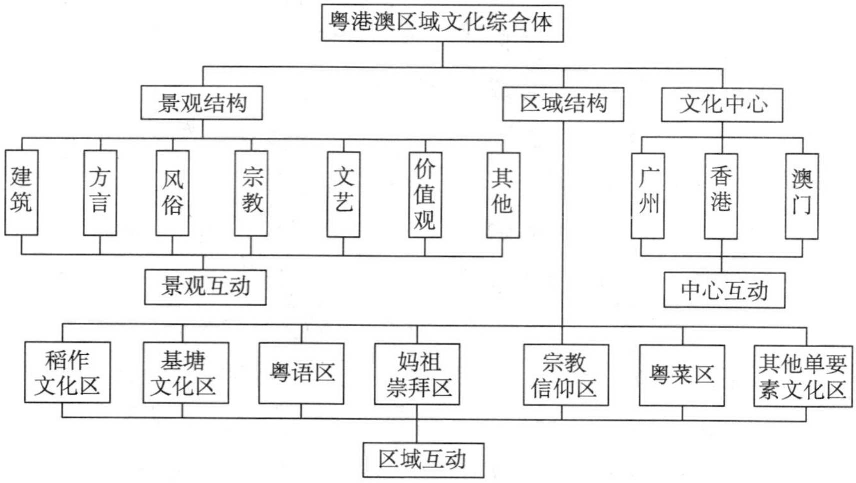

图 4—1　粤港澳区域文化综合体结构

图 4-1 显示，从文化特质来说，综合体的每一个组分，借助于互动作用，文化内涵更加充实、丰富，文化共同性成为主流，相互关系更加密切；

从文化传播来说，三大文化中心的文化辐射范围彼此叠加，形成均质为主的文化腹地；从文化区的形式来说，区界变得更加模糊，空间更趋于一体化。这样一个综合体相对于原来三个文化区属于一种创新的文化空间，文化要素及其组合得以更加合理的流动和分布，从而取得更佳的区域文化效应，促进粤港澳文化的发展和振兴。

五、结论

以上分析显示，区域文化综合体的形成过程交织着文化交流、整合等一系列变化，从而产生新的文化空间、结构和格局，是区域文化空间形式的一种升华。粤港澳区域文化综合体的形成和发展，除了三地深厚的地缘、族缘和史缘关系以外，主要是由各个文化景观及其空间结合而成的珠三角、香港和澳门文化区，以及穗港澳三个文化中心，历史上长期互动的结果。这个综合体对比原来三个文化区，更凸现它的文化景观的共同性，文化区界的淡化和各文化要素的空间结合更加牢固有力。从这个意义上说，它是一个创新的文化空间，是促进文化融合和空间结合的良好的文化地域形式。当然，这个综合体的景观和区域结构的关系，不同文化区结合的动力，对区域文化发展作用的评价，特别是在表层文化的共同性之下，三地深层文化结构的差异对这个综合体发展的制约，以及综合体的整合等问题尚待从理论和实证上作进一步的探讨。

参 考 文 献

[1] 黄启臣：《澳门通史》，广东教育出版社，1999 年，第 131～132 页。
[2] 广东省社会科学联合会、澳门社会科学学会等："肇澳文化与旅游发展的新构想——第十五次粤澳关系研讨会主题报告"，2002 年 11 月，第 3 页。
[3] 澳门统计暨普查司："第十三次普查暨第三次住屋普查总体结果"，1993 年 7 月，第 58 页。
[4]《澳门日报》，2002 年 9 月 11 日。
[5] 同上[2]。
[6] 光绪《嘉应州志》卷 32，引康熙前后成书《梅谈》。
[7] 嘉庆《龙山乡志》卷 12，张臣《龙山竹枝词》。

[8] 嘉靖《广东通志》卷 20。
[9] 释今种:《澳门诗》,载印光任、张汝霖《澳门纪略》上卷。
[10] 民国《香山县续志》卷 6,《海防》。
[11] 郑天祥、雷强:"从东方蒙地卡罗到东方的拉斯维加斯",《当代港澳》,1998 年第 1 期。
[12] 沈定平:《明清之际中西文化交流史》序言,商务印书馆,2001 年,第 3 页。
[13] 黄启臣:《澳门通史》,广东教育出版社,1999 年,第 121～130 页。
[14] 季羡林:"澳门文化的三棱镜",《羊城晚报》,1999 年 12 月 14 日。
[15] 吴志良、黄汉强:《澳门总览》,澳门基金会印,1994 年。
[16] 黄启臣等:《广东海上丝绸之路史》,广东经济出版社,2003 年。
[17] 许锡挥、李萍:《粤港澳文化关系》,中山大学出版社,2001 年。
[18] 季羡林:《海上丝绸之路与中外文化交流》(未刊稿),载黄启臣:《澳门通史》,广东教育出版社,1999 年,第 131～132 页。
[19] 杨文衡:《世界地理学史》,吉林教育出版社,1994 年,第 365～366 页。
[20] 何高济等译:《利玛窦中国札记》,中华书局,1983 年,第 181 页。
[21] 洪业:"考利玛窦的《世界地图》",《禹贡》,1936 年第 3～4 期合刊。
[22] 刘献庭:《广阳杂记》卷 2,中华书局,1985 年,第 104 页。
[23]《皇朝经世文编》卷 49。
[24] 章璜:《图书编》,载《钦定四库全书》第 968 册,上海古籍出版社,1987 年。
[25] 同[20]第 355 页。
[26] 罗光译:《利玛窦书信集》下册,台湾光启社出版,1986 年,第 392 页。
[27] 林东阳:"利玛窦的世界地图及其对明末士人社会的影响",沈定平:《明清之际中西文化交流》,商务印书馆,2001 年。
[28] 黄启臣:《澳门通史》,广东教育出版社,1999 年,第 156 页。
[29]《四库全书总目》卷 71。
[30] 同[28]第 121 页。
[31] 同[28]第 137～138 页。
[32] 王家俭:"19 世纪西方史地知识的介绍及影响",《大陆杂志》,1969 年第 6 期。
[33] 沈定平:《明清之际中西文化交流史》,商务印书馆,2001 年,第 265 页。
[34] 参见[33]第 267～268 页。
[35] 参见[33]第 266～268 页。
[36] 洛佩斯:《罗明坚的〈中国地图集〉》,转见同[33]第 267～268 页。
[37] 李孝聪:《欧洲收藏部分中文古地图余录》,国际文化出版公司,1996 年,第 34 页。
[38] 同[37]第 44～48 页。
[39] 李约瑟:《中国科学技术史》第四卷第二分册,科学出版社,1975 年,第 693 页。

[40] 司徒尚纪:《广东文化地理》,广东人民出版社,1993 年。
[41] 高添强:《香港今昔》,香港三联书店有限公司,1994 年。
[42] 张振江:"港式中文初探",《当代港澳》,1996 年第 2 期。
[43] 苏耀昌:"从世界体系学派的角度看香港的经济成功",《港澳研究》,1986 年第 1～2 期合刊。
[44] 杨奇:《香港概论》,中国社会科学出版社,1992 年。
[45] 彭琪瑞、薛凤旋等:《香港与澳门》,商务印书馆香港分馆,1986 年。
[46] 李若健:"香港的新移民及其社会适应问题",《当代港澳》,1996 年第 1 期。
[47] 李若健:"1981 年以来香港迁入与迁出人口的比较分析",《人口学刊》,1996 年第 5 期。
[48] 张伟然:《湖南历史文化地理》,复旦大学出版社。1995 年。
[49] 郑度:"关于地理学的区域性和地域性分异研究",《地理研究》,1998 年第 1 期。
[50] 梁溥:"区域经济地理学的研究对象、任务与方法",《地理》,1986 年第 1 期。
[51] 李旭旦:《中国大百科全书・地理学・人文地理学》,中国大百科全书出版社,1984 年,第 219～220 页。
[52] 李旭旦:"论 19 世纪德国的统一观点",《地理研究》,1983 年第 3 期。
[53] Sauer Co. *The Morphology of Landscape*. University of California Publications in Geography. 1925,2,19～54.
[54] 阎小培:"穗港澳都市连绵区的形成机制研究",《地理研究》,1997 年第 2 期。
[55] 邓聪、郑炜明:《澳门黑沙》,田野考古报告专刊,香港中文大学出版社、澳门基金会联合出版,1996 年,第 103 页。
[56] 杨式挺:《岭南文化考古论集》,广东省地图出版社,l998 年,第 320 页。
[57] 司徒尚纪:"香港历史地理的变迁",《热带地理》,1997 年第 2 期。
[58] 李若建:"香港的内地非法移民与非法入境者问题",《当代港澳》,1996 年第 2 期。
[59] 李若建:"香港的新移民及其社会适应问题",《当代港澳》,1996 年第 1 期。
[60] 黄启臣:《澳门通史》,广东教育出版社,1999 年,第 9～10 页。
[61] 张之洞:《张文襄公全集》卷 20,详陈澳界利害立约尚宜缓定折。
[62] 黄启臣:《澳门通史》,广东教育出版社。1999 年,第 12 页。
[63] 刘镇发:"香港原居民的汉语方言",《中国语文》,1997 年第 2 期。
[64] 光绪《番禺县志》卷 10。
[65] 〔美〕施坚雅主编,叶光庭等译:《中华帝国晚期的城市》,中华书局,2000 年,第 589 页。
[66] Ghosheh,Baher. Hong Kong is Where East Meets West. *Focus*. 1997,44(3).
[67] 许锡挥、陈丽君、朱德新:《香港跨世纪的沧桑》,广东人民出版社,1995 年,第 342 页。

[68] 魏美昌:“澳门文化的特色、优势与前景”,载许锡挥、李萍:《粤港澳文化关系》,中山大学出版社,2001年,第30页。
[69] Kin Wai Michael Siu. Lanterns of the Mid—Autumn Festival: a Reflection of Hong Kong Cultural Chang . *Journal of Popular Culture*,1999,33(2).
[70] 许锡挥、李萍:《粤港澳文化关系》,中山大学出版社,2001年,第64页。
[71] 邓开颂、陆晓敏:《粤港澳近代关系史》,广东人民出版社,1996年,第287页。
[72]《孙中山全集》第7卷,中华书局,1985年,第115页。
[73]《孙中山全集》上卷,人民出版社,1956年,第22页。
[74] 李桂玲:《台港澳宗教概论》,东方出版社,1962年,第195~196页。
[75] 陈垣:《陈垣学术论文集》,中华书局,1962年,第195~196页。
[76] 民国《香山县续志》卷6,《海防》。

第五章　海洋文化资源开发利用

第一节　开发海洋国土是缓解华南人口、资源和环境矛盾的重要出路

第二次世界大战以后，随着科学技术的飞跃进步，人类认识、开发海洋的水平和手段明显提高，继而用新的思维认识海洋的价值，估计海洋经济对国家的作用和影响。海洋蕴藏着比陆地丰富得多的生物、矿产、化学、动力等资源，占地表面积70%的海洋不仅是沿岸国家和地区对外交往的强大通道，而且是人类未来赖以生存和发展的资源宝库和宝贵的空间。目前，新兴海洋产业的建立，特别是海底采油业的崛起，使海洋经济的内涵发生了战略性的转变，人们对海洋刮目相看。另外，战后世界人口激增，耕地不足，能源短缺，资源退化，环境污染，各国纷纷把寻求新的能源，缓和或解决日趋紧张的人地矛盾的目标从陆地转向海洋，希望在那里找到出路，并争先恐后地制定、调整自己的产业政策和结构，使开发海洋成为一股强大的时代潮流，席卷全世界，也冲击着改革开放中的中国，特别是具有海洋优势的华南沿海。当前，华南沿海经济已经发展到一个比较高的水平，上述世界经济发展过程中出现的新矛盾和问题，亦已程度不等地在华南地区存在。为了谋求今后持续发展，除了重视陆上国土开发利用以外，必须不失时机地抓住机遇，大力开发海洋。这不但是使华南沿海经济跃上新台阶的一个方向，也是缓解华南人口、资源和环境矛盾的重要出路。

一、发挥华南海洋资源优势

华南面临和拥有我国最大的一块海洋国土，即南海。南海面积350万平方公里，占我国沿边五大海区472.7万平方公里的74%。在我国拥有大陆海岸线的11个省区中，以广东海岸线最长，按1974年量算，占全国18 400.5公里海岸线总长的23.4%(时含海南岛)，广西海岸线也占全国的8%，居第六位。在全国14 247.8公里岛屿岸线中，广东也居首位，占29%，由两广、海南组成的整个华南地区的大陆海岸线和岛屿海岸线，分别占全国总长度的31.5%和32.8%，均甲于全国其他省区。又据80年代调查，广东(时含海南)面积在500平方米以上的海岛有1 134个，广西有624个(一说627个)。两省区占全国6 536个岛屿的28%。这包括散布在南海我国传统疆域内的南海诸岛。同时，华南拥有兼具海陆国土特点的滩涂3 541平方公里，占全国滩涂面积的3.7%。广东(含海南)有1 343条河流直接或间接注入南海，由此形成的港湾在广东有120处，海南有78处，广西有21处。它们是海陆交通的门户和海洋产业布局的依托。

南海对海洋经济有特殊意义的还在于海底油气资源。海洋地质勘查结果表明，南海拥有37个沉积盆地(或盆地群)，都具有油气产生、集聚的地质环境。根据已有资料判断，南海底下是个极大的油海。1975年苏联地质学家迈耶霍夫在《1975年世界石油报告·中国的石油潜力》中估计，南海石油储量为11亿吨。1989年中国《海洋》杂志转引有关方面报道说是130亿吨。差不多在同一时间，我国地矿部有关单位调查结果，推测为323亿吨。到1988年，据金庆焕《南海地质与油气资源》一书估计，在南海至少可以找到250个油气田，其中可能有12个大油气田，南海石油地质储量约为400亿吨，天然气地质储量约为80 000亿立方米。据近几年勘探结果，这些数字又落伍了。据《羊城晚报》1992年6月10日报道，仅南海诸岛在我国传统海疆内的石油和天然气储量达225亿吨，相当于大庆油田储量的8倍，足可以与中东和波斯湾的储油量相媲美。南沙由此被誉为“第二个波斯湾”。在南海北部大陆架，已发现珠江口盆地、北部湾盆地、莺歌海盆地、琼东南盆地、台西南盆地等都是油气田或油气富集区，许些油田已经投产。例如，在莺歌海盆地的崖13-1气田，储量约为1 000亿立方米，是迄今为止中国发现的最大气田，原定1989年7月1日往香港、深圳、广州等城市供气，但直到1992年3月12日中国海洋石油总公司才在北京与有关方面签订《中国南海崖13-1气田天然气销往香港的原则协议》，使莺歌海盆地油气开发获得突破性进展。国务院总理李鹏称这一协议的签订：“不仅标志着中国南海大气田开发建设的起步，也是对外开放的一项具体成果。”这些油气田开发所带来的巨大经济利益和与之相关的各项产业的发展，将成为华南地区经济崛起东方的强大动力。

二、开发海洋与缓解华南人口、资源和环境矛盾

华南沿海人口稠密，土地资源短缺，开发历史悠久，加上人类不合理的活动，生态环境受到很大破坏，这都成为经济持续发展的一种限制性因素。例如，珠江三角洲经济区人口密度，1984年为310人/平方公里，比全省平均270/平方公里高出13%。广东土地面积仅占全国总面积的1.68%，而人口却占全国总人口5.4%。广东人均土地占有量为0.31公顷，仅为全国人均土地占有量的34.5%。广东人口密度为全国的2.9倍，尤其是潮汕地区，人口密度达909人/平方公里。而全省人均耕地只有0.043公顷，不及全国人均耕地(0.091公顷)的1/2，尤其潮汕地区人均仅0.022公顷，潮阳县甚至只有0.013公顷。而从生态系统维持地域生态平衡的角度来看，广东国土人口承载力并不高。据1987年统计，全省只有可耕地2.53×10^6公顷，国土耕地平均密度为14.2公顷/平方公里，土地可供农业利用率仅为14.2%。按目前生产水平，以维持人口基本生活需要为限度，国土人口承载力仅为300人/平方千米，已达到饱和状态。如果耕地面积不再减少，并采用先进生产技术，使土地潜力充分发挥其生产效能，那么，广东全省国土人口承载力也只能达到500人/平方公里的水平。这些人口大多数只能聚集在平原地区，广大山区不可能承

受太大的人口压力，否则，将会严重破坏生态环境。由于人口分布地区不平衡，沿海地区国土人口承载力实际上早已超过全省平均水平。

事实上，由于目前广东人口压力太大，部分地区已经出现生态危机，尤以潮汕平原和粤东北地区至为严重，迫使大量人口向珠江三角洲和沿海其他地区迁移，更加重了它们的人口压力。即使是人口密度较低的海南岛，同样出现不堪重负的人口承载力问题。1950 年全岛人口为 228.1 万，到 1985 年增至 597 万人，增长 1.6 倍，年均增长率为 2.7%，而同期耕地从 2.9×10^6 公顷增加到 3.9×10^6 公顷，年均增长率为 0.9%，落后于人口增长率。人均耕地从 1950 年 0.13 公顷下降到 1985 年不足 0.06 公顷。为了对付人口增长对粮食的需求，40 多年来花了很大力气从事粮食生产，但并没有解决问题，反而使橡胶等热带作物和林牧渔业发展受到限制，导致海南人口、资源和环境之间一系列失衡的连锁反应。例如，岛上粮食总产量从 1954 年 11.3 亿斤到 1985 年 24.3 亿斤，翻了一番，但人口增长率却高于粮食增长率。

海南水产品产量一向不高，近几年虽然增长较快，但绝对数不大。耕地、森林、牧畜等人均数量和供养能力都有所下降。不但岛上人口自然增长的势头长期未能制止，而且近 30 多年来，进入海南大陆移民已达到上百万，占全岛人口的 1/6，平均每年达 3 万多人。这个移民速度是海南历史上任何一个时代都没有的。于是形成了人口越多越穷、越穷人口越多的“马太效应”。特别是岛上再生资源的土地、耕地、森林、水产、野生动物等，除滩涂和外海水产资源尚未充分开发以外，这些资源再生能力都受到严重削弱或损害，其中森林每年以 3%的速度在减少，其速度为世界热带森林的 2 倍多，为亚洲热带森林的 1.8 倍。野生动物减少速度更快，近海渔场捕鱼量也明显下降。岛上还有不少地区农民的温饱问题未能解决。这表明岛上人口、资源、环境在开发中的矛盾逐年扩大，资源质量及其生产能力相对下降，使农民生活水平和生存条件向不利的方面转化趋势更加突出，远远超过他们生活改善的速度。

以上诸矛盾，近年在沿海由于经济高速发展而显得尤为尖锐突出。

1987 年广东全省建设用地达 1.01×10^6 公顷，占全省土地总面积 5.7%，其中不少是占用耕地，仅 1982～1986 年，各种建设占用耕地有 4.53×10^6 公顷之多。另外，农业结构调整等也占用大量耕地，这很大一部分发生在沿海。据 1990 年人口普查，珠江三角洲经济区之广州、深圳、珠海、东莞、惠州、佛山、江门、中山八市常住人口超过 1 000 万，另有数百万流动人口未算在内。人口、产业高度密集，给当地水体、大气乃至整个生产生活空间的生态环境造成了严重污染，甚至超过了城市环境的承载能力。这已成为珠江三角洲，也是整个华南沿海持续发展必须首先协调解决的问题。

浩瀚的南海，至今仍是这些矛盾尚未发生或很和缓的而且又是现有技术条件可以开发的生存空间，人类不仅可以从中摄取需要的食物、能源，也可获得更加宽广的生产生活用地，自然成为优先选择的空间对象之一。

三、食物结构变化扩大了对海洋生物的选择

近十余年来，随着人们生活水平的提高，食物结构发生了很大变化，从以谷类、植物根茎为主渐渐过渡到以动物性食物为主，水产品又在其中占越来越大的比重。由于鱼肉与其他动物肉类相比，最容易为人类消化和吸收。即各类肉食的转变为人类需要部分的转换率各不相同，如牛肉 10∶1、猪肉为 4∶1、家禽肉为 2.5∶1、鱼肉为 1.5∶1，所以要大力提倡食鱼。其他如贝类、甲壳类、头足类、藻类等也具有类似的高转换率。目前，广东城镇人口，尤其是经济发达、生活水平高的地区，人均粮食消耗水平已大为下降，从过去 15 千克左右下降为 10 千克，甚至更低。鱼类成为肉类中优先选择的对象，其中海产品又为其中的佼佼者，所以近年海水养殖和增殖，即海洋农牧化在华南沿海异军突起，成为海洋开发的热点之一。随着经济发展，城市人口增加和生活改善，这种开发趋势只会继续加强。这也是世界发达国家走过的道路。

与人口食物结构相关联的是人口再生产问题。一般来讲，以植物性

食物为主的社会，由于节约了由植物性食物转化为动物性食物中能量和物质的损耗，故比以动物性食物为主的社会多养活 6～7 倍的人口。世界上以植物性食物为主的国家或民族，人口增长都比较快，人口对环境压力也较大。中国人口居世界之冠，其原因很多，但与中华民族主要是农业民族不无关系。从这个意义出发，改变人们食物结构，提高海产品在其中比重，将减轻人口对陆地环境的压力，有利于建立海陆相互作用系统的平衡和良性循环。

四、产业布局向海岸带转移加强了海洋空间的开发利用

产业布局的因素，一是地理区位，二是市场需求，三是资源赋存。由于海岸带具有以上几种优势，已成为产业布局首先选择的位置。以华南沿岸而言，南海油气、海滨砂矿开发、加工和运输，海洋旅游业建设和布局、机场、港口等交通基础设备的建设，以及新兴城镇的选址乃至其他工业的布局，几乎无不趋向于海岸带，特别以河口、港湾为依托。于是近年临海、临港工业作为一种工业布局类型或者形式在沿海接踵而起。各类用地日益向海岸、岛屿等转移。广东几个经济特区选择在海滨；深圳黄田机场、香港新机场、珠海三灶机场、澳门机场等无不在海岸或移山填海来取得用地。海南开发空间架构，几乎都离不开海岸，如洋浦、三亚、海口、东方、清澜等经济开发区即以港口为依托建立的。临海、临港工业所需原（燃）材料更离不开海洋运输。海岸带既已成为产业布局最优区位之一，必然引起产业地域集聚，在海岸带形成产业或城市连绵地带，就像近年在珠江口沿岸建立的从广州至深圳和从广州到珠海的城镇连绵区一样。它们在资源、运输、生活等方面对海洋空间的依赖是不可或缺的，这反过来又加强了海洋空间的开发利用。

近年，随着“冷战”时代结束，东西方关系的缓和，中国工业布局的国防原则也被削弱，已经并将有更多的企业向华南沿海集聚，同样是推动海洋开发的一个有利因素。

五、现代科学技术发展为开发海洋提供了必要条件和可能

海洋是一个整体。现代海洋开发是知识、技术、资金的密集型产业，是一项巨大的系统工作。海洋工程作为一项新兴产业，像核工程、航天工程一样，在现代社会中举足轻重，备受世人注目。近十多年来，我国在海洋科学研究和应用技术方面有了长足发展，在海洋物理（包括黑潮、潮汐、潮流、海浪等）、海洋气象（主要在热带气旋、大尺度海气互动对天气气候影响等）、海洋地质、地球物理、海洋生物、海洋化学等方面取得了良好进展，特别是在石油钻探、海港工程、海水淡化、海水养殖、深潜技术和海洋环境调查、海洋监视及海洋预报等技术领域取得了许多重大成果，跨进世界先进行列。科学技术是第一生产力。科学技术的发展和成果的应用，必将导致新产业的兴起或原有产业的更新代谢。我国海洋科学技术所呈现的上述发展势头，也必将成为现代海洋产业建立和发展的前奏与先导，迅速提高海洋产业在国民经济和社会生活中的地位和作用，加速海洋开发大潮的到来。

基于以上诸端，近年华南沿海各省区都不甘落后，纷纷提出开发海洋、发展海洋经济的战略或口号。海南建省不久，即于 1991 年确定“以海兴琼，建设海洋大省”的奋斗目标，编制了《九十年代海南省海洋开发纲要》；广西也制定以开发海洋为目标的“蓝色计划”，包括“建设大西南出海通道，大力开发海洋资源”、“建设海洋开发基地，改革开放窗口、西南出海门户”，以及“建设广西北部湾海洋经济特别开发区”等战略、设想和方案；最具海洋优势和实力的广东更一马当先，以再造“海上广东”为旗帜，大力发展外向型经济，在沿海建立经济特区和珠江三角洲经济区，开展多项海洋调查，海洋产业方兴未艾，已形成向海洋进军的态势。这都说明开发海洋是一股时代潮流，大势所趋，不可逆转。

六、开发海洋对策与措施

同陆上国土开发相比，海洋国土开发毕竟是相对落后和欠全面和深入的。为使华南海洋开发走在全国其他省区之前，在现在基础上更上一

层楼，宜采取以下对策与措施。

(1) 加强海洋国土观念和海洋开发意识的宣传教育。使从普通公民到领导干部，像开发陆域资源一样重视海洋国土资源的开发利用，珍惜每一寸海洋国土，特别要摈弃人们潜意识中对海洋的种种模糊和错误观念，树立海陆并重的国土观。

(2) 实现开发海洋的战略转移。时下两广、海南都已提出振兴海洋经济、开发海洋的类似口号或目标，但要真正完成开发海洋的战略转移，进行海洋产业结构的调整，确立开发海洋空间框架，以及制定各项相应的步骤与措施，仍需假以时日，这也是当务之急。

(3) 人才培养。现代海洋开发不同于传统海洋开发之一是需要一批掌握现代海洋科技知识的人才，而目前这样的人才队伍尚未形成或很薄弱，应未雨绸缪，采取多种途径，致力于这支人才队伍的建设。

(4) 技术形成。海洋开发是一项科学性、综合性很强的产业，需要雄厚的技术力量，各学科之间的协调合作。为此，应与人才培养一样，组织、调动好海洋科学研究，资源调查勘测，各项技术的应用等，以形成开发海洋所必需的密集型技术群体。

(5) 资金筹集。海洋开发是一项资金密集型产业，所需资金甚巨。宜采取多种渠道加以筹集，其中开展广泛国际合作，吸引外资，不失为良策之一，就像目前南海油气勘探开发所采取的方式一样。

(6) 综合管理。海洋开发投资多、风险大、技术要求高，为保障开发秩序正常运作，必须建立一个良好的海洋环境，制定优惠投资政策，建立健全海洋法规体系，保障整个海洋开发事业踏上健康发展的轨道。

第二节　全球经济一体化条件下粤港澳区域可持续发展的空间关系

广东与香港、澳门历史上存在许多牢固有力的经济和空间关系，故素来有省(粤)港澳并称。但以往由于三地社会制度、行政边界、社会经济发展水平，以及意识形态的差异，不少人把港澳与广东尤其是珠江三角洲空间关系看作是一个互动的外部条件，而不是看作同一地理区域内空间联系上的区别。1997 年和 1999 年港澳主权回归，两个特区政府成立，“一国两制”实施，从政治上保证了粤港澳各种关系的顺利发展，尤其是经济一体化进程和配置。而在全球经济一体化潮流日趋迅猛条件下，中国加入 WTO，不但港澳经济进一步卷入这个潮流，而且与之毗邻的广东也将深深卷入并成为这个潮流一部分，这必然促使三地经济关系朝着更加紧密、更加牢固的方向前进。为此需要实现三地经济和空间一体化，保障它们经济要素的良好结合和优化配置，以期达到三地的区域可持续发展。

一、地理区位、环境与资源特征要求三地实现优势互补

位居珠江口两侧的港澳，作为港口面临广阔的南海，过去和现在仍然是沟通欧亚和南北美洲的海上交通枢纽，而现代航空业崛起，港澳又成为我国南方的两个航空港，尤其是香港在世界航空地理上占有举足轻重的地位。但港澳毕竟是名副其实的弹丸之地，纵深有限，土地严重不足，自然资源贫乏，限制了自身的发展。因此，无论过去还是现在，港澳必须借助外部条件和资源才能发展起来。

港澳本为广东的一部分，即使后来它们成为两个政治地理单元，仍需依托广东主要是珠江三角洲维持和发展自己的经济。因为广东和内地具有广阔腹地、充足劳动力、丰富的自然资源和广大的市场，这些优势是港澳难以相比的。通过经济联合和经济一体化，港澳可以广东和内地优势弥补自己的不足或劣势。当然，广东和内地则可从港澳获得急需的资金、技术、管理经验、资讯和假道港澳走向国际市场，成为全球经济一体化一个不可或缺组成部分，粤港澳地域上连成一片，为这种区域经济优势互补提供了极大的便利和可能。

问题在于，过去每言粤港澳关系，多把它们作为三个地理区域，即广州、香港、澳门三个中心城市，特别是突出广州或香港的区域中心城市地位；它们之间的优势互补，只限于经济和社会的联系，即商品输出

输入、产业投资、汇款、人口流动等。因政治体制差异，这种联系多强调自身局部利益，在空间上也受到很多限制，因而不可能作为一个整体加以规划、布局和建设。所以这种所谓优势互补，是分散、短期、简单、低层次、低效率的，未能取得整体、巨大、富有战略性、长远经济效益和空间效益。近年，随着港澳回归，实现了三地经济、政治和文化空间关系的转变。即在经济空间上，主要是珠江三角洲崛起为全国经济高峰区，广州演变为多功能的华南经济中心，并通过香港进入世界市场，走上与世界经济交往的道路：香港继续维持举世闻名的国际商业中心和贸易中心、金融中心、航运中心和旅游中心地位：澳门经过长期沉寂以后，经济也获得复苏和全面发展，重新成为珠江三角洲西部的经济中心。在政治空间上，港澳两个特别行政区的成立，结束了港澳被英葡强占，成为游离于中国治外的两个政治地理区域状态，它们作为省一级行政区分峙珠江口两侧，与广东一起构成三足鼎立分布格局。在文化空间上，港澳文化随着经济起飞，改变昔日“文化沙漠”形象，被更新、丰富以更多西方文化养分，变得更富于多元化和多样化，特别是在高新科技文化方面拥有巨大的能量和优势，故能辐射广东和内地。这些变化了的形势，促使人们用新眼光重新检讨对三地以上关系和优势互补的认识和定位。即传统地理区位的意义，已由于交通和网络技术发展而变得淡薄，环境优劣和资源多寡可通过技术进步和市场供求加以改善和调控，从而保障在新的条件下三地区域可持续发展以必要的资源支援和政治支援。例如，在资源配置使用上，广东是香港淡水的唯一来源，1995 年供港食用水为 6.9 亿立方米，占全港淡水消耗量(9.19 亿立方米)的 75.1％。广东原来电力不足，1995 年香港供应广东电量达 5 340 万亿焦耳[10]。香港回归后，两地这种资源互补已达到一个更高的水准。又如在政治空间上，因为“一国两制”的关系，内地社会主义与港澳资本主义这种制度质的差异，使三地各自政治行为、边界管理、各种权益分享、纠纷仲裁、裁决的承认与执行等，都难免相互影响，甚至发生某些矛盾。但三地又同在一个国家主权之内，这些问题比过去容易解决得多。可见三地空间关系的新态势，预示着它们新一轮发展高潮的到来。这也是符合区域可持续发展本义的。

二、共同文化背景和悠久历史奠定三地可持续发展的社会空间基础

粤港澳经济和空间一体化，这是历史发展的产物。而其根源在于三地有着共同的文化背景和悠久历史，形成根深蒂固的各种关系和联系，且它们与时俱进，不断巩固和加强这个可持续发展的社会空间基础。

港澳与珠江三角洲相连，尽管长期在英葡殖民统治之下，在与内地相对隔膜的年代里，三地之间仍然保持着千丝万缕的联系。这种传统的力量、民族感情的力量、血缘的力量、亲情的力量任何时候都没有中断，故港澳文化并不像世界上一些殖民地那样原文化被西化，反而在与西方异质文化碰撞、交流中创新发展，形成独具一格的港澳文化。但港澳与珠江三角洲一样，同具有岭南文化的人文环境与风格。珠江三角洲是广府文化的核心区，港澳与珠江三角洲文化一派相承，即都以岭南文化的主流广府文化为始缘，在风俗习惯、民间信仰、亲缘观念、市井风情等方面保留了浓厚的广府文化的特色和传统。老一辈香港人、澳门人到广州，仍称之“返省城”。一个“返”字道出了他们的广府文化情结。这种对传统文化的继承和延续，构成港澳与珠江三角洲文化认同的深厚的基础。

港澳与广东尤其是珠江三角洲人口流动历史上从未中断，即使在计划经济年代，非法进入港澳的移民问题一直很突出。据报道，1970～1980年来自内地非法进入香港人数超过30万人[11]，1981～1995年则达31.7万人[12]。他们相当一部分来源于广东，主要又是珠江三角洲。港澳回归后，正常移入港澳的人口也有增无减，至于因公务、商贸、旅游、文化交流等来往于粤港澳的人数更与日俱增。这个巨大的文化载体，在历史上使三地文化相互交流和整合。改革开放以来，三地这种传统文化关系进一步拓宽和加深，并形成港澳文化大量占用广东文化空间的态势，从80年代初以来由港澳涌入各种新潮服饰、收录机、流行歌曲、报刊、影视、礼仪、节假日、家庭和价值观念、发型屋、精品店、美容中心、卡拉OK舞厅、夜总

会等无不风靡广东城乡，并形成一个以港澳文化为时尚的社会群体。他们分布在广东各地，成为港澳文化传播的社会基础。

经济与文化是不可分离的，经济凝聚了文化的成果，经济发展需以文化为支柱。在全球经济一体化的趋势下，各个国家、地区、民族经济发展水平的差异已进一步缩小，而文化的差异不会由此消失，反而凸显出来。有论者论为，越是民族的文化越是世界性的，指的是在上述背景下，民族文化的个性将为更多的人所认识，并得到张扬，其影响将更深广。港澳文化或广府文化将随三地经济发展，在保持传统文化精华的同时，文化的导向更趋势于现代性国际性和大众性。它们的发展和传播与经济发展进程一样，同样需要自己的社会空间。这个空间与粤港澳区域可持续发展所需要的空间应是一致或基本重合的。

三、市场经济发展要求突破空间限制，为区域可持续发展铺平道路

市场经济或商品经济的活力，将扫荡一切束缚它发展的羁绊，要求获得它所需要的广阔的空间。这个商品生产和运动的规律，是不可抗拒的。

历史上，澳门是广州一个外港，“广州诸泊口，最是澳门雄”[13]，“诸夷相继通商于粤，皆倚澳夷为东道主”[14]，而广州则是经澳门入口番货的销售地和批发市场，明代后期广州每年冬夏还举办定期市，主要买卖澳门番货。鸦片战争以后，香港取代澳门，香港又成为广州外港，两地经济往来迅速发展。1845～1849年广州港从香港进出口货值平均每年以60.9％速度增长；19世纪70～80年代，约1/5中国出口货和1/3进口货是经香港中转的[15]。到20世纪30年代，内地输港商品占香港输入的1/3，抗战后到1951年是24％。与此同期，香港输往内地商品分别占其总输出的40％和30％[16]，其中香港对华南贸易额约占其对中国内地贸易额的一半[17]。以香港为枢纽的外洋和内河航运可抵达省内和世界各大港口。1949后，尽管内地被封锁、包围，但香港仍是我国难得的内外销商品的转口贸易基地。我国利用香港获得大批战略物资、技术和信息，挫败了外国敌对势力阴谋，香港对捍卫年轻人民共和

国发挥了应有的历史作用。改革开放以来，三地卓有成效的经济合作，为实现经济和空间一体化积累了成功经验。仅1979～1995年广东利用港资399亿美元，占内地利用港资总额的51.3%。1990～1994年广东对国外及港澳地区贸易总额累计为1 167.07亿美元，其中对香港为973.82亿美元，占83.14%。同期，在广东开业投产的3万多家“三资企业”和2万多家“三来一补”企业中，分别有80%和90%以上为港商创业。香港制造业有70%以上工序配置在广东[18]。在交通上，1994年年底连接香港和广东的陆海空对外开放口岸共203个，平均每天往来深圳与香港之间的车辆有2万辆次。香港客轮航线抵达广东21个县市，珠江三角洲处理60%集装箱来往于香港与珠江三角洲之间。1996年前十年，两地货运量平均每年增长14%；广东又是港澳和境外旅客进入内地主要通道，1994年由这条通道入境旅客达3 426.7万人次，其中港澳同胞为3 206.33万人次，占93.6%[19]。

而澳门与广东经济联系也日趋紧密，澳门厂商在广东投资设厂相当普遍。仅1987～1990年，投资专案达823个，实际投资2.66亿美元，与此同时，内地对澳门投资也迅速增长，中资投资企业达数百家。在澳门银行业中，中国银行营业额占30.8%，存款量占39.09%，货款额占28%，遥遥领先于其他银行。在双边贸易上，1979～1990年两地贸易总额由5.4亿澳门元增长至28.1亿澳门元，增加了4.2倍。1986～1991年，澳门对广东出口累计达3.28亿美元，澳门自广东进口累计达9.47亿美元[20]。在交通网络配置和客货流上，澳门与珠江三角洲西部几成一体。1985年澳门与内地有14条航线直接通航，到达港口14个，其中8个在广东，主要又在珠江三角洲。1981年客运量为11万人次，1982年为32万人次，1992年又增至37万人次。各种车进入澳门关闸总数，1978年为71 735辆次，1994年为1 207 387辆次，增长了15.8倍[21]；澳门在旅游上享有盛誉，仅1989年澳门游客达560万人次，超过当地人口的10倍[22]。澳门回归前即1999年上半年游客居增至360万人次[23]，回归后游客有增无减，主要来自广东。又澳门水源匮乏，90%水源来自珠海。澳门实力不足，1984年其电网已并入广东电网，所需电力有一半由广东供应[24]。

这一连串的数字显示，粤港澳经济体系及其运行，已形成你中有我、我中有你、相互依存、相互制约的态势，其不仅在经济，而且在空间上更趋于一体化，这是毫无疑义的。而全球经济一体化的发展，所要求的不仅是传统意义上的几何空间，而且由互联网所提供的虚拟空间，粤港澳发达的资讯技术将满足这个要求，使三地空间结合达到了一个更完善地步。

四、珠江口两岸"城市经济区"的形成加速三地空间一体化进程

经过长期点轴式的发展，现在珠江口两岸正形成一个城市经济区。即东岸以广州为起点，包括东莞、增城、深圳、止于香港的"东岸都市区"，西岸也是以广州为起点，包括番禺、佛山、顺德、南海、珠海，止于澳门的"西岸都市区"。它们实际上是两个城市带或称都市连绵区。城市是这两个地带经济轴心、经济生长极和经济辐射之源，带动地带经济发展，现称为"都市经济区"。广州、香港、澳门被认为是三个经济中心；深圳、珠海是副中心；也有学者将香港和深圳、澳门和珠海视作一对"孖城"空间格局。在这两个都市区集中了大量城镇、产业和人口，不断进行物资、金融、技术、资讯交流。据有关计算，1995 年，东翼广州、增城、东莞、深圳、香港五个城市货流量占珠江三角洲的 48.71％；西翼的番禺、佛山、顺德、南海、中山、珠海、澳门包括广州货流量占珠江三角洲的 37.94％；而广州、香港、澳门、中山、南海、深圳七个城市货流量又占珠江三角洲的 76.91％[25]。与此相应，1990 年东翼五市客运量占珠江三角洲的 72.29％，西翼八市则占 37.08％[26]。这些指标说明，这两个都市带正在崛起，高踞珠江三角洲经济区的巅峰。当然，东翼都市带比西翼都市带发育要充分和成熟得多。这两个都市带是由广深、广珠高速公路、铁路和珠江水运连接，并依靠它们发挥辐射功能的，故彼此之间必须实现空间一体化，才能提高各自的效能。有研究显示，交通运输与经济发展呈正相关。在珠江口两岸，1992 年国内生产总值占珠江三角洲比重大于 4％的城市有广州、深圳、东莞、珠海、南海、中山、顺德，而沿穗港交通走廊的广州、深

圳、东莞排在前三位，它们经济发展水平高于西岸城市；到1998年，同一指标城市排位依次是广州、深圳、东莞、中山，珠江口西岸仅有中山一市国内生产总值比重大于4%，这充分说明穗港间便捷交通对东翼经济发展有重要影响，亦即空间一体化产生的区域经济效应。又经济发展速度变化也以穗港交通走廊地带为最。上述研究表示，1992～1998年国内生产总值占珠江三角洲总值比重大于1%的城市有广州和深圳市；而珠江口两岸城市中国内生产总值占珠江三角洲比重，呈上升之势的有东莞、增城、番禺和江门市，即东岸城市居优势地位，变化也最大[27]。现在广州至香港都市区，城镇栉比鳞次，港口众多，经济发达，是珠江口东岸重要发展轴，已进入交通运输与区域经济相互融合发展阶段，这自然离不开两者有机的空间结合。正因为珠江口两岸城市群有如此重要的经济和空间效应，故有不少中外学者提出制订珠江三角洲发展规划应把港澳包括在内，否则地理概念不完整[28]；也有人提出建立以港穗澳为中心的华南经济区[29]；还有人从欧共体的建立和模式中得到启示，提出并论证"港澳珠(珠江三角洲)经济一体化的构想"[30]；美国斯坦福国际研究所有人则认为"华南经济区在逐渐形成"[31]。广东省1995年在制定珠江三角洲经济区城市群规划中，不但将香港和澳门分别列入该经济区的节点轴线发展体系的两个关点，而且将深圳与香港、珠海与澳门分别作为一个城市整体，分别列入珠江三角洲经济区的"东岸都市区"和"西岸都市区"范围，指出香港"今后将发展为世界城市"，而"澳门的回归，珠江口西岸也会形成一个包括珠海、江门、中山、新会、鹤山在内，与澳门共同组成的大都市区"。[32]这些构想或预言，其要旨仍在于构筑三地经济和空间一体化格局。如现在人们所见的，它们有些正在逐步实现。

五、网络为克服三地空间距离提供有效工作平台

经济全球化或一体化，经济的地域差异和地域分工日益缩小和减少、跨国公司、跨境公司的作用日益增强。欧共体、北美自由贸易区、东南亚自由贸易区、亚太自由贸易区等即属其列。这些区域的扩大、发展的结果

必然是经济全球化或曰一体化，也同时要求实现这些区域之间的空间一体化。但空间的一体化实际存在许多自然的和人为的障碍，如海洋、山川阻隔，行政边界限制，种族、民族的矛盾、交通梗阻不便等。而自 90 年代以来，网络技术发展迅速，且很快覆盖全球主要国家和地区。数字地球、数字城市、数码港、地球村等一系列新概念、新资讯技术的出现，极大地改变了传统空间概念。许多经济的空间过程、分布都资讯化、数字化，都可以借助于网络贮存、传输和使用。电子商务、网上购物、管理、经济运行等被压缩到网络上进行，出现所谓"网络生存"等趋势。这对经济全球化也是一个极大推动，很多人认为地球空间变得越来越小；有"地球村"之叹。

近年网络技术正风靡粤港澳地区，香港提出建设数码港，1994 年广东则在广州地理研究所建立全省资源环境资讯中心，中山市在市规划局设地理资讯系统（GIS）等。中科院院士、遥感资讯专家陈述彭几年前曾说，地理资讯化以岭南做得最好。事实上，近年资讯产业已在广州、香港、深圳、东莞等城市异军突起，占了当地国民生产总值很大比重，也同时推动了那里网络事业发展，实现许多过去无法做到的事情。例如，广州地理研究所即利用 GIS 技术监控全省耕地变化，为国土规划和治理提供科学依据和有效手段。因此，网络技术发展，小而言之，正为克服三地及其以外地区空间距离，实现资讯资源分享，促进彼此间的经济和空间一体化踏上一个新台阶，也为三地区域可持续发展提供一个更为宽广、高效的工作平台；大而言之，则可将三地与世界各地联成一体，实现环境、资源、产业的优化组合和配置，最终达到经济一体化和空间一体化。这个前景看来是可以预期的。

六、"一国两制"条件下粤港澳行政边界及其空间一体化

港澳回归以后，根据《两个基本法》的规定，港澳两个特别行政区都是享有高度自治权的地方行政区域，也即拥有与广东的陆上和海上边界。特别是两地实行资本主义、"一国两制"、"港人治港"、"澳人治澳"、"五十年不变"，以及各自拥有独立的行政及司法制度、独立的司法权、

独立的海关等高度自主权，保持原有的生活方式，维持港澳的稳定与繁荣。这一切除了以《两个基本法》为根本保证以外，还有赖于边界的存在和良好的管理。特别是两个特别行政区，无论人口、面积，还是政治、经济力量，比起庞大的内地，终竟是弱小的，所以需要特殊的保护，边界的作用不是其他无形法律所能代替的。港澳发达经济和较高生活水平也令人向往的，过去由此诱发了多次偷渡或非法移民潮。类似的移民高潮今后也可能出现，边界的分隔和限制作用不能削弱；港澳人多地少、生存空间浅窄等脆弱的社会生态系统也需要边界来维护它的平衡和良性循环。这是边界的主要、正面作用。但问题的另一面是，市场经济即自由经济又要求打破地域界限，实现区域经济的相互渗透、畅通无阻的往来和良好的空间结合，即区域间经济和空间的一体化，边界的存在与此是有矛盾的，必须妥善加以处理，这也是粤港澳经济一体化和空间一体化所面临的一个现实问题。

按照《香港基本法》第二十三条规定，1997 年以后“中国其他地区的人进入香港特别行政区须办理批准手续”。《澳门基本法》也对 1999 年以后进入澳门的中国其他地区的人作了同样规定。这实际走重申和强调了边界的地位和作用。近年由于三地有关当局充分合作，有效地阻止了各种跨境非法活动，特别是三地经济水平差异日趋缩小，边界的经济功能有所减弱。例如，香港和深圳、澳门与珠海之间，随着他们经济合作和空间结合程度的提高，边界的作用已更多地转向防止犯罪和走私。如粤港双方最近执行皇岗口岸 24 小时通关制度，就极大地方便了两地经济和人员往来，也是两地空间一体化一种方式和成功尝试。以后随着内地经济水平的提高，跨国资本主义发展，全球经济一体化程度提高，有可能在粤港澳之间出现类似现在美国与加拿大、美国与墨西哥、新加坡与马来西亚，以及西欧许多国家之间的“消失中的边境”，即宽松的边界控制。这指的是人流和物流相对自由地进出，但作为主权或政区标志的政治边界不会消失。对于粤港澳边界至少在港澳实行资本主义 50 年不变这个时期不会消失。因此，牢牢建立三地边界意识，充分发挥它的各种功能仍是必要的。

七、结论

在全球经济一体化潮流的影响下，粤港澳参与并成为这个潮流的一部分，由此给三地经济与空间一体化带来了生机和活力，这是一个不可逆转的发展潮流。而基于上述地理、文化、社会、经济、城市和技术进步原因，三地经济一体化已发展到相当程度，为此需要的三地空间一体化也有一定基础，两者正朝着良好结合的方向发展，并取得明显的经济效益和社会效益，为三地区域可持续发展提供强有力的支援。今后，随着全球经济一体化趋势加强和三地经济发展，其经济和空间一体化将达到一个新的高度，推动区域进步也是无可置疑的。但也不能不看到，港澳和内地所实行的毕竟是两种不同性质的制度，这种差异使未来粤港澳经济和空间关系发展肯定会有存在一些限制性因素，使之不可能无限度地升级和延伸。但只要充分发挥“一国两制”的优势，因势利导，同时借鉴国外成功经验。粤港澳经济与空间一体化将不断得到巩固和发展，区域的可持续发展也是完全可以实现的。

第三节　南海丝路旅游资源类型及其开发战略与对策

广东阳江海域出水的南宋沉船“南海Ⅰ号”作为海上丝绸之路最重要的见证，不仅引起人们对这艘船的巨大关注和研究热潮，把海上丝绸之路推向一个新高度，而且对这条丝路留下的遗迹和遗址，无论是物质的还是非物质的文化遗产，同样引起发掘、保护和开发利用的高潮，其中旅游的开发利用是一个重要方向，也是保护的重要手段。本文即在收集、梳理历史遗存中丝路资源的基础上，对资源类型作了划分，提出开发利用的对策与措施，以供有关方面参考。

一、南海海上丝路旅游资源类型

在我国五大海区中，南海是最大一块海洋国土，面积约300万平方公里，而南海漫长海岸线，其在岭南长达8 200公里(含陆、岛岸线)，都分布着丰富多样的丝路旅游资源。虽然它们多布满了历史灰尘，但经清理之后仍可大致分为以下几种旅游资源，可供开发利用，为一项很有希望的旅游产业。

1. 丝路古港资源

历代南海航行，无论中外船只都须依托港口。丝路沿海港口星罗棋布，呈串珠状散布沿海港湾，是最重要的一项旅游资源。据《汉书·地理志》汉有合浦(在今广西北海市东北南流江出海口)和徐闻(在今徐闻县西南)两个始发港。三国以后广州成为始发港。此后，唐宋有潮州港、屯门港、广州扶胥港、恩州(阳江)港、白沙津(海口港)、莲塘港(海南万宁)、崖州港等，到明清又新兴不少港口，包括汕头港、汕尾港、澳门港、北海港、吴川港、电白港、昌化港等。虽然它们每因时代而有变迁，如广州黄埔港就数易其址，但保持下来的古码头(如广州西来初地、黄埔港历代码头)、牌坊(如南海神庙"海不扬波"牌坊)、附属船厂(如唐代海康即今雷州市港附近船厂)、碑文(如黄埔港在海珠区黄埔村碑文)等，反映了丝路的历史变迁，具有很高的旅游观赏价值[33]。近年徐闻县开发汉代古港，并取名"大汉三墩"，成为一个风景名胜区，游人络绎不绝，带来了丰厚的经济收入，也使徐闻声名在外，产生了巨大经济效益和社会效益。

2. 丝路港市资源

这是指海上丝路沿线港口城市。南海沿岸自古就依靠海上贸易发展起来，以港兴城。同样地，海港必须依托它们所在城镇而实现其吞吐功能。南海丝路沿岸港市，多为各级历史文化名城，包括广州、佛山、雷州、海口、潮州五个国家级历史文化名城，揭阳、海丰、平海(在惠东)、东莞等省级历史文化名城，还有一批因丝路而繁荣的古镇，从粤东到防城，就有不少这样古镇，如樟林、柘林、甲子、碣石、海宴、闸坡、水东、北海、榆林、崖城等。这些名城名镇在各个层面上展示了南海丝路发生、兴衰的历史，具有综合旅游价值，在丝路众多旅游资源中占有重要的一席之地。如广西北海，第二次鸦片战争后辟为通商口岸，商业繁华，骑楼建筑不断涌现，成为北部湾名港，今已被定为国家历史文化名城。

3. 丝路古建筑资源

海上航行充满风险，必须建立保障丝路畅通的各种建筑设施、商贸建筑，以及祈求航行安全而修建的庙宇、牌坊等，都属其列。这类建筑历代都有，如明清时著名的广州十三行即为中外贸易机构，其精致建筑令时人叹为观止，后虽毁于大火，但保留至今的十三行地名仍令中外游人慕名而来。作为这条丝路见证的广州南海神庙、浴日亭、怀圣寺、光塔、琶洲塔、莲花塔、陆丰碣石镇福星塔，以及湛江硇洲岛、南三岛上灯塔和海南海口灯塔、文昌清澜港上灯塔等都是丝路导航标志。特别是航海保护神妈祖（天妃、天后）庙，虽然在我国沿海和重要河流要冲的枢纽都有分布，但以南海沿岸最多，其中又以贸易、渔业发达地区至为集中、奉祀最笃、香火最盛。据有关资料记载，现在广东沿海约有妈祖庙 100 多座，单南澳岛就有 15 座。珠海万山镇白沥岛天后庙、汕尾妈宫庙、大华天后庙等久负盛名。陆丰现存 8 座妈祖庙，保存良好。在广东南路沿海，妈祖庙更兴盛，阳江有 4 座，电白有 5 座，吴川有 8 座，雷州有 5 座，徐闻海安有 1 座，今湛江东方街原名天后街，硇洲、海口、文昌、三亚、合浦、钦州、防城等这些海上交通要冲均有天宫庙，甚至南海诸岛也有天后庙、石庙、公庙、土地庙、娘娘庙、孤魂庙等，虽然名称不一，这些庙宇却均为祈求航海安全而建。如东沙岛有天后庙，西沙永兴岛、南沙太平岛、南威岛、南钥岛、西月岛等即有上述庙宇。永兴岛上“孤魂庙”横额书“海不扬波”即同广州南海神庙横额意涵一样。航海中枢港澳妈祖庙更多，澳门一称“马交”，闽人称为“阿妈阁”，原为葡萄牙人初上岸码头，后葡人按闽音译为马交，与广州话“妈祖”相谐，为这个昔时东方巨港航运兴隆一时的见证。近年也有新建天后庙的，如番禺南沙天后雕像巍峨壮观，为游人仰止旅游景点。此外，沿海还有很多为航海、打渔而兴修的庙宇，不一定称天后庙，却也是海上丝路的见证，如北帝庙、佛山、台山、阳江等地都有分布。屈大均《广东新语·神语》说："粤人祀赤帝，并祀黑帝。……祀黑帝者以其司水之源也。"赤帝、黑帝一说为祝融，屈大均在上书又指出："祝，大也；融，明也；南海为太明之地，其神沐日浴月以开炎天，故曰祝融也。"广东、海南交通线上多伏波庙，伏波原为东汉平定交趾的征贰动乱将军，有功于朝廷，身后被供奉为海神。在海南万宁有昭应庙，供奉保护航海番神。此外，潮汕一带有南海圣王、三将军石、莱芜女神、长年公、必帝、竹龙神等都属海神。这些神祇庙宇，同样是海上丝路的遗迹遗存，只要发掘清理，就可发挥其旅游功能。

4. 丝路上古炮台资源

南海丝路海域向来为我国海洋国土，是我国领土主权不可分割的一部分。南海北部沿海许多古炮台虽为防守海疆而建，实际也保护了航海安全，具有异乎寻常的旅游价值，也是爱国主义教育基地。据 20 世纪 90 年代的《中国文物地图集·广东分册》粗计，广东沿海现存古炮台约有 50 多座，著名的如珠江口虎门炮台、大虎山炮台、大角山炮台、深圳赤湾古炮台、汕头广澳炮台、汕尾石狮头炮台、新会崖门炮台、清澜东、西炮台、榆林炮台等，都铭刻着我国人民反抗外来侵略、捍卫国家领土主权的历史，都宜加以修复保护，辟为旅游景点，供游人瞻仰。这不仅有旅游意义，还有爱国主义教育意义。

5. 丝路上摩崖石刻资源

南海丝路历史早期在沿海通过，宋代以后指南针用于航海后才按指针方向直航目的地。其中南海丝路上的海湾、海岛有不少航海者、文人学士题刻，不但保存了这条丝路的历史，而且具有很高的考古、艺术、文学等价值，也是丝路旅游资源的一项瑰宝。珠江口不少岛屿上就保留了不少这种石刻，其中珠海高栏岛上的宝镜湾岩画，刻有船头船尾上的海船，为先秦南海丝路前身最早的作品。此后这类石刻代有其作，如饶平海山镇"海不扬波"、潮阳棉城东岩"观海"、陆丰金厢镇"扬威止水"等石刻，都表达了这些远涉鲸波航海先辈们共同的良好愿望，让后来者受到感召和鼓舞，应予保护和开发。而从旅游视角，这些石刻，也是不可多得的艺术长廊，具有美学欣赏价值，值得一游。

6. 丝路上其他文物古迹资源

南海丝路所经海域，经近年调查考察，发现和出水了不少沉船和其他文物，如澄海南洲、和洲古船、吴川沙角旋宋代沉船（铜船），尤其是阳江、台山海域有大量古代沉船，出水了宋代以来大批文物。在西沙水下也发现了大批历代铜钱、铜锭、铜镜、石狮、石柱、石磨等，截至 1974 年在西沙北礁发现能辨别文字的铜钱共 297.5 公斤，80 706 枚，既有沉船也有古代居民带到岛上后冲到海里的，这不仅说明西沙为南海丝路所经，也是这些岛礁为中国领土的物证。特别是 2007 年年底在阳江海域出水南宋沉船“南海Ⅰ号”，内有七八万件珍贵文物，不逊于陆上丝路敦煌藏经洞，后被中山大学黄伟宗教授等命名为“海上敦煌”，今已被保存在海陵岛上“广东海上丝绸之路博物馆”[34]，这是南海海上丝路最大一个亮点和最震撼人的风景名胜区。在丝路沿岸还有不少墓葬，也是中外文化交流的物证。徐闻、合浦港附近有大量汉墓，后者约 5 000 多座，数量惊人，出土舶来品有琥珀珠、玛瑙珠、水晶珠；遂溪县城附近南朝墓出土波斯银币、银盒、银碗；海南三亚的送路、酸梅角和陵水县的千教坡发现 50 多处阿拉伯人墓葬群，面向大海摆放，正对南海线路必经之地。墓碑上刻有阿拉伯文，意为“凡人必有一死，唯有至尊至大的真主永存”。这些文物古迹，显示了它们作为丝路旅游资源的文化内涵是多么多彩多姿，亟须要人们深入调查、发掘、保护和开发。

二、南海丝路旅游资源资源开发战略构想

根据上述南海线路蕴藏旅游资源类型和特性，对它们的开发利用，应采取大手笔、大气派、综合性的开发战略，以谋取最佳的经济、社会效益和生态效益。

1. 教育基地开发战略

海上丝路是和平、友好、平等的中外贸易、外交、文化交流之路。南海丝路反映了我国不愧是历史悠久、文化灿烂的文明古国，中华民族不愧是勤劳勇敢的伟大民族，我们的祖先不惜自我牺牲，战狂风、斗恶浪，适应、超越海洋，走出一条通往世界各地的海上通道，这是中华民族对世界文明所作的重大贡献，一切炎黄子孙都应引以为自豪和骄傲。基于这种理念，丝路沿线景点应有选择地被开发、经营为爱国主义教育基地。

南海丝路作为文化交流之路、友谊之路，已获得各国的共识，进而成为增加、加深各国人民友谊的纽带和国际主义的象征。1982 年联合国教科文组织的世界文化遗产大会即把海上丝路列为修复的三大项目之一；1990 年 10 月，联合国“海上丝绸之路”综合考察队乘“和平方舟”号从威尼斯由西向东沿丝路考察，翌年抵达泉州和广州；阿曼、苏丹、瑞典也拟定“海上丝绸之路考察研究十年计划”，并派遣船只先后造访广州、香港，举办有关展览会。2008 年，瑞典“哥德堡号”造访广州，引起中外轰动，已成为中瑞友好往来一件盛事而载入史册。丝路考察热的兴起，表明它已成为一项国际性友好往来的事业。在当今国际形势日益由对抗转为对话，和平发展成为时代主流的形势下，更应充分利用南海丝路这笔历史文化遗产，进行国际主义教育和国际间合作往来，而不能仅仅一个旅游景点的开发经营。例如，“南海Ⅰ号”整体成功出水和展示，[35]特别是随着发掘的深入扩大，相信会有更多文物被发现，也将表明这条船反映了中国与丝路国家的关系，其国际交流意义不言而喻。

2. 弘扬岭南文化特质和风格战略

岭南文化具有多元、开放、包容、冒险等文化特质和风格，这与海上丝路有密切关系。南海丝路作为一种历史文化遗产，它反映了中外多元化文化漫长的传播、交流和融合过程，具有重大的文化、学术和政治外交、宗教等价值。在旅游开发中，应充分深入地发掘、披露其文化组分和底蕴，为当地营造宽松、浓重的文化氛围，吸引外资，参与全球经济和空间一体化创造良好条件。广州南海神庙及与此相关的游庙会风俗活动即带来巨额经济收入[36]，“广东海上丝绸之路博物馆”谅也收入不菲。

3. 打造临海支柱产业战略

南海北部沿岸地区，有发展临海产业的优越条件，而南海丝路旅游所带来的，不仅是它的经济收入，而且对吸引外资，加强区域甚至跨国的经济文化交流与合作，促进区域开发，都将收到综合的经济和社会效益。为此，应将发展丝路旅游列为当地支柱产业之一，并以此来描绘它未来蓝图。例如，这次“南海Ⅰ号”出水不少阿拉伯风格瓷器和鎏金饰物，就可能隐藏着一定的政治、外交、宗教信息，有必要作深入研究。

4. 选择综合开发战略

南海丝路旅游资源与其他海陆旅游资源往往共存，在开发利用上难以单独分割，应与其他旅游资源开发一体考虑。另外，丝路旅游景点不少是各级文物保护单位，对它们是保护第一，开发第二。因此，丝路旅游资源开发是综合性的，但不能失去丝路历史文化这个主题。“南海Ⅰ号”的旅游开发，就应走这条道路，以丝路博物馆为核心，就能带动滨海旅游、餐饮、商贸、海洋文化产业等发展，产生综合效益。从这个意义出发，综合开发模式是一个很好的选择。

5. 采取点线结合空间战略

海上丝路旅游资源的开发，最终要落实到地域空间上，即应以陆地为依托，才能落到实处。南海丝路路程遥远，其资源分布既集中又分散，宜在资源集中地区（如广州、潮州、阳江、雷州）作多层次、集中式开发；分散地区作个别开发，使两者相连成旅游路线，展示丝路历史全貌。例如，南海北岸，丝路旅游资源以港湾城镇为依托，基本呈线状分布，但又相对集中于主要港口城市，古代潮州港、广州港、雷州港、海口港、钦州港、合浦港等，即属其列。如对这些资源采取重点、综合开发，再辐射、带动分散资源点，将取得综合效应，对正在进行中的海上丝路联合（捆绑）申遗也大有裨益。

三、南海丝路旅游资源开发对策

综合上述，南海丝路众多文化遗址遗存，决定它作为一笔有形和无形旅游资源具有重要开发价值，宜采取以突出其文化品位为内涵的综合开发战略和线状空间框架，以及为此所需要的一系列对策与措施，使古老的丝路遗产纳入新世纪海洋开发潮流和地方经济文化发展事业。

鉴于目前南海丝路旅游尚在起步，作为一项旅游产业正在启动，宜采取以下对策。

一是大力开展基础研究。这是海上丝路旅游资源开发的基础。它包括收集、整理有关文献资料，调查、保护好遗址、遗存，并作出科学评估，以作为旅游开发的根本。例如，对“南海Ⅰ号”即具有重要的海洋学、气象学、考古学、海上交通史、造船史、经济史、外交史、宗教史、陶瓷史、风俗史等研究意义。

二是争取国际合作。南海丝路经过广漠大海，涉及众多国家和地区，也凝聚了中外多元文化融合的成果，反映了沿岸各国友好合作的历史。它的开发利用，能引起有关国家的关注，对吸引资金、项目、技术有利，同时带来其他效应，故应争取国际合作进行旅游开发。时下这方面很薄弱，有待加强。

三是尝试海上丝路旅游。走前人之路，沿着海上丝路航行，充满了刺激和挑战，更有无限历史沧桑感。为扩大丝路影响，引起社会关注，可按丝路路线或取某一段，开展海上旅游。如从广州珠江口沿海游，或从合浦、徐闻港旧址作环北部湾游，甚至南海诸岛游等，以及从“广东海上丝绸之路博物馆”出发的南海沿海游等，都是可取方案之一。

四是增加对“广东海上丝绸之路博物馆”的投入，使之成为海上丝路基础研究、综合开发、海洋文化产业示范、海上旅游等基地。此外，在以后出水的“南澳Ⅰ号”，也应建立相应的博物馆。这样的博物馆能集中展示丝路历史文化，既为旅游景点，也是科研、文化产业基地，将收到其他社会经济效果。

五是发展文化产业。海上丝路这些景点，凝聚着许多厚重的历史积淀，有很多动人的故事，有必要以它们为素材，进行再创作，以各种艺术形式，发展为文化产业，同为文化旅游一种形式，有望取得良好效果。近年以“南海Ⅰ号”为题材创作、上演的歌舞剧就是一例。

六是加强人才培养。海上丝路是个综合性概念，涉及很多学科领域，需要高素质研究和应用型人才。对于丝路旅游，同样要培训一批熟悉丝路历史文化的导游人员，为丝路旅游资源开发作好人才准备。目前这方面还很薄弱，有待进一步加强。

第四节　广州海上丝路与世界文化名城的建设

“十二五”开局之年，广州市确立了“率先加快转型升级，建设幸福广州”的目标。要达到这个目标，除了大力发展经济，还应在提升文化软实力上下功夫。广州海上丝绸之路就是一项既包含岭南传统文化精粹，同时又具有时代文化元素的悠久丰富的历史文化资源。广州海上丝绸之路与广州城市发展的关系极为密切，不仅深刻影响到广州各个时期的发展，而且在广州城市形态和文化风格上表现出巨大的作用力，是广州最宝贵的精神财富和可持续发展的一种文化原动力，应予认真梳理、发掘和开发利用，为达到上述目标服务。

一、海上丝绸之路是广州城市发展的一个原动力

广州作为我国海上丝绸之路发祥地、岭南文化中心地，其最大的一个文化特质是海洋性，也就是海上丝绸之路构成了广州文化的一个核心内容，作为广州城市发展的一种软实力，一直与广州城市的历史相始终。按照它自身特点和作用于广州城市的程度以及相应效果的差异，广州海上丝路历史可划分为初始、发展、繁荣、鼎盛和终结五个阶段。

1. 秦汉到南北朝初始阶段

秦汉时期的广州是一个很重要的贸易港口。《史记·货殖列传》、《汉书·地理志》的记载以及南越王墓出土的文物中很多都是来自海外而不是当地出产的商品，像非洲的象牙、东南亚的铜熏炉和乳香之类。这些都表明，广州已经和海外发生了商业贸易的往来。这段时间大概有 700 多

年，广州开始了第一次中外文化大交流，传入印度佛教和各种作物、阿拉伯医药等。今天的上下九步行街当时就在珠江边，那里的“西来古岸”石碑是为纪念达摩来华传教最初登陆而立的。昙摩耶舍之后，有很多佛教徒都在广州登陆。广州有很多遗址、遗物，华林寺、光孝寺即属此列。现在的南方大戏院是当时的珠江码头，船舶就在那里停泊，这些都是海上丝绸之路留下来的历史证据。但广州是不是始发港，还有很多争议，难以统一。但不管怎样，广州已经开始了海上丝绸之路。

2. 隋唐发展阶段

《唐书·地理志》记载“广州通海夷道”，这实际上是对海上交通线在那个时代的一种称谓。从广州出发的海上丝绸之路，延伸至南海周边，再经阿拉伯海，差不多一直到了非洲东岸，跟印度洋周边很多国家和地区都有商贸往来。这时，广州已经成为世界性的大港口。那时候珠江上有很多外国的船只，珠江岸边也生活着很多阿拉伯人、波斯人等。他们穿着各种服装，顺着韶关南雄大庾通道一直北上，往长江下游扬州、往洛阳等中原地方，于是海上丝绸之路与陆上丝绸之路对接起来。广州的腹地由此更加宽广，西江一直到云南、贵州、广西，北江一直到韶关、乐昌，东江一直到河源、赣州。这样，广州的腹地就不仅仅局限于珠三角，也不局限于广东本身，而是直到长江，甚至黄河流域。国内各省区的商品就可通过珠江水运，集聚到广州，再通过珠江八条水道直通南海，舶运到东南亚、印度洋等地。各水道的出口称之为“门”，东边注入伶仃洋的口门有四个，从东向西为虎门、蕉门、洪奇门(沥)和横门。西边注入珠江口的有磨刀门、鸡啼门、虎跳门和崖门，这些都是跟海外通商的港口。这样广阔的内外腹地结合在广州，广州就成了中国最庞大的、与海外联络最多的城市，也由此在广州开始了第二次中外文化大交流。主要是伊斯兰教传入广州，阿拉伯天文、数学、历法、音乐、美术、舞蹈、服饰、语言、风俗以及芒果、油橄榄、无花果等传入广州。在广州“蕃坊”聚居的阿拉伯人有十几万人，有人据此估计唐朝时广州可能有上百万人，是一个世界性城市。这自是海上丝路产生的一个最直接最明显的经济和社会效应。

3. 宋元繁荣阶段

这一时期，无论是宋朝还是元朝政府都采取对外开放政策，并不像之后的闭关锁国。另一方面，政府也很重视海洋，以海立国，发展海洋经济，而海洋经济最重要的内容就是海上贸易。到了宋朝，海上丝绸之路在技术上有了一个很重要的转变，那就是指南针用于航海。这使得海上交通与贸易兴旺发达起来，跟宋代有政治、经济联系的国家和地区有 50 多个，而元朝则达到了 140 多个，其中大部分都要经过广州上岸。

宋代，由于西夏政权与宋朝常年处于战争状态，西北陆上丝绸之路被西夏政权切断，这样反而更有利于以广州为起点的海上丝绸之路的发展。这时期，广州有些商品的外贸占了全国的大部分，如宋王室对产于东南亚的香料依赖程度就很高，它们中的 90％以上是通过广州上岸再转运到北方去的。并且广州在宋朝修建了中城、东城和西城，商人住在城外，有“城外番汉数万家”盛况。城外有很多外国侨民，他们中的大部分都从事商业贸易活动。

南海神庙也记述了宋朝、元朝皇帝不断给南海神加封号，唐玄宗给南海神加封为广利王，希望南海神能够帮助朝廷谋利。后来，每一朝皇帝都给南海神封号，南海神的名号因此越来越长，没有标点，读起来很困难。但这些都表明当时朝廷对南海贸易很重视，希望南海神保佑海上风平浪静、财源滚滚。从朝廷给予南海神的封号，也可以判断广州海上丝绸之路在这一时期是非常繁荣的。

此外，宋代中央政府为了加强对市舶管理的控制权，在广州设立了市舶司。此前唐代称结好使，而不是市舶司。市舶司掌管海上贸易的相关事情。后来，宋徽宗崇宁元年(1102 年)七月又在杭州、明州(今宁波)、密州(今山东胶县)、秀州(今上海淞江县)等地设市舶司，负责检查进出船只商货、收购专卖品、管理外商等。市舶收入是宋王朝财政收入的一项重要来源。南宋前期，政治危机深重，市舶收入在财政中的地位更加重要，曾经一度支撑着宋室财政。宋代广州修筑中城、东城和西城所需经费多来于市舶，后又修缮 21 次之多，还得到阿拉伯商人的赞助。广州城市一片繁荣，广州知州程师孟有诗曰："千门日照珍珠市，万瓦烟生碧玉城。山海是为中国藏，梯航犹见外夷情。"这实为广州海上丝路给城市带来繁荣兴旺的写照。

4. 明朝和清朝前期鼎盛阶段

所谓鼎盛，就是来往广州从事商贸的国家和地区更加多，海上丝绸之路延伸也更长更远，由此产生的经济文化效应也更为突出和有效。特别是地理大发现后，海上丝绸之路形成了以广州为中心，跟南北美洲、澳大利亚、欧洲、日本、俄罗斯相联系的放射性的全球大循环。这样就产生了辐射和集聚两种效应，即一方面，从广州始发的船只向四面八方开拔，另一方面，外面的商船也汇集进来。特别是利玛窦经澳门、广州进入肇庆之后，在肇庆建立了第一个传教驻地，出版了第一幅中文世界地图，并用中文和罗明坚起草了第一部"天主十诫"。他们把文艺复兴以来西洋的科技、宗教、音乐、建筑、美术、医疗等都带了进来。再后来，基督教也通过海上丝绸之路进来了。在广州开始了第三次中西文化大交流，也是西风东渐的开端。自此，广州接触的不是传统的印度、阿拉伯文化，而是新兴的殖民主义、资本主义文化。不管怎样，这些文化较之过去传统的海外文化，总有它时代先进的一面，对广州文化特质和风格的影响是不能低估的。

清朝初年，为了防范明末遗臣郑成功进攻东南沿海，曾一度实行海禁政策。一直到乾隆以后，开始对外开放，实行"四口通商"，即广州、漳州（今厦门）、宁波、松江（今上海）四口，而广州"一口"就占全国对外贸易额的六成多。但到乾隆二十二年（1757 年），清政府将"四口通商"改为"一口通商"，广州成为中国对外贸易的唯一通商口岸和第一大港。广州于是垄断了全国的对外贸易，独擅海上丝路之利。

康熙年间，清政府在广州设立官商性质的"洋货行"，又称洋行，俗称"十三行"。十三行除具有封建牙行的性质外，它的行商还具有官商特点。它代表清政府跟外国商人贸易，也兼及代办一些外交事务。清政府主要通过十三行商人来采购政府需要的海外商品。因此，广州总是能够在朝廷对外国态度的转变期间获得政策优势，这反映了一个事实，不管怎么封闭，但是外国很多东西朝廷还是需要的。为此朝廷必须要保留一个对外开放港口，这个港口放在哪里都没有在广州好。十三行一直维持到鸦片战争之后才衰落下去，一场大火把它烧毁了，只剩下个地名。据记载，大火中熔化的洋银满街流淌，竟流成了一二里长的银锭，据此可以想象十三行当年的繁华景象。

5. 鸦片战争后终结阶段

鸦片战争后，《南京条约》的签订，一系列不平等条约都随之而来。从此以后，中西之间不再是和平友好的商业贸易往来，而是用铁血的军事征服、掠夺和压迫联系在一起的，这条海上丝路由此画上了一个历史句号。但是，随着中西商业贸易的发展，西方先进物质、制度和观念文化源源不断地传入广州，开始了第四次中西文化大交流。由此引起了广东文化的振动、觉醒、自省和更新，获得蜕变和新生，广州由此成为近代中国革命的策源地，这也是海上丝绸之路结下的历史硕果。以后中西商业贸易来往还是不断，并且具有了新的内涵。但它的性质根本改变了，所以不再是广州海上丝绸之路的范畴。可见，广州海上丝绸之路贯穿了广州城市 2 000 多年的演变历史，广州城市性质、功能、文化等也与此同步发展，形成两者互为因果关系[37]。

二、海上丝绸之路与广州千年商都的形态演变

广州作为千年商都从一开始就跟海上贸易有很大关系。这不仅反映在广州作为一个整体的城市的性质、特点，与周边地区的相互关系上，而且广州城市的形态、功能分区，还有发展的动力，都跟海上贸易有很重要的关系。其实就是海上丝绸之路的发展制约了广州城市的形态。打开广州地图，城市西边就是荔湾区，珠江水道在荔湾区白鹅潭拐过来，流到天字码头，然后直奔黄埔港出海。这个形态就好像一个钩子一样，广州城市的布局、功能都以其为转移，其中最重要的就是珠江航运，它是广州一条生命线，深刻影响到广州的商业发展和布局。

1. 广州城市商业的摆布

广州商业的发展多年以来都沿着珠江的岸边来进行的。例如，宋代很多外商就住在西城，即现在的荔湾区。那里到现在仍然保留了很多特殊的地名，比如西关有第一甫路，一直到十八甫路。很多地方比如上海的黄浦江，要么有“水”字旁，要么有“土”字旁，但是这里的这个“甫”边旁就什么都没有。实际上，那是岭南古越族人的语言，而不是汉语，它本身就有“码头”的意思，即当时一共有十八个码头沿着珠江岸边摆布。而汉语词典中的“甫”是没有做这样解释的，故不能望文生义。内地或国外的商品从珠江边上岸，商店背后是码头，前面是店面，所以广州城市的布局就参照这样的形式。门口是店面，面对顾客，背后靠近珠江。商品进来，首先堆放在码头，迎面售给顾客，形成双方直接接触、沟通的空间关系。

以前广州沿河码头林立，其商业就沿着珠江岸线来布局，广州主要几个港口也是这样。南海神庙那里就是唐、宋、元、明朝的广州港口。后来，珠江口不断地向前推进，到了现在的黄埔港那里。那是孙中山当年在《建国方略》里定的位置，陈济棠时代开拓的。近几十年来，黄埔港淤积越来越严重，所以又在大沙地建设了黄埔新港，这样广州港址一直向前推移。但是不管怎么变迁，都是为了适应海上贸易的发展，满足广州千年商都贸易的需要。

2. 广州城市用地和拓展方向

广州城市的用地和城市拓展方向历来在西面和南面。这主要受海上丝绸之路的制约。汉朝的珠江北侧岸线在今西湖路一带。近年发掘出的南越国木构水关遗址就位于西湖路光明广场，它是汉朝广州城市防洪的排水设施。这表明汉朝的城墙门是通水的。隋唐时期，珠江岸线在今天的中山图书馆、鲁迅纪念馆、市一宫与惠福路一线[38]。后来再往前面移动，到了明清时代，就到了现在的泰康路一线。从这里就可以看出，广州城市的发展是依靠珠江的沉积物不断向南推进的。这显然是为了满足商业贸易的不断发展对用地的需要。如今，珠江岸线已经南移到了天字码头、沿江路一线。这表明，广州运输、装卸、住宅都离不开珠江。珠江不断沉积，沉积出来一点地，就马上被填了，那些商店与用地都往珠江岸边来发展。原来珠江的位置就逐渐变成了一条条街道，所以广州大部分马路都是与珠江基本上平行的。虽然南北走向的马路也不在少数，但是更多的、更主要的还是与珠江同一个走向。不同时代的珠江岸线变成了现在广州的马路了，特别是泰康路、文明路、中山路这几条东西走向马路尤其如此。这样，海上丝绸之路带来的海上贸易深刻影响到广州城市扩张的方向。

由于城市不断向南推移，珠江的宽度也变得越来越窄。汉代珠江宽度约 2 000 米，现在珠江的宽度在海珠桥仅 180 米，不到汉代的 1/10。珠江中原来有一个小岛，即海珠岛。20 世纪 30 年代修马路，它跟岸边连起来，以后就没有那个岛了，现在只剩下一个地名。关于海珠岛还有一个传说，一个阿拉伯商人带来了一颗宝珠，一不小心，宝珠掉进珠江中，一下子光芒四射，变成一个小岛，这就是海珠岛。这个故事也反映了广州海上丝绸之路浪漫的一面。

3. 广州城市景观

广州城市最靓丽的景色其实就在珠江，它是广州城市的水上中轴线。当然，近百年来也有其他几条中轴线的说法。一条是传统的北京路。民国时代至改革开放前就是从越秀山经广州起义路到海珠桥，这是第二条。第三条就是现在的广州大道[39]。但是，以珠江为中轴线的这一条，始终都没有改变，也是不可代替的。后来那些中轴线上的景观都是车流、人流，随之而来的还带来了废气污染、塞车等现象，成为城市病的一个症结所在。但是珠江这一条景观轴线，它是环保的、永恒的。可见，广州城市生命线的表现却一直是珠江两岸的靓丽景色。但归根结底是海上丝绸之路造就了广州这条景观线。如果珠江只是一条小河或者龙须沟，那就不会是现在这样的状态，不会像现在这么漂亮和流光溢彩。

这样一来，可以说广州城市的用地、发展方向、景观、布局、形态都离不开海上丝绸之路。

三、海上丝绸之路影响下广州千年商都的文化风格

海上丝绸之路存在了2 000多年，并且不断地发展，它不可避免地对广州城市的文化风格产生非常大的影响。一种文化能够容纳2 000多年的历史积淀，这种文化会有很多特点。可以说，海上丝绸之路是形成、造就广州文化的一个最大动力[40]。

四、重商性与功利性

海上丝绸之路最主要的内涵是商业贸易、商品交换，就是外面的商品进来，里面的商品出去，这就形成了一个国内外市场。

外商经过海上丝绸之路来到广州，进行的商业贸易主要有两类：一类是朝贡贸易，另一类是市舶贸易。唐朝以前，国家富强，很多国家前来寻求与中国建立友好关系。这些国家使节来朝贡，贡物由朝廷处置，广州只负责过境和接送任务，并且把我国回赐的物品送给他们，这在很大程度上不一定是商业下的价值与使用价值之间的关系。但在唐朝之前，这种朝贡贸易占主导地位，到后来才出现了通过市场进行等价交换的市舶贸易。逐渐地，这种商品的价值交换就成为主流了。

商品经济跟自然经济不同，它是以谋取利润为第一位。不管广州是什么政治中心、交通中心、文化中心，但是广州最主要的还是一个商业中心。这就决定了这个城市最主要的活动是商业贸易，它最基本的功能也就是商业贸易。在这种风气的影响下，在这种无数次交换中，广州文化的重商性就逐渐形成了。

这种重商社会风气反映在另一个层面就是它的功利性。即广州人为了谋取利润、得到商业利益的最大化，这样的意识反映在生活中的很多方面，成为广州文化另一个最大特质。最突出的一个表现是对财神、保护神的崇拜。哪怕到现在，广州的超市、士多店里都供奉着财神赵公元帅，或者供奉关羽这个保护神。这表现了人们追求财富、保护财富的功利性心理。广州人经常挂在嘴边的用语也多跟“发”、“8”相联系，其他像电话号

码、汽车牌、房号、菜单名称价格等都是这样。可见，在语言、心理、行为等方面，广州人的很多风俗习惯都源于商业贸易的影响，这已成为一种普遍的社会心态、共同的价值观和生活目标，反映在社会生活的每一个角落[41]。

1. 开放性、包容性与多元性

广州作为海上丝路上的重要发祥地、商品集散中心，历史上国内外许多商品都集中到这里，销售到利润最大化的地区。如果广州是一座保守、封闭城市的话，那么外面的商品就难以进来，内地的商品也不易出去。只有开放才能货畅其流。仅就这一点来说，广州历史上从未中断过商品流通和其他经济活动。这反映在文化发生背景上，广州的文化是开放的，从不封闭，从建城以来就秉承这个文化传统，并成为广州文化的一个优势潜质。

而文化的包容性与开放性是互为因果的，这实际上是一个事物的两个侧面。有开放，就必然存在人与人、地区与地区之间的交流。在这个过程中，最重要的是文化交流。广州在这种历史背景下铸就了城市文化强烈的包容性。其故在于，广州文化属海洋文化或江海文化范畴，水是最大文化载体。水可溶解万物，承载万物。郦道元《水经注》云："水德融和，变通在我。"水的自然属性深刻影响到它的文化属性，广州文化的包容性也缘生于此。

广州文化也因此而变得多元。因为既然是开放，各种文化都可以在这里找到自己的位置，和而不同、平行不悖地发展起来。以语言而论，广州历史上就有阿拉伯语、英语、葡萄牙语，以及东南亚各国和地区的方言。至今广州方言中就有不少是英语的单词，比如士多、胶卷、菲林、巴士、的士之类。据悉在粤方言中从英语翻译过来的日常口语已达400多个单词了。实际上自古以来广州都是这样。如广州地名中就有不少阿拉伯语的单词，这些地名不能用汉语来解释，它的本意不是来自汉语。比如诗书路，它是阿拉伯语译音，"诗书"是"狮子"的谐译，而不是说这里是读书人多或者文化荟萃之地。中山六路旁的擢甲巷，其"擢甲"即阿拉伯语"小巷"之意。海珠中路南段原来叫“鲜洋街”，其“鲜洋”也是阿拉伯语“送别”之意。惠福路也一样，它也不是指祈求上天的保佑，给人带来好运，其原名“大市街”是“大食(今伊朗一带)街”的音译，后演变成今名。广州有十几条街道的名称都来自阿拉伯语。这也从另一个侧面表明广州文化是多元的。

2. 冒险性与创新性

广州海上贸易所面对的是南海和印度洋、太平洋，时时会有狂风暴雨、汹涌波涛接踵而来，所以要超越海洋，就要冒险，就要有胆识、有勇气、有毅力。无论外国人跨越海洋，历经千难万险来到广州，还是广州人经过海上丝路到去海外，都要涉鲸波，战恶浪，随时都有各种危险。因此，人们想要赢得利润，或者到想去的地方，都需要冒险。另外，商品市场充满了风险，特别是市场竞争，稍微不留心，就可能一败涂地，血本无归。特别是到了海外，面对一个陌生的国度，地理环境不同，水土不同，政治制度不同，风俗习惯不同，面对各种不同肤色的人，必须具备冒险的精神与勇气、过人的胆识和毅力，才能够生存下去。历史上，广州人为了做成生意，他们敢于冒险，敢于创新，而对大海毫不畏惧，走向大海，超越大海，扬起风帆，到达大洋的彼岸。他们深信，只要能够到达大洋的彼岸，敢为天下先，同时开动脑筋，创新思路，想出各种办法来适应周围的环境、形势，财富自然就会滚滚而来。这就是海洋族群即历史上广州帮商人的文化风格。从这个角度看，广州文化风格与农耕族群封闭、单一、保守、停滞的文化相比，就有很大的不同了。

3. 享乐性与平民性

商人追求利润，积累财富，是一种最大功利。但是功利的背后也需要消费。因此，各种高档的消费场所就应运而生，普通市民也逐渐地受到这种生活方式的影响，久而久之，这种享乐性在广州作为一种普遍的社会心态而存在，也是海上丝路带来的文化风格。例如，广州历史上主要是鸦片战争以后，就有“喝早茶”的习俗，而这在其他地方就没有。喝早茶不仅仅是为了满足肠胃，它更是一种社会往来，互通信息。在广州，很多人也不在家里宴请客人，而是到外面餐厅、茶楼酒馆，利用喝早茶、喝晚茶或者听歌跳舞的时间与场所来进行商业交往。从这一点来看，广州要比内地任何一个城市的社会化程度都要高。

与此相应，广州的饮食业和各种看的、唱的行业非常之多。因此，在商业往来的背后，有大量的商业设施、服务设施来供市民、当地人和外来商人消遣。这就形成了广州商都文化的享乐性。在国内很多大城市，通常在晚上十点钟，很多商店都关门了。而这时正是广州人夜生活开始的时候，两类城市的文化景观大相径庭。这种平民性的文化特质其实也是商业引起的。如果广州不是一座商业高度发达的城市，而是一座制造业高度发达的城市，那么一下班人都走空了，夜生活就失去了市场。但是广州作为商业高度发达的城市，买卖可以在任何时间任何地方进行。在这种背景下，市民不可能游离于这样的社会风气之外，也会逐渐受到影响而参与其中。广州商都文化的享乐性与平民性共生，恰是由于广州海上丝路汉代以来商业贸易没有断层所产生的社会文化风尚[42]。

4. 远儒性与务实性

在边缘地理区位和古代交通不发达背景下孕育、发展起来的广州文化，远离中原正统的文化。而正统文化通常是指儒家文化，认为读书人应该以追求理想、追求事业为第一，而不是谋利益的文化。但在广州是商业为第一，广州人专注的是眼前实实在在的直观的利益，不喜欢那些虚的争斗。广州人讲究实在，对空洞的理论、标语口号不太感兴趣。由此，造成了广东人在文化理论上有建树的成果不多，除了古代惠能、近代康梁与孙中山以外，历史上几乎没有出过什么大家。哪怕到了近现代，广州的理论建设总体上也不如北方学派，不如海派，也不如京派[43]。

五、认识广州海上丝绸之路与广州城市发展关系的实践意义

总的说来，广州无论它的历史演变、城市形态的发展，还是它的文化风格，每一个地方都表现出海上丝路对它的强大作用力，并且深深影响到近现代。虽然鸦片战争之后中西商贸往来不称海上丝绸之路，但是海上丝路历史上积累下来的文化惯性还在继续起作用。广州要建设世界文化

名城、千年商都、幸福广州、首善之区，名称可有不同，但是万变不离其宗，这样广州海上丝路与广州城市发展的关系在实践上就有很重要的意义。

首先，如果认识到广州在海上丝路上的重要地位及其对广州的作用，那么广州的城市建设、城市规划、名城保护以及未来的发展等，就不应该把历史传统给抛弃掉。比如说，骑楼就不能盲目拆，无论是在越秀区、荔湾区还是海珠区范围内的，它毕竟是中西文化结合的产物，广州城市如果没有骑楼，就没有自己的个性了。如果把南海神庙当迷信，怀圣寺也不要，那就可能造成不可估量的损失。现在波罗诞作为一种风俗活动保留下来，受到广州市民的普遍欢迎。如果很多跟海上丝路相关的建筑物、遗址都妥善地保留下来，那么广州这座城市的文化底蕴将显得更加厚重。如果外地人来到广州，他就会感到这里社会风气跟他们所在地不同，他就会不自觉地进行比较。广州这座城市除了建筑物有它的特点，还有它的人文精神。这种比较，就有可能找到广州的人文精神所在，或曰文化特质产生的根源。这就是广州海上丝路历史遗产在起作用。这对广州城市文化个性的认识就有很大的启发作用。

次之，政府如果了解海上丝路与广州城市发展的关系，那么这对于他们做决策就很重要，不然就可能对海上丝路文化存有偏见。这就可以避免发生大拆大建、破坏传统街区和各种文物保护单位的现象。特别像广州这座文化名城，它几乎整个历史和文化风格，都布满了海上丝路的投影，深藏着它厚重的历史积淀，发掘、保护、珍惜和开发利用这笔历史文化遗产，也是每个广州市人民的义务，无疑应成为政府的责任。

第五节　广东五邑侨乡规划与建筑的中西文化融合

广东潭江流域台山、开平、新会、恩平、鹤山五县市，史称五邑，以华侨众多、人文昌盛，享有“中国第一侨乡”盛誉。这些华侨绝大部分是鸦片战争以后出国的，他们主要侨居在资本主义高度发达的美国、加拿大等地。身居异国的五邑华侨，一方面保留着中华文化传统和基因，另一方面又浸淫于西方文化影响，在他们身上深刻打上了中西二元文化的烙印。他们通过各种途径保持与本乡联系，将西方文化移植过来，并与本土文化相融合，形成兼具两种文化特质的华侨文化。这种跨地域、跨民族的华侨文化，作为岭南文化一部分，在文化各个要素和层面上都有所表现，其中最直观又有典型意义的一个方面，是西方的城镇规划制度和有文化符号或凝固音乐之称的建筑文化，主要是指骑楼和碉楼两种建筑。它们在五邑侨乡的出现和发展，不仅展示了土洋两种文化在当地的融合过程、性质、特点，而且它们的文化风格、历史影响，对认识华侨文化地位和作用、建设广东文化大省，也将提供历史借鉴和决策参考。但已有对华侨文化在这方面的研究，多囿于建筑形态及其技术层面分析，以及作为一般建筑景观的介绍，却罕有从文化传播和融合视角研究其文化融合和文化创新。本文拟从作为文化地理主要组成部分的文化景观出发，结合这些建筑的历史过程，作下述内容的探索的尝试，以求教于方家。

一、广东五邑侨乡的历史地理背景

位处珠江三角洲西南的五邑侨乡虽然也有一些山地丘陵，但潭江流量大，水网稠密，常罹水患，淹没田园庐舍，居民不得不上高地躲避。这个地区开发较早，唐代以来相继置恩平、新会等县，宋代以后大量岭外人口迁来，并采取聚族而居的方式。姓氏、宗族之间往往为争夺山林、水源或风水等常发生矛盾和争夺。清咸丰同治年间(1855～1867 年)，粤西含五邑地区持续十多年土客械斗[44]。大量人口外逃，导致百业凋零，盗匪乘机而起，弄得五邑地区鸡犬不宁。各村自保联防，成为预防匪患的有效手段，碉楼也由此应运而生。

鸦片战争以后，五邑地区人地矛盾十分尖锐，如新会在道光年间“计每口得田不足一亩，一亩三人，岁以谷三百斤为率，是每口仅得半年之食”[45]。台山年产粮食，只够全县 60 万人“支半年”的需求[46]。开平因人多“地不足以容身”[47]，民生困苦。而战后新开发美洲急需大批劳动力，成为五邑移民的首选对象。经多年拼搏，一些华侨渐有积蓄，侨汇增多。基于根深蒂固的传统文化的影响，这些华侨除在家乡兴办实业以外，也投资修建房屋。侨乡丁壮多外出，留下老弱妇孺，更成为盗匪劫掠的目标，这同样加速了碉楼的兴起。

1902年江门开埠，1920年新宁铁路建成，沿线新兴起台城、三埠、赤坎、沙坪等工商业城镇，要求按照有利于商品流通的目的来规划和布局。民初，继广州之后，五邑地区拆除城垣，开辟马路，兴起城市建设高潮。在这种背景下，华侨首先将西方城市规划思想和建筑形式引入城市建设中，从而揭开了中西规划和建筑文化在五邑侨乡融合的历史篇章。

二、城镇规划布局体现了中西文化的融合

近世西风东渐，西方城市规划布局制度首先流布广东，并在澳门、香港、广州等城市实施。五邑侨乡也属其列。据光绪《新宁县志》，台山县城原有18街3巷，同姓8里，呈东西、南北走向。1922年开始，台山由县长刘栽甫主持，成立市政建设办事处，在拆除城墙的基础上，按欧美规划和建筑式样，重建西门路、县前路、环城北、南、西路，改建南昌路、中和街、北盛街等十条马路，以及其他道路、市政工程，形成新商业中心。马路平直宽阔，井然有序，县城面貌焕然一新，经济迅速发展，台城被时人交口称誉为“小广州”[48]。江门市1925年成为省辖市，即新建多条马路、运动场等公共设施，不久又制定市政建设大网，建设工业区、商业市场、侨眷住宅区等，成为一座崭新的工商业城市。此外，开平赤坎、鹤山沙坪作为县城，也按西方规划制度开始城市建设，与台城、江门等一样，形成以骑楼为街景的新城区，如开平市永福路、新华路、风采路、中和路等骑楼街，台山东华路、通济路、北塘路、健康路、县前路、南门路等骑楼街都是受西方整体式网络布局思想的影响，整体连片布局，与广州等一些城市镂空式非连续布局不同，反映了接受西方文化差异，这些城镇骑楼的格局大部分留存至今。

在五邑圩镇乡落，西方城镇规划制度也渗入其中，这主要反映在巷道用地和其他公共附属设施布局上，实行统一划分宅基地，统一规定建筑物占地面积，统一安排道路网络和排水系统，统一规范民居建筑式样和附属

建筑，统一种植风景树种等，这显然与具有很大的随意性和零乱的传统乡镇布局形制有很大区别。最典型的事如开平塘口、赤坎等村落，呈梳式格局，主要巷道纵横相交，纵巷道宽约 1.5 米，横巷道宽 0.9 米，将房屋分隔，利于防火，祠堂、水井、畜栏、厕所、粪池等公共建筑分布在村子两头或防护林中，形成功能分区明显、布局井然有序、环境优雅、安全舒适方格网状的平面结构。又如台山海宴镇甄姓村，该姓成员原分布在四个村落。光绪年间(1875～1908 年)，生齿日繁，出现地狭人稠的现象，重新规划村落，全族 5 600 多人被安排在新旧两围共 93 村[49]。其配置格局与上述开平新建村落完全一致[50]。这些新规划兴建的村落，加上西洋建筑风貌，文化景观独具一格，卓然屹立于五邑大地，故被戏称为“加拿大村”、“南洋村”等。因五邑华侨集中的中美洲曾是西班牙殖民地，几个世纪以前，当地市镇和村落布局已采用方格网状[51]。五邑华侨凭借着他们的印象、风景画、明信片、相片之类将这种规划布局移植于家乡。如著名开平塘口“立园”作为一组由中西风格别墅和小花园构成的建筑群，其景点设计参考《红楼梦》中对大观园景致描写，其周围运河或围墙类似中国古城垣，园中雷峰塔、打虎鞭等建筑又不乏中国传统风水的韵味。更典型的如开平蚬岗和百合区某村落，布局为方格网状，但村落选址，村前后有近乎半圆形风水塘，或小山，种植风水林，塘前布置晒坪[52]，村落一般坐北朝南，既符合广东气候特点，夏纳凉风，冬避北风，又与中国“南尊北卑”的建筑思想相一致。

三、骑楼建筑反映了中西文化的融合

骑楼原为适应地中海一带的地理环境而出现的敞廊式建筑，有“廊房”、“拱廊”等名称，具有集商业、居住、人行交通、休息、娱乐等功能于一体的优点，因而备受湿热气候地区的欢迎。后随着欧洲殖民主义扩张，骑楼传到印度和南洋，继在 20 世纪初传入广州和华南一些城镇。在我国，骑楼一称初见 1912 年广州市政厅颁布《取缔建筑章程和施行细则》第十四款有曰“有脚骑楼”之称，后简称骑楼。这种建筑既有西方敞廊式商业

建筑的特点，又结合广东三间两廊的民居传统格式组合而成，因而普遍被认为是中西建筑文化结合的产物。其优点在于作为一个开放空间，既能直接面对顾客，做活生意，又适应岭南炎热多雨的气候，故产生以后迅速获得推广，在侨乡尤甚。20 世纪 20～30 年代，骑楼在五邑地区接踵而起，成为新建城镇最主要的建筑景观。据林琳博士统计[53]，广东各个市县现存部分骑楼总共 4 984 栋，其中分布在五邑之开平市区、赤坎、江门、台山的有 2 236 栋，占采样总数 44.90%，次为五邑以外珠江三角洲地区，有 1 444. 栋，约占 29%强。五邑作为广东骑楼建筑的集中地区，除了当时广东省政府硬性规定新辟城镇必须采取这种建筑形式以外，主要还是适应五邑工商业发展的需要。1902 年江门开埠，1920 年新宁铁路建成通车，促使圩镇大量增加。台山县在道光年间（1821～1850 年）有圩镇 52 个，光绪十九年（1893 年）增至 75 个，抗战前夕又上升到 77 个[54]。另据有关县志，清咸丰到宣统年间（1851～1911 年），五邑各县圩市数量，开平为 24 个，鹤山为 26 个，恩平为 22 个，共 72 个。到民国时期，三县相应增加到 58 个、63 个和 32 个，共 153 个，增加了 1.1 倍[55]。很显然，骑楼首先是受商业发展驱动的，五邑骑楼也由此而勃兴一时。

基于广东区域经济、文化发展水平的差异，内地骑楼数量少，类型单调，规模小，体量轻，多采取中国宫殿或民居式屋顶，即中国传统文化在建筑上占优势，如粤北、西江地区，甚至惠州一些城镇骑楼即属其列。但五邑地区一是华侨遍布世界各地，引进建筑形式多样；二是侨资雄厚，加上 20 世纪 20～30 年代，地方政府鼓励华侨回乡投资，开展大规模建设，故所建骑楼风格多样，规模大、体量重。开平赤坎、台山台城骑楼街，即为侨资所建，或沿河、或沿路摆布，纵深大，其平面类型既有单开间式，也有双开间式和多开间式，如台城即有不少骑楼是双开间并联组合型的，江门长堤路中华酒店则是三开间型，成为当地标志性建筑。但五邑绝大多数骑楼又为单家独户式，突出楼主财大、尊贵气派；开平赤坎镇即有不少骑楼采取单间式，蔚为壮观，多保持至今，成为城市文化遗产。至其建筑立面类型，除中国传统形式以外，计有上部为三角形构图，开间大小变化，运用曲线、曲面等波形立面等特征仿巴洛克式；具有拱形窗和穹隆顶，以及壁柱形式的仿文艺复兴式；强调建筑造型中数学比例关系意义的仿古典主义式；通透、轻巧的南洋式等，异彩纷呈，各具特色。据统计[56]，在广东现存4 720座部分骑楼中，五邑侨乡有2 238座，占全省的47％，包括中国传统式、仿文艺复兴式、仿巴洛克式、仿古典主义式、南洋式、芝加哥学派式等，分别为290座、625座、1 225座、15座、72座和9座，相应占全省同类形式骑楼的18％、64.6％、72.2％、35.7％、28.9％和6％，五邑侨乡堪称是骑楼建筑文化的博物馆。其中，仿文艺复兴式以台山最多，仿巴洛克式又占全省大部分，显见五邑是西方建筑文化在广东的最重要登陆区。

问题不仅在于西方建筑能深深植根于五邑肥田沃土，还在于它与当地文化有机的结合，达到文化创新。第一，至今在五邑地区尚未发现骑楼建筑设计图纸，但凭华侨对西式建筑印象、图画、明信片、照片等加以学习、模仿，依靠当地工匠聪明才智，终成一绝。第二，在20世纪初水泥、钢铁工业在广东尚不发达条件下，因地制宜、就地取材，采用砖木结构，或少量水泥、钢材，建成新式骑楼。第三，骑楼平面布局上采用广东地区常见竹筒屋，但立面为骑楼，使外来文化要素发生重组，达到两种文化有机组合。第四，骑楼虽有多种形式，但不少细部仍体现了中国风水建筑思想。如仿巴洛克式骑楼为三开间，女儿墙装饰有涡旋，中间有类似碑亭构件，中置神龛，都是传统文化的体现。又如南洋式骑楼，女儿墙上开个圆洞，减少台风压力，又适应广东炎热气候，使建筑显得通透，也是一种独创。

四、碉楼和民居建筑中西文化的基因与融合

清末民初，直到新中国成立前夕，为适应五邑历史地理环境的需要，一种兼具防卫、避灾和居住功能的碉楼建筑与骑楼差不多同时兴起，成为五邑侨乡中西建筑文化珠联璧合的一大景观。

清初，在开平一带已出现了碉楼式建筑，现赤坎镇三门里关氏家族建于明嘉靖（1522～1568年）的碉楼，称“迎龙楼”。清末至20世纪二三十

年代，兴建碉楼在五邑蔚为风气，开平过去有碉楼数千座，经历代战乱，现仅存 1 883 座[57]。台山盛时有碉楼 5 000 多座，恩平、新会、鹤山也有数量不等的碉楼。但也有个别地方，碉楼特别多。如台山市斗山镇南华村，仅 60 多户，有碉楼 18 座。但五邑碉楼的建筑年代不同，楼主人侨居世界各地，故其建筑风格丰富多彩，展示了中西文化交流历史过程和特质。第一，碉楼立面形式多种多样。一是传统屋顶式，属于早期碉楼，有悬山顶、歇山顶、硬山顶、攒尖顶等。二是仿意大利穹隆顶式，为意大利文艺复兴时代大教堂屋顶的简化形式。三是仿欧洲中世纪教堂式，体形硕大，尖顶有十字架。四是仿中亚伊斯兰教寺院穹顶式，屋顶呈圆拱形。五是仿英国寨堡式，外观呈方形，上有圆柱形和半六角形瞭望台。六是仿罗马敞廊式，主要在挑台柱廊中有拱形和椭圆拱形空间，具瞭望、生活两种功能。七是哥特式，立面挺拔，尖顶直逼云霄，意象升腾向上。八是折衷式，保留有西方古典拱穹、尖顶窗洞、卷草托脚、仿石柱式等。九是中国近代式，为中国传统建筑形式与外来形式结合的产物，既有稳健的实体，又有传统柱廊挑台，还有坡顶与平顶相结合的屋顶。这些形式碉楼，立面和造型以西式为主，保留了部分岭南风格，使用材料以钢筋水泥为主，也有部分砖石木材。第二，为碉楼也和上述骑楼一样，也是在缺乏外来图纸的情况下，由华侨与当地工匠结合地方环境兴建的，也不乏创新。如出于防卫需要，碉楼顶设悬挑的“燕子窝”，可以居高临下，凭借广阔视野，构成交叉火力网，射击匪盗，乃五邑人独创。

碉楼无论外观还是内部陈设，都反映了中西两种文化的融合和共存共荣、协调统一。碉楼大门对联所书内容完全为中国文化，如开平百合区均和村一座碉楼对联曰：“蛟腾凤起，桂馥兰芳。”又一座碉楼联曰：“行道有福，与德为邻。”楼外部灰雕多饰以石榴、佛手、喜鹊、麒麟、梅花鹿、鳌鱼、蔬菜、琴、荷花、中国结、金钱、龙凤等图案，喜、福、寿等字形，以及壁画、山水画、历史人物、中国古诗词等。如开平塘口新开里一座碉楼，即在门楣上书写王羲之《兰亭序》部分文字，它们充满了岭南建筑风情。这些雕饰与西式卷草、瓔珞、涡卷、走兽和几何图形，特别是山花、三角形、曲线形等充分体现了浓厚的巴洛克建筑风格相匹配，达到了两种文化的完美结合。

碉楼内部空间，厅堂一般设祖宗神坛（台），以及天官、灶君等神祇神龛，摆设岭南式红木家具、雕花木床、皮箱（金山箱）、竹木器具和中式服饰等，窗户为典型满洲窗，挂中国山水壁画、对联等。但又不乏银质餐具、地板墙、地毯、吊灯、壁炉、浴缸、抽水马桶、沙发、留声机、抽水机、水枪、油画等西洋器物和艺术作品，其中还有飞机、轮船、小轿车等反映西方近现代工业文明的壁画，体现了楼主人的身份、地位和生活方式与情趣，也说明侨乡人以一种健康心态和宽广的襟怀接受、吸收这些异质文化，并与本土文化有机结合，形成了一种和谐、协调的文化风格，堪为岭南文化的缩影。

无论作为防卫、居住或两者兼备功能的碉楼，其命名都充分反映了中国文化传统。作为通名使用的有“楼”、“庐”、“台”、“别墅”等，除个别表示方位碉楼如东楼、南楼、北楼和公共活动的“众楼”、巡视作用“更楼”等，绝大多数以寓意命名，按其性质大致分为以下几类。

震慑：振安、振武、振声、镇亮、振昌、捷安、兴安、治安、卫安、卫祺、长安、永宁、安怀、举安。

安居乐业：普安、静安、合安、居安、吉祥、东宁、双安、隆兴、惠安居、北乐、美南。

福禄寿：福星、天禄、寿田、百岁流芳。

伦理：亲义、宣德、五和、崇礼、贤德、启明、遵仁、明达、品吾、中坚、贤昌、惠民。

功名：国贤、宝树、荣桂、迪光、光周、耀华、华焕。

环境：景星、云幻、月波、竹林、大观、兰厅（别墅）、光天化日、山顶葫芦、登春（台）等。

这些楼或庐命名，横书于它们顶部，有的大门配以对联。例如，开平蚬岗南兴里有“门迎百福时时有，户纳千祥日日来”；百合镇坪口村“卫祺”楼联曰：“卫据三河地，祺开五福图。”塘口镇龙蟠村华焕楼门联则曰：“聚宝财旺福自来，天时地利人和贵。”百合镇永兴村凉亭曰：“喜雨名亭到底功归北极，熏风满座随时来南方”，都反映了楼主人的志望和追求。其价值取向，仍未能摆脱中华传统文化的范畴，也说明侨乡文化仍深深植根于本乡本土。

五、历史价值和影响

上述五邑侨乡的规划和建筑文化，不仅在当时称盛一时，至今日其意义也未泯灭，值得借鉴、传承和开发的价值颇大。

（1）这种历史文化景观是广东，尤其是珠江三角洲从传统社会走向近代社会的一个文化景观的见证。自此，西方规划和建筑文化不断从沿海向内地传播，对塑造近代城镇新风貌起了示范作用。

（2）这些历史文化景观，不但展现了广东华侨文化开放、自信、包容、创新的文化风格，而且也代表了岭南文化的特质，这对今天吸收外来先进文化提供了历史借鉴。

（3）这些建筑文化景观富丽堂皇、雄伟壮观的立面和内部豪华陈设的最大特色是张扬、炫耀，突出个性，风格各异，充满了建筑美学的魅力，因而具有很高的观赏价值，正作为一笔文化旅游资源开发利用。

（4）广东骑楼已被历史和实践验证是一种适应岭南的地理环境、充满人文关怀的建筑，在近年旧城改造中被大量破坏后，人们重新审视和发现它的价值，正在城市建设中大力恢复或新建（如在广州），显示了骑楼价值在岭南的回归。而五邑庞大的碉楼群，为全国独有，备受各方关注，已被列入中国拟向联合国教科文组织申报人类文化遗产的名单中，恰是它历史价值之所在。

六、小结

在广东五邑侨乡，中西文化交流、融合过程和文化景观反映在多个文化层面上，最直观的是城镇规划布局、骑楼与碉楼建筑等。它们充分展示了五邑华侨在吸收西方文化并与本土文化相结合上表现的大胆的文化创新，与当地自然和人文地理环境有机结合的智慧。它们作为历史文化遗产，经受了时间考验，现已被认为是适应历史地理环境，调适人地关系达到和谐共存一种良好方式。从这个意义上说，华侨文化也是一种时代先进文化，在建设社会主义物质文明与精神文明，尤其是建设广东文化大省中，应予继承和发扬，达到历史为现实服务的目的。

参 考 文 献

[1] 广东省科学院丘陵山区综合科学考察队：《广东土地资源》，广东科技出版社，1991 年。
[2] 广东省海岸带和海涂资源综合调查大队、广东省海岸带和海洋资源综合调查领导小组办公室：《广东省海岸带和海涂资源综合调查报告》，海洋出版社，1982 年。
[3] 金庆焕：《南海地质与油气资源》，地质出版社，1989 年。
[4] 顾明：《中国改革开放辉煌成就十四年・国家海洋局卷》，中国经济出版社，1992 年。
[5]《当代中国》丛书编辑委员会：《当代中国的海洋事业》，中国社会科学出版社，1985 年。
[6] 广东省海洋功能区划工作组：《广东省海洋功能区划》，科学出版社，1991 年。
[7] 罗章仁、应秩甫等：《华南港湾》，中山大学出版社，1992 年。
[8] 崔清晨、陈万青等：《海洋资源》，商务印书馆，1981 年。
[9] 司徒尚纪：《岭南海洋国土》，广东人民出版社，1996 年。
[10] 司徒尚纪：《广东政区体系——历史・现实・改革》，中山大学出版社，1998 年，第 248 页。
[11] 李若建："香港的新移民及其社会适应问题"，《当代港澳》，1996 年第 1 期。
[12] 李若建："香港的中国内地非法移民与非法入境者问题"，《当代港澳》，1996 年第 2 期。
[13] 释今种：《澳门诗》，载印光任、张汝霖：《澳门纪略》上卷。
[14] 民国《香山县续志》卷 6，海防。
[15] 黄苇：《上海开埠初期对外贸易研究》，上海人民出版社，1979 年，第 114 页。
[16] "广州经济中心文集"上册，广州市社科院编印，1984 年，第 68 页。
[17] 关其学、刘光璞：《论经济中心——广州》，广东高等教育出版社，1987 年，第 71 页。
[18] "携于并进，共创繁荣——卢瑞华省长谈'九七'后的粤港澳经济"，《南方日报》，

1996 年 6 月 29 日。
[19] 周维平:“香港‘九七’回归与长期保持繁荣稳定”,《当代港澳》,1996 年第 2 页。
[20] 雷强、杨经革:“华南经济区与亚太地区的经济作用”,《当代港澳》,1993 年创刊号。
[21] 黄启臣:《澳门通史》,广东教育出版社,1999 年,第 607～615 页。
[22] 王叔文、吴建璠等:《澳门特别行政区基本法导论》,中国人民公安大学出版社,1993 年,第 43 页。
[23] 新华社:“回归前夕客似云来”,《羊城晚报》,1999 年 8 月 4 日。
[24] 缪鸿基、何大章、雷强等:《澳门》,中山大学出版社,1988 年,第 106～108 页。
[25] 曹小曙:“珠江三角洲交通运输走廊的空间演化及其效应研究”,中山大学博士学位论文,2001 年,第 37 页。
[26] 同[25]第 34 页。
[27] 同[25]第 91～93 页。
[28] 朱剑如:“香港与经济特区的关系”,载雷强等:《港澳与珠江三角洲关系的研究》,中山大学出版社,1988 年,第 7 页。
[29] 钟远藩等:“发挥横向联系,建立以港穗澳为中心的华南经济区”,《港澳经济》增刊,1987 年 4 月。
[30] 郑天祥等:“以穗港澳为中心的珠江三角洲经济地理网络”,中山大学报编辑部,1991 年,第 219 页。
[31] 同[30]第 225 页。
[32] 广东省建设委员会、珠江三角洲经济区城市规划组:《珠江三角洲经济区城市群规划——协调与持续发展》,中国建筑工业出版社,1996 年,第 37～44 页。
[33] 黄启臣:《广东海上丝绸之路史》,广东经济出版社,2003 年。
[34] 广东省政府参事室:《智库建言:广东参事建议选萃》,中国评论学术出版社,2004 年。
[35] 黄伟宗、薛桂荣:《海上丝路的辉煌》,中国评论学术出版社,2010 年。
[36] 司徒尚纪:《中国南海海洋文化》,中山大学出版社,2009 年。
[37] 黄启臣:《广东海上丝绸之路史》,广东经济出版社,2003 年。
[38] 曾昭璇:《广州历史地理》,广东人民出版社,1991 年。
[39] 广州市人民政府办公厅名城中心:《广州名城保护与现代化国际大都市建设》,广东人民出版社,1994 年。
[40] 陈代光:《广州城市发展史》,暨南大学出版社,1996 年。
[41] 李明华:《广州:岭南文化中心地》,中国评论学术出版社,2007 年。
[42] 冼庆彬:《广州:海上丝绸之路发祥地》,中国评论学术出版社,2007 年。
[43] 李权时、李明华、韩强:《岭南文化》,广东人民出版社,2010 年。
[44]《广东省志·华侨志》,广东人民出版社,1996 年,第 143 页。

[45] 光绪《新会乡土志》卷 9。
[46] 郑德华:"台山侨乡成因及其剖析",《台山文史》,1987 年第 4 辑。
[47] 宣统《开平县乡土志·户口》。
[48] 新编《台山县志·城市建设》,广东人民出版社,1997 年。
[49] 宣统《海宴都乡土志》卷 4。
[50] 张国雄、刘兴邦:《五邑文化源流》,广东高等教育出版社,1998 年,第 112 页。
[51] 德伯 H. J. :《人文地理:文化、社会和空间》,北京师范大学出版社,1988 年,第 180 页。
[52] 陆元鼎、魏彦钧:《广东民居》,中国建筑工业出版社,1990 年第 23 页。
[53] 林琳:"广东地域建筑——骑楼的空间差异研究",中山大学博士论文,2001 年,第 75 页。
[54]《广东省志·华侨志》,广东人民出版社,1996 年,第 145 页。
[55] 司徒尚纪:"珠江三角洲经济地理网络的嬗变",载《岭南史地论集》,广东省地图出版社,1994 年。
[56] 林琳:"广东地域建筑——骑楼的空间差异研究",中山大学博士论文,2001 年第 75 页。
[57] 李玉祥:《老房子:开平碉楼与民居》,江苏美术出版社,2002 年第 6 页。

附录　关于钓鱼岛群岛历史地理的若干问题

一、地理概况

1. 名称由来

钓鱼岛群岛位于北纬 25°30′～26°，东经 123°～125°30′之间，是分散在我国东海的小岛屿群。其中，钓鱼岛为其主岛，在台湾基隆港东北约 92 海里，距离日本琉球群岛约 73 海里。钓鱼岛又名钓鱼屿、钓鱼台，明代曾与台湾一起统称为东番。钓鱼屿最早出现于明永乐元年（1403 年）吴氏辑《顺风相送》（又名《海道针经》甲）一书，到清代在中国历史地图上钓鱼岛又标为钓鱼台，清末慈禧太后在将该岛等赏赐给邮传大臣盛宣怀的诏书上也如是称。至今港澳台地区及海外华侨华人仍习称钓鱼岛为钓鱼台。钓鱼岛附近海域为台湾暖流（黑潮）经过海区，是东海重要渔场，故钓鱼岛由来与渔业有关。又谓岛东南呈鱼叉状，也是与鱼相联系的岛名由来之一。

以钓鱼岛为主岛构成的钓鱼岛群岛或钓鱼岛列岛是我国沿用已久的名称。而日本人则把钓鱼岛群岛称为“尖阁群岛”或“尖阁列岛”。此名称始于 1900 年 5 月，日本冲绳县师范学校教师黑田岩垣到岛上调查，当年在日本《地学杂志》12 辑 140 卷发表的“尖阁列岛探险纪事”一文，首次使用“尖阁列岛”名称。据该调查报告称“尖阁列岛”来源于英国海军地图，图上记载了航海路线，把钓鱼岛一带岛礁标为“尖头诸岛”，黑田岩垣把它译为“尖阁群岛”（列岛）一直沿用至今。

2. 自然环境与资源

钓鱼岛群岛主要由钓鱼岛、黄尾屿、赤尾屿、冲北岩、冲南岩、北小岛、南小岛等岛礁组成，总面积约 6.3 平方公里。其中以钓鱼岛面积最大，约 4.3 平方公里，东西长约 3.6 公里，南北宽约 1.4 公里，海拔约 362 米。比较大的岛屿，一是黄尾屿，岛上经常栖息着大量海鸟，常见的有信天翁，故闽、浙、台等地渔民又称之为“鸟岛”。二是赤尾屿，以蛇多闻名，故又称为“蛇岛”。日本人侵占钓鱼岛群岛以后，把黄尾屿改称为“久场岛”，把赤尾屿改称为“大正岛”。

钓鱼岛群岛作为亚洲东部岛屿群的一部分，是喜马拉雅造山运动的产物，由海中山脉（海山）顶部出露海面形成，主要为火山岩，也有沉积岩，属丘陵地形。因隆起时间较短，山体未经充分风化侵蚀，故显得格外陡峭。例如，钓鱼岛东南侧即如此，又其东侧也高耸如灯塔，起到导航作用。

钓鱼岛群岛发育在我国东海大陆架上。根据中外学者从水深、地形、沉积、构造、地球物理、古生物等方面研究结果证明，东海大陆架曾是一片陆地，在距今 1.5～2 万年更新世以后，东海经历了一个从陆地逐渐下沉于水下的过程。东海大陆架的沉积物，以富含生物遗骸的砂质或砂质堆积物为主要特征；在成因上，它们被认为是更新世冰期低海面时的残留沉积，主要来自中国大陆，由黄河、长江及其他中国古河流输入东海，堆积而成。特别是大陆架上面积宽广的拗陷带，来自中国大陆的大量堆积物，受到浙闽隆起带和台湾褶皱带的阻截，大量堆积其中，形成巨厚的堆积层，成为像珠江口盆地、莺歌海盆地、琼东南盆地、北部湾盆地等一样富有油气资源的构造盆地，油气远景十分诱人。而钓鱼岛群岛以东，即为东海大陆架边缘，是冲绳海槽区所在。冲绳海槽南北走向，北浅南深，大部分深度超过 1 000 米，地壳厚度约为 18.5～22 公里（而其西部中国东海大陆架地壳厚达 30 公里以上），属从陆壳到洋壳过渡型地壳。冲绳海槽坡度很陡，可达 10°，分别构成西部大陆架和东部岛架的陆坡。海槽两侧的地质构造性质也截然不同；东侧即在地质上所称琉球岛屿，地壳运动活跃，构造盆地形成时间既新，发育时间短，油气成熟度不足，油气远景很差，与西侧一个稳定的大型沉降盆地形成强烈对照。因此，冲绳海槽也就成为我国东海大陆架和琉球岛架的自然分界线。这也是确定钓鱼岛群岛属于台湾附属岛屿而不是琉球群岛一部分的重要依据。

钓鱼岛群岛南距北回归线很近，属亚热带气候，气温高，处在台风走廊上，每年有多个台风经过。但因面积小，缺乏高山屏障，降雨不多。岛上无河流，淡水匮乏，饮用水需从别处运来。土层也很薄，但植被仍很繁茂，常见有棕榈、山茶、仙人掌等热带亚热带植物，还出产著名海芙蓉，可治风湿病和高血压。台湾居民常年到岛上采药。岛上还是动物王国。黄尾屿除了信天翁，还多蜈蚣，长半尺以上；赤尾屿产蛇，大者碗口粗，小者如手指头，皆可入药。群岛附近海域为我国著名东海渔场，盛产带鱼、大黄鱼、小黄鱼、乌贼、鲳鱼、鳓鱼、真鲷、海鳗、鹰爪虾、梭子蟹等，捕捞量约占我国海洋渔业产量的一半以上。因此，钓鱼岛群岛虽为区区小岛，但其价值都远远超出自身以外。

二、钓鱼岛群岛问题的来龙去脉

钓鱼岛群岛（以下简称钓鱼岛）自古以来即属于中国领土，最早为中国人民发现、开发、经营和保护，这本无可置疑，但却被日本非法窃取和侵占，造成所谓钓鱼岛主权的归属问题。

1894 年中日甲午战争之前，钓鱼岛作为台湾岛附属岛，一直在中国政府管辖之下。1895 年，清政府签订了丧权辱国的《马关条约》，钓鱼岛连同台湾岛等一起被割让给日本。《马关条约》是 1895 年 4 月 17 日签署的，而日方已在同年 1 月 14 日，即中日战争尚未结束时，将钓鱼岛等划归冲绳县所辖，并在岛上建立标桩。自此日本侵占钓鱼岛达 50 年之久。1945 年第二次世界大战结束，日本是战败国，把台湾归还给中国，却把钓鱼岛的“行政权”私自交给美国，由美国“托管”。

1951 年 9 月 8 日，美国对日媾和，签署了《旧金山和约》。1953 年 12 月 25 日，美国根据这个和约，宣布关于“琉球列岛地理界线”，把钓鱼岛划入这个界线范围以内，实施了美国对钓鱼岛的非法侵占。1971 年 6 月 17

日，美日两国签署归还冲绳协定时私相授受，将钓鱼岛列入归还区域，钓鱼岛再次并入日本版图，成为冲绳县一部分。美日这一行径，结果引发了包括美国在内世界各地华侨华人的保卫钓鱼岛运动。中国政府为此向日本政府提出强烈抗议。而在此之前，即60年代末，日本人已到钓鱼岛海域勘探石油，毁掉岛上原有标明这些岛屿属于中国的标记，设立属于日本冲绳县的界牌，并全部采用日本地名，除继续使用"尖阁列岛"以外，还再次将黄尾屿改为"久场岛"，将赤尾屿改为"大正岛"。

1972年中日邦交正常化和1978年缔结中日和平友好条约时，中国政府宣布搁置钓鱼岛主权争议，留待子孙后代解决。

但日本很快做出违反条约的事情，1979年5月，日本政府动用军用船只将人员和器材运上钓鱼岛，修建直升机场和派出调查团、测量船。

1985年日本出版国家地图集《日本大地图集》，将钓鱼岛群岛归入冲绳县石垣市行政管辖范围。

1990年10月，日本的一些人在钓鱼岛上修建灯塔。日方出动12艘船只和两架直升机阻挠台湾渔船靠近该岛。

1996年7月14日，日本有个青年组织再次在岛上设置一个高5米，重210千克的铝合金灯塔。

1996年7月20日，日本政府宣布开始实施《联合国海洋法公约》规定200海里专属经济区，把钓鱼岛也包括在内。

1996年8月18日，日本冲绳县"尖阁列岛防卫协会"在钓鱼岛上设置长3米、宽2米木制太阳旗。

1996年9月9日，日本的一些人再次登上钓鱼。[1]日本政府和一些人一系列侵犯钓鱼岛行为，激起中国政府和全球华侨华人的极大义愤和抗议，1996年8月30日、31日和10月18日，《人民日报》、《解放军报》等刊登文章，严辞揭露和谴责日本军国主义者的野心，并以大量事实，充分论证了钓鱼岛自古以来就是中国领土。

三、钓鱼岛为中国领土的历史地理根据

1. 中国历史文献的证据

钓鱼岛以东，隔冲绳海沟，为日本琉球群岛，即今日本冲绳县。冲绳县前身即为与中国有500多年称臣纳贡关系的琉球王国。至迟从明朝洪武初年开始，明太祖朱元璋就派遣册封使赴琉球王国，往返都经过钓鱼岛。从那时起，钓鱼岛就载入中国史册，到明嘉靖十三年(1534年)，琉球国王接受明王朝册封已有11次。是年琉球国王尚清再度接受明皇封号为“中山王”。因此，琉球王国又称“中山国”，出现在中国历史文献和舆图中。例如，清末魏源《海国图志·东洋大海图》就在琉球下注明“中山”，日本下注“倭国”等。嘉靖十三年册封使陈侃在所著《使琉球录》中，清楚地记载了他从福建福州发航，经台湾基隆，东北行，经钓鱼岛，再抵琉球王国的航程。陈侃与同舟琉球使者指出：“十日南风甚迅，舟行如飞，顺流而下亦不甚动。过平嘉山，过钓鱼屿，过黄毛屿(现黄尾屿)，赤屿(现赤尾屿)，目不暇接，一昼夜兼三日之路，夷舟帆小不能相及矣。在后，十一日夕见古米山(即久米岛)，乃属琉球者。夷人歌舞于舟，喜达于家。”从这段文字显见以上几个小岛不属琉球王国，而是中国小岛。久米岛即为两者分界线。到了久米岛，琉球人才算到了家，才载歌载舞以示庆贺。这也说明，钓鱼岛群岛与琉球群岛是两个不相统属的海岛单元，历史上琉球王国从不包括钓鱼岛群岛。此后直到1866年即清同治五年琉球王国被日本灭亡以前，明清皇帝册封琉球国王共有23次之多。而这些册封使每次经过钓鱼岛，再抵今冲绳那霸港，向琉球国王宣示明清皇帝册封事宜，在保存下来的有关著作中，多次重申了钓鱼岛属于中国领土的一方。

明嘉靖四十一年(1562年)，册封使郭儒霖在所著《重编使琉球录》中称：“闰五月初一过钓鱼屿，初三日至赤屿岛。赤屿者，界琉球地方山也。再一日之风，即可望姑米山(久米岛)矣。”

清康熙二十二年(1683年)，清朝第二位册封使汪楫在赴琉球写的

《使琉球杂录》卷5中，记载他途经钓鱼岛、赤尾屿后为避海难而祭海的事，并被告知他所“过郊”或“过沟”的地方即为“中外之界”。如前面地理形势所述，此沟即为冲绳海槽。说明这条海槽已为中国航海家所熟知，并认作一条重要地理分界线。

清康熙五十八年(1719年)，册封使徐葆光在所著《中山传信录》中，即引用琉球王国大学者程顺著《指南广义》材料，说明久米岛乃“琉球西南方界上镇山”，而将今八重山群岛的“与那国岛”称为“此琉球极西南属界”，更明确地指明琉球与钓鱼岛分界。按《中山传信录》后来还被译成日文，成为日本人了解琉球的重要资料来源。例如，日本最早有关于钓鱼岛的文字记载是1785年林子平所著《三国通览图说》中附图《琉球三省并三十六岛之图》，该图是以《中山传信录》为依据编绘的。该图采用中国的“钓鱼岛”为岛名，并将钓鱼岛和福建、浙江用同一淡红颜色标出，而久米岛则同琉球一样为黄褐色，清楚地显示它们是两个国别区域。[2]

清乾隆二十一年(1756年)，册封使周煌著《琉球国志略》卷十六，同样记载从基隆赴冲绳，中途见钓鱼台、赤屿(赤尾屿)，“过沟”，并提到上面汪楫“问沟之意，曰中外之意也”，证实“黑水沟”是“与闽海界”。此“黑水沟”即冲绳海槽。

清嘉庆七年(1802年)，另一个册封使李鼎元著《使琉球记》记述了过台湾北部彭佳山，即为钓鱼台，过“黑水沟”时投生猪羊祭海，以求平安通过。可见，冲绳海槽风浪很大，海况不同于一般海域。

清嘉庆十三年(1808年)，册封使齐鲲著《续琉球国志》，再次谈到过赤尾屿，“过沟祭海”一事。

清光绪十九年(1893年)慈禧太后吃了邮传大臣盛宣怀进献的药丸，治好了风湿病，下诏书将钓鱼岛等赏赐给盛宣怀。诏书上说，盛宣怀所进药丸甚有效验。据奏，原料药材采自台湾海外钓鱼台小岛。灵药产于海上，功效殊乎中土。知悉卿家世设药局，施诊给药，救济贫病，殊堪嘉许。即将钓鱼台、黄尾屿、赤尾屿三岛赏给盛宣怀为产业，供采药之用[3]。当然,国家领土不是一姓私产,但此事说明它是中国领土的一部分,所以那拉氏才将它赏给盛宣怀。如果钓鱼台是日本领土,便不会出现此事。

军事防守是行使国家领土主权的重要标志。钓鱼岛早在明代已被作为中国领土列入中国防区。因为明初以来,中国东部沿海倭患甚为严重,尤以浙闽一带为烈。明嘉靖三十五年(1556 年),明政府任命浙江提督胡宗宪为讨倭寇总督,负责海防。胡宗宪在嘉靖四十一年(1562 年),编纂《筹海图编·沿海山沙图》中,标明了福建省罗源县、宁德县沿海各岛,其中就有“钓鱼岛”、“黄尾屿”、“赤尾屿”。这表明这些岛屿已归入中国版图,并实施对它们的主权管理。明代,这些小岛已和台湾一起并称为“东番”,表明它与台湾岛关系密切,成为台湾地区一个不可分割的组成部分。另外,在明代的官私文献中还有不少关于琉球的记述。这个琉球有“大琉球”和“小琉球"之分。“大琉球”指琉球王国,自明洪武初其王受册封为“中山王”以后,与福建之间往来不绝,故处于航线上钓鱼岛被记载甚多。“小琉球”指台湾岛,涉及较少。但大小琉球的差别十分清楚,从不混淆。如明张燮《东西洋考·东西南海夷诸国总图》即标明“大琉球”在“小琉球”之东,它们是两个地理单元。又上述陈侃《使琉球录》也说:“闽中士大夫常曰:霁日登鼓山,可望琉球。盖所望者小琉球也。”[4]又清初《读史方舆纪要》福建省福清县海坛山条说站在海坛岛的大姨山上,“当日未出时,极望有如空青微露水面,为小琉球国”。[5]这种区分,对确定钓鱼岛与台湾一体同样有重要意义。

2. 日本历史文献不能证明钓鱼岛为日本领土

日本关于钓鱼岛的记载,是上述 1785 年日本人林子平所著《三国通览图说·琉球三省并三十六岛之图》,但该著是根据中国清康熙册封使徐葆光《中山传信录》而作的,不能作为日本人发现钓鱼岛的凭据。因此,连日本著名历史学者井上清也公正地指出:“明治维新以前的日本文献中甚至找不到钓鱼岛的记载。”[6]而日本有关历史文献只涉及琉球群岛问题,并不包括钓鱼岛。

1650年，琉球宰相向象贤著《琉球国中山世鉴》为一部琉球王府权威史书，采用的是陈侃《使琉球录》说法，即久米岛是琉球领土，而赤尾屿及其以西则非琉球领土。

1708年，琉球学者程顺著《指南广义》称今久米岛为“琉球西南界上之镇山”，即镇守国界之意。

1719年，日本学者新井君美著《南岛志》指出琉球所辖36岛，但其中并无钓鱼岛。

1726年，琉球王国贡献给中国康熙皇帝《中山世谱》的图谱中，以及同年蔡温著《改定中山世谱》等史书中均不包括钓鱼岛在内。

1875年，日本出版的《府县改正大日本全图》也无钓鱼岛。

日本明治维新以后不断向外扩张，后把琉球王国并吞，1879年以其地置冲绳县，归入日本版图。于是出现日本和清政府对琉球领有权的争执。当时，一位下台的美国总统格兰特出面调停。清政府提出解决琉球问题的“三分方案”，主张对其一分为三：即奄美群岛属日本，冲绳群岛及其周围为独立琉球王国领土，南部宫古群岛和八重山群岛属中国。而日本则提出一个“平分方案”，把琉球一分为二：即冲绳县以北属日本，宫古群岛、八重山群岛属中国。光绪六年(1880年)，中日两国代表草签了平分琉球的分界条约。因当时清政府与沙俄正为伊犁边界问题发生纠纷，清政府恐怕日俄联合对付中国，于是在琉球问题上作出让步，同意了日本的“平分方案”。但这个方案最后未得到光绪皇帝的批准而被搁置下来。然而，即使根据这个方案，中日双方仍确认：琉球系由36岛组成，不涉及钓鱼岛等岛屿问题。可见，在《马关条约》之前，日本在处理琉球问题上也没有把钓鱼岛纳进去，而企图领有琉球王国自古以来的领土。

在中日对琉球王国主权问题发生争执期间，有日本商人古贺辰四郎所谓“发现”钓鱼岛。据日本史书记载，古贺于1884年派人到钓鱼岛上采集信天翁羽毛。翌年他向冲绳县令提出租借开拓该岛的申请，但未被受理。古贺并不罢休，他进一步向日本内务大臣和农商大臣提出同样要求，并亲自去东京陈说开发钓鱼岛的理由和愿望，但仍未得到允准。日本冲绳地方政府和中央政府之所以不批准古贺请求，是惧怕清政府在钓鱼岛所领有的主权。日本政府还派员对钓鱼岛等作秘密调查，结果发现许多钓鱼岛属于中国的材料，故只得以“当时该岛是否属于帝国所有不明确”[7]为由退还了古贺的申请。直到1896年《马关条约》签订以后，日本政府宣布“尖阁群岛”归入日本版图，古贺立即向冲绳县知事重新提出开拓钓鱼岛申请，同年9月即获批准。这说明钓鱼岛是被日本强占的，而决不是日本人发现的土地或“无主之地”，否则古贺不至于申请再三，直到甲午战争之后才获批准。关于这点井上清也公正地说：“即使黄尾屿和钓鱼岛自19世纪中期，或者是更早以前，就为往来中国的琉球官员以及一般琉球人所熟悉，并用琉球话称呼；即使中国最后一个册封使的记录上用了黄尾屿的琉球名，这都丝毫不影响这些岛正是中国领土而不是琉球领土这一琉球和中国共认的事实。”[8]

3. 中外历史地图也表明钓鱼岛不在日本版图以内

地图是宣示一个国家版图的最直观形式。钓鱼岛自古以来为中国领土，不但有如上述大量历史文献为凭，而且也为近现代各国出版的地图所认可，它们都把钓鱼岛表示在日本版图以外。

我国建国前后出版的各种地图，钓鱼岛都作为台湾岛附属岛划入我国版图以内，即使在日本占领我国期间出版的地图上钓鱼岛曾被迫称作“尖阁列岛”或未加注明，但都没有改变钓鱼岛属于中国领土的事实。在1981年台湾出版的《中华民国台湾区地图集》，钓鱼台列岛划入宜兰县辖境，在图幅中放大比例加以表示。

1977年，英国出版《不列颠世界地图》；1982年，出版《最新世界地国》，其中日本幅均无钓鱼岛。

1982年，美国出版《世界地图》日本和朝鲜幅，日本领土未含钓鱼岛。

1982年，泰晤士《世界历史地图集》不但没有把钓鱼岛划入日本版图内，而且在《中华帝国瓦解》说明中称，琉球群岛“像朝鲜、老挝、缅甸、不丹、尼泊尔、法属印度支那一样，为先前向中国纳贡的国家”，又在“日本的扩张与现代化”说明中称，1875年底日本属地除四岛以外，包括琉球群岛,1894～1914 年才包括台湾等。显见钓鱼岛是甲午战争夺得的领土。

1985 年和 1990 年,日本出版了有关日本地图集,钓鱼岛被称为“尖阁诸岛”或“尖阁列岛”并放大比例,划入冲绳县范围。

日本出版的地图与中国和其他国家出版的地图对钓鱼岛归属的差异,正好表现日本侵占钓鱼岛的事实。

四、钓鱼岛为中国领土的国际法规根据

日本侵占钓鱼岛至第二次世界大战结束后,但日本并未将钓鱼岛交还中国,而是交由美国“托管”,由此引出以上日本侵占中国钓鱼岛领土主权的一系列事件。

1943 年 12 月 1 日,中、美、英三国《开罗宣言》明确规定:“要使日本所窃使之领土,例如满洲、台湾、澎湖列岛等归还中国。日本亦将被逐出于其以武力或贪欲所攫取之所有土地。”《开罗宣言》还宣布“剥夺它(日本)自 1895 年以来取得的一切领土。”这当然包括钓鱼岛。1945 年 7 月 26 日,中、美、英三国促令日本投降的《波茨坦公告》重申:“《开罗宣言》之条件必将实施,而日本之主权必将限于本州、北海道、九州、四国及吾人所决定其他小岛之内。”日本既然已接受了《波茨坦公告》,就要放弃它所攫取的所有中国领土,同样包括作为台湾附属的钓鱼岛。

我国和日本都是 1982 年《联合国海洋法公约》的签署国,都应按照这个公约来确定自己的海洋国土范围和海洋权益。根据东海大陆架的具体情况和《联合国海洋法公约》的有关条款,冲绳海槽构成为我国东海大陆架与琉球大陆架的自然分界线。这样,我国东海大陆架可延伸到 250 海里至 370 海里。这个海域范围与《联合国海洋法公约》规定沿岸国拥有 200 海里专属经济区的范围大部分重合。而钓鱼岛恰在我国东海大陆架和专属经济区范围之内,理所当然是中国海洋国土的一部分,由中国开发、管辖和保护。由这个国际法反证,钓鱼岛属中国领土也是无疑的。

参考文献

[1]《粤港信息日报》,1996年9月14日。
[2][3]钟严:"论钓鱼岛主权归属",《人民日报》,1996年10月18日。
[4]吴壮达:《台湾的开发》,科学出版社,1957年,第7页。
[5]顾祖禹:《读史方舆纪要》卷96。
[6][7][8]井上清:"钓鱼列岛(尖阁列岛等)的历史和归属问题",《光明日报》,1972年5月4日。

后　　记

南海面积居我国五大海区之首，又是我国唯一的全境在热带范围内的海洋，邻接的国家和地区也最多，形成非常复杂的地缘政治关系。加之自然环境十分独特、蕴藏的自然和人文资源极为丰富多样，是我国发展海洋经济、全面振兴海洋事业的最可宝贵的一片蓝色国土，更是自古以来我国领土主权一个不可分割的组成部分。当前，基于其复杂的地理区位、历史进程、经济利益、政治外交、军事角力等原因，南海形势波谲云诡、矛盾非常尖锐复杂，充满变数。特别是周边一些国家和其他一些外来势力，纷纷以不同方式插手或介入南海事务，更加剧了这一海区的紧张局面，使南海成为中外注目的焦点，并且事态正朝着日趋严重的方向发展，大有“山雨欲来风满楼”之势。

正是在这种背景下，笔者将近十多年来研究南海的相关成果，包括学术论文、研究报告、会议发言等重新梳整、整合成专著出版。内容包括中国南海领土主权的发展历史，与此相关的海疆史地，海洋文化特质和风格，作为其中组成部分的港澳文化的独到之处，它们与珠江三角洲的文化关系，华侨文化、海上丝绸之路文化的变迁，以及海洋文化资源的开发利用等，希望总结南海海疆国土变化的历史特点和规律、经验和启示，以为捍卫祖国海疆，开发蓝色国土，发展21世纪海洋事业，提供决策上的参考，同时也可作为对广大干部、公民，特别是青少年进行海洋意识教育的一个基本材料，但能否达到目的，敬请读者鉴定。

收入书中内容的大部分已发表在各种刊物和学术会议论文集中。这次重新刊行，除对个别题目、注释和文字稍作改动以外，基本保持了原作原貌和风格。但由于写作时间不同、时代背景变化，以及作者观察分析问题的能力、水平差异等，其中有些观点陈旧，行文稍有重复，以及其他可议、甚至错谬之处，在所难免，敬请读者批评指正，是所欣幸。

本书的出版得到了商务印书馆鼎力支持，他们严谨、高效的作风使拙作在短时间内面世，在此谨致感谢之忱。

书中不少内容是与合作者共同研究的成果。除署名作者以外，李燕、王彬、吴水田博士等，也参与其中，付出了辛勤劳动，有关成果也收入在内，在此一并致谢。

司徒尚纪

2012年12月9日

于中山大学望江斋